이란외교정책론

- 이슬람에서 핵무장까지 -

장병옥

IRAN FOREIGN POLICY

한국외국어대학교 출판부

머리말

이란 외교정책론

– 이슬람에서 핵무장까지

1979년 발발한 이슬람 혁명이 이란 외교정책에 끼친 영향은 정치학자들 사이에 논쟁의 화두가 되어왔다. 혹자는 혁명 후의 이란 외교정책은 이슬람 사상에 의해서 영향을 받았다고 말하는가 하면, 다른 쪽에서는 이란의 지역 특성상 지리·전략적인 이해관계에 의해서 많은 영향을 받았다고 주장하기도 한다. 이러한 주장들은 팔레비 정권 시절에 수립되었던 외교정책이 지정학적 특성에 영향을 받았던 것과 같은 맥락이다. 실제로 이슬람 혁명의 이상과 이념은 이란 외교정책의 틀을 상당 부분 바꾸어 놓았다. 이란 외교정책은 혁명을 분수령으로 해서 이전의 정책들을 유지함과 동시에 한편으로는 현격한 변화를 겪어 왔다.

무슬림 세계를 휩쓸고 있는 이슬람 원리주의 운동에서의 이란 혁명은 역사적인 전환점이 되고 있다. 많은 무슬림 국가들이 호메이니와 그의 사상을 벤치마킹하고자 했었다. 반면에 서구의 정치 지도자들은 호메이니가 '혁명수출'로 일관하는 위험한 인물이라고 불신을 갖고 고립시킨 바 있다. 호메이니가 이슬람이 독재 군주정치를 타파하고 제국주의를 막는 유일한 이데올로기라는 인식을 세계의 억압받는 민중에게 심어주며 이슬람 원리주의 운동을 활성화시켜 온 것은 부인할 수 없다. 이란은 국제정치를 불안하게 한 장본인으로서 1990년대 당시 북한과 함께 '불량국가'로 낙인찍히고, 2000년대 오늘날은 그 보다 더 모욕적이고 불길한 '악의 축(axis of evil)'의 일부로서 '폭정의 전초기지(outpost of tyranny)' 및 '테러의 중앙은행(central bank of terror)' 국가로 분류되면서 이라크 다음으로 중동에서 소위 '이슬람 신정(神政) 독재정권 교체'라는 '차기 민주화 대상 국가' 명단에 올라와 있다. 2006년도 미국의 새로운 "국가안보전략"은 9·11 테러 1년 후 2002년 9월에 채택된 적대국에 대한 선제공격 전략을 그대로 유지하고 있다.

아무튼 호메이니의 정치 및 이데올로기 유산은 현대의 이란 정치뿐만 아니라 국제정치를 이해하는데 기초가 된다. 이란의 국내정치는 끊임없이 요동치고 있는 상태에 있다. 보수파와 개혁파 사이의 갈등관계 속에 있는 이란의 독특한 정치구조로 인해서 대내정치가 대외정책에 작용하는 역학구조를 서구 시각에서 이해하기란 힘들다. 즉, 이란의 정치체제가 이슬람과 서구 민주주의라는 양 이데올로기가 혼합된 특이한 구조로 이루어져 있어, 이란 국내정치가 이란 외교정책에 미치는 영향을 기존의 서구 이론 틀로서는 분석하기란 거의 불가능하다는 것이다. 따라서 이란의 정치사회체제에 대한 포괄적인 이해 없이 서구 국가들에 의해서 시행된 對이란 외교정책은 실패할 수밖에 없다. 그동안 미국의 이란에 대한 봉쇄정책이 모두 흐지부지 끝나고 있다. 이란 사회가 그동안 주요한 변화를 겪어왔지만, 아직도 폐쇄된 사회로 남아 있으므로 이란의 국내정치의 정확한 성격을 파악하는 것은 어렵다. 이와 더불어 더 어려운 문제는 이란의 국내정치가 외부세계와의 관계에서 어떻게 영향을 미치고 작용하는가이다. 많은 학자들은 이란을 종교나 그 역사와 관련해서 그 범주를 단순화시키려고 시도해 왔다.

그러나 우리는 국제정치체제 이론, 이슬람 이데올로기, 이란 혁명사, 이슬람 원리주의, 그리고 이슬람 신정 정치체제에 의거하여 분석함으로써 이란 외교정책을 이해하고자 한다. 물론 현재 이란의 정치 엘리트로 등장한 이슬람 성직자들인 울라마의 역할과 이슬람 국가 기능의 배경이 되는 시아 이슬람 정치사상을 이해하여야 하는 것은 당연하다.

2006년 9월 25일　서재에서 저자 장 병 옥

목차

이란 외교정책론

– 이슬람에서 핵무장까지

제1장 이란 외교와 국제관계

세계 정치외교사에서의 국제관계와 국제정치체제는 강대국의 등장과 그 역사를 같이한다. 국제정치사는 전통적으로 존재해온 외교사와 동일한 것으로 인식되어 왔다. 외교정책이나 국제관계라는 용어는 국제정치와 거의 동일한 의미로 사용된다. 다만 국제관계를 광의의 개념, 국제정치를 협의의 개념으로 보는 시각이 우세하다. 이와 관련하여 외교정책은 국제관계나 국제정치보다 더 좁은 협의의 개념으로 본다. 국제정치학의 각론 중 하나가 외교정책론이다.

외교정책이란 국가간의 이해관계가 있을 때 자국의 목적을 평화적으로 달성하고 국익을 극대화하기 위한 하나의 외교 방식으로 상대국가에 설득과 위협을 통하여 타협하면서 영향력을 행사하는 행위를 위한 지침과 전략이다.

우선 여기에서는 이란 외교정책을 이해하기 위해서 현대 외교에 대한 기본적인 개념과 이론, 그리고 중동 이슬람 세계외교의 기원과 외교사를 간략하게 살펴보면서 시작하기로 한다.

1 국제정치와 외교정책

위에서 언급한 바와 같이 국제관계[1])와 국제정치체제[2])는 강대국의 등장과 그 역사를 같이한다. 그런데 이런 강대국의 등장은 17세기 유럽에서 종교문제를 둘러싼 신·구 양 교파 대립에 의한 30년 종교전쟁(1618-48)에서 비롯되었다. 중세의 마지막 종교전쟁이었던 이 30년 종교전쟁은 종교적 혁명이었을 뿐만 아니라 중세를 마감하는 세속적인 전쟁이었다. 이 전쟁은 인간의 신분을 태어날 때부터 결정지어주는 형이상학적인 관념을 종결짓게 하였고, 모든 인간을 중세사회의 속박으로부터 해방시켜 어느 정도 정치적 자유를 갖도록 하였다. 그 뿐만 아니라 이 전쟁은 국내정치를 세속화시켜 국내정치가 기독교의 지배를 받지 않도록 하였고, 국가간의 외교도 세속화시켰다.[3])

이러한 변화는 30년 종교전쟁을 종결짓는 웨스트팔리아 평화회의의

---

1) 국제관계(international relations)보다 국제정치(international politics; world politics)를 좁은 의미에서 사용한 대표적인 학자는 Hans Morgenthau, 넓은 의미로 사용한 학자는 Wolfgang Friedman이었다. 우리나라 학자들 사이에서도 국제정치와 국제관계의 용어 사용에 관한 의견일치가 없다. 그러나 일반적으로 국제정치(학)를 국가간 혹은 그 이상의 '단위'간에서 발생하는 여러 문제를 연구하는 학문으로 그 영역을 한정하는데 비하여, 국제관계(학)는 비정부기구 NGO를 포함하여 더 광범위하게 국제적 수준에서 일어나는 정치, 경제, 외교, 문화, 군사 등 상호작용 현상을 대상으로 다루는 학문 연구라 할 수 있다. 국제정치와 국제관계를 구분하는 대표적인 다음 책을 참고할 것. Keith R. Legg and James F. Morrison, 1971, *Politics and the International System*, New York: Harper & Row.

2) 국제정치체제는 17세기 유럽에서 행하여졌던 30년 종교전쟁(1618-48)을 마무리 짓고 1648년에 체결된 웨스트팔리아 평화조약(Peace Treaty of Westphalia)에서 비롯되었다(Morse 1976, 24).

3) 김순규 1997, 293.

결과인 웨스트팔리아 조약에서 비롯되었다. 그 결과 기독교 사회의 구성원으로서 국가가 이행해야 하는 의무는 크게 축소되었고, 반면 모든 군주는 상호의 권리를 존중하고 국제법에 기초한 의무와 책임을 존중하게 되었다. 또한 각각의 군주는 독자적인 외교정책을 실행할 수 있게 되었고, 이로부터 외교정책과 국내정책이 서로 다른 영역에 속하게 되었다.

우선 외교의 정의를 살펴보면 영어의 디플로머시(diplomacy)는 '둘로 접는다' 혹은 '접어 포개다'라는 뜻의 고대 그리스의 라틴어 디플로운(diploun)으로부터 유래한다. 즉, 오늘날 외교란 의미로 사용되고 있는 디플로머시는 디플로운에 그 어원을 두고 있다. 로마 제국시대에 외국인의 타국 통행을 허가하는 증서에 꿰매 사용하던 '접어 포개진' 수첩 모양의 금속판으로 만든 통행권을 디플로마스(diplomas)라고 불렀다. 군주들이 자국 시민의 외국 여행 시, 편의와 특전을 베풀어 달라는 내용을 양면으로 접혀진 문서에 기록했던 디플로마스가 후에 외교라는 의미로 변화되었다. 그 후 의미가 확대되어 1645년경부터 국제관계를 담은 공문서라는 의미로 사용되었다. 현대 정치학에서 외교의 뜻으로 디플로머시가 쓰이게 된 것은 18세기 말엽으로서 비교적 최근의 일이다.

사전적 의미에서 외교란 공식대표를 통해 국가간의 관계를 행하는 실제라고 정의된다. 영국의 옥스포드 영어 사전에는 "외교란 교섭에 의한 국제관계의 처리이고, 대사·공사에 의하여 이들의 관계가 조정·처리되는 방법이며, 외교관의 직무 또는 기술이다"라고 정의되어 있다. 외교란 국제사회를 구성하고 있는 국가들간의 관계를 의미하는 여러 가지 용어로 표현되는 대외교섭, 대외관계, 대외정책, 외교정책 등을 말한다. 오늘날 외교(diplomacy)라는 말은 외교정책, 대외정책이란 용어와 혼용해서 사용된다. 이 경우 외교정책은 diplomacy policy, 대외정책은 foreign policy라고 하지만 이를 통틀어 외교정책이라고 한다.[4] 세계화 시대에서 '외교의 중요성'이 새삼 강조되고 있는데, 이때의 '외교'라는 말은 외교정책을 뜻한다. 광의의 뜻으로 외교는 외교정책의 상위개념이지만 협의의 뜻으로 실제적 외교는 외교정책을 집행하는 하위개념인 것이다.

외교정책의 결정에 영향을 미치는 변수는 국내적 요소와 국제적 요소로 분류할 수 있다.

국내적 요소: 1) 샤(shah)[5]나 대통령과 같은 국가 원수
2) 고위 행정관료
3) 의회
4) 군부세력
5) 이익단체
6) 여론

국제적 요소: 1) 국제기구
2) 국제법
3) 국제정치체제
4) 국제여론

예를 들면 16세기부터 18세기까지 이란의 국가정책 입안자는 사실상 외교정책 결정에 중추적 역할을 하였던 왕과 재상들이었다. 그러나 19세기에 이르러 이러한 상황은 조금씩 변하게 된다. 다시 말하면, 1906-1907년의 입헌혁명이 일어나기 이전의 이란 외교정책 결정은 단지 왕의 권력 증대를 위해 이루어졌다고 할 수 있다. 또한 서구 민주주

4) foreign policy를 대외정책이라고 번역하면, external policy(대외정책)와의 혼란이 생긴다. 왜냐하면 외교정책은 어디까지나 국내정책에 대한 대립적인 개념이기 때문에 용어상 엄격한 의미로 internal policy(국내정치)와 대립되는 용어로 external policy를 대외정책으로 번역하고, 외교정책의 의미로는 foreign policy 및 diplomacy policy를 혼용하는 것도 무방하다(김순규 1997, 50).

5) 이란어 shah의 뜻은 왕(王)인데 본서에서 샤 혹은 왕으로 혼용하여 사용할 것이다.

의 정치체제와는 다른 이란 이슬람 공화국의 외교정책은 대통령이나 의회가 아니라, 이들보다 상위의 지위에 있는 이슬람 종교 최고 지도자 및 헌법수호위원회에 의해서 최종 결정되는 특이한 형태를 띠고 있다.

외교는 교섭의 성격에 따라 비밀외교와 공개외교, 참여자의 수에 따라 양자외교와 다자외교, 지위에 따라 의회외교와 정상외교, 그밖에 셔틀외교라고 하는 순방외교 형태가 있다. 이러한 다양한 외교 형태에도 불구하고, 결국 외교정책의 궁극적 목표는 국가 이익이다. 한 국가의 목표 및 국가 이익이 설정되는 사회정치적 배경으로서 그 나라의 지정학적 위치 · 자원 · 역사 · 문화 · 종교 · 신념 · 신화 · 민족성 · 민족주의[6] · 이데올로기 등은 외교정책 결정의 중요한 요인들이다. 이것은 불변적 요인과 가변적 요인으로 분류된다. 대체적으로 전자는 영구적이고 객관적 성격을 지니고, 후자는 비영구적이며 주관적 성격을 가지고 있다.

1) 불변적 요인: 지정학적 위치와 자원

(1) 지정학적 요인

지정학적 요인은 한 국가의 정치적 성격을 결정짓는 기본적이며 영구적 요인이다. 이란은 지정학적 조건 때문에 전후 냉전구도 속에서 대륙세력 소련과 해양세력 영국, 그 후에는 미-소 양 초강대국의 지정학적 이해관계에 놓이게 되었다. 비록 초강대국이라 할지라도 지정학적 위치로 인한 영향권에서 완전히 벗어나기는 어렵다. 최첨단 통신이나 정보전으로 인하여 지정학적 우위가 어느 정도 변하는 것은 사실이다. 과학

6) 민족주의(nationalism)는 역사적으로 1648년 웨스트팔리아 조약 이후 주권국가로서 민족국가가 국제사회에서 합법화됨으로써 나타난 현상이다. 민족주의는 기본적으로 서구의 산물이지만, 아시아에서는 제2차 세계대전 후 식민제국이 붕괴되자 서구 제국주의에 대항하는 제3세계 신생 독립국가들의 반식민주의적 이데올로기로서 활성화된 것이다.

과 기술이 고도로 발달하면서 이 지정학적 요인의 중요성이 어느 정도 감소되는 경향은 있지만, 지리적 위치가 지니는 정치적 의미는 지속적인 외교정책의 결정 요인으로 작용하고 있다.

(2) 천연자원

외교정책의 수립과정에서 경제적 고려가 차지하는 비중은 상당히 크다. 국가가 보유한 경제적 자원은 군비경쟁 · 무역문제 · 수지균형의 달성에 있어 그 국가의 국력을 결정하는 주요한 요인이다. 자국의 부족한 자원을 획득하기 위한 노력은 국가가 최우선으로 정하는 목표이며 국가 간의 분쟁 요인이 되기도 한다.[7] 프랑스의 유명한 정치가인 끌레망소(Clemenceau: 1841-1929)는 일찍이 '석유 한 방울은 군사들의 한 방울의 피와 같은 가치가 있다. 석유의 중요성으로 인해서 세계 주요 지역의 권력관계가 변화하게 된다'고 간파한 바 있다. 이처럼 석유와 같은 천연자원은 외교정책 결정의 중요한 요인이 된다. 특히 중동 이슬람 국가들은 비산유국들에 대한 석유의 공급을 제한함으로써 자신들에게 유리한 정책을 펼 수 있다.

1970년대 석유수출국기구(OPEC)[8]의 담합에 의한 유가의 폭등으로 인하여 중동 석유에 크게 의존했던 세계 경제의 침체와 동시에 전에 없었던 인플레이션이 초래되었다. 특히 1973년 OPEC이 중동의 석유가격을 배럴 당 3달러에서 11.65달러로 거의 4배로 인상하며 자신들의 국가이익을 최대화하고, 서구 국가들에 대항하여 석유를 경제적 무기로 사용한 전례가 있다.

최근 전쟁의 여러 원인들 중에서 자원의 지배가 가장 큰 요인임을 부

---

7) Jenson 1994, 190.

8) OPEC의 회원국은 13개국으로서 다음과 같다. 사우디아라비아, 베네수엘라, 이란, 이라크, 쿠웨이트 5개국의 창설 회원국을 포함하여 카타르, 리비아, 인도네시아, UAE, 알제리, 에콰도르, 가봉.

인할 수 없다. OPEC 내의 강경파 회원국이라 할 수 있는 이란 · 이라크 · 베네수엘라 등이 유가를 인상하는데 오랫동안 앞장서 오고 있다. 그동안 전 이라크 대통령 사담 후세인은 아랍 산유국이 단결하여 원유 수출량을 반감시켜 미국 및 이스라엘로의 원유 수출을 금지시키거나 유가를 100달러 혹은 200달러로 높이면 미국과 이스라엘을 굴복시킬 수 있다고 선동적인 연설을 서슴치 않았다.[9] 2003년 미국의 對이라크 공격도 사담 후세인의 자원 민족주의 즉, 서방국가에 대항하여 중동 석유를 무기화 하려 했었던 데에도 일부 원인이 있다. 미국이 이라크 전쟁의 종료를 선언한지 몇 년이 지났지만, 국제적으로 자원을 둘러싼 패권투쟁은 격화되고 있다. 한편, 국제 유가는 중동 정세의 불안으로 인하여 지속적으로 급상승하고 있다. 이라크 전쟁을 통해서 국제 유가를 안정시키겠다는 부시 대통령의 주장은 이제 무의미하게 되었다.

2006년에도 이란과 러시아가 자원을 무기로 해당 인접 관련국들에 정치외교적 영향력을 행사하고 있으며 베네수엘라 · 아르헨티나 · 브라질 등 핵심 3국은 남미를 남북으로 연결하는 1만km의 파이프라인을 공동으로 건설한 후, 6년 내에 '에너지 벨트'로 묶어 더 이상 미국에 의존하지 않는 경제통합을 꾀하고 있다. 이와 같이 자원 자체의 중요성은 자원외교를 둘러싼 긴장관계를 조성하는 요인이 되고 있다. 이란은 서방세계에 대항하여 석유를 무기화함으로써 핵무기에 버금가는 충격을 세계경제에 가할 수 있다는 것이다. 핵에서 촉발된 문제의 본질이 이제 석유무기화로까지 증폭되어 나가고 있다.

핵은 1960년대까지만 해도 군사력의 요소로서만 중요한 의미를 지녔지만, 오늘날에 이르러서는 핵에너지 및 기술의 평화적 이용이 증대함에 따라 개별 국가의 과학기술 수준의 척도를 나타낸다. 최근 부시 행정부의 對이란 · 북한 핵정책에서 보다시피 핵무기의 확산을 막기 위한

9) 장병옥 2005b, 201.

제도적 장치로 핵에너지 자원의 평화적 이용마저 억제하려 하면서 미국은 핵패권을 추구하고 있다. 국제사회의 경고에도 불구하고 이란 정부는 2006년 우라늄 농축에 성공했다고 발표하며 '핵국가 클럽(nuclear club)' 가입을 전격적으로 선언했다. 이란 정부가 핵개발을 강경하게 밀어 붙이는 데는 석유라는 수단이 있기 때문이다. 하루 400만 배럴 석유를 생산하고 있는 중동 2위 산유국인 이란은 전세계 공급량 가운데 5%를 차지한다. 그러나 잉여 생산력이 공급의 2% 정도여서 이란이 석유생산 중단이나 감산 카드를 쓴다면 세계 경제는 물론 한국경제에 미치는 충격은 매우 클 것이다.

따라서 세계 7대 석유 소비국인 한국도 석유산업에 대한 범 정부적 차원의 접근이 필요하다. OPEC을 중심으로 한 산유국들의 영향력으로 중동의 석유는 2006년 이후에도 국제경제를 이끌어 나가는 한 축이 될 것이므로, 한국의 對중동 외교정책도 석유 에너지 외교에 중점을 두어야 할 것이다.

2) 가변적 요인: 군사력, 경제력, 인적요소, 역사적 경험

군사력은 앞서 설명한 지리적 위치나 부존자원보다는 가변적인 성격을 띠고 있다. 군사력은 국력 가운데 가장 중요한 요인으로써 외교정책 결정에 절대적인 영향을 미친다. 적어도 제2차 세계대전 이전까지 세계 외교사는 무력에 의한 식민주의와 제국주의[10)]로 점철되어 있다. 미국은 1946-1984년 사이에 타 국가들의 외교정책 결정에 영향력을 행사할 목

10) 제국(empire)이란 용어는 유럽에서 로마 황제가 지배하는 황제국가(imperium)에서부터 나온 것이며, 제국주의(imperialism)란 용어 역시 영광스러운 로마 제국의 재현을 시도한 나폴레옹 1세의 기도에서 유래되었다. 오늘날 제국주의는 타 약소국가에 대한 지배나 착취를 정당화하기 위한 대외팽창주의 정책의 이념으로 이해하기도 한다.

적으로 300번 이상의 무력시위를 하며 위협한 바 있다. 미국의 막강한 군사력을 앞세운 무력외교는 1957-1965년과 1981-1984년의 두 기간 동안에 절정에 달했다.[11)]

한 국가의 경제력은 외교정책 결정에 중요한 요인으로 작용한다. 경제력은 군사력과 마찬가지로 외교정책의 수단으로 이용될 수 있기 때문이다. 미국의 對이란・이라크 이중봉쇄 정책은 경제제재의 좋은 예이다. 한 국가의 인구도 객관적 국력의 한 요소이다. 인구의 크기는 한 국가의 군사력과 경제력을 구성하고 있는 중요한 결정 요소이기는 하지만, 반대로 국가의 장애 요소가 되기도 한다. 중동에서 인구의 수로는 아랍인이 유대인보다 훨씬 더 많다. 그럼에도 불구하고 4차례의 아랍-이스라엘 전쟁에서 아랍 국가들이 패했다. 이처럼 군사력과 경제력에 의해 뒷받침되지 못할 때는 인구의 크기가 오히려 경제적 부담을 가중시킬 수도 있다.

한 국가의 역사적 경험의 산물로서 신념체계는 국제정치체제를 내다보는데 어느 정도의 판단 기준을 제공한다. 오랜 역사를 갖고 있는 국가들은 그들의 고유한 전통・종교・신념・신앙 등을 가지고 있는데 그러한 것을 체계화하여 각 국가의 특이한 신념체계를 형성하게 되었다. 국가의 신념체계는 정부의 정책을 합리화하고 정당화하기 위한 수단으로써 이용된다. 이러한 신념체계는 국민들을 결속시키고 정체성을 확립하면서 애국심과 민족주의를 발동한다.[12)] 이란의 독특한 시아 이슬람은 페르시아 민족주의와 결합되어 종교적으로 표출된 것으로 볼 수 있다.

---

11) C. W. Kegley. Jr.&E. R. Wittkopf, 1996, 97.

12) 송영우 2005, 34-40.

2 중동 이슬람 세계 외교의 기원

역사적으로 이슬람 세력과 서구 기독교 세력간의 최초의 충돌은 서기 732년 프랑스 남부 루아르 강 유역에서 벌어진 투르(Tours) 전투로 거슬러 올라간다. 이후 1096년부터 1099년까지의 제1차 십자군 원정을 시작으로 8차례에 걸쳐 십자군 전쟁을 치른 바 있는 이슬람-기독교 세력은 끝없는 충돌을 계속해 오고 있다. 9·11 테러의 주범인 오사마 빈 라덴이 자기 자신을 현대판 '이슬람 십자군'이라고 자임하고 나선 것도 바로 이러한 맥락에서이다.

이란을 포함한 이슬람 국가에서 16세기 이전에는 외교정책이 정부의 중요한 부분도, 깊은 관심의 대상도 아니었다. 이러한 태도는 유대교 및 기독교를 압도하게 했던 이슬람 신앙과 소위 "인류 역사상 가장 위대한 공동체"이며 무슬림의 삶을 충만하게 해 준 움마(ummah)를 중심으로 하는 이슬람 교리에 뿌리를 두고 있었기 때문이다. 이슬람 신앙과 움마는 전통적인 무슬림들의 세계관을 이슬람 영역(Dar al-Islam)과 비이슬람 영역(Dar al-Harb)의 두 가지로 형성하도록 했던 것이다. 전자는 진실한 신앙심으로 가득하고 무슬림 칼리프에 의해 통치되는 평화의 지역을, 후자는 기독교도와 같은 여타 비무슬림 이교도가 거주하는 갈등의 지역을 지칭한다. 두 지역 사이의 분쟁은 일시적으로 중단될 수는 있으나, 결코 평화적으로 종결될 수 없고 전쟁의 상태가 지속될 수밖에 없다. 이 전쟁은 오로지 전세계가 이슬람 영역으로 귀의할 때 끝날 수 있다.

이슬람 영역이 중동을 넘어 중앙아시아와 인도, 그리고 북부 아프리카를 거쳐 지브랄타 해협을 건너 유럽 스페인에까지 확장되었을 때, 무슬림에게는 국경을 넘어 거주하는 이교도들의 관습과 풍습에 대한 관심은 불필요한 것으로 간주되었다. 1068년에 톨레도(Toledo)의 무슬림 용사는 유럽인들[13)]을 "북방 미개인"이라고 부르며 축출시켰는데, 이것은 중세시대에 무슬림에 의해 공공연히 벌어지는 현상이었다. 16세기까지 어떤 무슬림 통치자도 그러한 미개인에 대한 외교정책의 필요성을 인식하지 못했다.

중동 무슬림 국가들이 다른 개발도상국들처럼 최근에 와서야 '외교정책'이라는 개념에 눈을 뜨게 되었다면, 언제 그리고 어떤 사건이 계기가 되었을까? 비무슬림 세력과의 외교관계를 가장 먼저 인식한 것은 오스만 제국의 터키인들이었으며, 이는 당시의 시대적 상황에 비추어 볼 때 당연한 것이었다. 터키인들은 1453년 동로마 제국 기독교 국가를 정복하고 가장 강력한 이슬람 국가를 세웠으며, 1514년 이란의 사파비조 페르시아 제국으로부터 승리를 거두고 몇 년 후 이집트의 맘룩조와 레반트 지역까지 정복하였다.

그러나 17세기에 이르러 이러한 상황은 급변하게 된다. 이것은 평등을 용인하면서 시작되었고 패배를 받아들임으로써 끝나게 되었다. 1683년 비엔나에서 서구 기독교 세력과의 전쟁에서 두 번째 패배를 당한 이후 오스만 제국의 유럽에 대한 참패는 계속되었으며, 결국 1699년 카를로위츠(Karlowitz)에서 강제로 평화조약을 맺게 된다. 그러나 이란의 경우는 조금 달랐다. 16세기 초반에 사파비조가 과거 페르시아 제국의 전통적 영토를 포함하는 국가를 건립하였고, 이로 인하여 이란은 9세기만에 처음으로 거대한 페르시아 제국의 일부를 회복하게 되었다.

16세기 초 통일된 국가로서 이란의 재등장 이후, 두 개의 테마가 이란의 외교전략을 좌우해 왔다. 그것은 바로 '영토 보전과 독립의 추구'이다. 처음 3세기 동안, 이란은 주로 자국 영토를 보전하고 외세의 침략에 대항하는데 여념이 없었다. 마지막 200여 년 동안 이란은 또다시 독립에 대한 간접적 위협에 휩싸여 있었다. 이러한 영토 보전과 독립이라는 두 관심사는 현대화 및 군비 증강 등의 다른 정치적 문제와 관련되었다.

---

13) 그 당시 유럽인들은 프랑크인(Franks)이라고 불려졌다.

이란의 영토 보전과 독립을 위한 이란의 '대내외 정책'의 많은 부분은 외세로부터 침략 당했던 역사적 경험에서 이해될 수 있다.

18세기 말엽에 이르자, 국력이 기울기 시작한 이란은 그들의 적국들에 대한 영향력을 상실하고 있었다. 특히, 이란이 쇠퇴하고 있는 동안 유럽은 르네상스와 산업혁명을 거쳐 새로운 근대 산업국가로서의 군사적 위업을 달성하기 시작하였다. 이에 따라 1789년 나폴레옹이 이집트를 정복하는 것을 신호탄으로 영국이 인도에 제국의 장막을 치고, 러시아가 이란을 침략하는 등 제국주의의 팽창도 가속화되었다. 이란이 그 시대에 세계정치체제로의 점진적인 통합을 하게 됨에 따라 하나의 주권국가로서 재등장한 이후, 영토 보전과 독립을 수호하는 최대의 안보 도전에 직면하게 되었다.

이란 외교정책의 두드러진 원칙은 영-러 열강의 정치・경제적 압력에 대항하여 주권 국가로서의 독립을 지키는 것이었다. 이는 민족주의적 원칙이라고도 할 수 있다. 이러한 독립 유지를 위한 필연적인 선행조건은 군의 현대화였다. 1809년 2월 나폴레옹이 이란에서 철수함으로써, 이란은 자국의 병력을 현대화할 수 있는 최상의 기회를 잃게 되었다. 19세기 초, 러시아와의 두 차례에 걸친 큰 전쟁에서 막대한 피해를 입은 이란은 국력이 크게 약화되었다. 군사력이 결여된 상태에서 이란이 수용할 수 있는 유일한 선택은 외교였다.

이란의 최우선 과제인 영토 보전과 독립이 수년에 걸쳐 발전된 것처럼, 이 목표를 달성하기 위한 외교전략 또한 그러했다. 수년 동안, 이란은 당시의 상대국들과 군사・기술적으로 대등한 관계에 있었으므로 자국의 군사・경제적 자원에 의존할 수가 있었다. 때때로 이란은 동맹[14)]

14) 동맹(alliance)이란 어떤 국가들이 그들 중 어느 한 국가라도 공격을 당할 때 상호 편을 들거나, 공동의 이익을 증진시키려는 협정이다. 동맹의 적대국들은 군비경쟁을 하며 종종 위기를 조성하고 때로는 전쟁도 불사하려는 경향을 띤다(구영록 1984, 98).

을 맺기도 했지만, 제1차 러시아-이란 전쟁(1804-13)의 발발 사이에 이러한 선택권들은 대부분 배제되었다.

특히 국제정치체제가 유럽을 중심으로 작동되면서, 네덜란드와 포르투갈 해군이 페르시아만을 침범했음에도 불구하고, 유럽 열강은 이란의 인접 지역을 침략하지 않았다. 다만 유럽 열강들은 페르시아-오스만 제국간의 패권경쟁을 부추기면서 터키의 군사력이 유럽으로 침투되는 것을 차단하기 위해 양 이슬람 제국간의 분쟁을 이용하는 외교전략을 택하였다.

국제정치체제의 영향에 의해서 중동은 상당히 많은 변화를 겪었다. 19세기와 20세기의 산업화 및 근대화의 지속적인 충격에 따른 생산·수송·통신의 기술 발전은 중동을 세계화시키는 계기가 되었다. 이러한 발전은 전통적 중동 사회에 변화를 가져왔고 정치적·이데올로기적 반응을 불러 일으켰다. 정치적 반응은 제도개혁과 신 군사 기술의 획득으로 나타났다. 이데올로기적 반응은 아랍 민족주의와 이슬람주의로 나타났다.[15)]

제2차 세계대전은 중동의 석유가 전략상 중요하다는 인식을 갖도록 하는 계기가 되었다. 이 때부터 중동은 미국의 세계적 냉전 전략의 일부를 차지하게 되었다. 미국은 중동에서의 서구 열강의 이익 보호 및 소련 침투에 대응하기 위해 대영 제국과 같은 옛 제국들의 책임을 떠맡았다. 냉전의 종말은 국제정치체제와 중동에 많은 영향을 미쳤었던 초강대국간의 패권경쟁의 종말을 뜻했다. 또한 이란 혁명으로 인해서 중동에서의 세력균형[16)]도 붕괴되었다. 유럽 열강은 국제문제에서 주요한 역할을

---

15) Roberson 2002, 56.

16) 세력균형(balance of power)은 일국 혹은 일국가군의 패권을 막고 국가간의 힘의 균형을 유지하려는 국제정치상의 상태·체제·정책을 의미한다. 세력균형의 정치는 그리스 시대부터 오래된 역사를 가지고 있으나 국제정치의 원리로서 보편화된 것은 유럽 중세의 지배체제가 무

할 수 있는 군사력과 경제력이 고갈된 결과 중동 지역에 있어서의 역할도 그만큼 축소되었다. 유럽 열강을 대신하여 미국이 세계적 초강대국으로 중동 지역에 본격적으로 개입하여 적대국과 동맹국으로 나누어 외교정책을 시행하기 시작했다.17)

중동은 민족(정체성)과 영토국가(주권) 사이의 불일치로 특징지어진다. 중동 지역의 딜레마가 '한 민족/다 국가(one nation, many states)'라고 한다면, 일반적으로 '한 국가/다 민족(one state, plural nations)'이라는 非아랍 중동은 '다 민족 국가'로 구성되어 있다. 이러한 요인은 외교정책 결정을 복잡하게 할 수밖에 없다.

결과적으로 아랍주의와 이슬람이라는 초국가적인 정체성은 많은 사람들에게 있어서 국가와의 동일시보다는 더 감정적(정서적)인 것이다. 많은 아랍인들은 일반적으로 중동에서의 국경선은 아랍주의를 희생하여 생긴 일시적이고 외적인 것으로 간주하여 왔다. 대부분 아랍인들이 인위적인 어떤 국경선을 부정하는 것은 아니다. 그렇다고 그들이 국경 없는 하나의 단일 아랍 국가의 수립을 주장하는 것도 아니다. 그러나 아랍을 약화시키기 위한 제국주의의 분할통치 전략에 의해서 오늘날 중동 지역이 수많은 아랍 국가들로 분열되었다고 보는 것이다.

오스만 제국의 붕괴 후에 설립된 아랍 국가들은 높은 언어적·문화적 유사성을 유지하고 있다. 공식적인 이데올로기 차원에서 이러한 감정은 "모든 아랍어 사용자가 한 민족을 형성한다"라고 간주하는 아랍 민족주의 사상에서도 나타난다. 아랍주의는 국가 헌법에 명기되어 있다. 13개 아랍 국가 헌법은 자신의 민족을 아랍 민족이라고 정의를 내리고, 단지 레바논과 튀니지만이 각각 레바논인과 튀니지인 민족이라고 언급하고 있다.18)

너지고 주권국가가 다원화되면서 나타난 것이다. 이 용어는 힘의 평형(equilibrium)이나 안정 또는 평화 등 여러 의미를 내포하고 있다.

17) Roberson 2002, 61.

정체성은 시대에 따라 변화해왔다. 1960년대 이후, 범 아랍주의가 쇠퇴함에 따라 각 개별 국가 정체성이 좀 더 강화되었다. 범 아랍주의 쇠퇴에 의해서 남겨진 이데올로기 공백을 1970-80년대에는 다른 초국가적 정체성 즉, 정치적 이슬람의 등장으로 메꾸어졌다. 기존 국가들의 정체성에 도전하는 정치적 이슬람은 이란 이슬람 혁명과 호메이니의 이슬람 수출 정책으로 상당히 가속화되었다. 이라크는 이란의 많은 시아파 무슬림의 침투로 위협받았다. 이란은 특히 이슬람을 통해 정권의 정통성을 모색했던 사우디아라비아와 걸프 국가들의 세속적 정권들이 추구하는 이슬람을 '미국제 이슬람(American Islam)'이라고 매도했다.[19] 확실히 이슬람 운동은 단지 범 아랍주의의 대체물이 아니라 오히려 중동의 개별 국가 내에서 이슬람 사회를 회복하는 것이었다. 개별 국가는 오랫동안 그들 자신들의 정통성을 이슬람에서 찾았다.

세속적 아랍주의와 정치적 이슬람이 어떤 측면에서 이데올로기적 경쟁관계에 있다고 하더라도, 그들의 외교정책의 정체성은 아랍주의와 이슬람을 상호 강화시키고 있다. 이슬람과 아랍주의는 둘 다 개별 국가의 시민권에 대해 아랍 또는 이슬람 사회에 우선적으로 충성심을 보인다. 또한 이슬람과 아랍주의는 서구 지배 국제체제로부터 경제・문화적 독립을 주장하고 서구 침투와 간섭을 배격한다. 중동에서의 외교정책은 그동안 국내 위협을 대처하는 수단으로 사용되기도 했다. 즉, 중동의 비종교적 정권들은 그들의 연약한 정통성을 지지하기 위해 反제국주의적 수사를 사용하기도 했고, 또는 국내 반대세력에 대항하여 서구 열강으로부터 보호를 요청하기도 했다.

18) Hinnebusch 2002, 30.

19) Hinnebusch 2002, 45.

3 이슬람 세계관과 국제정치체제

고대 페르시아의 조로아스터교에서 영향을 받은 이슬람 이란의 세계에 대한 시각은 각 유형에 따라 이분법적으로 다음과 같이 양분된다. 호메이니 관점의 이분법 또한 부분적으로 이원론적인 이슬람 이전 이란인들의 빛과 어두움, 선과 악의 세력간의 투쟁 원칙에 바탕을 둔 조로아스터교적 세계관을 반영한다.

첫 번째 이분법선은 권력이다. 호메이니는 세계가 두 개의 진영으로 나뉘어 있다고 믿었다. 하나의 진영은 권력을 가지고 다른 사람들을 지배하고 착취하는 억압자 세력이고, 다른 진영은 권력을 지니지 못하고 지배와 착취당하는 피억압자 세력이다. 호메이니는 "억압자 진영은 미-소 초강대 세력과 일부 다른 강대 세력이고, 피억압자 진영은 무슬림 국가들과 제3세계의 나머지 약소국가들로 구성된다"라고 주장했다. 유엔을 포함한 국제기구는 모두가 이 억압자의 진영에 속하는데, 이것들은 강대국에 의해 지배되어 정치·경제적 지배를 영속화시키기 위한 도구로 사용되고 있기 때문이다.

두 번째 이분법선은 이데올로기이다. 동구 즉, 소련 블록을 추종하는 자들과 서구 즉, 미국과 그 동맹국들을 추종하는 자들 사이의 이념적 이분법이다. 호메이니는 소위 비동맹국가들은 단순한 속임수에 불과하기 때문에 이슬람 이란을 제외하고는 진정한 독립국가는 존재하지 않는다는 확신에 차 있었다. 사실 소위 비동맹국가의 구성원들은 서구 진영에도 사회주의 진영에도 속하지 않았다.

세 번째 이분법선은 도덕적 또는 정신적 기준에 따른 것이다. 호메이니에 의하면 세계는 올바른 길 즉, 하나님과 믿음의 길을 따르는 자들과 사탄의 부패한 길과 불신을 따르는 자들로 나뉜다. 호메이니의 관점에서 올바른 길은 이슬람과 코란의 길이다. 부패한 길은 오만한 억압자 세력과 호메이니가 아첨꾼이라 여기는 자들의 길이다.

이와 같이 호메이니의 국제정치체제에 대한 인식은 비록 전통 이슬람 세계관의 전체를 나타내지는 않더라도 분명히 전통적인 이슬람의 세계 분리관인 다르 알-이슬람과 다르 알-하릅에 영향을 받은 것이다.[20)]

이슬람 세계관은 호메이니의 사상과 견해에 잘 나타나 있다. 예를 들어, 유엔이나 헤이그 국제사법재판소 같은 국제기구에 대한 호메이니의 경멸 등은 이러한 그의 사상에 바탕을 둔다. 호메이니의 관점에서, 서구 진영에서 만든 이러한 국제기구들은 이슬람 세계와 무관할 뿐만 아니라 무슬림 국가들과 제3세계 국가들을 지배하기 위한 서구 제국주의의 대리 기능을 수행하는 기구일 뿐이다. 그러나 이란 이슬람 공화국도 자국의 이익을 위해서는 유엔에 도움을 요청하기도 하였다.[21)]

이러한 요인은 많은 이란의 지식인들이 국제정치체제를 바라보는 시각이 호메이니와 유사한가를 설명한다. 잘랄 아흐마드[22)]는 가릅자데기 즉, 서구 중독증이라는 책의 저자로 세계가 2가지 종류의 국가들로 나뉘어져 있다고 기술했는데, 그것은 기계라는 기술을 습득한 선진국가들과 그렇지 못한 후진국가들인 것이다. 아흐마드에게는 이러한 분리는 두

---

20) Hunter 1990, 37; Hunter 1998, 129.

21) Savory 1990, 37.

22) 20세기 이란의 유명한 작가 아흐마드(Jalal al-Ahmad)는 이러한 관점을 다음과 같이 기술했다. '초기에는 서양인들은 나라의 마님이었고 오늘날은 고문이나 자문관 또는 UNESCO 대표로서 여기 이란에 상주하고 있다. 그러나 그들이 더 이상 식민주의적 색채를 띠지 않았다고 해도 그들의 임무는 여전히 똑같다.'

집단 간 관계의 본질을 규정지으며 경제적으로 후진국은 선진국에 의존한다는 것이다. 그의 주장에 의하면 선진국들은 자국의 지속적인 번영과 우위를 확보하기 위해 후진국들의 의존 상태를 영속화시키기를 원한다.[23)]

이러한 맥락에서 아흐마드는 국제관계에서의 국제기구를 강대국-약소국간의 본질적인 식민관계를 영속화시키기 위한 새로운 도구로 여겼다. 그는 강대국이 더 이상 식민지의 탈을 쓰지 않고 그들을 서헵[24)] 즉, 총독이라는 본색을 드러내지 않는다고 기술했다. 그들은 자문관 내지는 UNESCO 대표로서 합법적으로 보이게 위장할 뿐이다. 많은 비무슬림 지식인들은 아흐마드의 관점을 1950년대부터 1980년대까지 공유했으며, 그의 견해를 여전히 일부 추종자들이 따르고 있다. 국제법과 국제기구가 단순한 강대국의 '도구'라는 호메이니의 믿음은 또한 순수한 이슬람 또는 심지어 이란적인 것도 아니다. 그러한 믿음은 오랫동안 대부분 제3세계 지식인들의 공통된 인식이었다.

결과적으로 대부분 이란의 세속적 지식인들은 양극적 세계관 즉, 세계를 지배자와 피지배자, 부자와 빈자, 선진국과 후진국으로 이해하게 됐다. 이러한 관점은 제3세계를 통해서 상당히 알려져 있다.

호메이니와 그의 제자들은 선진국에 대한 후진국의 의존 상태를 야기하고 영속화하는 작용을 하는 자들이 바로 무슬림 국가 내의 부패한 통치자와 정치 엘리트들이라고 비난한다. 호메이니가 무슬림 지도자들이 강대국들로부터 독립되어 있는지를 판단하는 기준은 그들이 '진실된 이슬람의 길을 고수하고 있느냐'하는 것이었다. 그의 관점이 독특한 것은 아니었지만, 통치권 내 엘리트 계층의 역할에 대한 그의 견해는 이란의 범속한 식자층에 의해 지지를 받았다. 실례로, 카자르 왕조 당시 이란의

23) Hunter 1998, 130.

24) 서헵(sāheb)의 원래 의미는 '주인'으로 번역된다.

통치계층은 영-러의 수하에 있었으며, 반대하는 자들은 외세의 음모에 의해 살해되거나 권력층에서 밀려났다.

19세기 이란의 위대한 재상으로서 개혁과 독립을 위해 싸웠던 파라하니[25] 및 아미르 카비르[26]의 운명은 이란 역사상 주목할 만한 것이었다. 두 사람 모두 외세의 압제에 저항했고 왕과 귀족의 특권을 제한하려 애썼다. 비교적 근래에 들어, 모사데그도 유사한 이유로 그에 필적할 만한 운명을 맞았었다. 이러한 역사·철학적 차원과 더불어 호메이니는 세계를 음모로 이해하기도 하였다. 그는 수세기에 걸쳐 이슬람에 대한 강대국들의 음모가 있었고, 오스만 제국의 멸망은 무슬림 세계를 정복하여 그 재산을 약탈하기 위해 분열을 조장시키고 그 세력을 약화시키려 했던 서구 제국주의 세력의 음모의 결과였다고 믿었다.

이러한 주장은 제3세계의 어느 곳에서와 마찬가지로 이란의 식자층에 공유되어 있다. 제국주의·신제국주의·식민주의·신식민주의 등의 모든 이론은 제3세계에서 경제자원과 소비시장을 통제하려는 선진국들의 속셈에 그 근거를 두고 있으며, 이러한 이론으로서 제3세계의 모든 문제를 올바르게 설명할 수 있다고 믿고 있다. 이 때문에 비록 호메이니의 세계관 내에 이슬람이 그 중심을 이루고 있음에도 불구하고 그 역시 시대와 환경의 산물일 뿐이었다.

이란 이슬람 지도자들의 이념이 세계의 주요한 사상들 특히 사회주의의 영향에서 자유로울 수 없다. 이러한 점은 이란의 사회구조와 그 대외적 대응 전략에 관한 지도자들의 서로 다른 견해를 통해 볼 수 있다. 호

25) 19세기의 위대한 재상인 Mirza A. G. M. Farahani는 Negarestan Garden에서 Mohammad Ali Shah의 명령에 의해서 교수형에 처해졌다. 그의 가장 큰 업적은 러시아와 투르크만차이 조약을 성공적으로 체결한 것이다.

26) 이란의 가장 칭송받는 정치적 인물은 미르자 타키 칸 아미르 카비르(Amir Kabir: 1848~51)는 대단히 중요한 업적을 남겼다. 아미르 카비르의 가장 중요한 개혁 중의 하나는 외세에 대항하는 수단으로써 근대과학기술을 도입하여 군사력을 강화하고 부국강병의 실현이었다(장병옥 2004, 24).

메이니는 세계질서를 근본적으로 부당한 것으로 보았다. 왜냐하면 그것이 소위 신성한 원칙에 근거하고 있지 않기 때문이며, 그 본질은 바로 강자의 약자에 대한 지배 논리일 뿐이라는 것이다. 호메이니가 이러한 관점을 이슬람의 개념으로 나타내기는 했지만, 세계질서의 성격에 관한 그의 진단이 단지 그만의 것은 아니었다. 왜냐하면 그러한 질서와 룰이 선진국과 후진국 사이의 불균등한 힘을 우선적으로 반영한다는 사상이 제3세계에 이미 널리 퍼져있고, 더욱이 현 국제정치의 룰과 규범, 관행이 이러한 불평등한 관계구조를 유지하는 것을 목적으로 하고 있다는 것은 사실이기 때문이다.27)

그러나 중요한 것은 호메이니가 다른 비이슬람적인 순수한 이란의 전통, 최근 강대국과의 경험, 그리고 제3세계의 사상에서 영향을 받았다는 사실을 과소평가해서는 안 된다. 이것은 19세기가 시작된 이래로 강대세력에 대한 이란의 경험 또한 강자와 약자로 나뉜 이러한 이분법화된 세계관의 발전에 기여했다. 하메네이는 이란이 지난 150년 동안 강대세력들의 손아귀에서 당한 모욕 때문에 이란인들이 독립이라는 슬로건과 "동양도 서양도 아니다"라는 비동비서(非東非西) 철학을 받아들이게 됐다고 설명했다.

---

27) 국제정치체제와 룰에 관한 제3세계관은 아마도 과테말라의 지도자 아레발로가 쓴 『The Shark and the Sardine』에서 가장 잘 묘사해 놓은 듯하다. 그의 작품은 아메리카 대륙의 상호체제의 합법적이고 정치적인 기초뿐만 아니라 미국과 라틴 아메리카 국가들 사이의 관계에 본질적인 주안점을 두고 있음에도, 그 사상의 상당 부분은 세계질서를 이해하는데 이용되고 있다. 아레발로는 국제법과 초강대국의 상징인 상어에 대한 충성을 통하여 소위 「제국의 기원」을 언급했다. "상어는 미소를 지었다. 왜냐하면 이 순간 그는 가장 심오한 질서의 비밀-제국의 기원, 그 메피스트와도 같은 기능을 발견했기 때문이었다." 상어를 향한 충성 중에서 이 저서는 또한 제3세계 국가들이 대다수 점하고 있는 유엔 총회의 역할을 강화하고 새로운 경제질서와 국제정보 질서의 창조를 제3세계 국가들 자신이 원하고 있다는 점에 뿌리를 두고 있다(Hunter 1990, 39).

호메이니의 관점은 또한 동서 양 진영으로 양분된 제2차 세계대전 이후의 국제정치체제의 본질적인 양극화를 반영한다. 호메이니와 그의 추종자들은 그럼에도 동양보다는 서양에 더욱 적대적이었다. 50년 동안 이란을 지배하고자 했던 서구 열강은 이란 사회에서 이슬람의 역할 및 울라마[28]의 이익을 저해하는 정책을 펼친 팔레비 정권과 동일시되었다. 비록 유일신의 관점을 가진 서구가 종교 · 문화적 관점에서 무신론적인 소련보다 더 이슬람적임에도 불구하고 이스라엘과 동일시되는 서구는 이슬람주의자들의 상당한 적개심을 불러 일으켰다.

호메이니는 또한 일반적인 웨스트팔리아적인(Westphalian) 영토에 입각한 민족국가 및 심지어 이슬람 세계의 통합과 관련한 그 영향에 대해 부정적이었다. 그는 민족주의 사상이 이슬람 세계로 퍼지고 오스만 제국의 붕괴로 유럽 열강이 이슬람 세계를 약화시켜 "분할통치"전략을 용이하도록 한 음모였다고 간주했다. 그러나 이슬람 세계에 존재하고 있는 기존의 민족국가의 제거나 단일 무슬림 공동체의 창설을 주장한 호메이니의 저술과 연설은 거의 없다. 오히려 호메이니는 영토에 입각한 민족국가와 국민의 속지주의를 인정하였으며, 만일 민족주의가 국가를 사랑하고 국경을 방어하고자 하는 욕구를 의미한다면, 민족주의를 반대하지 않는다고 분명히 말했다.[29]

그는 단지 민족주의가 무슬림 사이에 불화의 근원이 되어 그들 통합의 정서를 약화시킬 경우에만 민족주의를 반대했다. 그래서 어떠한 점에서도 호메이니는 단일 이슬람 국가의 창설 내지는 심지어 정신적인 지위로서의 칼리프 제도의 복원을 지지하지 않았다. 호메이니가 이슬람적인 상징과 언어를 사용했음에도 불구하고, 그는 실제로 이슬람 정치

28) 울라마(ulama)라는 용어는 이슬람 신학, 법학, 철학 등 이슬람 학문에 전반적으로 조예가 깊고 박식한 신학자 및 성직자 등 지도계층에 대한 총칭이다. 이 책에서는 앞으로 울라마와 성직자를 혼용하여 사용하기로 한다.

29) Hunter 1998, 131.

사상가나 이론가라기보다는 제3세계의 행동주의적 투사였던 것이다.

이란의 관료들은 다른 나라 영토의 존중 및 내정문제에 대한 불간섭 등과 같이, 민족국가에 바탕을 둔 현존하는 국제정치체제를 더욱 명백하게 수용했다. 이러한 믿음은 왜 이란 이슬람 공화국이 국제정치체제로의 동화가 1984년 가속화되었으며, 왜 이란 외교정책이 현재 이러한 체제에 어느 정도 순응하는지를 설명하는데 도움이 된다. 간단히 말해, 호메이니가 원했던 것은 무슬림 세력이 소위 패권세력에게 저항하고, 이슬람 국가와 강대국 사이의 힘의 균형을 맞추며, 무슬림의 권리를 보호하고, 현존하는 국가의 국경을 변경하지 않고 이슬람적 가치를 전파하도록 할 수 있는 단일 무슬림 정신 통일체였던 것이다.

4 이란 외교와 국제관계

이란 외교사와 국제관계는 고대 페르시아 제국에서 시작된다. 아케메니아 페르시아 제국(B.C. 550-332)은 전성기였던 기원전 5-6세기에 문명 세계 대부분을 점령했다. 사실, 많은 서구인들은 아직도 그리스가 마라톤(Marathon) 평야에서 페르시아에 참패를 안겨주었다고 생각하고 있지만, 수사(Susa)와 페르세폴리스(Persepolis) 등 페르시아의 대도시에서는 이를 하찮은 국경분쟁 정도로만 여겼던 듯하다. 그러나 기원전 4세기 그리스에 정복당한 이후 페르시아는 계속해서 아랍 · 셀죽 터키 · 몽골 · 아프가니스탄 등 외세의 지배를 받는 치욕을 겪었고 19세기부터는 영국과 러시아의 지배를 받기도 했다.

따라서, 오늘날 이란의 부흥은 통치자와 대다수 국민들의 마음 속에 잃어버린 페르시아 제국의 옛 영광을 회복하는 것이다. 이란인은 그들의 언어와 문화를 민족의 유산으로 잘 보존하였으며, 이러한 유산은 국경을 초월하여 전세계에 영향을 미쳤고 인류문명에 커다란 공헌을 했던 것이다.

18-19세기 이란 외교정책은 비현실적이며 성공적이지 못했던 이란의 민족통일주의와 터키 · 러시아 · 아프가니스탄에 의한 패배주의로 특징지을 수 있다. 근대 이란의 독립과 영토 보전에 위협이 된 양대 세력은 영국과 러시아로서 이란 외교정책에 있어 가장 중요한 요인이었다. 19세기에 러시아는 중앙아시아와 카프카스 지역 내 이란 영토 중 상당 부분을 병합하여 아직까지도 유지해오고 있다.

러시아의 목표는 중앙아시아에서 아프가니스탄에 이르는 국경에 대한 통제력을 장악하여, 이란 해군 전함들이 카스피 해에 주둔하는 것을 방지하며, 걸프 지역의 부동항을 획득하는 것이었다. 영국의 목적은 다소 방어적이었다. 영국은 인도에서 러시아의 실제적 또는 가상적 위협으로부터 대영제국을 보호하고, 걸프 지역에서 "치안유지자"로서의 위치를 지키고자 했다. 영국 측에서 볼 때, 인도는 이란과 아프가니스탄 사이의 완충역할을 하는 지정학적으로 주요한 위치에 있었다. 영국은 인도에서의 안보를 강화하기 위해 이란과 아프가니스탄에 대한 러시아의 영향력이 확대되는 것을 경계했다. 이로 인하여 진퇴양난의 상황에 처해진 이란은 두 열강 사이에서 국가의 독립과 주권을 지킬 수 있는 외교정책 수립의 필요성을 절감했다.

러시아는 1921년과 1946년 두 차례에 걸쳐 이란령 아제르바이잔을 병합하거나 적어도 지배하려 들었다. 영국의 정책은 1950년대 영-이란 석유회사가 국유화될 때까지 이란의 독립에 덜 적대적이었다. 영국은 이란을 인도와 러시아 사이의 완충지로, 그리고 1900년대 초 이후에는 중요한 석유 공급원으로 간주했다. 영국의 입장에서는 이란이 강력하지는 못하더라도 최소한 안정적이고 역동적일 필요는 있었던 것이다. 따라서 영국의 정책은 러시아의 정책만큼 이란의 독립에 전적으로 위협적이지는 않았던 것이다.

외세의 침략은 페르시아 카자르 왕조(1785-1925)의 부패 · 무능 · 침체에서 기인했고, 근대 이란 민족주의 운동을 촉발시켰다. 팔레비 왕조(1925-1979)의 외교정책 핵심은 외세의 침략 종식과 민족독립의 회복이었다. 제국주의 열강에 둘러싸인 여타 국가들과 마찬가지로 외세의 침략은 1) 강력한 전제적인 중앙정부 2) 외교정책 3) 이란 민족주의를 최우선으로 삼아야 한다는 전통적인 이란인의 성향을 한층 더 강화시켰다. 결과적으로 영-러는 이란을 지배하고 영향력을 강화하기 위해 각축전을 벌였으며, 이로 인해 이란은 이들 양대 세력에 맞서 국가의 독립을 보전하기 위해 중립적인 제3세력을 모색하기에 이르렀다.

18세기 말엽에 이란의 입장에서 본 제3세력은 프랑스였다. 나폴레옹은 인도를 점령하기 위해 이란과 러시아를 끌어들이려 했다. 이란 정부는 프랑스가 영-러 양국의 침략을 방어할 수 있는 견제세력으로써의 역할을 할 수 있으리라 믿고 처음에는 호의적인 반응을 보였으나, 나폴레옹의 러시아 원정이 실패로 돌아가자 이러한 기대는 사라졌다. 19세기 영-러는 이란에 대한 정치 · 경제적 침략을 끊임없이 자행했다. 피터 대제는 페르시아를 장악하여 인도로 가는 길을 통제하려 했다. 나폴레옹도 같은 이유로 페르시아를 정복하려 했다. 19세기에는 영국의 對이란 정책이 영국의 인도 총독부에 의해 이루어지기도 했다. 그래서 이란을 둘러싼 강대국들의 이해관계는 인도에 대한 관심을 기초로 하였고, 이란을 그 관문으로 간주했던 것이다. 1907년 영-러는 독일의 세력성장에 대응하여 이란을 자신들의 영향력 행사권으로 분할하였다.

영-러의 침략은 이란의 경제에 어느 정도 자극을 주기는 했지만 급진적인 이란 민족주의자들과 같은 반외세집단의 증대를 가져왔다. 이란에 영향력을 행사하기 위한 3국 협상의 결과 1907년에 이란은 영-러 양국의 영향권으로 분할되고 말았다. 테헤란이 포함된 러시아 영향권은 영국 영향권보다 넓었으며 러시아의 對이란 정치간섭은 보다 직접적이고 비인도적이었다. 따라서 이란이 영-러간 세력균형 유지를 위한 희생물이 되면서 이란의 민족주의는 보다 강화되었다. 더욱이 1906년 헌법의 민주적 민족주의가 외세의 위협에는 무기력하다는 사실이 입증되었기 때문에, 이란의 민족주의가 민주주의보다 더 중요한 위치를 차지하게 되었다. 다수의 정치 엘리트들은 근대화된 전제주의가 이란 독립을 회복시켜주는 유일한 수단으로 믿게 되었다.

그러나 이란을 둘러싼 러시아의 영향력이 점차 커져가고 영국 해군에게 이란의 석유가 그 중요성을 더해가자, 영국 정부 역시 영향력을 강화해나가려 했다. 이란은 다시 제3세력으로 눈길을 돌렸다. 이란의 관심은 영-러와 적대관계에 있었던 독일, 그리고 이란에 별로 관심을 보이지 않았던 미국에게 있었다. 그 당시 미국은 적어도 이란의 이익을 위해 영국에 영향력을 행사해 줄 수 있을 듯이 보였지만, 이러한 예측은 비현실적인 것으로 판명되었다. 제1차 세계대전 시, 이란은 친독일 중립정책을 취했는데 이는 매우 부적절한 것이었다. 사실상 이란은 친연합국 정책을 취했어야 했는데, 그렇지 못했던 이유는 미국이 이란에 매우 무관심했었기 때문이었다. 이란 정부는 미국의 외교적 지원을 얻기 위해 미국인 슈스터(Morgan W. Shuster)를 재정고문관으로 임명하고 1911년 이후 이란의 재정구조를 개혁하고자 시도했다.[30] 제1차 세계대전과 이란의 비현실적이고 친독일적이었던 중립정책은 이란 정치에 혼란만을 가중시켰을 뿐이었다.

제1차 세계대전으로 러시아에 볼셰비키 정권이 들어섰으며 이후 영-러의 전통적인 對이란 정책에 기인한 대립이 재개되었다. 비록 이란이 영-러 양국간의 대립으로 상호 적대적 균형관계를 조장할 수는 있었으나, 1920년대 초부터 소련의 팽창주의는 더욱 현저하게 부각되었다. 1920년대 이후 소련의 팽창주의는 러시아의 전통적 남하정책과 소련 접경 지역에 우호적인 토착 공산당을 설립하려는 볼셰비키즘이 결합된 것

30) 1907년 이란 분할 협정에 의거하여 러시아는 슈스터의 임명에 반대하였고 마샤드와 타브리즈에 공격을 감행함으로써 미국의 사절단은 철수했다.

이었다. 게다가 소련은 이란을 인도, 나아가서 아시아에서 혁명의 관문이라고 믿고 있었다. 한때 소련은 이란에 대한 영국의 개입을 저지했고 이란 북부 지역에 침략하여 그곳에 독립 괴뢰 정부를 수립하였다. 이러한 사태의 전개로 이란의 민족주의는 윌슨과 레닌의 민족자결주의에 영향을 받고 보다 강화되었다.

이와 같이 이란 국내정치에서 외세의 간섭에 따른 가장 중요한 결과는 이란 사회 전 부문에 걸친 민족주의 감정의 대두였다. 이란은 외세의 손아귀에서 단지 이용만 당하고 영토 손실만을 보았다. 1950년대 소련은 바그다드 조약[31)]과 미국-이란 쌍무협정 같은 동맹에 대항하여 한편으로는 경제적 지원을, 다른 한편으로는 군사적 위협을 병용하는 강온양면정책을 구사하였다. 1960년대 말까지 지속된 동서 냉전기 속에서 팔레비 정권에 대한 외세의 간섭은 줄어들지 않았다. 경제·외교적 수단을 통해서 이란을 더욱 강하게 지배하려는 열강의 치열한 경쟁은 이란의 정치발전을 저해하는 하나의 주요한 요인이 되었다.

이후 동서의 냉전으로 미-소가 영-러를 대신하여 이란에 개입하면서 영향력을 행사해 왔으나, 1979년 이슬람 혁명에 의해 팔레비 왕조의 샤(shah) 정권이 붕괴되고 새로 창설된 이란 이슬람 공화국은 '제3의 세력'으로서 독자적인 외교노선을 견지하고 있다. 이란에서의 이슬람 혁명은 중동정치의 지정학적 지도를 바꾸었을 뿐만 아니라 서구 국가의 간장을 서늘하게 하면서 이슬람 원리주의의 물결을 강하게 일으켜 왔다.

그러나 개혁파 진영의 하타미가 1997년 대통령에 당선된 데 이어, 2001년 재선에 성공함으로써 이란은 민주사회로 향하는 이슬람 국가의

---

31) 1955년 1월 터키-이라크 양국이 상호방위조약 체결했고, 미국의 후원 하에 파키스탄(1955. 9)과 이란(1955. 11)이 여기에 합류했다. 미·영·불 등의 후원을 받는 중동 지역의 對소련 방위조약이었으나 이라크의 왕정이 붕괴(1958)된 뒤 그 명칭이 CENTO(Central Treaty Organization)로 바뀌었다.

발전에 있어서 획기적인 새로운 이정표를 마련했다. 이것은 지배층 울라마의 정치사상이 다양화되어 분열되고 있는 가운데, 호메이니의 반서구 고립주의 이데올로기로부터 하타미의 국제정치 참여 이데올로기로의 변화를 나타내는 것이다. 이러한 발전의 맥락에서 하타미가 개혁의 하나로 추진한 대외관계에서는 국제적 고립을 벗어나, 이란 정부의 제안에 따라 유엔에서 2001년을 '문명 간의 대화의 해'로 선포한 것은 큰 진전이라 할 수 있다. 이것은 이슬람에 대한 서구의 편견과 오해를 풀고 세계 57개 무슬림 국가로 구성된 이슬람회의기구(OIC: Organization of Islamic Conference) 의장국으로서 이란의 국제적 위상을 더 높일 수 있는 기회를 마련했던 것이다. 그러나 2002년 1월 미국은 이란-이라크-북한을 '악의 축'[32]으로 규정함으로써 이들 국가들과 적대 관계를 조성했다.

오늘날 미국은 과거 유럽 역사에서 자행되었던 교회의 '정의의 전쟁'과 근대 이후 국가의 '정의의 전쟁'을 교묘하게 결합시켜 세계의 악을 응징하는 십자군 전쟁을 이라크에서 이미 수행하였으며, 나머지 '이교도들'에게도 선포하고 있다. <구약>에서 신이 지는 해를 멈추게 하여 여호수아가 이교도를 절멸하게 해 준 것처럼[33] 부시는 주적으로 분류된 이교도 국가들을 '악의 축'이라 명명하고 지상에서 청산해야할 대상들로 보고 있다. 그러나 부시가 언급한 '악의 축'이 더 큰 기폭제가 되어 이란 핵개발 문제는 이란 보수파에게 개혁파를 압도하는 결과를 초래했다.

이란은 9·11사태 이후 탈레반 정권과 사담 후세인 정권이 전복된 후 대체로 중립을 유지해왔다. 그러나 2005년부터 이란이 이라크 정부와 밀접한 우호관계를 강화시켜 나가자, 이란-이라크 양 국가간의 동맹으로 생길 걸프 지역에서의 시아파 이슬람 세력의 영향력 확대를 우려해

32) 백악관 연설문 담당관이었던 David Frum이 부시 대통령의 원고에 이 '악의 축'이라는 단어를 집어넣은 것으로 알려져 있다.

33) 차문석 2005, ix.

온 미국 지도자들은 딜레마에 빠져있다. 게다가 성직자 출신이면서도 실용·개방주의 노선을 걸어왔던 하타미 대통령이나 라프산자니 전 대통령과 달리, 비성직자 출신이면서도 이슬람 원리주의에 충실한 마흐무드 아흐마디네자드가 2005년 8월 2일 제6대 이란 대통령에 정식 취임함으로써 종전보다 훨씬 더 강화된 반미 노선을 지향하고 있다. 동시에 이란은 자국의 이슬람 이데올로기와는 거리가 먼 현 국제정치체제에 동참하기를 완강히 거부하고 있다.

그 대안으로써 호메이니가 주창했던 '동구도 서구도 아닌' 제3의 길로서 독자적인 제3의 세력을 구축하고자 하는 외교정책 노선을 추구해 나갈 것이다. 동서 양 진영 어느 쪽에도 속하지 않는 비동비서(非東非西) 정책은 이란 외교정책의 기본 골격이 되고 있으며 '이슬람 자주권' 측면에서 정당화된다.

2006년 1월 3일 아흐마디네자드 대통령은 전임 대통령 시절에 도입된 외교정책들이 이란에 거의 득이 된 게 없고, 이슬람권에서 이란의 입지만 약화시켰다고 평가 절하했다. 아흐마디네자드는 외교안보위원회 회의에서 라프산자니 및 하타미 전 대통령 정부가 유럽의 비위를 맞추려고 했다며 비판했다. 회의에서 그는 "지난 16년 동안, 우리 외교는 화해(데탕트) 정책을 채택했다. 그러나 실제로 이 정책은 이란을 위해 어떤 것도 달성하지 못했다. 하타미 대통령의 집권 2기 말년인 2004년, 우리는 혁명의 목표에서 멀어졌으며 이슬람권에서의 활동도 다소 축소됐다"고 비판했다.

아무튼 미국을 위시한 서구 국가들은 이란을 '불량국가'로서 '폭정의 전초기지'로 계속 남겨두어야 할지 그렇지 않으면 국제사회로 복귀시켜 동등한 참여국으로서 환영을 해야 할지 적절한 대처방안을 찾지 못하고 기회를 놓치고 있는 것 같다. 미국이 이슬람 신정체제를 위협하고 불안정하게 하면 할수록 이란의 핵무기 개발이라는 부메랑으로 더 큰 위협이 되어 미국에게 되돌아 올 것이다.

제2장 외세개입과 국제관계

제1차 세계대전 중 페르시아는 영국과 터키 군대간의 전쟁터가 되고 말았다. 전쟁 말기에 러시아는 이란 북부 지역에 공산주의 정권을 수립하려했다. 반면 영국은 페르시아 카자르 왕조(1785-1925)의 재정 · 군사 문제에 영향력을 행사할 수 있는 조약을 강요하고 있었다. 이에 분노하여 제국주의 외세와 무능한 카자르 정권에 대항하여 급진적 민중혁명 운동이 일어나기 시작했던 것이다. 현대에 와서도 이란은 세계 열강의 각축장이 되었다. 이란에 대한 열강의 개입은 정치적이라기보다는 경제적 이권을 독차지하기 위한 이유에서 시작되었다. 여러 차례에 걸쳐 러시아 · 영국 · 프랑스 · 터키 등이 이란을 지배하고자 했다.

이러한 수많은 외세의 침략에 대응하여 이란이 급속한 국가 근대화를 추진했다는 점에서 케말 아타투르크의 터키보다 적합한 사례라고 하겠다. 이란과 마찬가지로 터키 역시 비 아랍계 무슬림 국가이며, 양국은 근대화를 이루기 위해 전통적 지주계층과 보수적 이슬람 지배계층이라는 두 장애물을 제거해야 했다. 팔레비 왕조(1925-1979) 하의 이란 역시 서구식 근대화 모델을 채택하고 서양의 기술을 도입하고자 하는 외교노선을 추구했다.

1 카자르조 시대

카자르조 이전 이미 오래 전부터 외부세계와 이란 사이의 접촉이 이루어져 왔다. 종종 외세의 군사 및 경제교역 형태의 침투로 카자르 시대 때부터 이란은 명목상으로만 독립적이었고, 영-러의 식민지 초기 단계에 있었다. 두 열강은 테헤란 정부에 정략적으로 차관을 제공함으로써 이권을 획득하고 국가경제와 왕실의 유력자에게 영향력을 행사했다. 이러한 과정에서 이란은 영-러와 이권 충돌로 분열되었고 국내외적으로 수탈 당했다.

더구나 카자르 기간 동안 외세의 간섭은 약소국에 대한 지배라는 열강의 외교정책의 맥락에서 나타났다. 카자르조의 4대 왕인 나세르 알 딘 샤(1831-96) 이후의 모든 통치자들은 유럽 열강, 특히 러시아 및 영국과의 관계에서 군사적 열세와 불리한 지위에 있다는 사실을 통감하게 되었다. 외세의 개입이 카자르조의 정치에 있어 떼어놓을 수 없는 부분이 되면서, 이는 경제침탈과 정치발전의 저해 요인으로 작용했다.

일부 기회주의적인 조신들과 고위관료들은 외세개입의 한두 가지 이점을 부각시키면서 그들과 결탁하여 막대한 부를 축적했다. 그러나 대부분의 바자르[34] 상인과 민중은 점점 더 고통을 받았다. 비록 그들이 외부세계와의 교역의 증가로 경제 · 산업분야에서 이익을 얻을 수는 있었겠지만, 이는 최소한의 것들이었다. 이란에 대한 제3국의 이권개입을 봉쇄한 영-러 두 열강의 이해관계 및 사리사욕에 눈먼 관료들의 외세와의 영합에 의해 불리한 상업조약이 체결되곤 했다. 이란은 국제적 음모와 비도덕적인 관료의 개인적 탐욕의 한 가운데에서 외세에 의해 이중삼중으로 수탈 당했다고 할 수 있다.

---

34) 바자르(bazaar)의 뜻은 '전통적인 재래 시장'으로서 페르시아어에서 나온 말이다.

1) 강대국의 각축장으로서의 이란

역사적으로 러시아의 황제들은 이반 황제의 공포정치를 시작으로 이란에 대해 관심을 가졌다. 초기에 양국관계는 순수하게 상업적인 것이었으나, 이후 러시아는 페르시아에 대한 정치·경제적 지배를 시도했을 뿐만 아니라 군사적인 정복도 도모했다.

첫 번째 러시아-이란간의 정치·군사적 관계는 피터[35](1682-1725), 케더린[36](1762-1796), 그리고 니콜라스 1세(1825-1855)의 로마노프 왕조 시기에 시작되었다. 피터 황제는 "쇠퇴기에 있던 사파비 왕조가 페르시아만뿐만 아니라 세계의 보고인 인도까지도 영향을 미치고 있다"라고 평했다.[37] 페르시아의 타흐마습(Tahmasp: 1722-1731) 왕의 통치기에 피터 황제는 페르시아 영토였던 바쿠 및 레쉬트 지역뿐만 아니라 시르반·다게스탄·길란·마젠드란·고르간 등의 지역들을 강점하였다. 하지만 그의 후계자는 1732년 레쉬트 조약 체결 이후 나디르 샤에게 이 영토를 되돌려 주었다. 케더린은 아가 무함마드(Agha Mohammad: 1785-1797)에 대항하여 그의 군대를 이동시켜 그루지야·바쿠·데르벤드·다게스탄·시르반을 포함하는 카프카스 전 지역을 점령하였다. 이 지역들 중 일부, 특히 그루지야는 이란인에 의해 재점령되었다. 하지만 케더린이 죽기 전에 그루지야의 통치자가 왕위를 러시아인에게 내줌으로써, 이 지역은 러시아에 귀속되었다.

두 번째 러시아-이란간의 정치·군사적 관계는 처음부터 무력충돌과 국경지역의 작은 전투로 악화된 상황에서 시작되었다. 이란이 잃어버린

35) 러시아어로는 '표트르'로 발음한다.
36) 러시아어로는 '에카테리나'로 발음한다.
37) Hussain 1985, 16.

영토를 되찾기 위해 전쟁을 선포하였다. 러시아에 빼앗긴 그루지야 지역을 수복하려는 시도로써, 카자르조의 2대 왕인 파트흐 알리 샤(1797-1834)는 1804년부터 8년간의 오랜 전쟁을 치렀으나 실패로 끝나게 되었다. 1813년 그는 러시아에 이란 북부 영토를 넘겨주는 굴리스탄(Gulistan) 조약에 서명하지 않을 수 없었다. 이 조약에 따라 러시아는 카프카스 지방을 얻었고 러시아-이란 사이에 몇 개의 국경선이 그어졌다. 그리고 무엇보다 가장 중요한 것은 이란 정치에서 러시아의 간섭권이 허용된 것이었다. 그 이후로 러시아 대사들은 카자르조의 왕위 계승 문제에까지 배후에서 큰 영향력을 행사하려고 했다. 러시아의 영토 확장 계획이 성공한 후, 러시아는 더 큰 야심을 품게 되었다. 니콜라스 1세가 1825년에 왕위에 오르자 러시아 군대는 고츠카(Gochka) 호수 지역을 점령하였다.

이슬람 종교계의 울라마는 이 지역을 되찾기 위해 이란의 군주에게 러시아에 대한 지하드 즉, 성전을 강요했다. 과거 러시아에 이미 굴욕적인 패배를 당한 적이 있었던 파트흐 알리 샤는 마지못해 1826년 영토를 수복하려 전쟁을 치렀으나, 결국 패배하였다. 이 두 번째 군사작전은 첫 번째보다 더 큰 재앙이 되어 1828년 러시아 군은 남쪽 타브리즈까지 진격하여 이 중요한 도시를 장악하고, 테헤란으로 진군하기 시작하였다. 영국의 지원에 의존하고 있었던 카자르 왕조는 그것이 더 이상 소용이 없음을 알고, 마침내 1828년에는 투르크만차이(Turkmanchai) 조약을 체결하여 평화를 추구하였다. 이 조약으로 페르시아 북부 에리반 지역 등 더 많은 북부 영토가 러시아에 합병되었고, 굴리스탄 조약이 재확인되었다. 그리고 이란 거주 러시아인에게 치외법권이 부여되었고 또한 2백만 루블에 달하는 엄청난 전쟁 배상금이 지급되었다. 1828년에 러시아는 또한 오스만 제국과 아드리아노플(Adrianople) 조약을 체결하였고, 두 나라에 부여된 양여권을 통해 트랜스코카서스 · 흑해 · 카스피해의 통치권을 얻었다.

세 번째 정치·군사적 관계는 경제적 지배와 더불어 러시아의 중앙아시아 진출과 함께 1830년에 시작되었다. 러시아는 1868년에 부하라, 1873년 키바, 1876년 코칸드, 1884년에 마르브를 각각 단계적으로 점령하고 중앙아시아의 칸국(Khanate)들을 러시아에 병합했다. 사실상 1880년대에 이르러 사마르칸드를 포함한 중앙아시아 대부분이 러시아에 합병되었다. 순조롭게 진행된 이러한 정복은 러시아 국무총리인 위트(Witte) 백작으로 하여금 페르시아 북부 지역 전체가 '러시아 대제국의 일부'가 될 것임에 틀림없다고 호언장담하게끔 하였다. 20세기 초 니콜라스 2세 통치 하의 러시아 장관 람스도르프(V.N. Lamsdorff)는 러시아의 대 페르시아 외교정책 기조에서 「페르시아를 러시아 지배 아래 두어, 러시아에 순종하는 유용한 도구로 만들어야 한다」는 글을 올리기도 했다.[38]

러시아의 중앙아시아 진출은 페르시아만과 식민지 인도에서의 영국의 영향력에 위협이 되었기 때문에, 영국 정부는 러시아의 의도를 의심하기 시작했다. 영-러간의 각축전은 19세기 초부터 카자르 왕조의 통치 기간 동안 더욱 심화되었다. 1800년에 영국은 카자르 정부에 프랑스를 돕지 말도록 설득하고, 자국 상인의 세금을 면제받는다는 통상조약을 이란과 체결하였다. 이에 대응하여 나폴레옹은 "이란이 영국과의 협정을 파기한다"라는 조건으로 이란과의 동맹을 제안하는 프랑스 사절단을 1805년에 보냈다. 이러한 일로 1807년에 이란-프랑스 사이에 이란 군대의 훈련을 약속하는 핀켄스타인(Finkenstein) 협정이 체결되었다. 이란은 이 핀켄스타인 협정의 체결에 따라 프랑스를 최초로 영-러의 균형세력으로 이용하고자 하였다.[39]

프랑스는 고든 장군이 이끄는 군사 고문단으로 하여금 이란군을 훈련시키기 시작했다. 다른 한편 프랑스는 러시아와 적대관계였으나, 같은

38) Hussain 1985, 17.
39) Ghods 1989, 18.

해에 나폴레옹과 알렉산더 1세는 틸지트(Tilsit)에서 우호협정을 체결하였다. 이리하여 프랑스-이란 우호관계는 끝나게 되었다. 1870년대 후반에 나세르 알 딘 샤가 유럽을 여행한 이후 이란의 정치 · 경제관계에서 독일을 제3세력으로 끌어들이려고 시도했다. 비스마르크의 군사적 위용 및 프러시아 스타일의 통치로부터 강렬한 인상을 받은 그는 이란 남부에서의 철도와 선박건조 사업을 독일회사에 맡기려고 했으나, 영국이 그의 이러한 계획에 반대했다.

영국은 1808년에 이란으로 또 다른 사절단을 파견하여 프랑스 및 러시아에 대항하면서 1809년, 영국-페르시아 동맹 조약을 체결하였다. 그 조약에는 이란 군대를 훈련시키며, 통치자에게 12만 파운드를 제공한다는 내용이 명기되어 있었다. 영국이 프랑스와 교전 중에 있는 동안 영-러 관계는 우호적으로 발전했다. 이란 군대가 러시아군에 패하고, 위에 언급한 1813년 굴리스탄 협정을 통해서 평화를 구축하려 했던 이유들 중 하나는 영국 관리들이 이란인 스스로의 힘으로 문제를 해결하도록 놔둔 채 철수했기 때문이었다. 심지어 영국은 테헤란 정부에 이란의 영토를 러시아에게 양보하라고 강요하기까지 하였다. 또다시 이란은 영국에 이용당하기만 했을 뿐 쇠퇴기에 있던 카자르조는 외세를 이용해서 어떤 이익도 얻지 못했다.

영국은 이란과 1814년에 또 다른 조약을 맺었는데 그것은 이란이 인도 내에서 영국의 이권을 위협하는 나라와는 동맹을 파기하겠다는 것과 15만 파운드의 원조금을 주겠다는 내용을 골자로 하였다. 영국은 또한 전쟁이 일어나면 이란을 지원하겠다고 약속하였다. 그러나 이 약속은 러시아가 고츠카 호수 지역을 점령한 1825년 시험대에 올랐고, 영국은 오히려 이란을 침략자로 규정하며 지원을 거부했다.

1828년에서 1900년까지 영-러는 영토 확장을 추구했고, 이란에서의 영향력도 증대시켰다. 두 열강 사이엔 묵시적인 약속이 되어, 러시아는 영국의 이란 남부 진출을 간섭하지 않는 대신, 영국은 러시아의 이란 북부 진출을 묵인했다. 이란 북서부에서는 러시아가 아제르바이잔을 분할하였고, 남동부에서 영국이 발루치스탄을 분할하였다. 1857년 인도에 대한 공식적인 지배권을 확립한 후에 영국은 국경 중재에 관한 전문가 역할을 하며 모크란 국경설정위원회(1871), 시스탄 위원회(1872), 이란-발루치스탄 국경설정 위원회(1892), 제2차 시스탄 중재회의(1903)를 열었다.

1833년 이란의 황태자 압바스 미르자가 이란 동부 지역의 부족 반란을 진압하고 헤라트(Herat) 지역을 점령하려고 시도했으나, 영국의 반대로 좌절되었다. 헤라트 시는 아프간의 통치를 받고 있었지만 주민의 다수가 페르시아어를 사용하며 시아파 무슬림이었으므로 이란인들에 의해서 자국의 영토로 간주되었다. 압바스 미르자가 죽고 그의 아들 무함마드 미르자가 후계자가 되면서 아프가니스탄과의 전쟁은 종결되었다.[40)]

이란이 아프가니스탄에서 영국과 합동 군사기동 훈련을 하면서, 그 틈을 이용하여 1848년 헤라트를 점령했다. 그에 대한 보복으로 영국군이 이란 남부의 호람샤르 및 아흐와즈 지역을 점령하자 이란군은 철수하지 않을 수 없었다. 그 후 1856년 나세르 알 딘 샤는 잃었던 아프간의 도시 헤라트를 재차 점령했다. 그러나 영국은 즉시 페르시아만에 위치한 이란 남부 해안지역의 부세르 항구를 공격함으로써 보복을 했고, 1857년에는 하르그섬을 점령했다. 헤라트의 함락이 인도 안보에 대한 심각한 위협으로 여겨졌기 때문이다. 이듬해 이란은 아프간의 독립을 인정하고 내정문제에는 개입하지 않겠다는 파리 평화조약에 서명한 후 아프가니스탄에서 철수하고 원래 국경선을 인정해야 했다.

1907년 영-러 협정은 국내적으로 입헌혁명에 잇따라 일어나는 정치 불안정과 국제적으로 이란에 대한 독일의 영향력이 증가되는 시기로서, 입

40) Keddi 1981, 47.

헌혁명이 시작된 지 1년 후에 체결되었다. 이러한 국내외 정세에 대처하고 자국의 기득권을 각각 보호하기 위하여 영-러 양국은 협정을 통해서 협력체제를 갖추었다. 이 협정에 따르면, 이란을 각각 양국의 영향권 아래에 있는 2개의 구역과 어떠한 정치 · 상업적 이권을 행사할 수 없는 중립지역으로 분할하는 것이다. 러시아 세력범위는 실질적으로 더 컸고 정치적으로 중요한 수도 테헤란을 포함하고 있었다. 그러나 영국의 세력범위권 내에서 유전이 발견됨으로써 그 지역의 중요성은 더 크게 부각되었다.

협정 이전 이란에 대한 영-러 양국의 목표는 정반대였다. 영국은 점차적으로 산업발전과 제도개혁에 대해 호의적이었다. 이런 과정을 통해 영국은 자국의 사업가들이 이란에서 상업적인 이권을 획득하기를 바랬다. 이와 같은 일관성 있는 정책에 따라서 혁명 초기에 영국의 지원은 왕의 절대권력을 제한하려고 했던 것이었고, 입헌혁명군에게 은신처로서 대사관을 사용하도록 허용한 것도 바로 이러한 이유에서였다. 그러나 입헌주의자들에게 우호적인 학자인 브라운은 그의 저서[41]에서 다음과 같이 말하고 있다.

> *"대영제국의 분명한 목적은 아시아에서 입헌주의의 확산을 막는 것이었다. 왜냐하면 영국은 이집트와 인도에서의 자국의 영향력 감소를 우려하여 페르시아가 계속 연약한 후진 국가로 남아 있기를 원하였다. 특히 인도 국경과 접하는 페르시아의 케르만 및 시스탄 지역의 저개발 상태는 그대로 방치되었다."*

1907년 영-러 밀약은 입헌혁명이 시작된 지 1년 후에 체결되었다는 사실로 판단해보면, 이란의 정치발전을 위하여 영국이 입헌혁명을 지원했다는 주장은 납득하기 어렵다. 이와 더불어 입헌혁명에 대한 영국의

41) E. G. Browne, 1910, The Persian Revolution, 1905-1909, p. 195를 참조할 것.

정책은 1908년 이란에서의 석유발견과 우연히 시기가 일치하고 있으며, 당시 영국의 석유이권 문제와도 많은 상관관계가 있을 것으로 추론된다.

다른 한편으로, 러시아는 이란의 정치·사회적 현상유지가 지속되기를 바랬으며, 궁극적으로 차관 제공과 왕실에의 직접적인 영향력을 통하여 허약한 카자르 왕조를 계속 유지시키려 하였다. 러시아는 이란에서 개혁정부의 등장에 의해서 위기가 초래되는 것을 원치 않았고 특히 민중혁명에 의한 것은 더욱 그러했다. 러시아가 혁명의 성공과 의회정부 수립에 반대하는 데에는 2가지 주된 이유가 있다.

첫째, 러시아는 1900년대 초 로마노프 정권의 어려운 국내 정세에 비추어 보아, 이란 내 혁명운동에 대한 지지는 러시아 국내의 부정적인 결과를 가져올 것으로 우려했다.

둘째, 이란의 의회수립은 이란에 대한 러시아 영향력의 실질적 감소를 가져오기 때문이었다. 만일 의회정부가 카자르 전제정치를 견제한다면, 러시아는 카자르 왕실에 대한 영향력 행사를 계속할 수 없기 때문이다.

따라서 제1차 세계대전 기간 중에 러시아는 새롭게 설립된 의회를 전복시키려는 활발한 활동을 전개한 반면, 영국은 소극적 태도를 보였다. 러시아는 카자르조의 6대 왕인 무함마드 알리 샤(1907-1909)를 지원하고 의회정부를 전복시키기 위해 여러 차례에 걸쳐 직접적인 시도를 꾀했다. 1911년에 폐위된 샤가 러시아의 오데사에서 출발하여 남부 카스피 해안을 통해 이란을 침공하여 왕위 재탈환을 시도했을 때, 러시아 정부는 그를 또다시 지원하였다. 폐위된 샤에 대한 러시아의 지원이 실패로 돌아가자, 러시아는 마즐레스(Majles)[42]에 대해서 경제·외교적으로 측면 공격을 하기 시작했다. 이러한 전략은 이란의 현대식 예산책정을 위해 재정 고문관으로 위촉된 미국인 슈스터를 해임시키도록 이란 정부에 압력을 가하는 모습 등에서 구체화되었다.

2) 열강의 경제침탈과 차관정책

나세르 알 딘 샤의 헤라트 점령은 외교적 관점에서 보면 표면상으로 드러나는 것 보다 더 중요한 점을 시사한다. 1857년 영국-이란 조약 체결은 영국이 이란에 영향력을 행사하는 시발점이 되었다. 또한 이러한 영향력의 행사는 이란 정부가 영국 사업가에게 양여한 이권을 통해서 그리고 이란이 영국으로부터 들여온 차관을 통해서 이루어졌다. 외세의 이권에 대한 쟁탈은 두 가지 현상으로 나타났다.

첫째, 영-러 양국에게 전략적으로 각별히 중요한 이란은 동쪽으로는 영국의 속국 인도, 북쪽으로는 러시아의 영토와 접한다.

둘째, 이란은 19세기 중엽부터 유럽에서 일어난 산업팽창으로 인하여 원료수입 및 상품공급을 위한 새로운 시장으로서의 주요 대상이 되었다.

이러한 상황에서 영-러 양국은 중동에서 이권 획득을 추구하였다. 최초의 이권은 1863년 영국에 양여된, 오스만 국경에서 이란 각 도시들까지의 육상 전신선 설치권이었다. 그 이후 1872년 영국인 로이터에게 상당한 이권이 돌아갔다. 그는 나세르 알 딘 샤로부터 철도 부설·상수도 가설·광산 개발·은행 설립에 관한 독점권이 포함된 70년 동안의 이권을 얻어내었다. 그러나 나세르 알 딘은 러시아의 압력에 못 이겨 그런 이권을 취소하였다. 영-러의 각축전은 치열했으며 마침내 1878년에 러

42) Majles 의미는 페르시아어로 이란 국회 또는 의회이다.

시아가 코사크 여단을 훈련시킬 권한을 획득함으로써 영국보다 유리한 입장에 서게 되었다.

예상대로 로이터에게 주어진 이권은 이란 국내외에서 상당한 반발에 부딪혔다. 국내의 반대는 철도 부설계획에 분노한 울라마에 의해서였다. 그들은 철도에 의해서 외제 상품 및 서구 가치관이 이란 사회로 급속하게 유입됨으로써 자신들의 사회적 지위와 권위가 약화될 것을 우려했다. 한편 러시아의 반대는 이권 양도가 영-러에 균형적으로 이루어져야 한다는데 있었다. 이러한 국내외의 반대로 이란 정부는 1873년 이권 양도를 취소하지 않을 수 없었다.

그러나 이러한 상황에서도 다른 이권들이 아무런 방해를 받지 않고 빈번하게 양도되었다. 1883년에 영국은 카룬강(Karun river) 수로 개발권과 테헤란 은행 설립권을 얻었다. 러시아도 자국인 소유의 은행을 설립함으로써 즉각 대응하였다. 영국에 의한 경제적 침투의 증가에 대한 우려 속에서, 1889년 모스크바 정부는 "러시아 외에 어느 나라에게도 철도 부설권을 주지 않겠다"라는 이란 정부의 약속을 얻어냈다. 그러나 같은 해에 그 이상의 이권 즉, 이번에는 페르시아 제국은행(Imperial Bank of Persia)이라 불리는 국립은행 설립권 및 지폐발행과 60년 동안의 광물자원 채굴권이 영국인 로이터에게 넘어갔다. 러시아는 이와 유사한 이권을 요구했고 1891년 이란으로부터 새로운 은행 설립권을 획득했다.

1890년 이란 정부는 이보다 훨씬 더 큰 이권을 외국으로 넘겼는데, 그것은 영국 소유의 제국담배공사(Imperial Tobacco Corporation)였다. 그 회사는 향후 50년 동안 모든 국내외의 이란 생산담배 제조 및 독점판매권을 가지고 있었다. 샤는 매년 15,000파운드와 연간 회사 이익금의 25%를 받기로 되어 있었다. 이란의 상인과 연초 재배 농민이 담배의 이권 양도로 받은 피해는 경제・외교적인 것보다 더 심각한 것이었다. 각종 이권이 외국인에게 넘어가는데 분노한 국민과 울라마의 강한 저항에 부딪쳐 이란 정부는 영국에 양여한 '연초 전매권'을 취소하지 않을 수 없었다. 이권 양도 그 자체로서는 외세의 경제적 지배를 강화시킨다는 중요성을 들 수 있지만, 더욱더 중요한 것은 역사상 최초로 이란 민중의 반정부 저항의식과 반외세 민족주의 감정을 유발시켰다는 점이다.

이란의 상업과 천연자원에 대한 외세의 지배는 15년 뒤에 일어난 입헌혁명의 불씨가 되어, 최초의 전국적인 저항을 불러 일으켰다. 이권양도 자체는 1889년에 이루어졌으나 그동안 베일로 싸여 있었고 외국회사의 이란 지사가 일을 시작하던 1891년이 되어서야 비로소 항의운동이 일어났던 것이다. 테헤란과 다른 주요 도시에서 일어난 반정부-반외세 저항운동의 결과 나세르 알 딘 샤는 1892년 1월에 이권 양도의 철회를 결정하였다. 이권 양도 취소에 따른 배상금을 지불해야 했기 때문에 그는 제국담배공사에서 5만 파운드를 차용할 수밖에 없었다.

마지막 이권 양도는 이란 정부와 영국인 백만장자인 다아시(William Knox D'Arcy) 사이에서 카자르조의 5대 왕인 모자파르 알 딘 샤(1896-1907) 집권 초기에 이루어졌다. 테헤란 주재 영국대사 하르딘즈(Arthur Hardinge)가 이란 총리를 포함한 영향력 있는 정치가들과의 뇌물 거래로 이권을 획득하였다. 협정에 의하면 다아시 회사는 60년 동안 이란 남부 5개 지역을 제외한 모든 이란 지역의 천연가스 · 석유 · 아스팔트 · 지랍(납)의 독점권을 가졌다. 뇌물과는 별개로 이란 정부는 보상으로 현금 2만 파운드와 이에 상당하는 주식 및 연간 이익금의 16%를 받기로 되어 있었다.[43)]

1890년대 초에 전국적인 민중의 저항으로 외국인 기업가들은 이란 내 이권을 획득하려는 노력을 포기했다. 더군다나 보어(Boer) 전쟁은 영국의 군사 · 외교적 관심을 중동 지역에서 남아프리카로 향하게 만들었다. 비록 일시적이기는 했지만, 이는 상대적으로 이란에 대한 러시아의 개

---

43) Kamrava 1992, 27.

입을 강하게 만들었고 러시아가 카자르 왕조에 더 큰 영향력을 발휘하게 하였다. 러시아의 영향력을 최소화하기 위해서 영국 국무총리 살리스베리(Salisbury)경은 1888년 이란의 내정 간섭에서 영국과 경쟁하는 것보다는 상호 협력해야 한다고 러시아에 제의하였다. 이러한 그의 구상을 소위 "우위의 분할(Partition of Preponderance)"이라 부른다. 그는 열강들을 대상으로 한, 이란 내의 경제구역을 설정해서 이란을 국제관리 하에 둘 것을 바랬다.

미국-이란의 경제교류를 확대시켜야 한다는 이와 비슷한 움직임이 1888년 10월, 이란 정부에 의해 일어났다. 미국이 제3의 강국으로 부상할 즈음, 이러한 움직임은 이란에 있어서 영-러의 우월권 행사에 대한 견제세력으로서 미-이란 관계의 강화를 통하여 균형을 이루어야한다는 희망에서 시작되었다. 그러나 미국의 클리브랜드(Cleveland) 대통령은 미국의 고립주의 정책을 풀고 영-러와 경쟁관계가 되기를 원하지 않았다. 반면에 영국은 보어 전쟁에 몰두함에 따라 이란 내에서 러시아의 영향력이 증대되었으며, 이러한 상황은 한 세기가 바뀔 때까지 지속되었다.

영국이 이권을 통해 이란에 대한 경제적 지배를 확고히 하는 동안, 러시아는 이란의 탐욕스러운 통치자들에게 유리한 차관정책으로 대응하였다. 1900년 러시아는 이란에 2백만 파운드를 제공하여 모자파르 알딘 샤가 그의 첫 번째 유럽여행 경비로 사용하도록 지원해 주고, 그 다음에 다시 1백만 파운드를 제공함으로써 전체 차관을 증가시켰다. 재정이 고갈되었기 때문에 이란 정부는 페르시아만에 있는 대부분의 항구로부터 얻는 수익금을 차관의 담보로서 제공했다. 러시아-페르시아 상업회의(Russo-Persian Commercial Convention)가 1901년에 개최되어, 결과적으로 러시아에 유리한 협정이 체결되었다. 그것은 영국 · 이란 · 인도와의 무역을 확고히 규정하도록 되어있는 영국-페르시아 조약에 위배되는 것이었다. 같은 해 4월 영국은 이란 정부에 페르시아 제국은행을 통해 차관 20만 파운드를 제공했고 1904년에는 10만 파운드를 추가 제공했다.

그러한 차관 제공과 이권 획득을 통해 이란의 지배를 확실히 하려는 노력에도 불구하고 열강 사이 경제전쟁의 시대가 20세기 초, 종말을 고하게 됨으로써 외세에 의한 공공연한 국토의 점유가 본격화되었다. 입헌혁명 초기부터 노골적인 외세개입이 새로운 단계로 들어섰다. 입헌혁명의 시작과 함께 영-러는 이란을 두 개의 영향권 영역으로 분할했다. 혁명세력이 결과적으로 독재군주 무함마드 알리 샤를 폐위시키는데 성공했을 때조차, 영-러 양국은 헌정 질서를 전복하려는 그의 시도를 묵인하는 가운데, 그가 이에 실패하자 이란을 강점했다.

이 기간(1800-1921) 동안의 이란 외교정책의 원칙은 정치적 독립을 유지하는 것이었다. 그래서 경제적 원칙 또한 서구의 경제 제국주의에 저항하는 것이었다. 19세기 이란의 경제 이권에 대한 영-러의 경쟁은 "어리석은 짓"이었다. 이것은 결과적으로 "철도의 부재, 그리고 이란에서의 영국·러시아 및 기타 기업들의 소규모화"를 초래했다. 영국은 이란을 "러시아가 아시아 대륙으로 쉽게 뻗어 나갈 수 있게 하는 것을 저지할 제방과 같은 나라"로서 간주했다.

이란은 서구의 경제 제국주의에 저항하기에는 중동의 다른 나라들에 비해 매우 불리한 곳에 위치해 있다. 예를 들어 이집트나 터키 같은 나라는 많은 강대국 세력들이 서로 경쟁하므로 강대국의 압력의 영향을 줄일 수 있었다. 또한 이란은 다른 여러 면에서도 역시 취약한 점을 가지고 있었다. 예를 들어 이란 중앙정부의 힘은 터키나 이집트의 정부보다 미약했다. 이란의 군사력도 미약했을 뿐만 아니라, 비효과적인 행정체계를 갖고 있었다. 이란의 낡은 재정구조와 교육구조 또한 기타 중동 국가들에 비해 후진적이었다.

이란의 비무슬림 소수집단인 아르메니아인·유대인·네스토리아 기독교인·조로아스터 교도들은 숫자상 열세였다. 그들은 이란 국내에서 문화적으로 매우 고립되어 있었고, 영향력 또한 제한적이었으므로 국가의 경제 및 사회발전의 주요한 부분에서 활동할 수 없었다. 중동의 다른 나라들에서는 이러한 비무슬림 소수집단들이 유럽과 수세기 동안 접촉을 가져왔고, 그 결과 실질적으로 서구의 교육과 상업거래 방식에 관한 지식을 전수 받아 왔다. 16세기 말과 17세기 초, 샤 압바스(Shah Abbas) 1세의 통치기에 이란은 전례 없는 경제 부흥을 이루었는데, 이는 유대인들의 정통한 상업적 전문지식과 아르메니아인들의 국제적 활동에 힘입은 바가 컸다.

그러나 여전히 이란의 지리적 위치는 19세기 경제발전의 저해 요인으로 작용했다. 당시 오스만 제국을 통하거나 카스피해 및 우크라이나 지역을 가로지르는 국가간의 교류는 위험한 일이었다. 1869년 수에즈 운하가 개통되기 이전까지 해로(sea road)를 통한 유럽과 이란과의 무역은 경제적으로 수지가 맞지 않는 사업이었다. 당시 걸프 지역은 "가장 항해하기 힘든 험난한 바다의 일부분"으로 불려왔었는데, 이것은 걸프 지역에 암초가 많았기 때문이었다. 유럽의 어느 곳에서 항해를 하더라도 페르시아만에 이르는 길은 인도의 봄베이보다 멀었다. 더군다나 이란은 영국에서 인도로 가는 항로에 있지도 않았다.

이러한 단점들로 인하여 유럽의 자본과 기업들은 이란에 관심을 두지 않았고, 이는 이란이 19세기 동안 저성장을 보이게 된 원인으로 작용했다. 무역지수는 이러한 사실을 보다 객관적으로 보여준다. 1913년 이란의 수입과 수출을 합한 총무역량은 9천3백만 달러로, 이는 이집트의 2억9천1백만 달러, 터키의 2억7천3백만 달러와 대비되며, 이들 3국의 1인당 국민 소득도 각각 9달러, 24달러, 15달러였다.[44]

19세기 후반기 동안 강대국들은 주로 경제적인 측면에서 이란과 연관되기 시작하였는데, 영-러의 경쟁으로 인하여 이란에게는 경제적으로

44) Savory 1990, 42.

별다른 도움이 되지 않았다. 초기에 이란은 "균형(equilibrium)"정책[45]을 취하여 독립 및 주권 유지를 위한 정치 원칙을 충족시키며 어느 정도 성공을 거두자, 경제 원칙도 영-러의 경제 제국주의에 대항하여 같은 정책을 사용하였다. 나세르 알 딘 샤는 유럽 열강의 이란 투자를 유치하기 위한 프로젝트를 고안하면서, 이러한 세력들이 이란의 경제발전을 위해 투자하게 되면, 이는 곧 이란의 부국화에 기여한다는 희망을 가졌었다.

그러나 사실 균형정책은 언제나 영-러 양국에 모든 이권을 허용했고, 이를 거부할 경우에는 즉각 응분의 대가를 치러야만 했다. 19세기 말에 이르러서는 결국 이란의 거의 모든 자원은 왕의 욕구 충족을 위해 헐값으로 거래된 자원개발권으로 인하여 유럽 열강에 의해 개발·관리되었다. 1906년까지 이란은 러시아에 750만 파운드의 부채를 지게 되었다. 가장 핵심이 되었던 이권은 위에서 언급한 영국인 다아시(William Knox D'Arcy)가 북부 5개 주를 제외한 이란 전체 지역에서 60년간에 걸쳐 원유 채굴권을 획득한 것이었다. 1908년 이란 지역에서 석유가 최초로 발견되었으며, 그 후 이것은 이란 정부의 가장 중요한 고정수입원이 되었다. 영국은 이제 운명적으로 이란과 "사활을 건 이해관계"를 갖게 되었다.

1898년 벨기에가 이란의 개발권 획득을 위한 경쟁에 뛰어들었다. 1901년에 이르러 벨기에는 이란 전역에 걸친 세관업무 독점권을 얻게 되었는데, 이 권리는 결국 그 당시까지 외국에 양도되었던 이권들 가운데 가장 수익이 많은 것임이 드러났다. 그동안 외국에 양도된 권리를 통

45) 카자르조의 나세르 알 딘 샤 정부에서 1848-1851년 기간에 재상을 지냈던 노련한 정치가 미르자 타키 칸 아미르 카비르가 최초로 '적극적 균형(positive equilibrium)'정책이라는 새로운 외교전략을 고안해 냈다. 이 전략의 주요 원리는 이란을 지배하려는 영-러 두 경쟁세력에게 동등한 특권을 제공하고, 그들의 경쟁으로 인한 역학관계를 이용하여 이란의 독립과 주권을 보호한다는 것이다. 더 자세한 내용은 본서의 제4장 이란 외교전략을 참조하기 바란다.

하여 이란이 가장 이득을 보게 된 것은 1863년 영국에 부여된 인도·유럽 전신개설에 관한 개발권이었다. 이란과 유럽의 전신연결은 결과적으로 이란을 유럽의 국제친선국가의 일원으로 합류하게 하였으며 19세기 말부터 문명화와 개혁에 눈뜨게 했던 것이다. 이것들은 모두 전신이 개설됨으로써 발생한 간접적인 혜택이었다.

1901년 이후로 외국에 의한 새로운 개발허가권은 허용되지 않았다. 거의 모든 부분에 걸쳐서 외국에 이전된 권리로 인해 개발이 시작되었고 차츰 경제적 이익이 발생하게 되었다. 그럼에도 불구하고 이러한 개발권은 각각 이란의 순수 국내기술과 기업들의 활동으로 이룩될 수 없었던 선진기술 및 정부재정 분야를 중심으로 이루어졌다. 이란의 상업발달은 낮은 신용도에 의해 지체되었고, 1920년의 이란 총 외채는 여전히 7백만 파운드나 되었다.

3) 제1차 세계대전과 연합국의 이란 점령

이란은 1914년 제1차 세계대전 발발 직전까지는 외국과의 관계에 있어서 주목할만한 변화가 없었다. 제1차 세계대전 동안 이란의 주권은 터키·러시아·영국의 전쟁으로 또다시 위협을 받게 되었다. 이란의 비참전 선언에도 불구하고 이란은 전쟁에 휘말리게 되었다. 러시아와 영국 이외에도 독일 역시 중동 지역의 중요성을 깨닫고, 그들의 동방정책의 추구로 이란에 대한 영향력 증대를 꾀하였다.

두 차례의 세계대전을 거치면서 무력을 행사했던 영국이나 러시아와는 달리, 독일은 영향력 행사를 위해 밖으로 드러나는 군사개입보다는 유화적인 고도의 테크닉을 사용했다. 그래서 이란인들이 영-러를 침략자로 보는 반면에 독일은 그런 식으로 보지 않았다. 이러한 정책의 일환으로 독일 정부는 많은 의사와 기술·군사 고문단을 전쟁 기간 중 이란에 파견하였으나 독일의 입지를 강화시키지는 못하였다. 이와 유사한 사례가 미국에 의해 또한 시도되었으나 이는 러시아와 영국의 반대로 곧 좌절되었다.

초기의 좌절에도 불구하고, 독일은 유럽으로부터의 영-러의 관심을 돌리기 위해 이란에서 양국의 이권을 무산시키기로 결정한다. 이를 위해 독일은 두 갈래의 목표를 설정하였다. 후지스탄 내의 영국소유 석유 설비를 탈취하거나 파괴하고, 이란을 아프가니스탄 침공의 통로로 이용하려 했다. 영국도 추축국으로부터 인도를 보호하고 페르시아만 남부 유전지대에서 독일을 몰아내는데 노력했다. 이 모든 일은 이란이 영국과 독일 팽창정책의 대상에 놓여있었고, 마즐레스가 파벌싸움으로 분열되어 있을 때, 그리고 이란의 각 부족세력이 외세를 등에 업고 부족 관할 영역으로 분할되어 있던 시기에 발생하였다.

유럽에서 전쟁이 발발했을 때 이란은 1914년 11월에 서둘러 '중립주의'를 공식 발표했다. 중립주의는 이란 영토의 자주성을 지키고 외국 군대를 이란 밖으로 몰아내는 명목상 가장 효과적인 방법이라고 많은 이란 정치가들에 의해서 간주되었다. 그러나 처음부터 이란 중립주의는 모든 관련 외세에 의해 완전히 무시되었다. 그럼에도 불구하고, 이란 정부는 여전히 중립선언을 철회하려고 하지 않았고, 국민에게 "침략자들에게 대항하지 말고 중립주의를 준수하라. 국가의 전시 상황에서 누구든지 중립주의에 어긋나는 행동을 한다면 재산을 몰수하고, 교수형에 처하겠다"라고 발표했다.[46)]

오스만 터키 군대가 이란 영토를 침범하였고, 약 2000명의 영국군이 남부 유전지대를 보호하기 위해 이란으로 급파되었다. 터키군은 1915년 1월에 타브리즈를 점령했으나 러시아군에 의해서 2일 만에 밀려났다. 러시아군은 각 방면에서 터키의 영토로 진격했는데, 터키군이 1916년 가을에 호람샤르 지역의 도시를 점령하게 되자 철수했다.

46) Kamrava 1992, 30.

이란 북부 및 서부에서의 터키의 초기 성공은 이란 중부 및 남부에서 영국에 맞서 싸웠던 독일의 경우와 비슷하다. 이란 주재 영국 대사관이 공격당하고 이스파한 · 쉬러즈 · 케르만 · 야즈드 등과 같은 몇몇 도시에 상주했던 영국인들이 쫓겨남으로써 독일의 영향력은 전례 없이 커졌다. 게다가 독일은 이란의 4개 지역의 국내세력으로부터 지지를 받게 되었다. 울라마 및 마즐레스의 민주세력, 아샤예리 부족의 지도자, 스웨덴 헌병장교가 그들이었다. 울라마와 민주주의 옹호자들은 독일이 영국을 대신할 세력이라는 주장에 동조하였던 반면, 아샤예리 부족은 영국-박흐티아르족의 유대관계에 대항한 균형세력으로서 독일을 이용하려고 했다. 민주 옹호세력은 독일이 전쟁에서 승리한 후, 세계의 강대국으로 등장하게 될 것이라고 믿었기 때문에 독일을 지원했다.

이란 남부에 대한 독일의 영향력은 오래 지속되지 않았고, 영국은 곧 전쟁 이전에 행사하던 자신들의 영향력을 되찾았다. 1916년 1월 영국은 남부 페르시아 소총부대를 조직하여 바스라에 주둔하던 자국의 군대와 함께 독일의 요새를 빼앗기 위해 그들을 이용했다. 1917년 초까지 영국은 아샤예리 부족의 지배를 받는 쉬러즈 및 부세르 근방의 산악지역을 제외한 이란의 중남부 지역 대부분을 지배하였다. 1917년 터키의 패배와 러시아의 10월 볼셰비키 혁명 이후 양국 군대가 이란에서 철수하게 되었다. 이란에서 전쟁은 끝났지만 외세의 점령은 끝나지 않았다. 여전히 인도에서 추축국에 의한 침공의 위협으로 영국은 1918년에 이란 북부로 그들의 세력을 확대하여 3월에 북동부의 마샤드와 5월에 북서의 타브리즈를 점령했다.

영국군 고문단의 이란 내 주둔은 1919년 8월 19일 이란의 소위 "독립"과 "영토 보전"을 존중한다는 영-러 협정이 체결됨으로써 다음해에 공식화되었다.[47] 이 협정에 의거해서 영국은 이란 군대의 재구성 · 현대

47) 페르시아의 "안전" 및 "독립"을 보장한다는 구실로서의 1907년 8월의 영국-러시아 조약(Anglo-Russia Treaty)이라는 밀약에 의해서, 이란의 북부

식 탄약 지원 · 이란 철도건설 · 관세제도의 개혁 권한 등을 갖게 되었다. 영국의 보호령이나 다름없다고 생각한 이란 민족주의자들의 비난과 미국의 지원에 힘입어 1921년 이란 국회에서 이 협정은 비준이 거부되었다.[48)]

그러나 1919년에 제1차 세계대전 종전 후 영국군이 1921년에 철수했지만, 영국의 이란 정치 · 경제에 대한 영향력은 이후 수십 년간 우월적으로 지속되었다. 역사적으로 공교롭게도 제2차 세계대전 후에 미 군사고문단의 이란 주둔도 영국군의 주둔과 다를 바 없다는 것이 이란 민족주의자들의 시각이었다.

다른 한편 볼셰비키 혁명과 전쟁으로 인한 러시아군의 잇단 철군에 따라 이란에서의 러시아의 영향력은 잠시나마 약화되었다. 이란의 전통적 외교정책은 영-러의 세력을 서로 상쇄시키려는 것이었으나 여전히 효과를 보지 못하고 있었고, 영국은 이란에서 러시아의 세력이 약해진 때를 틈 타 1919년 영국-페르시아 조약을 체결하고자 하였다. 그러나 국회의 비준도 받지 못했고, 1921년 레자 샤가 거부 의사를 표명하기까지 했던 이 조약은 이란인들의 눈에 이란을 영국의 보호령에 예속시키려는 전략으로 보였다.[49)]

는 러시아 영향권 하에 남부는 영국 영향권 하에 두는 양대 세력권으로 분할되었다. 이 협정은 8년 뒤 1915년 3월 18일, 콘스탄틴노플 협정으로 비밀리에 수정되었다. 이전의 협정과 같이 이란의 독립을 보장한다는 구실이었지만, 다른 유럽 국가의 투자나 이권개입을 미연에 방지하기 위한 조치였다. 그러나 1907년의 협정은 볼셰비키 혁명과 1919년 사실상의 영국의 위임통치 성격의 또 다른 영국-페르시아 조약(Anglo-Persian Treaty)의 체결로 실효성을 상실했다. 이 협정에서 이란 내의 영국의 이익에 대해서 우호적이었고, 이란이 비용을 대는 조건으로 영국은 이란의 행정체계를 현대화시킬 지원을 제공하기로 하였다.

48) Ricks 1981, 30.

49) Savory 1990, 40.

볼셰비키 신정부는 1921년 2월 26일 체결한 소련-페르시아 조약에서 과거 제정 러시아의 제국주의 전략을 포기하겠다고 선언했음에도 불구하고, 오히려 對이란 정책에서 자국의 영향력을 확대시키려는 움직임을 보이기 시작했다. 볼셰비키 정부는 이란의 길란 지역에 붉은 군대(Red Army)를 보내 1920년 이 지역에서의 페르시아 사회주의 소비에트 공화국의 설립을 지원했다. 또한 어떠한 세력이라도 이란 영토에 위협이 된다면 소련-페르시아 조약의 악명 높은 제6조에 근거해서 소련이 이란에 자국군을 파병할 수 있는 권리를 갖게 되었다. 이 조약의 제6조는 이란 정부의 살 속의 가시처럼 남아 있었고, 소련이 언제든지 이 조약을 부활시킬 지도 모른다는 계속되는 불안감은 이후 이란인들에게 악몽 같은 것이 되었다.

2 팔레비조 시대의 외세개입

카자르조 말기에 이란 외교관계는 중요한 변화를 겪었다. 이란의 전통적 성격을 바꾸어 현대 단일 민족국가로 만들려고 끊임없는 노력을 해왔던 레자 샤는 강대국과의 오랜 굴종의 불평등 관계에서 벗어나 이란의 국익을 극대화하기 위한 새로운 외교정책을 모색하였다.

1917년 볼셰비키 혁명 이후 소련-이란 관계는 변하였다. 이러한 변화는 레자 칸의 쿠데타 5일 후인 1921년 2월 26일 이란 혁명 정부가 첫 번째 대외조치에서 영국-페르시아 조약을 파기하고 소련-페르시아 조약을 체결함으로써 시작되었다. 그 조약의 제5조는 '소련이나 이란에 대항하는 적대 행위'에 대응하기 위해 각자의 영토 내에서 어떠한 단체나 군대의 주둔을 금지시키는 조항을 두었다. 그리고 제6조에서는 러시아가 방위를 위해 필요한 경우, 소련 군대를 페르시아 영토 내로 진주시킬 권리를 가지고 있음을 규정하였다. 비록 이란의 이슬람주의-민족주의 양대 세력은 이러한 조약을 인정하지 않고 무효라고 선언했음에도 불구하고, 내정간섭의 위협은 당시까지 유효한 것으로 여겨지는 가운데 공산주의 사상이 이란에 침투하기 시작했다.

전통 외교정책으로부터 이란이 탈피한 가장 분명한 예는 1919년에 체결했던 영-페 조약의 파기였는데 결국 그것은 소련 군대를 북쪽 지방에서 내쫓기 위한 성공적인 외교전략인 동시에 영국 · 프랑스 · 벨기에 · 네덜란드 · 오스트리아 · 체코슬로바키아 · 스웨덴 · 이탈리아 등의 국민들에게 주어졌던 치외법권의 파기를 위한 전략이었다. 다른 민족주의자와 마찬가지로 레자 칸도 역시 영-페 조약을 파기하고, 미-이란 관계를 증진시켜 영-러 두 열강의 영향력을 이란에서 배제시키고자 노력하였다. 이란 정부는 그 노력의 일환으로써 제3세력, 즉 멀고도 이해관계가 없는 세력인 미국 및 독일과 친선관계를 맺었다.

제2차 세계대전 이후 무함마드 레자 샤는 친 서방 정책을 강화하려는 노력의 일환으로 1955년 바그다드 조약에 가입했고, 1959년에 미국과의 쌍무군사조약에 서명했다. 석유위기 후, 모사데그 총리의 '소극적 균형(negative equilibrium)'정책에 대항하여 '적극적 민족주의(positive nationalism)'정책을 추구한 샤는 주로 서방측의 많은 나라들과 무역 및 외교협정을 체결했다. 샤의 말에 의하면 '적극적 민족주의'는 이란 국익이 되는 어떤 협정이라도 맺는 것을 의미한다. 그러나 그가 1941년에 뼈저리게 느낀 것처럼 이란이 열강으로부터 정치 · 외교적 독립을 쟁취하는 것은 카자르 시대 못지않게 어려운 일이었다.

1) 외교정책 전환

몇 가지 국내외적 요인이 이란 외교정책의 극적인 변화에 기여했다. 이란의 정치적 운명은 열강의 경제 · 외교적 구속에 의해 좌우되었다. 군부 쿠데타로 권력을 잡은 레자 칸은 두 가지의 긴급한 외교 현안문제에 봉착했다. 첫째는 소련의 이란 북부 지방 점령 및 그 지역의 장갈리(Jangali) 운동에 대한 지원이며, 둘째는 영국이 후지스탄 지방에서 하잘(Shaikh Kha'zal)의 아랍분리주의 독립운동을 지지하는 것이었다.

사실상 이란 영토 내의 소련군의 주둔이 두 가지 문제 가운데에서도 더 긴급한 문제였으나, 이란 정부는 노련한 외교를 통해 군대를 철수하도록 소련을 설득할 수 있었다. 그러고 나서 레자 칸은 장갈리 및 북부 지방에 길란 자치공화국을 세운 그들의 지도자 쿠첵 칸(Kuchek Khan)[50]을 공격했다. 소련군의 철수에 따라서 장갈리 저항은 분쇄되었고 쿠첵 칸은 이란 정부군에 쫓겨 숲 속으로 달아나 얼어죽었으며 후지스탄의 분리주의자들 역시 패배했다.

소련과의 외교관계 증진에도 불구하고 소련-이란 관계는 여전히 상호 이익과는 거리가 멀었다. 더욱이 레자 샤는 다른 모든 이웃 국가들 아프가니스탄·터키·이라크 등과 국경선 설정에 성공을 거두었으나 소련과는 이와 유사한 동의안마저 체결하지 못했다.

영-소의 지배에 대항하는 균형세력으로서의 제3국의 흥미를 끌기 위한 일반적인 전략의 하나로서 레자 샤는 계속해서 이란과 다른 서방 세력과의 관계를 강화시키기 위해 노력했다. 이란 외교에 있어서 멀고도 이해관계가 없는 제3세력과의 결속을 위한 이상적인 선택은 미국과 독일이었다. 미국이 마지못해 고립적인 성격을 깨고 중동에서의 외교관계를 넓힌 반면, 독일은 그 지역의 기득권 세력인 영-러에 적극적으로 도전하기 시작했다. 따라서 이란-독일 관계는 레자 샤 때에 현저하게 발전했다. 또한 그는 외국인에 대한 반감을 결코 버리지는 못했으나, 그의

---

50) 입헌혁명 이후 이란 중앙정부의 무능 때문에 각 지방에서 반란이 빈발하였다. 그 중에서도 가장 유명한 반란은 1920년대초 장갈리(Jangali) 반란으로 쿠첵 칸(Kuchek Khan)이라는 열성적인 무슬림이 주도했다. 그는 후에 이란의 급진 이슬람 행동주의자들에 의해서 가장 위대한 혁명가 중의 한 사람으로 추앙받게 되었다(장병옥 2004, 223).

적극적 민족주의로 인해서 독일과는 친선관계를 추구했고 영국과는 거리감을 두었다. 상당한 수의 독일 교육자 및 기술 전문가들이 이란의 근대화를 지원 · 감독하기 위해 유입되었다. 1939년에 이르러 독일은 이란의 제1의 무역 파트너가 되었다.

2) 제2차 세계대전과 레자 샤의 몰락

유럽에서 전쟁이 발발했을 때 이란은 제1차 세계대전에서처럼 중립을 선언하며 그 충돌 속에서 벗어나고자 했다. 제2차 세계대전이 발발하였을 당시 이란과 독일은 우호관계를 유지하고 있었으며 연합국의 압력에도 굴하지 않고 전쟁 초기에 이란의 공식정책은 "중립"이었다. 이러한 중립선언은 1914년에 중립을 선언했던 것처럼 존중되지 않았고, 오히려 그것은 영-소를 자극시키는 원인이 되었다.

유럽 열강 사이에 일어난 제2차 세계대전으로 인하여 이란의 지난 20년 동안의 외교성과와 주권, 그리고 군주제는 하루 아침에 붕괴되었다. 이란의 정책입안자에게 있어 어느 한편과의 동맹은 그들이 바라는 대안이 아니었다. 그들은 영-소 어느 세력에게도 동조하지 않았고 이란에 대한 독일의 태도나 미래 정책에도 불신의 골이 깊었다. 잠시 동안 독일이 소련을 공격한 후에 1941년 8월 25일, 영-소 양국의 군대는 테헤란 정부가 이란 내 독일군 요원들의 반연합국 활동을 제어하지 못한 것을 빌미로 이란 북부 및 남부 양면에서 동시에 각각 이란을 침공했다. 즉, 이들 두 열강은 다음과 같은 두 가지의 이유로 침략하였다.

1) 이란이 중립정책을 고수하지 않는 것
2) 이란에 정치적 영향력을 구축하려는 독일의 시도를 허용한 것

비록 이 이유가 일부 맞기는 했지만, 이들의 침략을 정당화하지는 못

했다. 침략군을 물리치기 위한 잠깐 동안의 군사적인 반격이 있은 후, 이란 정부는 이틀 후 연합군에 휴전을 선언했다. 비록 레자 샤의 군대가 다시 정비되었음에도 불구하고, 이란군의 저항은 영-러 양국의 군사력에 상대가 되지 않는다는 사실을 깨달은 샤에 의해서 중지되었다. 영-소의 이러한 행동은 그들 안보에 위협이라고 간주하고 이란의 중립화 선언을 못마땅하게 여겼던데 원인이 있는 것이다. 물론 영-소 침공 이면의 실질적 이유는 영-소 양국이 "이란은 주요 전략지역에 위치하고 산유국이라는 점"에서 자국에 미치는 영향을 너무도 잘 알고 있었기 때문이다. 예전처럼 연합국은 독일에 의해 공격당했던 러시아에 전쟁물자를 수송할 수 있는 유일한 가능 통로인 이란의 영토를 확보하는 것이었다.

제2차 세계대전은 1941년 11월 16일 레자 샤의 통치를 끝내게 했던 것이다. 연합국 정부들은 레자 샤를 매우 의심했고 이란의 정책에 더 많은 통제를 원했다. 그래서 그들의 압력 아래 샤는 퇴위하고 통치 경험도 없는 그의 어린 아들 무함마드 레자를 후계자로 지명했다. 어쨌든 두 침략국은 1942년 3국협상(Tripartite Treaty)에서 전후 6개월 이내에 철수하겠다고 약속했다. 전쟁이 끝날 때까지 이란은 외세의 지배 아래 있었고 어린 무함마드 레자 샤는 국내문제에 직접 관여하지 않고 신중하게 처신했다. 그는 군부세력과 의회 사이의 경쟁관계를 의식하며, 두 집단 사이와의 충돌을 현명하게 피했다. 대중의 지지를 얻기 위해서 그는 아버지가 축적해서 물려준 재산을 공공 목적에 사용하겠다고 발표했다. 제2차 세계대전 이후 몇 년 동안 샤는 더 많은 권력과 책임감을 부여받는 가운데 입헌군주로서 자처했다. 이렇게 하여 이란 정치에 있어서 팔레비 왕조 전반기의 한 시대가 막을 내리게 되었다.

1941년 무함마드 레자 샤가 권좌에 들어서지만 이 당시 의회, 국무총리, 그리고 다른 권력의 핵심세력이 이란 외교정책 결정에 영향력을 행사했다. 중대한 선결과제는 이란의 영토 보전과 어느 정도의 정치적 자주성을 유지하는 것이었다.

샤가 통치한 이 초기의 기간 동안 이란 외교는 꽤 성공적이었다. 1943년 테헤란 선언에서 동맹세력들은 이란의 독립과 영토 보전을 인정했다. 1946년에 소련군이 미국의 압력과 유엔 안보리 결의안 제1호에 의해서 이란으로부터 철수해야만 했다. 그러나 이 성공은 이란의 외교술 못지 않게 국제적 현실, 특히 미-소의 대립에서 기인하는 것이었다. 1946년 외국 군대가 이란에서 철수한 후, 이란은 정치 · 경제적 독립의 한계를 벗어날 수 있는 목표에 다시 초점을 맞췄다. 이는 모사데그의 이란 석유 국유화와 영-러 지배의 종식에서 드러난다. 이란 외교정책 행위는 특히 샤와 모사데그 사이의 권력을 잡기 위한 내부의 정치적 분열과 경쟁에 기인해서 진통을 겪었다.

1954년까지 미국과 영국의 지원으로 샤는 권력을 획득하는데 성공했고 그의 반대세력을 숙청하기 시작했다. 당연히 샤의 국내외 정책의 최우선 과제는 자신의 통치권을 강화하는 것이었다. 그의 주요 도전세력은 소련이 지원하는 국내의 좌익세력이었다. 샤의 대응책은 국내 좌익 진압, 지역 국가와의 협력, 그리고 미국과의 동맹이었다. 이런 접근은 그가 점차 입지를 공고히 하고 그의 정책 결정을 강화함으로써 완수되었으나, 여전히 다른 정치세력들 특히 알리 아미니와 같은 영향력이 있는 국무총리들과의 경쟁에 직면해 있었다.

이란이 미국과 동맹관계였음에도 불구하고 미국의 샤에 대한 의무는 항상 필연적인 것은 아니었다. 따라서 샤는 미국의 비위를 맞추기 위해 노력했다. 상당한 국내 압력과 많은 보좌관의 충고에도 불구하고, 샤가 이스라엘과 밀접한 관계를 가지고자 한 계획은 미국의 지지를 얻고 경제 · 군사 원조를 획득하는데 있어, 강력한 친 이스라엘 로비의 도움을 얻고자 하는 필요성에 의해 촉진되었다. 그러나 미국에 지원을 얻고자 했던 샤의 이 같은 집착은 내부적으로 역효과를 가져왔다. 결국 샤를 물러나게 했던 그의 수많은 모순적인 개혁정책들은 미국의 압력에 의해서 채택되었던 것이다.

미-이란 관계에는 저수준의 미국 경제원조, 적정수준의 군수품 공급의 거부, 그리고 이라크 · 파키스탄 · 오만과 같은 지역 국가를 국내외의 적으로부터 보호하려는 미국의 의지가 약했기 때문에 종종 긴장감이 감돌았다. 이때부터 샤는 소련과 보다 친밀한 관계를 발전시키려는 가능성을 타진했다. 지역적 사안으로써 이란은 특히 아랍 민족주의를 경계하면서도 이 기간 중에 이란-아랍 간 상호교류를 통하여 급진주의에 직면한 아랍 국가들과 제한된 협력관계를 모색했다.

그러나 이란의 정책 선택권은 그밖에 다른데서 발생되는 문제로 제한을 받았는데 특히 서서히 개선되어 가는 강대국 관계, 이란의 한정된 경제 · 군사적 자원, 소수 국민의 지지를 기반으로 하는 샤 정권 등이었다.

영토 보전 및 독립이라는 오래 지속된 선결과제에서부터 지역 문제들과 이를 뛰어넘어 제3세계에 이르는 샤의 37년 통치는 주목할 만한 시기였다. 그의 외교정책은 몇 단계를 통해서 진행되었다. 샤의 장기 통치기간 동안 외교정책의 내용과 스타일의 변화에도 불구하고, 많은 특성이 여전히 남아 있으며 모든 다른 정책에 파급되어 있다. 이 시기에 걸쳐 가장 중요한 이란 외교정책의 핵심은 영토 보전 및 민족 이익과 같은 것이었다. 이 정책은 어떤 특정 국가 대의나 추상적인 이상보다는 오히려 국익의 향상이라는 점에서 끊임없이 민족주의적, 국가통제주의적이었다. 이것이야말로 혁명 전후 기간의 외교정책 행위에 있어 가장 뚜렷한 차이점이다. 이슬람 정권 아래서 이란의 이데올로기적 열망은 국익과 긴장상태를 유지하며 충돌해 왔다.

더구나 샤의 통치 기간에 걸쳐 정권의 존속 필요성과 외교정책 사이에 직접적인 연관성이 있었다. 이 점에 있어 혁명 전후의 유사점이 차이점보다 훨씬 더 많다. 왕정 때는 또한 샤를 중심으로 이루어지는 정책결정의 진보적인 중앙집권화가 있었는데, 이는 이란 외교정책에 있어 일관성을 한층 더 촉진시켰다. 이와는 대조적으로 이슬람 혁명 이래로 이란 정권은 단체와 개인간의 권력의 분산에 의해 특징지어져 왔다. 호메이니 사후 결과로서 보다 큰 권력의 집중화와 함께 상황이 변하고 있음을 보여준다. 이러한 발전은 틀림없이 외교정책의 형성과 수행에 영향을 미칠 것이다.

3) 전후 이란-소련 관계

레자 샤의 퇴위 후 얼마동안 이란의 국내 정세는 혼란스러웠다. 나라는 외세에 강점되었고, 전쟁이 끝난 후에도 소련은 아제르바이잔으로부터 군대를 철수시키기를 거부했다. 전쟁이 종국으로 치달을 무렵 영국이 예전에 약속한 대로 철군을 준비하는 반면, 소련은 이란에서의 영구적인 발판을 마련하고자 했다. 심지어 샤는 1940년 테헤란 주재 소련 및 영국 대사로부터 이란의 주권을 무시당하고, 두 강대국이 원하는 국회의원 후보를 선출하도록 하는 압력을 받기조차 했다. 더 나아가 소련은 쿠르디스탄 및 아제르바이잔 분리주의자의 저항운동을 부추기며 1942년 말 이란 북부 지역의 석유 이권마저 요구했다.

이러한 소련의 요구는 이란 석유를 놓고 미-소간의 경쟁을 불러 일으켰고, 궁극적으로 냉전의 결과를 초래했다. 이란령 아제르바이잔 북부 지역에서 민주정당을 표방하는 투데 공산당(Tudeh Communism Party)이 소련의 군사 지원으로 쿠데타를 기도했다. 1945년 10월, 아제르바이잔 자치 공화국이 선포되고 피세바르를 국무총리로 하는 신정부가 구성되었다. 거의 같은 시기에 아제르바이잔 자치 공화국은 아제르바이잔 서부에서 신흥세력으로 떠오른 쿠르드족을 공식 인정하였는데, 이미 서부 아제르바이잔 지방에서는 쿠르드 공화국[51]이 공표된 상태였다. 결과적으로 아제르바이잔 지방정부가 이란으로부터 독립한 것이다. 소련은 무력을 동원하여 이란 군대가 그 지역에 진입하는 것을 금지하였다.

---

51) 다음 책을 참조할 것, 장병옥, 2005, 쿠르드족 배반과 좌절의 역사 500년, 서울: 한국외국어대학교 출판부.

이란은 유엔 안보리에 호소했지만 새롭게 창설된 유엔으로부터 기대할 것이 거의 없었다. 1946년 3월 2일 이란에서의 철군 예정일이 지나서도 소련군은 계속 주둔하고 있었다. 미국과 영국은 3국 협정의 결정에 따라 군대를 철수시켰다. 이란 정부는 소련의 점령에 대한 질의서를 유엔 안보리에 두 차례나 제출했지만, 철군 예정일이 지나고 나서야 비로소 그 문제에 대한 공식 서한을 받았다. 미국은 전후 소련이 그들의 정책을 계속 고수할 경우 심각한 결과를 초래 할 수 있을 것이라고 경고했다. 또한 여기에 이란을 지지하는 세계의 여론에 밀려 소련은 이란을 계속 점령하고 있을 수는 없었다. 결국 1946년 4월 4일 이란-소련 양국은 다음과 같은 결론을 도출해 냈다.

1) 소련은 6주 이내에 이란에서 철수한다.
2) 7개월 이내에 합작석유회사를 설립하고 마즐레스와 공식 합의한다.
3) 아제르바이잔 문제는 아제르 당국자와 이란과의 직접 협상으로 해결한다.
4) 소련은 이란 정부가 아제르바이잔을 장악할 수 있도록 한다.

소련의 합작석유회사 설립은 그 후 이란 국회에서 거부됨으로써, 이란은 석유 이권을 노리는 모스크바 정부를 따돌리는 능숙한 외교술을 발휘하여 이란 영토에서 소련군을 몰아 내었다. 1946년 소련군이 이란에서 철수하자마자 테헤란 중앙정부는 아제르바이잔 및 쿠르드 공화국을 쉽게 진압하고 그 지역의 주권을 다시 회복했다.

그럼에도 불구하고 소련의 이란에 대한 간섭은 계속되었다. 소련은 항상 국경에 대해 민감한 반응을 보였으며 이는 제정 러시아 시대나 사회주의 소련 시대나 마찬가지였다. 전쟁 후 소련은 동유럽을 지배 할 수 있었고 이를 서방에 대한 안전 보호막으로 삼았다. 이와 유사하게 소련이 남부 국경에 대한 보호막을 구축하는데 실패한 것은 외교정책의 시행에 있어서 가장 큰 취약점이 되었다. 이것은 곧 이란-소련간의 긴장상태의 원인이 되었으며, 이란의 석유는 소련이 다시금 이란을 중요시하게 된 요인이었다. 소련의 이란에 대한 통제는 두 가지 목적을 동시에 수행하는데, 여기서 두 가지 목적이란 소련의 남부 국경을 공고히 하는 것과 동시에 서유럽으로의 매우 중요한 석유 공급로를 봉쇄하는데 있다.

아제르바이잔 자치 공화국 사건 이후, 소련의 對이란 정책은 점령에서 새로운 영향력 행사의 시도를 통한 체제전복 전략으로 바뀌었다. 하지만 이 새 전략은 1950년대 초반 투데당이 모사데그 세력을 전복시키고, 이란 내 정권을 잡으려다 실패한 것으로서 비효율적이라는 것이 판명되었다. 그러므로 소련 당국은 전복전략의 의존도를 낮추는 대신 이란 내의 반정부 정치세력에 대한 지원을 강화하는 것이 필요하다고 보았다. 다른 한편 모스크바 정부는 스탈린 사후, 1953년 8월 초 "35년간의 경험으로 판단해서 소련과 이란은 상호 우호협력에 관심을 보였다"라고 유화적 입장을 취하며 샤 정권의 투데 공산당원들의 처형에도 불구하고 비난하지 않았다.[52]

1954년 이후 소련의 정책은 세계정세 판도에서 이란을 중립으로 몰고 가는데 그 목적을 두었다. 이것은 친 서방정책의 포기를 의미했으나, 이란 정부는 두 가지 주요 원인 때문에 이를 원하지 않았다.

첫째, 이란은 석유를 가장 필요로 하는 곳 즉, 서유럽 지역에 좀 더 많이 판매하고자 했다.

둘째, 이란은 서방의 민주주의 정권이 소련의 전체주의 정권보다는 더 안전하다고 느꼈기 때문이었다.

물론 이란 및 다른 나라들의 과거 경험에 비춰 볼 때, 서방세계보다

52) Saikal 1980, 69.

소련 지배 아래서 자유와 독립을 쟁취하는 것이 훨씬 더 어렵다. 또한 이란의 중요한 관심은 당시 서구 제국이 해체되어 가는 반면, 소연방 제국은 형성되어가고 있었다는 점이다. 이란은 제국이 무너져 가는 서구 진영의 국가가 더 안전하다고 느꼈다. 이란에 대한 소련의 교섭은 외부의 영향을 받을 수밖에 없었다. 예를 들면, 미국이 이란의 안전을 보장하기 위한 바그다드 조약의 회원국 가입을 권고했을 때, 소련은 미국에 동의하지 말 것을 이란에 경고했다. 그러나 이란은 미국과의 이러한 안전보장 조약은 극히 방어용이고 소련의 안보를 위협하지는 않는다고 주장했다. 이란은 1955년 소련의 경고와 위협에도 불구하고 미국 주도의 바그다드 조약에 서명하는 것을 주저하지 않는 등 서방진영으로 기울었다.

모스크바 정부는 이란의 바그다드 조약 서명을 격렬하게 비난하면서 이것은 인접국 소련의 안보와 중근동에서의 평화를 해치는 처사라며 1927년 10월 1일의 소련-페르시아 중립보장 조약을 언급했다. 8개 조항으로 이루어진 이 중립보장 조약 중에서 제2조와 제4조의 규정은 각각 다음과 같다.

> "양국은 상호침략과 적대행위를 금지한다. 양국 중 어느 1국이 제3국 또는 타국가에 의한 침략을 받을 때는 중립을 지킨다(2조). 양국은 상대국 내정문제에 일체 간섭하지 않는다. 또 상대국에 적대하는 일체의 선전활동을 금지한다(4조)."

사실 이 조약은 양국의 영토·독립·주권이 위협을 받으면, 자동 무력 개입한다는 것을 의미하기 때문에 이란 정부는 긴장하기도 했다. 소련은 음악가 등 문화예술단의 파견을 취소하고, 이란산 쌀 4만 톤의 수입도 거부했다.[53)]

---

53) Saikal 1980, 66.

당시 소련은 이란에 중립주의를 요구하고 있었다. 이를 이루기 위해 소련은 이란에 대해 '당근과 채찍' 양면 전략을 구사하기 시작했다. 예를 들어 소련 정부는 1956년 여름, 샤를 모스크바로 국빈 초청하여 아제르바이잔 사건을 포함한 과거의 잘못을 사과하였다. 샤는 이에 화답하여 바그다드 조약을 이용한 적대행위나 이란 영토가 소련에 대한 침략 기지로 사용되지 않을 것이라고 약속했다. 1957년 양국은 몇몇 경제 협정서에 동의했고 이는 그들 모두에게 이익이 되었다. 또한 테헤란 정부는 크레물린 궁이 1959년 미국-이란 쌍무 군사조약을 비난하자 불가침 협정체결을 제의했다. 그러나 소련은 만약 이란이 미국과의 협정 제의를 받아들인다면, 그러한 제의를 거절하겠다고 테헤란에 통보했다. 그러나 이란은 소련의 조건을 거부하고, 같은 해에 미국과의 쌍무 군사조약에 합의했다. 1959년 2월 17일 흐루시초프 소련 수상은 이 조약이 이란을 미국의 군사기지로 전락시킬 것이라고 비난했다.

그 후 1962년까지 소련은 샤 정권을 반대하는 강력한 정치 흑색선전 전술을 펴며, 소련 남부의 이란 접경지대에 기지를 둔 '이란 민족의 소리' 방송을 통하여 이란에서의 제국주의 세력을 전복시킬 것을 선동했다. 하지만 그러한 전술로는 아무 것도 이루지 못했고, 소련은 1962년 말 다시 對이란 유화정책으로 돌아섰다. 이때, 소련 정부는 이란-소련 우호관계에 대한 두려움을 없애는 데에 총력을 기울였다. 1962년 샤가 크레물린 궁으로 초청되어 환영을 받는 자리를 빌려, 이란에 미국의 미사일 기지를 허용하지 않을 것이라고 약속하면서부터 양국 관계는 회복되기 시작했다.[54)]

1967년 초, 소련의 전략은 성과를 나타내기 시작했다. 같은 해 2월, 이란은 1억천만 달러 상당의 소련제 무기를 신용대부로 구입할 것을 발표했다. 이 액수는 2.5%의 이자로 8년에 걸쳐 갚아야만 하는 것이었다.

---

54) Saikal 1980, 69.

물론, 이러한 무기 구입은 이란이 친 서방정책을 포기한다고 결정한 증거도 아니고, 외교문제에서 중립주의 노선을 견지한다는 증거도 아니다. 하지만 이 사건은 국제관계에서 이란의 다변화 외교정책의 시발점이 되었다.

이러한 소련과의 위태롭고 적대적인 관계 속에서도 미-이란 관계는 꾸준히 발전했다. 한편 샤는 미국으로부터 조건 없는 군사 기술상의 지원을 얻기 위한 수단으로써 소련-이란 관계를 이용했다. 소련-이란 관계는 1960년대와 마찬가지로 1970년대에도 진전되었지만, 그 관계가 소홀해지고 조화를 이루지는 못했다. 미국이 이란에 무기판매를 주저하는 입장을 취할 때마다 샤는 소련과의 친교를 회복하려 했지만, 미국과의 관계가 호전되면 소련과의 관계에 대한 의욕은 식어버렸다. 소련은 그의 이 같은 이중 전략에 대응하여 이집트의 나세르를 지원하기 시작했다.

마침내 이란은 전적으로 서방과의 관계에만 의존한 국익을 더 이상 바라지는 않았다. 다른 나라들 사이에서 중립정책으로 인해 얻은 국익이 이란에 영향을 준 것도 사실이기 때문이다. 이란이 공식 정책으로 중립주의를 채택하지는 않았지만, 이란은 미국이나 영국보다는 다른 나라들과의 관계를 통한 정책으로부터 이득을 얻으려 시도하고 있었다.

전쟁이 끝나자마자 일어난 사건들은 서방진영에 이란을 더욱 가까이 끌어들이는 기폭제로 작용했던 것이다. 소련의 석유이권 요구 및 분리주의자들의 시위 지지로 인해 모스크바 당국에 대한 이란 국민의 불신감은 더욱 커졌다. 소련 점령기 동안의 사태에 미국이 이란을 적극 지원한 것을 계기로, 미국-이란간의 강력한 동맹국 관계는 1979년 초 팔레비 왕조가 이슬람 혁명으로 붕괴되는 최후의 순간까지 지속되었다.

4) 이란-미국 관계

제2차 세계대전 이전, 이란 내에서 미국의 활동은 초기에는 주로 종교적이고 교육적인 것이었다. 미국 또한 다른 중동국가의 풍부한 석유에 대한 경제·전략적 중요성뿐만 아니라 이란의 석유에도 관심이 있었다. 하지만, 당시 워싱턴 정부가 간접적으로 이란에 있는 미국 석유회사들의 석유 이권을 돕기 위한 정도였다. 정치적인 측면에서 이란 및 중동지역에서 미국의 개입은 극히 제한적이었고, 영-러와 같이 정치적 지배를 원하지 않았다. 모건 슈스터(M. Shuster) 및 밀수포그(Millspaugh)와 같은 미국의 재정 전문가들은 이란의 건전한 경제발전과 재정정책 개발을 위해 지원한다는 이유로 몇 차례 이란을 방문했다.

첫째, 경제난을 타개하기 위해 이란 정부는 전에 미 재무성 관리였던 모건 슈스터를 위시한 미국인 전문가 집단을 고용했다. 슈스터는 이란의회인 마즐레스가 1911년에 초빙한 인물로서 이란의 재정정책을 재구성하려했다. 이란 정부에 대한 러시아의 압력은 너무 강해서 미국인 전문가를 가만두지 않았다. 이란의 국내문제에 항상 관심이 있었던 러시아는 서구 전문가들의 고용을 의심스러워했다. 슈스터의 경제개혁으로 이란의 경제안정이 이루어지면 러시아의 국익에 역기능적으로 작용할 것은 자명했기 때문이었다. 러시아는 그의 추방을 요구했으나, 이란 의회는 그 요구를 거부했다. 그러나 곧 러시아 군대가 수도 테헤란으로 진격하자 이란 정부는 항복하지 않을 수 없었고, 그는 자신의 임무를 완수하기도 전에 해임되었다. 그러므로 이란의 경제문제들은 풀리지 못한 채 남아있었다. 그는 미국에 돌아오자마자 이러한 상황을 자세하게 기술한 책[55]을 저술하였다.[56] 미 국무성도 개인 자격으로 이란 정부에서

55) Shuster M., 1912, *The Strangling of Persia*, London.

56) Millspaugh 1946, 19.

일했었던 슈스터가 미국 정부와는 공식관계를 가지지 않았으며, 또한 당시 미 외교정책의 고립주의로 인해서 이 문제에 적극 개입하지 아니한 것으로 보인다.

둘째, 1922년에 밀수포그 박사는 이란의 경제난을 어떻게 타개해나갈지에 대해 조언하기 위한 기구인 미국 재정단체의 장이 되었다. 하지만 그 역시도 성공할 수 없는 정치적 상황때문에 1927년 그의 임무를 미해결 상태로 남겨둔 채 이란을 떠나 버렸다. 15년이 지난 1943년 밀수포그는 같은 목적으로 이란에 다시 돌아왔다. 그러나 그의 계획인 재정 중앙집중화를 반대하는 러시아와 이란 국내 기득권 세력, 특히 부유층의 강한 반발로 그는 2년 후 사임했다. 미국인 조언자들의 활동은 공식적으로는 미국 정부의 차원에서 이루어진 것이 아니었다.

전쟁 중 페르시아만과 소련 사이의 물자 수송로를 호위하기 위해 1941년 페르시아만 사령부 소속 3만 명의 미군이 영-소 양국의 요구에 따라 이란에 주둔했다. 1941-42년에 이란군이 연합군에 패배함으로써 워싱턴 정부는 이란군을 재건하기 위한 미군사 지원단을 파견하여 두 가지 임무를 부여했다. 그들의 임무 중 하나는 군사고문단 역할이고, 다른 하나는 작전수행을 지원하도록 한 것이다.57)

이란에 대한 미국 정책의 총체적 윤곽이 루즈벨트 대통령에 의해 드러나기 시작한 것은 전쟁 중, 특히 1943년 11월 테헤란 회의 이후였다. 이 총체적 윤곽에 따르면 미국의 對이란 정책 목표는 두 가지인데, 이란의 독립을 유지하고 이 지역 내에서 미국의 경제이익을 증진하는 것이다.

전후, 이란 독립 및 영토 보전은 간단히 소련을 따돌리는 것을 의미했

57) Halliday 1979, 90-91.

다. 따라서 미국은 유엔 안팎에서 강력한 외교적 노력을 통해 이란 북부 지역을 점령하고 있었던 소련군을 철수하게 하는데 공헌함으로써, 그때부터 이란의 가장 중요한 서방 동맹세력이 되었고, 전후 냉전체제 하에서 미-이란 양국 간 상호 군사방위협정이 체결되었다. 하지만 이란에서 미국의 역할은 전쟁이 끝나기 전의 영국의 역할과는 많은 차이가 있었다. 근본적으로, 미국은 다른 나라에 대한 내정 불간섭 원칙을 고수하고 있었기 때문이다. 미국 정책의 딜레마는 단지 이란에서 뿐만 아니라 세계 다른 지역에서도 존재했다.

1949년 샤는 미국을 방문하여 좀더 아낌없는 원조를 제공해 줄 것을 요청했지만, 별 성과를 거두지 못하고 실망한 채 이란으로 돌아왔다. 미국은 아직 對이란 정책 목표를 달성할 수단에 대한 확신이 분명히 서지 않았기 때문이다. 또한 모사데그가 총리가 되었을 때에도, 미국의 불확실한 對이란 정책은 이전과 마찬가지였다. 모사데그는 미국의 도움을 얻으려 시도하면서, 워싱턴 당국이 자신의 민족주의 정부를 강화시켜 주길 바랬지만 그렇지 않았다. 게다가, 미국은 적어도 부분적이라도 오랜 동맹국인 영국을 지원해야 한다고 느꼈다. 모사데그의 몰락에 앞서 이란이 미국으로부터 몇 년간 받은 제한적 원조는 주로 1950년 포인트포 협정(Point Four Agreement)과 국제협력행정단(ICAM) 하에 시작한 프로그램으로 이루어져 있었다.

1950년 6월 5일 국제개발법으로 미 의회를 통과한 최초의 포인트포 협정은 같은 해 10월 19일 미-이란 간에 서명되었다. 포인트포는 이란 뿐만 아니라 전세계의 경제발전을 위한 프로그램이다. 포인트포의 감독기관인 미 국무성은 결론적으로 다음과 같이 지적했다.

> "포인트포 프로그램은 자본의 국제적 흐름 특히, 개인적 투자를 활성화하기 위한 기존의 노력의 집중화를 요구한다."

이란의 포인트포 프로그램의 초대 단장인 워너(William Warne)의 말에 의하면, 근본적으로 포인트포는 이란의 경제를 강화하고 그에 따라 정치안정을 이룩하는데 있다. 포인트포의 관심 분야 중에서 우선순위는 교육 · 농업 · 국내안보이다. 워너 행정단 팀은 1951년부터 1955년까지 이러한 점에 초점을 맞추었다. 이란의 정치안정은 사회주의가 아니라 자본주의로의 발전이 계속 이루어진다면 보장된다는 것이다. 1950년대 초부터 이란은 미국의 '발전국가' 모델을 재빨리 채택하고 미-소간의 세계적 냉전 대결의 시험 장소가 되면서 미 외교정책의 주요 관심 국가로 떠올랐다.[58)]

1951년 ICAM의 이란 예산은 160만 달러로 제한되었고 모사데그가 권력을 쥐고 있는 동안, 1953년까지 2천2백만 달러로 증액되었다. 모사데그는 미국의 원조가 이란 경제문제를 풀어주길 기대하는 가운데 그의 석유 국유화 정책이 원만히 지속되길 희망했다. 1953년 10월 아이젠하워 대통령은 만일 모사데그가 석유위기를 적절히 해결하지 못한다면, 미국의 원조를 중단하겠다고 경고했을 때에서야 비로소 모사데그의 기대는 잘못된 것으로 밝혀졌다.

뒤에서 언급하게 될 석유국유화 위기로 인해서 모사데그 정권이 붕괴된 후, 미-이란 관계는 보다 우호적이 되었다. 예를 들면, 1946년 미국의 對이란 원조액은 1천만 달러, 1948년 6천만 달러, 1954년 8천4백만 달러였고, 1957년 말까지 총 3억2천3백만 달러에 이르며 대폭 증가되었다. 하지만 이 원조의 대부분은 이란 정부 예산을 지원하기 위한 것이었다. 왜냐하면 정부 예산이 석유파동으로 인해 심한 불균형상태에 이르렀기 때문이다. 그럼에도 불구하고, 미국의 원조는 계속 증가하여 1959년에는 총액이 8억8천만 달러에 달했다. 비록 미국의 연간 원조액이 1958년 이후 줄어들기 시작했지만 1961년 말 그 총액은 13억 달러, 1970년까지

---

58) Ricks 1981, 37.

는 13억5천만 달러에 달했고 이란군은 미 본토에서 교육훈련을 받았다. 제2차 세계대전 후부터 총 11,000명의 이란군이 미국의 군사기지에서 훈련을 받았다.[59)]

뒤돌아보면 이와 같이 미국의 정책 입안자들은 점차적으로 1953년 쿠테타 이후 이란의 절대적 중요성을 인식하게 되었다. 외교적으로 강력한 반공산주의 정권을 이란에 수립하려는 아이젠하워 독트린의 일부로서 미국이 경제·군사적으로 테헤란 정부를 지원했던 것이다. 이란은 '포인트포' 계획 아래 미국의 경제·군사 원조의 주요 수혜국 중의 하나가 되었다. 이러한 사실은 부분적으로 영국의 쇠퇴와 특히, 수에즈 동부지역에서의 국제정세의 변화에 기인한 것으로 보인다. 더욱더 중요한 것은 이란을 위시한 북방위지대의 주요 국가들인 터키·아프가니스탄·이라크는 냉전 때문에 전략상 가장 중요한 위치에 오르기 시작했다. 결과적으로 역대 미 행정부의 외교정책 지침의 변화와는 관계없이 소련과 마주하고 있는 특별한 지정학적 위치 때문에 이란은 항상 미국 외교정책의 중심을 차지했다.

이란에 대한 서양의 비평가들은 이란이 두 개의 동맹기구를 통하여 서구사회와 연결되었다는 사실을 자주 무시해 왔다. 이 두 개의 동맹은 1955년 바그다드 조약과 1959년 미국과 체결한 상호방위조약이었다. 이러한 동맹은 이란의 안보에 대한 필요성과 미국의 봉쇄정책이라는 상호이해관계 속에서 맺어지게 된 것이었다.[60)]

1959년의 조약으로 이란의 방위는 직접적으로 미국에 위탁하게 되었다. 미국의 군사 원조 및 영국과의 석유 분쟁 결과에서 생긴 상당량의 석유 수익으로, 이란은 1963년까지 병력을 12만 명에서 20만 명으로 늘릴 수 있었다. 연간 국방 예산도 1953년 8천만 달러에서 1963년에는 거의 1억8천3백만 달러로 증가되었다.[61)]

---

59) Halliday 1979, 91.

60) Lenczowski 1978, 465-7.

케네디 대통령은 쿠바에서 일어난 사회주의 성격의 혁명에 대한 대책으로써 향후 이란을 위시한 다른 제3세계의 개혁의 필요성을 역설했다. 제3세계에서의 개혁을 증진시키기 위한 케네디의 '진보를 위한 동맹(Alliance for Progress)'의 창설에 이란 정부는 소극적이었다. 1951년 미국의 對이란 군사원조로 제공된 샤만(Sherman) 탱크가 테헤란의 항의시위 군중을 진압하는데 사용되고 인권탄압이 심해지자, 1960년대 초부터 팔레비 독재정권에 대한 미 정부의 비난이 가중되었다. 사실 1947년부터 1960년대 초까지 이란군의 주요 목적은 국방보다는 국내 강압정치를 지탱하는 정권 유지에 있었다. 샤는 이란의 대대적인 사회경제개혁을 요구하는 케네디의 압력을 계속 거부할 수만은 없는 입장이었다. 그는 마지못해서 부정부패 혐의로 수백 명의 장교를 숙청하고 군대의 수를 12만5천 명에서 10만 명 선으로 감축하는 등 일련의 변화를 시도했다.[62]

특히 존슨 미행정부 시기인 1964년 6월 워싱턴을 방문한 샤는 존슨을 설득하여 1965년 5천만 달러의 군사차관을 얻어내면서 성공적으로 미-소 줄타기 외교전술을 구사했다. 그러나 케네디가 이란 정권 타도를 목표로 하는 흐루시초프의 경고로 인해 더욱더 그런 개혁의 필요성을 강조하자, 샤는 마지못해서 1961년 토지개혁과 백색혁명[63]을 시행했으나 실패했다.

1962년 초, 타 국가들을 위한 미국 원조 프로그램이 정책의 중점 사항

---

61) Farhi 1989, 96.

62) Halliday 1979, 92.

63) 이란의 토지개혁과 백색혁명은 박정희 시대의 '한국의 새마을 운동'과 비슷하다고 할 수 있는데 자세한 내용은 다음 책을 참조할 것. Pahlavi, M.R.S, 1961, *Mission for my Country*, New York: Mc Graw-Hill Book Company, Inc; 1976, *The White Revolution*, 백색혁명, 무함마드 레자 팔레비 지음, 신상주 & 이영림 옮김, 서울: 범아협회; 장병옥, 2004, 현대이란정치, 서울: 한국외국어대학교 출판부.

과 전체 목표물 사이에서 변화를 겪었다. 1969년에 끝난 이 프로그램에 힘입어 이런 변화 중 몇몇은 이미 이란에 영향을 미치고 있었다. 케네디 대통령의 제안에 따른 새로운 중점 사항이란 원조 공여보다는 차관으로 지급하고, 군사지원보다는 경제지원을 하며, 수혜국 정부예산의 균형을 바로 잡는 데에 목표를 두는 것이었다. 미국의 새로운 원조정책은 이란의 관료사회에서는 환영받지 못했다. 이란은 미국재정 자금의 배분 상, 좀 더 많은 자유를 요구하며, 터키와 마찬가지로 군사력 증강을 원했다. 즉, 이란 정부는 터키와 같이 소련과 마주한 취약한 위치에 있다고 느꼈다. 그들은 왜 미국이 터키와 이란에 다른 기준을 두는지 이해할 수 없었다. 왜냐하면 두 나라가 비슷한 지리전략적 위치에 있었고 또한 바그다드 조약에서 나중에 명칭이 바뀐 중앙조약기구(CENTO) 의 주요한 회원국이었기 때문이다. 게다가, 샤에게 있어서 군대란 권력 유지를 위한 하나의 중요한 수단이었다.

1967년 초에 형성된 소련-이란 무기협정은 미국이 이란을 완전하게 지원하지 않는 것에 대한 이란의 불만에서 이루어진 것이다. 이것은 또한 이란을 세계문제에서 중립적 입장을 취하게끔 만들려는 소련의 정책이 성공하였음을 보여준다. 하지만, 이란이 소련과 교류하는 것이 미국과의 마찰에 원인이 되지는 않았다. 미국 정부는 이란 외교정책이 심지어 중립주의 노선으로 나간다고 할지라도 놀라지 않았다.

베트남 전쟁의 수렁에 빠져있었던 미국에 대한 이란의 지역 및 국제적 지지 표명의 대가로, 존슨 대통령은 이란에 다양한 형태로 군사적 지원과 무기를 제공했다. 1969년 7월 닉슨 대통령은 그 지역의 방위는 그 지역 강국이 맡는다는 '괌'선언 이후, 새로운 닉슨 독트린(Nixon Doctrine)[64]에

64) 닉슨독트린: 1970년 2월 18일에 미국의 닉슨 대통령이 의회에 보낸 1970년대의 미국 외교정책 및 평화를 위한 새로운 전략의 근본 원칙, 그 지역 방위는 그 지역 우방국가의 자주 방위를 강조하는 한편 힘의 대결과 함께 협상 등을 그 내용으로 함.

의해서 미국의 對이란 지원은 상당히 강화되었다. 다극화 원칙에 기초한 이 독트린은 미국의 후원 아래 지역 강국의 발전을 목표로 했다.[65)]

이란은 닉슨 독트린 목표와 팔레비 정권의 이해관계가 일치되어 워싱턴의 외교정책의 모범적 적용국가로 선택되었다. 샤 역시 자신의 통치에 대항한 공산주의자의 음모와 소련의 위협에 대응해서 미국의 지원 아래 지역 강국으로 부상하길 바랬다. 1972년 5월 닉슨은 테헤란을 방문하여 비밀협정을 체결한 후 F-14, F-15 전투기 등 최신예 무기를 이란에 판매하기로 합의했다.

때마침 OPEC 산유국들이 1973년 유가를 최고 4-5배까지 인상한데 힘입어 이란은 석유수출로 나온 막대한 오일 달러를 이용하여 대량의 무기를 구입했다. 그 결과 이란은 닉슨 독트린의 다극화 정책의 최대 수혜국이 되었고 중동에서 미국의 주요 대리국 역할을 하는 '페르시아만 경찰국가'로 등장했다.[66)]

이와 같이 이란은 미국의 군사 무기와 차관 그리고 또 다른 형태의 원조를 받는 가장 큰 수혜국가가 되면서, 1973년 팔레비는 "우리는 미국이 가진 핵무기 외에는 어떤 것도 가질 수 있다"라고 자만스럽게 말했다. 1976년 지미 카터 정권의 출범과 함께 닉슨 독트린이 표면상 폐지되고 미 외교정책은 새로운 인권정책으로 대체되었다. 카터 대통령은 많은 권위주의적 동맹국가들에 대해 미국의 지원을 인권과 연계시킬 것이라고 선언했다. 그 중에서도 이란은 인권을 신장시키려는 카터 행정부의 주요 타깃이 되었다.

카터 행정부의 목표는 이란을 동요시키거나 양국간의 친밀한 우호관

---

65) 1968년 1월 미국의 '괌'선언 이전에, 이미 영국은 페르시아만으로부터 자국의 군대를 1971년까지 철수할 것이라는 철군 일정을 발표하면서, 그 자리에 이란이 주요 공백을 채우게 될 것이라고 시사한 바 있다(Halliday 1979, 93).

66) Halliday 1979, 94.

계를 해치지 않는 범위에서 샤가 인권에 관한 더욱 세심한 주의를 하게끔 강요하는 것이었다. 1977년 초에 카터 행정부의 고위 공직자는 "이것은 새로운 행정부이다. 만약 샤가 군사분야에서 원하는 어떠한 것도 얻을 수 있을 것이라고 생각한다면 큰 오산이다"라고 강조했다. 1978년 처음으로 미국은 신형 F-4기를 이란에 판매하는 것을 거부했고, 미 의회에서도 對이란 AWACS 경보기의 판매와 관련한 문제를 둘러싼 논란이 일어나자, 이란 정부는 마지못해 1977년 초부터 자유화 개혁 조치를 취하지 않을 수 없었다.

팔레비 시대는 이란에 대한 외세지배의 종식을 가져왔고, 전통적인 제국주의 세력 영국이 페르시아만에서 철수한 뒤 미국에 의해 그 역할은 대체되었다. 샤는 "이란은 중동의 일본"이 될 태세를 갖추고 있다고 자랑스럽게 말했다. 당시 수치로만 나타난 경제성장 통계에 도취된 1976년도의 팔레비 정권은 향후 10년의 기간이 끝날 무렵쯤에는 이란의 생활수준이 서유럽을 능가하고, 20세기 말에는 이란이 세계 5대 공업국가들 중의 하나가 될 거라고 떠벌리기 시작했다. 하지만 그것은 단지 환상이었고 잘못된 꿈은 불합리한 경제정책과 본질적으로 취약한 정치제도에서 비롯되었다. 위기가 닥쳤을 때 팔레비 왕조는 모래 위의 성곽처럼 쉽게 붕괴되었다.

제3장 이란 외교정책의 결정요인

한 주권국가의 외교적 성향은 많은 요인들의 상호작용에 의하여 결정된다. 그러한 요인들 중 일부는 지정학적인 위치, 민족과 종교의 구성, 역사적 경험, 자원의 기반, 이데올로기와 같은 그 국가의 고유한 특성과 연관되어 있다. 또한 다른 요인은 그 국가가 꾸려가야 할 외부적인 상황과 연관되어 있다. 즉, 이것은 지역 및 국제적 상호구조에서 연관된 것을 일컫는다. 그 요인들의 영향은 변화되기가 쉽다. 한 국가의 정치적 이데올로기는 경제발전에 따라 변할 수가 있다. 지역적 세계정치 판도 역시 변화하기 마련이다. 반면에 한 나라의 지리적 위치 · 역사적 경험 · 문화적 속성은 계속 이어지고 변화세력과 지속세력과의 끊임없는 상호작용 속에서 그 국가의 외교정책상의 지속성을 대변한다.

또한 그것들은 국가의 민족적 열망과 세계관을 형성하고 외교적 성향을 결정하며, 그 국가의 선택과 행동의 자유에 큰 영향을 끼친다. 이란도 이러한 일반적인 설명의 틀에서 벗어나지 않는다. 그러므로 이란 외교정책을 이해하는 데는 이란에 내재하는 외교적 성향의 결정 요인을 주지하는 것이 필수적이라 할 수 있다.

1 지정학적 환경

외세의 간섭에 대한 역사적 두려움과 환경은 이란 혁명 전후 외교정책의 기초를 형성했던 '소극적 균형정책(negative equilibrium)' 독트린의 발전과 부분적으로 관련이 있다.[67] 동서북쪽으로 이란은 이웃국가들과 국경을 접하고 있으며, 남쪽으로 페르시아만과 바다를 접하고 있다. 그러므로 이란은 페르시아만을 통해 유일하게 세계와 접촉할 수 있는 반쯤 육지로 둘러싸인 국가이다. 그래서 이란이 유사 이래로 페르시아만에 대한 집착을 가져왔던 것은 당연하다.

내셔널 지오그래픽이 2004년 10월 발간한 최신 세계 지도책에서 전통적으로 사용해온 '페르시아만'이란 명칭과 함께 '아라비아만'이라는 이름도 병기하자, 이란 정부는 물론 지식인, 심지어 반체제 인사들까지도 '아라비아만'이란 명칭 사용에 강력히 반발하고 있다. 이 지도책이 아라비아만 용어 병기로 이란의 비위를 거스르자, 이란 정부는 이 지도의 이란 내 판매를 금지해 버렸다. 이란 정부는 전략적으로 중요한 이란 서남부 해역을 페르시아만으로 불러야 하는 당위성을 증명하기 위해 아랍 국가들이 출판한 지도 등 약 100개의 지도들을 전시하는 행사를 가진 바 있다.

'페르시아만'이라고 명기된 지도들을 모아 놓은 이 전시회에는 이란 외무장관도 참석, 이란 서남부 해역이 세계 역사상 오랫동안 페르시아만으로 불려왔다고 강조했다. 내셔널 지오그래픽이 1990년 출판한 지도책에서도 이란 서남부 해역을 '페르시아만'이라는 하나의 표현으로 명기하고 아부 무사 섬들이 이란 영토라고 표기하고 있다.

그러나 내셔널 지오그래픽은 2004년 개정판 새 지도에서 아라비아만

67) Ehteshami 2002, 283.

명칭 명기와 함께 아부 무사 섬들과 관련, 이란이 점유하고 있으나 아랍에미리트가 영유권을 주장하고 있다고 언급했다. 내셔널 지오그래픽은 사용자들이 쉽게 이용하도록 페르시아만을 주된 이름으로 사용하고 아라비아만을 함께 표기했다며 새 지도를 적극 옹호했다. 같은 해 11월 8일자 내셔널 지오그래픽 웹사이트는 한발 물러서 이 문제의 민감성을 인식하고 이란의 국가 이익을 대표하는 개인 및 기구들과 '건설적인' 협의를 가졌다고 말했다. 이란은 이라크나 이집트가 이란의 주권을 침해하고 영향력을 확대하기 위해 '아라비아만' 명칭의 사용을 부추겨 왔다고 주장했다.

이란은 전략적으로 중요한 아시아의 상업과 군사 통로를 따라서 위치해 있기 때문에 역사적으로 아시아-유럽을 잇는 다리 역할을 해왔다. 수세기 동안 이란은 이 전략적 위치로 인해 이주세력(migratory forces)의 공격 대상이 되었으며 외세의 침략을 받아왔다. 즉, 그리스 · 아랍 · 몽골 · 터키 · 영국 · 러시아 등의 침공이 대표적인 예이다. 한편 산맥으로 둘러싸인 이란의 지리 · 자연적 특성은 이란인들의 물리적 통합을 공고히 했고, 또한 빈발하는 외세의 침투에 따른 문화 · 민족적 충격을 흡수하고 그들만의 독특한 문화적 정체성을 이룩하게 하였다. 이러한 상황이 이란의 외교관계에 실제적으로 중요한 결과를 가져왔다.

이란의 시아 이슬람 성격과 더불어 이슬람화에도 불구하고 이란인의 정체성의 지속은 아랍-이란간의 관계에 깊은 영향을 주어왔다. 그러한 시아 이슬람 정체성은 오스만 제국으로부터 이란이 독자적인 외교노선을 유지하도록 하는데 기여했다.[68)]

그러나 이란은 어떠한 민족적 우방도 없기 때문에 문화적 정체성을 지속시키는 데는 많은 대가를 치러야 했다. 이란과 같은 민족 · 언어적으로 친족관계인 아프가니스탄과 타지키스탄의 국민은 종파 차이로 인

68) Hunter 1990, 6.

해 구별되었다. 그들은 본질적으로 순니파 무슬림이었다. 카프카스의 아제르바이잔에서는 다수의 무슬림이 시아 이슬람을 신봉하고 있지만, 민족적으로 그들은 투르크계에 속함으로 이란과는 거리가 있다. 또한 이란은 아랍 세계 및 터키와도 민족・종파적 장벽으로 분리되어 있다.

현대에도 이러한 고립감은 이란의 외교성향에 상당한 영향을 주고 있다. 팔레비 왕정 시대와 이슬람 혁명 이후 시대 모두 외교정책의 많은 면들이 팽창주의로 대변되는데 이것은 이란이 그러한 고립에서 벗어나고자 하는 노력이었다. 그럼에도 불구하고 이란이 외교정책을 추구하는 데에는 더 많은 장애물들이 산적해 있다. 이란과 중앙아시아 및 카프카스 지방의 문화적 동질성을 가진 민족들과의 어떠한 상호 교류도 소련에 의하여 차단되어왔다. 또한 인도 아대륙(亞大陸)과의 관계를 확대하고자 했던 샤의 노력을 인도는 불안의 눈으로 보았다. 전통적인 아랍-이란간의 경쟁관계에 더해 아랍 민족주의적 배타주의는 이란-아랍간의 상호교류에 걸림돌로 작용해왔다. 이란이 아랍 세계로 진출하기 위해 이슬람 종교를 외교정책 결정의 하나로 채택하는 데도 한계가 있다.

지정학적 위치에 비추어볼 때 이란은 계속적으로 이주세력과 팽창세력의 침략에 대처해 나가야만 했다. 이란의 국력이 점차 쇠약해지고 있던 19세기에 주변 강대국들의 출현은 이란의 안보 딜레마를 심화시켰다. 이란은 약소국으로서 외교정책 결정과정에서 선택을 제한받는 지정학적 환경으로 러시아와 같은 패권세력과 인접하고 있다. 러시아를 페르시아만으로부터 분리하는 광대한 영토로서 그리고 영국의 식민지인 인도와의 접경지로서 이란은 영-러 패권경쟁 사이에 놓이게 되었다.

이란에서 석유가 발견되자, 이 지역의 전략적 중요성과 제국들 사이의 경쟁은 한층 더 뜨거워졌다. 이란의 정치환경은 이러한 제국간의 경쟁에 노출되어 있었다. 1917년 러시아 정권의 변화와 제2차 세계대전 후 미국의 부상은 이란 지역에서 강대국 사이의 패권경쟁에 아무런 영향을 주지 못했다. 즉, 이란의 지정학적으로 불리한 상태는 여전히 변화되지 않았던 것이다.

그러나 열강의 패권경쟁이 항상 이란의 국익에 역행한 것은 아니었다. 왜냐하면 그들 사이의 견제와 균형의 원리가 작용하고 있었기 때문이다. 그래서 이란은 종종 열강의 틈바구니 속에서 국가의 해체를 피하고 어느 정도 독립을 유지할 수 있었던 이점도 가지고 있었다. 그럼에도 불구하고 이란의 지정학적 위치는 외교정책 수립과 선택 그리고 정치적 운명이 국제정치환경의 변화 및 강대국 사이의 파워게임으로부터 영향을 쉽게 받을 수 있는 요인이 되었다.

2 역사적 경험

개인과 마찬가지로 민족 역시 과거의 산물이다. 과거의 기억과 경험은 그들의 현재 사실의 평가를 특징짓고 그들의 미래를 형성하며 그 사회의 민족적 기풍을 형성한다. 일부 역사적 경험은 한 민족의 정신에 깊이 새겨져 그들의 행동에 영향을 끼친다. 그것의 영향은 외부적 실체에 의해 정당화되지 못한다 해도 여전히 잔재한다.

이란의 역사는 상처받은 경험들로 가득 차 있다. 외세에 직면하여 생긴 이란의 역사적 무기력증은 이란인들의 심리에 깊고 영원한 상처를 남겼다.[69] 특히 지난 2세기 동안의 상처받은 경험은 선명하게 남아있다. 그것은 영토의 축소, 외세에 의한 정치 · 경제 · 문화적 지배, 그리고 국가적 굴욕으로 요약할 수 있다. 가장 큰 상처는 이란-러시아간의 충돌이다. 1804년부터 1828년 사이의 24년 동안 양국간의 두 차례의 전쟁으로 이란의 북부 트랜스코카서스 영토를 잃었고 그 결과 중앙아시아와의 정치 · 문화적 단절을 가져왔다. 이란 국민은 정치 · 경제적 독립과 주권의

69) Ehteshami 2002, 283.

상실로 인하여 민족적 모멸감을 느끼게 되었다.

인도를 둘러싼 완충지역을 설정하고 페르시아만에서의 해상패권을 유지하고자 하는 영국의 전략 또한 이란을 희생양으로 삼은 것이다. 영국의 정책 때문에 이란은 아프가니스탄과 단절됐고 페르시아만에서의 위상에 손상을 입었다. 영국은 또한 이란으로부터 많은 특권을 따냈다. 이란은 다른 식민지 국가들의 상황보다 더 나쁜 상황을 겪었다. 다른 식민지 국가들은 착취를 당할지언정 약간의 이익을 얻을 수 있었다. 한 때 이란 주재 영국 대사였던 라이트(Dennis Wright) 경에 의하면 "영국은 이란을 식민지화할 가치가 있는 곳이라고 전혀 생각하지 않았다"라고 한다. 그것은 당시 페르시아가 영국에게 본질적으로 가치가 없었고, 오직 인도를 보호할 목적으로 러시아의 남진정책을 저지하기 위한 것이었다는 사실을 암시한다. 영국은 이란의 발전에 아무런 도움을 주지 않았을 뿐만 아니라 어떠한 경우에는 방해가 되기도 했다.

계속되는 영토 상실, 외세의 침투 증가, 끊임없는 민족적 굴욕감은 이란인들을 분개시켰으며 때때로 광범위한 저항을 불러일으키기도 했다. 먼 과거의 실례를 든다면 그들은 역사적으로 두 번씩이나 자신들보다 미개하고 정신적으로 열등한 정복자의 손아귀에서 민족적 수난을 겪었다. 한 번은 아랍인들의 정복이었고, 다른 한 번은 유목민인 징기스칸의 정복이었다. 아랍인들은 페르시아에 해가 되는 숙명주의 사상을 전해주었고 몽골인들은 비관주의를 남겨 놓았다.[70]

외세에 의한 지배와 착취의 경험은 이란 민족의 의식 속에 깊게 영향을 미쳤으며 외국인의 투자와 자본 도입에 있어서의 자세에도 영향을 미쳤다. 팔레비는 그 사실을 중요시 여겨 '이란 통과 횡단철도'를 외국자본의 도입 없이 건설했다. 거대한 경제적 문제점에도 불구하고 초기

70) 장병옥 1997, 269. 더 자세한 내용은 다음 책을 참고할 것. 장병옥, 1997, "페르시아 사상과 이란인의 의식구조", 세계인의 의식구조, 서울: 한국외국어대학교 출판부.

에 이슬람 정권은 이란의 외채를 없애고 외국자본의 도입을 거절했다는 데서 민족적 자긍심을 느꼈다. 이러한 경험은 독립에 대한 강한 열망을 생성시켜 왔으며 종종 비현실적이고 감정적인 정책으로 일관되게 했던 것이다.[71]

근래에 가장 주목할 점은 민족주의자 모사데그 총리가 1951년 석유 국유화를 단행할 때 영국과의 협상에서 확고부동한 접근자세이다. 이와 유사한 맥락에서 이란-이라크 전의 승리에 대한 가능성이 없었던 끔찍한 파괴 속에서도 호메이니는 1988년 6월까지 이라크와의 평화협상을 8년 동안이나 계속 거부했다.

1945년 이란 북부 영토 점령에 따른 아제르바이잔 및 쿠르드 지역에서의 소련의 배후 지령에 의한 소수민족 국가의 수립, 그리고 1953년의 모사데그의 민족주의 정권을 타도한 미국과 영국에 의해 지원 받은 쿠데타는 이러한 민족 성향을 강화시켰다. 그 결과 이란 국민은 지배국과 피지배국으로 양분된 극단적인 의식을 갖게 되었고 강대국의 의도에 깊은 회의를 가져왔다. 그 결과 대부분의 이란 국민은 강대국들과의 거래를 인정하면서도 그들과의 관계가 보다 낮은 수준에서 이루어지기를 원한다.

반면 역설적으로 외세로부터 받은 긴 역사적 영향으로 이란인들 사이에서 외세의 개입 없이는 아무 것도 안되며, 될 수도 없고 또한 되지도 않는다는 믿음이 퍼져있다. 그러나 이러한 생각은 1979년 이슬람 혁명 이후 약화되었으며, 특히 1980년대에 이라크의 침공을 이란 혼자의 힘으로 격퇴했을 때 더욱 약화되었다. 그러나 그 후 곧 이라크에 대한 서방측의 지원과 페르시아만에서 미 해군의 개입으로 이란이 패배하게 되었을 때, 그러한 생각은 또다시 고개를 들기 시작했다.

당연히 이란과 관계된 강대국들에 대한 이란 국민의 불신은 커졌다.

---

71) Hunter 1990, 8.

지난 50년 동안 외세의 영향이 줄어들었어도 이러한 의구심은 소멸되지 않았다.

이란인들은 오늘날의 서양인들의 문화적 지배가 정치・경제적 지배와 더불어 이란의 외세 의존적 상태의 원인이 된다고 생각한다. 잘랄 아흐마드에 의하면 이러한 문화적 의존은 동양인들의 독립적인 사고력・창의력・발명 능력을 약화시켜 그들을 단지 서양인들의 사상과 생산품의 소비자로 전락시켜 동서양인 사이의 관계에 있어서 의존적 성향을 갖도록 했다. 아흐마드의 견해는 우선 문화적 독자성이 경제・기술적 종속상태에서 벗어날 수 있는데 필수적이라 생각하는 이란과 제3세계의 지성인들에 공감을 불러일으키고 있다. 그러나 국가의 문화 전승의 어떠한 부분을 보존하고 어떤 분야에서 외세와 어느 정도의 관계를 가져야 하는지에 대한 합의는 없다.

이란의 경우에는 자국의 민족문화의 특성에 대한 어떠한 합의도 없다. 현재의 정권은 이슬람을 문화의 핵심으로 강조하는 반면, 팔레비 정권을 포함한 과거 다른 이란 통치자들은 이란 민족주의와 같은 이슬람 이전의 요소를 강조한다. 그러나 대부분의 이란 국민은 두 요소 모두에 의해 영향을 받았고 "페르시아 유산"과 "이슬람 유산"의 균형 잡힌 조화를 선호한다. 그렇지만 이슬람 정권은 지금까지 성공하지 못했으면서도 더 큰 정치・경제・기술적 독립에 필수 불가결한 문화적 정체성을 회복하는데 있어서 이슬람 혁명의 당위성을 강조하고 있다.

현재 이란의 정치・문화적 삶과 외부 세계를 바라보는 관점을 이해하는데 우리는 과거의 이란을 돌아보는 것이 얼마나 중요하고 연관성 있는지 다시 한번 느끼게 한다. 이러한 관점에서 어떻게 그들이 이슬람 도입 이전의 이란과 이슬람 도입 후의 이란을, 몇 세기동안 조화하여 독특한 이란식 이슬람 문화를 형성하였는지 살펴보는 것이 중요하다. 또한 이란 문화에 있어 이슬람 이전 문화와 이후의 문화라는 두 문화적 요소를 분리해서 생각하거나 혹은 우월성을 따지는 것이 얼마나 쓸데없고

어리석은지가 명백해지고 있다.[72)]

아무튼 이란 쇠퇴기의 굴욕적 경험은 이란인들의 민족적 기풍과 정신 속에 강하게 남아있다. 동시에 영광스런 과거의 기억들도 그것이 실제이든 가상이든 그들의 가슴 속에 강하게 남아있다. 그것은 이란인들로 하여금 그들의 쇠퇴와 외세 의존상태를 감수하기 힘들게 하였다. 그래서 이란인들은 중동 지역과 제3세계에서 중요한 정치·문화적 영향력을 행사하는 것을 당연시 해 왔다. 그런 까닭에 이란은 주변 환경이 허용하는 한, 능동적으로 외교정책을 추구하여 왔다. 민족·문화적 고립을 깨뜨리려는 노력 이외에 이란의 적극적 행동주의는 이러한 민족적 특성을 반영한다. 이것은 모든 민족에게 공통된 것처럼 프랑스인이 '발현의 욕구'라 칭하는 어떤 민족적 특성으로 인식할 필요가 있다.

이란의 역사적 유산의 이러한 차원과 근래의 쇠퇴기의 경험간의 상호작용은 그 외교적 성향에 모순된 부정적 경향을 가져왔다. 이란은 강대국의 힘겨루기에서 벗어나 중립적이기를 원하면서 영향력 있는 지역 및 국제적 행위자가 되고자 한다. 그러나 강대국 사이의 패권경쟁은 이란을 필연적으로 그 속에 휩쓸어 넣고 있다.

3 민족문화와 종교

한 국가가 다른 국가와의 관계를 어떻게 규정하느냐 하는 것은 그 국가의 외교적 행위의 특성과 국제관계의 성격에 영향을 미친다. 한 민족을 규정하는 가장 흔히 사용되는 기준은 인종·언어·종교적 동질성이다. 국가를 구성하는 이러한 민족적 구성 요소의 상대적 중요성으로 인하여 그 국가는 동일한 종교·민족·언어적 특성을 가진 다른 국가들

72) Hunter 1992, 140.

에 대해서 자연히 우호관계를 갖게 된다. 그렇다고 이것이 그 국가들 사이의 분쟁을 막는 안전장치가 되지는 않는다.

민족주의와 종교는 종종 그 국가의 통치 이념에 영향을 끼쳐서 국가의 행위에 반영된다. 이슬람은 정치화 및 이념화되어 지난 20년 동안 강력한 힘을 발휘하였는데, 이것은 이란 혁명과 이슬람 원리주의 운동으로 대표된다. 한편 민족주의도 지난 150년 동안 정치적 이념으로 발전해왔다. 국가의 행위에 대한 종교와 민족주의의 상대적 영향력은 그 사회의 특성에 의해 상당히 좌우된다. 종교적 성향의 국가에서는 종교가 영향력을 끼치는 반면, 비종교적 성향의 세속국가에서는 민족주의에 의해 영향을 더 많이 받는다. 이스라엘과 파키스탄 같은 경우에는 종교가 국가 정체성의 핵심을 이룬다. 지난 세기에 근대 민족주의가 출현함으로써 다른 무슬림 국가들은 민족주의와 종교 사이의 충돌로 혼란을 겪어왔다.

이란은 민족주의자와 이슬람주의자 사이의 긴장에 직면해 왔다. 팔레비 정권은 국가의 통치권을 합법화하는 정책 수단으로써 이슬람 종교에 대한 이란 민족주의의 우월성을 고취시켰다. 역사적으로 볼 때 이 양자의 극단적 변화는 정권을 획득하여 보유하고 재창조하는 경쟁에 직접적인 관련이 되어 왔으므로 국민 대다수의 지지를 얻지 못했던 것이다. 결과적으로 순수한 민족주의적 정책이나 순수한 종교적 정책이 대중의 지지를 이끌어냈다. 이것은 왕정 때부터 지금까지 계속 이어져 오는 사실이다. 실제로 종교와 민족주의는 이란에서 항상 갈등과 협력의 상호작용 속에서 민족적 정체성과 성격 그리고 국가간의 외교정책에 다양한 영향을 끼쳐왔다. 이란 민족주의의 성격을 정의하는 데 있어서는 두 가지 요소가 특히 중요하다.

하나는 자유 민주주의와 전체주의 속에서의 정치 이념으로써의 민족주의이다. 전체주의는 나치 독일과 파시즘 이탈리아 그리고 몇몇 제3세계 국가들에서 나타났다.

다른 하나는 다소 명확한 영토 내에서의 정치적 실체에 대한 일반적인 충성심보다 덜 명확한 개념의 민족주의이다. 여기에서 일반적인 충성심이란 인종 · 언어 · 종교적인 유사성을 가지고 있고 보통의 역사 · 문화적인 경험을 가진 국민이 공유한 애국심을 의미하기도 한다. 이러한 의미에서의 민족주의는 이란의 경우와 좀 더 밀접하다.

이란의 일부 특징은 국민의 민족주의 정신을 강화시키는 반면, 다른 특징은 민족주의 정신을 약화시킨다. 즉, 인종과 언어의 유사성은 이란 민족성의 감정을 나타내는 데에 기여하고 있다. 이란 인구의 65%가 페르시아인이라는 사실은 민족주의 정신을 강화시키는데 기여한다. 인종적으로 인도-유럽계인 쿠르드인은 페르시아인과 어느 정도 동질성을 가지고 있다. 그러나 이란 인구의 35%가 다른 인종집단으로서 대부분은 터키인이고 일부는 아랍인 · 쿠르드인 · 발루치인 등 소수민족이라는 점에서 이란 민족주의 정신을 약화시킨다.

언어 또한 이란에서 민족 통합에 이바지하고 있다. 대부분의 국민들은 페르시아어를 사용한다. 심지어 주요 언어로써 페르시아어를 사용하지 않는 이란인들의 경우에도 페르시아어는 수세기에 걸쳐서 그들의 문학 표현의 주요 수단이 되어 왔다. 그 결과 페르시아어는 그들 문화유산의 일부분이 되었으나, 이란의 이질적인 언어적 다양성으로 인해서 민족적 통합성과 민족주의의 영향력은 다소 약화되고 있다. 어느 경우에는 이슬람 종교를 신봉한다는 동질성으로 인하여 이란의 여러 다양한 이질적인 요소에 의해 통합성이 침식당하는 것을 완화시켜 주고 있다.

종교적 요인 또한 분열을 일으킬 수 있다. 시아 이슬람을 신봉하는 이란의 터키계 아제르바이잔인들은 다른 순니 무슬림 터키인보다 같은 종파인 이란인과 훨씬 더 가깝게 느낀다. 이란 내에서 순니 이슬람을 신봉하는 쿠르드인은 민족 · 언어적인 유대관계에도 불구하고 시아파 이란인과 다소 거리감을 느끼고 있다.

이란의 민족 통합에 중요한 요소는 공통된 문화유산과 공유한 과거의 기념물이다. 이것은 특히 중요한데, 그 이유는 많은 외세가 이란에 침투하여 지배해 왔기 때문이다. 그러나 심지어 이란의 외국 정복자들[73]은 주로 실용적인 역사적 문화유산을 그들 자신의 것으로 소화하여 만들어 냈다. 7세기에 아랍이 침략해 들어오면서 이란 통치자들은 상실된 이란의 영토 회복을 열망했다.

이와 같이 민족 정체성에 대한 이란인들의 감정에서 '이슬람적임(Islamicness)'과 '이란적임(Iranianness)' 사이의 긴장은 7세기 아랍의 對이란 침략 이래로 계속되어 오고 있다. 그것은 19세기 특히 민중주의 이란 혁명 이래로 이란 문화와 세계 문화 사이의 날카로운 충돌로 인해서 더욱 강화되었다. 잘랄 아흐마드는 "만약 근대화된 지식인들이 전통적인 울라마와 그들의 정치적 힘을 통합할 수 있다면, 이러한 역사적 긴장을 잘 해결할 수 있다"라고 말했다. 그러나 과거 다른 모든 민중봉기의 예와 같이 이란 이슬람 혁명에서도, 이들 양 세력 사이의 연합은 정치적이고 일시적인 것으로 판명되었다는 사실을 그가 살아생전에 보지 못했던 것은 유감스러운 일이다.[74]

최근, 이란의 영토 통합 · 유지가 통치자의 정통성에 대한 주요한 시험대가 되고 있다. 많은 이란 국민들은 무능했던 카자르 왕조를 원망하고 있다. 왜냐하면 그들의 통치 기간에 이란이 많은 영토를 상실했기 때문이다. 마찬가지로 1980-81년 이란-이라크 전쟁 당시 사담 후세인 정예군대가 이란령 후지스탄을 점령했을 때 호메이니는 자신의 집권기 동안, 100년 만에 처음으로 이란의 영토를 잃는 사례가 될 가능성에 대하여 고심했다고 전해진다.

---

73) 투르크계의 사파비, 아프샤르, 그리고 카자르 왕조.

74) Ramazani 1990, 65.

4 이란 민족주의와 이슬람

역사적으로 민족주의는 중세 이후 특히 1648년 웨스트팔리아 조약 이후 주권국가로서 민족국가가 국제사회에서 합법화됨으로써 나타난 현상이다. 이는 기본적으로 서구의 산물로 동양에서는 제2차 세계대전 후 식민제국이 무너지자 신생독립국가들이 등장한 후에는 반식민 민족주의가 성행하게 되었다[75].

이슬람과 이란 민족주의의 상이성으로 인한 긴장 상태는 최근인 19세기 말에 시작되어 팔레비 통치기 동안 절정에 다다랐다. 이 긴장 상태는 이란과 서양의 접촉, 끊임없는 외세의 침투, 계속된 국력의 쇠퇴에 즈음하여 발생했다. 이란 국가의 쇠퇴 원인을 찾기 위해 의식 있는 이란인들 중 일부는 깊은 정신적 자기 성찰을 하기 시작했다. 어떤 이들은 아랍과 터키 요소에 의한 이란 문화의 오염과 이슬람을 주된 발전의 저해 요인으로 보게 되었다. 그래서 그들은 종교와 정치의 분리, 문화의 정화, 재이란화를 처방책으로 제시하였다. 다른 이들은 이란의 쇠퇴를 이슬람의 가르침에서 이탈한 결과로 보고 해결책으로써 이슬람법의 충실한 적용을 주장했다.

첫째, 이슬람 혁명세력은 보편주의적인 혁명 이슬람의 이데올로기를 제안했다. 혁명 이후 민족전선과의 결별에 따라 "민족적(national)"이란 단어를 제거하기 위해, 입법부의 명칭은 '민족 의회(National Assembly)'에서 '이슬람 의회(Islamic Assembly)'로 바뀌었다. 호메이니는 민족주의의 정통성을 부인하는 새로운 이데올로기를 탄생시켰다. 이것은 자유를 위해서 투쟁하는 이란뿐만 아니라 세계의 억압받는 무슬림에게도 마

75) 김순규 1997, 266.

찬가지로 적용된다.

둘째, 서양의 잔재를 제거하기 위해서 이슬람 혁명세력은 서양 영향의 부산물로 간주되는 문화 및 경제적 특성을 근절시키려고 했다. 미국과의 인질사건위기 동안, 이란은 식량 공급이 엄청나게 감소되는 경제봉쇄에 직면해 위협을 받았는데, 호메이니는 "예언자 무함마드가 하루에 한 개의 대추야자를 잡수셨다"라고 국민들에게 상기시키면서 서구의 물질적 소비주의보다 이슬람의 정신적 금욕주의를 강조했다.[76]

1987년 11월 13일 이란 정부는 경제적 상황이 너무 안 좋았기 때문에, 이란-이라크 전에 참전할 수 없었던 부녀자와 노약자들은 "그 대신 국가를 위해 재정적 지원을 하도록" 독려하면서 "재정적 성전(Financial Jihad)"에 나설 것을 호소했다. 그러나 이란 부유층은 이슬람 정권에 대한 반감 때문에 이에 호응하지 않았다.[77]

이란의 이데올로기적 세계주의자는 기존의 국경선과 주권을 부인하고 이란 밖의 목표로 눈을 돌렸다. 그러나 호메이니는 이란 영토 내에서 민족 분열을 인정하지 않으면서, 쿠르디스탄에서 쿠르드 소수민족과의 첫 충돌 후에 이슬람 보편주의를 역설했다.

> "이슬람에 관한 한, 여러 소수민족[78]에 대한 차별문제는 없다. 이슬람은 누구나 포용하고, 이슬람 공화국은 이슬람의 정의 아래 모든 소수민족 집단의 권리를 준수한다."

이런 말은 후에 이슬람 혁명 수비대가 쿠르드족의 봉기를 진압한 사

---

76) Halliday 1986, 93.

77) Ramazani 1990, 64.

78) Kruds, Turk, Fars, Baluchi, Arab, Lur, Turkomen.

실에 대해 정당화를 의미한 것이다.

샤 정권 몰락 이후 몇 달 이내에 많은 소수민족들과 중앙정부 군대 사이에 충돌이 발생했다. 이데올로기적 측면에서 이슬람 정부는 두 가지 방법으로 대응했다. 한편으로 모든 이란인들은 무슬림이기 때문에, 인종적으로 서로 분리하는 것은 용납되지 않는다는 것이다. 다른 한편으로는 국가의 적대세력으로 아랍인과 쿠르드인을 비난하면서 이란 민족주의 감정 및 광신적 애국주의의 논리를 부추겨 페르시아인으로부터 이러한 정책에 대한 지지를 호소했다. 이 혼합적인 이슬람 민족주의 이데올로기는 오히려 페르시아인과 비 페르시아인 사이의 관계를 보다 악화시키는 결과를 초래했다. 동시에 이슬람 정권은 민족주의적인 소수파 순니 무슬림을 시아 무슬림으로 개종시키기 시작했다. 결과적으로 페르시아 민족주의는 이슬람 보편주의라는 미명 하에서 발전했으며, 민족주의자들의 분열을 예방하는 요인으로써 이용되었다.

그러므로, 이란 혁명의 독특한 기원이나 성격은 두 개의 근본적인 긴장관계로 특징 지어지는 외교정책을 반영했다.

첫째, 이슬람 공화국은 보편적 목표인 이슬람 혁명에 전념하게 되었으며, 외부 국가에 이것을 전파하려 했다.

둘째, 혁명 이데올로기는 분명히 국제주의 및 보편주의 사상과 민족주의 사상의 모순된 요소들을 포함하고 있었다. 즉, 이슬람 혁명은 한편으로 국경 없는 독실한 무슬림 신도들의 혁명이고, 다른 한편으로는 페르시아 민족주의와 시아 이슬람주의 열정이 혼합된 것이었다.[79)]

모든 무슬림의 형제애를 강조하고 인종적 편견을 반대하는 이슬람의

79) Halliday 1986, 95.

출현도 이란의 민족 정체성에 있어서 이란적인 요소의 영향력을 제거하지는 못했다. 수세기에 걸쳐서 이란 민족은 고대 페르시아 유산과 이슬람을 융합시키고, 또한 시아 이슬람을 국교로 채택함으로써 아랍 순니파 무슬림들과는 구별되는 독특한 입지를 구축했다. 따라서 시아주의는 종종 이슬람으로 개종한 페르시아인들의 민족주의적 표현이라고 일컬어진다.

이란 민족은 이슬람 문화의 발전에 커다란 기여를 했다는 사실을 항상 의식하고 있다. 심지어 현 이슬람 정부도 반 민족주의적 감정에도 불구하고 때때로 민족 특유의 자긍심을 가지고 이슬람 문명의 발전에 공헌한 이란의 역할을 언급하고 있다. 그 결과 많은 이란인은 이란 민족주의와 시아 이슬람의 상호 의존성을 믿게 되었다. 하여튼 이란이 시아 이슬람을 공식적인 국교로 채택한 이후, 시아파의 견해에서 보면 이란의 영토적 경계선 또한 이슬람의 영역이 되었다. 그래서 시아주의와 이란 민족주의 사이에 많은 공통분모가 형성된 것이다.

그 당시에 민족주의는 세계에서 떠오르는 이데올로기였고 근대화는 이란의 주된 선결 과제였다. 그래서 개혁주의적 비종교인들이 득세했고 그 반면에 이슬람 성직자들은 개혁에 반대했다. 하지만 초기의 민족주의자들이 이란 사회를 개혁하고자 하는 노력은 제한되었다. 즉, 그들은 이란의 이슬람 성격을 바꾸지 않았고 무슬림 성직자들의 특권적 지위에 도전하지 않았다. 더욱이 이 기간 동안 민족주의 세력과 이슬람주의 세력은 외세 침투의 위협에 직면해서 상호 협력했다. 팔레비 왕조 시기에 이란 민족주의자들은 비종교적이고 반 이슬람적인 성격을 가졌고, 이슬람 이전의 덕목과 문화를 지나치게 찬양했다. 레자 샤는 이란의 교육제도 및 사법제도를 종교와 분리하면서, 이슬람 이전의 조로아스터교를 부활시켜 경축행사를 대대적으로 벌였다. 이러한 정책은 이란의 이슬람적 성격에 반하는 것이며 종교 지도자들의 특권적 지위에 도전한 것이었다.

국내적으로 불안함을 느낀 그의 아들 팔레비는 우선 종교 지도자들과 타협을 모색했다. 공산주의의 위협을 두려워하고 있었던 종교 지도자들은 기꺼이 정부와 협력했다. 그러나 일단 그는 자신의 정권이 안정되고 강력해졌다고 느끼자, 그의 아버지 레자 샤를 능가할 만큼 이슬람 및 종교 지도자의 영향력을 약화시키는데 주력했다. 그 결과 울라마 및 종교적 성향의 지식인들은 이슬람의 저주로서 표현되는 민족주의, 이슬람 이전의 과거 군주제, 그리고 조로아스터교에 반대하는 계획적인 반격을 가하기 시작했다.

그래서 공공연한 갈등이 이슬람과 이란 민족주의 사이에서 나타났다. 팔레비 정권 하에서 이란 민족주의는 군주를 최상의 미덕의 원천으로 보는 군주정치의 숭배사상으로 변질되었다. 사실 '신, 군주, 국가'라는 팔레비의 구호에서 샤(군주)는 국가보다 우선했다.

이 군주정치의 숭배사상은 곧 정치적 정통성이 내재되어 있는 시아 이슬람 사상과 충돌했던 것이다. 시아파 교의가 이란의 국교가 되고 성직체제가 상당히 발전했던 때인 사파비 왕조(1501-1722) 이후, 군주제 정부와 이슬람 종교계 사이의 긴장은 항상 존재해 왔다. 그렇지만 사파비 군주의 시아 이슬람에 대한 열광적인 장려와 적대적인 순니파 오스만 제국으로부터의 보호를 필요로 하는 울라마의 의존성 때문에, 군주와 울라마 사이에 갈등과 협력이라는 매우 미묘한 세력균형 관계가 형성되었다. 본질적으로 군주는 신앙의 수호자와 이슬람법의 적용자로서의 역할로부터 자신들의 정통성을 이끌어 냈다. 19세기 중엽, 개혁이 이란에서 시작되었을 때 종교와 정부 사이에서 갈등으로 나타났다. 이러한 관계가 한계점에 도달하고 민족주의와 이슬람 사이의 양분이 심화된 때는 1970년대 팔레비조 통치의 마지막 10년 동안이었다.

호메이니는 특별한 민중적 우월성, 군주 국가체제에 대한 이슬람 이전의 과거에 대한 과도한 찬양, 그리고 이란의 이슬람 성격을 희석시키는 민족주의 등을 배격했다. 그의 견해에서 만약 민족주의가 조국과 국민을 사랑하고 국경 지방을 보호하는 것이라면 받아들일 만한 것이다. 그래서 호메이니는 '애국심'의 의미에서 민족주의에 반대하지 않았다. 오히려 그는 이슬람 보편주의에 위협이 되는 민족이나 국가의 편협한 이익에 기초한 정치 이론에는 반대했다. 이란에 대한 외세의 지배를 비난하는 호메이니의 연설은 비록 호메이니 자신은 부정할지라도 사실은 그가 민족주의자임을 시사한다. 이러한 맥락에서 이란 이슬람 혁명은 미국의 지배에 대항하는 민족주의적 혁명이라고도 할 수 있다. 호메이니와 같은 이슬람주의자들에게 "이슬람으로의 회귀"라는 아이디어는 외세를 전복시키는 목표와 연계되어 있다. 그런데 이슬람으로의 회귀는 문화적 정체성으로의 회복을 의미하며, 문화적 정체성으로의 회귀는 종종 민족주의 운동과 연관된다.[80)]

그러나 사실상 이슬람 세력은 과거 팔레비 정권 시절에 이슬람을 희생시켜 국가의 권력과 통치를 정당화하고 확장하는 데 민족주의가 사용되었기 때문에 민족주의를 반대했다. 이와 유사하게 혁명 이후 종교 지도자들은 다른 정치세력을 희생시켜 자신들의 권력을 정당화하고 확장하는 데 이슬람을 이용해 왔다. 그럼에도 불구하고 시대에 따라 조금은 차이가 있으나, 이란 국민은 각각 민족주의 또는 이슬람주의 어느 한쪽에 매력을 느끼고 있었지만, 대부분의 국민은 이란 민족과 시아 이슬람 양쪽 모두에 충성심을 느껴왔다.

비록 그 당시에도 두 세력이 약간의 영향력을 행사했지만, 이란의 민족문화에 대한 민족주의 세력 또는 이슬람주의 세력의 상대적인 우월성은 대외 활동에 중요한 영향을 미쳤다. 팔레비 정권 아래에서 민족주의와 국가 이익에 따라서 이란 외교정책이 결정되었다. 이것은 이슬람 성향의 이란인들을 분노하게 하는 정책을 수립하는 결과를 초래했다. 다른 한편 이슬람 정부의 외교정책은 때때로 많은 국익의 손실을 감수하

80) Munson 2003, 42-43.

고 이슬람적 열망에 의해서 훨씬 더 많은 영향을 받아 오고 있다. 이러한 자세는 민족주의 진영으로부터 비난과 불만을 초래했다. 사실상 어느 한쪽으로의 지나침은 대중성과 거리가 있다.

좀 더 합리적인 접근은 이란의 정체성 즉, 이슬람과 민족주의라는 이중적 성격임을 인정하는데 있다. 이 성격 때문에 이란인들은 이슬람 국가 및 무슬림의 대의에 협력을 아끼지 않는다. 그들은 이란의 민족적 국가 이익 및 고유한 전통 문화를 침해하는 것을 용납하지 않는다. 이슬람의 지배에도 불구하고 민족주의의 강화와 더불어 민족과 국가의 생존이라는 지상 명제로 인하여 정치·문화적 이란주의가 다시 출현하게 되었다. 아무튼 이란에서 민족주의와 이슬람주의는 동전의 양면처럼 양분하기 어렵고 갈등과 협력의 속성을 지니고 있다고 할 수 있다.

5 이데올로기의 역할

이슬람과 같은 일부 종교들은 이데올로기로 특징지을 수 있다. 그래서 종교가 동기가 된 국가 행위와 이데올로기적으로 결정된 행위를 비교할 수 있다. 현대의 의미에서 이데올로기 전쟁인 십자군 운동과 100년 전쟁은 좋은 예이다. 이란의 경우에 사파비 페르시아 제국 동안 시아 이슬람은 외교정책에 영향을 미치는 국가 이데올로기의 역할을 했다. 16-17세기에 걸친 페르시아-오스만 제국간의 갈등은 부분적으로 그들의 종교적 차이에서 발생되었다.

이데올로기라는 용어는 사회주의, 파시즘, 자유 민주주의와 같은 일반적으로 현대의 구조화된 정치·경제·사회적 이론을 나타낸다. 지난 수십 년 동안 특히 제2차 세계대전 이후, 이 이데올로기들은 제3세계 국가의 발전 방향을 형성하고 대외 활동을 결정하는데 중요한 영향을 끼쳐 왔다. 독립을 획득한 후, 대부분의 국가들은 정치·경제 발전의 문제에 관심을 가져왔다. 최근까지 제3세계 국가의 엘리트들은 자국의 고유한 정치 · 경제 · 사회 조직의 전통적인 양식을 근대화의 장애물로 간주하고 새로운 모델을 추구해 왔다.

제2차 세계대전 후의 반 식민운동의 성공으로 열강의 패권 다툼의 전통적인 양식은 제3세계 국민들의 정신과 마음을 사로잡기 위한 경쟁으로 변화되었다. 다수의 제3세계 국가들은 동서 양 진영 이데올로기 중의 하나를 택일하여 각각의 정치 · 경제 제도를 수용하지 않을 수 없었다.

사실상 이러한 사상들이 제3세계에 영향을 미쳤다. 그리고 그 보다 훨씬 이전에 지적 발전에도 영향을 미쳤다. 이란 입헌주의운동(1905-1906)의 지도자들은 19세기 유럽의 자유 민족주의 사상에 의해서 깊은 영향을 받았다. 이란 북부와 러시아 남부 사이의 상호작용을 고려해 보면 사회주의 이데올로기의 영향은 이란에서 감지되었다. 미르자 쿠첵 칸의 소위 '장갈리' 운동과 1918년 이란의 길란 지방에서 사회주의 공화국의 출현은 그러한 영향 때문이었다. 19세기와 20세기 동안의 중동에서 이슬람 세력은 증대되는 외래 이데올로기의 영향에 강하게 반발했다. 이란에서 서구 성향의 자유 민족주의자들이 입헌정부를 요구하자, 울라마 세력은 이슬람법에 기초한 정부를 요구함으로써 대응했다.

다른 예로 외래 이데올로기는 그 지역 환경에 맞게 이식되어 변질되었다. 서양의 민족주의와 사회주의는 아랍 세계에서 각각 나세르주의와 바아스주의로 변형되었다. 중국은 1949년 혁명 후 마르크스-레닌주의를 그들 자신의 형태에 맞는 중국판 사회주의로, 북한은 그것을 주체사상으로 발전시켰다. 1980년대 초 이란은 시아 이슬람을 메시아적 이슬람 세계주의로 발전시키려고 시도했다. 국제적 수준에서 비동맹운동은 동서 양 진영에 대한 제3세계의 돌파구였다. 그럼에도 불구하고 어느 정도 제3세계 국가들은 이 동서 양 진영의 하나 혹은 다른 것에 영향을 받았고, 또한 그들의 외교정책의 성격에 영향을 받은 것도 사실이다.[81]

이데올로기가 국가의 정치에서 수행하는 특별한 기능을 고려해 보면,

제3세계와 다른 국가들과 큰 차이는 없었다. 이데올로기는 국가권력을 정당화하고 국가행위를 합리화하는 역할을 한다. 국내적으로 외교정책상 국민을 동원하기 위해서는 국가는 국가 이데올로기에 호소하여야만 한다. 사실상 이것이 한 국가가 대중의 열정을 창출해 낼 수 있고 국민들로부터 기꺼이 희생하는 마음을 얻는 유일한 방법이다. 일부 학자들은 어떤 경우에 국가는 단순히 권력을 추구하기보다 이데올로기적 동기로부터 행동한다고 주장해 왔다. 이데올로기는 국가가 권력을 얻기 위해 추구하는 방법을 결정하고 부분적으로 그것은 국익에 대한 인식을 결정한다.

팔레비 정권이 채택한 이란 민족주의 사상은 국가 이데올로기로서 역할을 수행했다. 이란 국익의 증진, 이란의 역사적 권리의 신장, 국가위상의 고양은 정부의 행위를 합리화하고 대중의 지지를 이끌어내는데 이용되었다. 이 기간 동안 이란 외교정책을 결정하는데 있어서 이데올로기의 역할은 증대되어 왔다. 국가 이익의 실현과 이데올로기적 열망의 추구 사이의 마찰은 이란을 딜레마에 빠지게 했으며 대외관계에서 모순을 초래했다. 그러나 이것은 국제관계에서 기이한 현상은 아니다. 어떤 점에서 모든 국가는 이데올로기적 이익과 국익을 조화시켜야 하는 어려움에 처해 있다.

6 국내 상황과 자원의 한계성

노데지(Northege)가 갈파한 것처럼 외교정책이 내부와 외부 사이의 대화라면, 국내문제는 한 나라의 대외적 행위에 큰 영향을 미친다. 국내외 요인의 이런 상호작용은 외교정책 결정이 정치 지도자에 영향을 주

81) Hunter 1990, 15.

는 점에서 중요하다고 할 수 있다. 외교정책의 선택은 종종 높은 수준의 국방비를 충당하기 위해 국내 경제자원의 많은 소모를 가져오기도 한다. 이것은 국가의 외교정책 목표와 국민들의 복지 사이에서 갈등의 원인이 되며, 특히 그런 갈등은 자원이 제한된 나라에서 심각하게 나타난다. 한 나라의 외교정책은 잠재적으로 인명의 희생이 요구되는 전쟁과 평화라는 치명적인 문제도 포함한다.

결국 한 나라가 대중의 태도에 미칠 충격을 고려하지 않고 외교정책을 수립하는 것은 불가능하다. 정기적인 선거나 정치참여를 수용하는 나라들에서는 외교정책과 국민의 반응 사이의 연계가 명확하고 직접적이다. 물론 권위주의체제 아래에서도 그런 연계는 존재한다. 종종 외교정책이 국민의 태도와 완전히 배치되거나 그들의 복지를 침해할 때는 궁극적으로 지도자들은 정치적 대가를 치러야 한다.

이란 국민의 호응을 받지 못했던 샤의 일부 외교정책은 다른 문제들도 악화시켰다. 1960년대 후반과 1970년대에 이란 외교정책과 관련해서 막대한 군사적 비용 지출 역시 논쟁의 초점이 되었다. 샤의 권위주의적인 정치성향에도 불구하고 그는 외교정책에서 보다 독자적인 자세를 취함으로써 국민의 호응을 얻으려 했다. 마찬가지로 1988년 7월에 이슬람 정권은 그들의 지지기반의 약화를 우려해서, 이란-이라크 전쟁을 반대하는 국민의 요구에 호응하여 뒤늦게나마 유엔 안전보장이사회의 휴전 결의안 598호를 수용하였다.[82)]

제3세계에서는 국내환경과 외교정책 사이의 연계가 정부 안정성의 정도와 지지기반의 힘이 되어왔다. 충분한 국민의 지지가 없거나, 외세에 의해 종속된 정권은 외교정책의 선택을 통하여 자신들의 국내위치를 개선하려고 노력해왔다. 1950대 이란에서는 샤가 미국과의 동맹을 통하여 소련의 지원을 받는 반정부세력으로부터 그의 통치권을 보호하였다.

82) Hunter 1990, 17-18.

1960년대와 1970년대에 샤는 좌익세력들에 대한 소련의 지원을 차단시키기 위해 부분적으로 소련과의 유대관계를 개선했다. 그가 급진주의적 아랍 국가들과의 관계 개선을 위한 정책을 취한 것도 같은 맥락이다.

이란에 영향력을 행사하려는 외국의 패권경쟁은 이란 정부의 외교정책에 영향을 주기도 한다. 따라서 샤는 외세에 자신의 통치권을 보장받기 위해 때로는 국익과 국민의 뜻에 배치되는 정책결정을 하지 않을 수 없었다. 정책결정기구의 성격도 역시 매우 중요하다. 중앙집권화 된 체제에서는 소수 개인의 특성, 또는 개인의 특이한 체질까지도 정책을 결정하는데 중요한 역할을 한다. 이것은 샤 정권 및 호메이니 통치 하의 이란이 그 대표적인 경우이다.

한 나라의 경제 · 군사 · 기술자원의 기반은 역시 그 나라의 외교정책의 선택에 영향을 미친다. 비교적 국가의 자원이 풍부하면, 외부의 자원에 의존하는 나라보다 독자적인 외교정책을 수행할 수 있는 능력이 그만큼 더 크다. 지난 150년 동안 이란은 외국의 군사력과 경제 원조에 의지해 왔다. 19세기 초반에 이란은 프랑스의 군사원조를 얻기 위해 나폴레옹의 동맹 제안을 적극적으로 수용하였다. 레자 샤는 독일과 우호관계를 유지했으며, 그의 아들 무함마드 레자 샤는 이란의 경제개발을 위한 원조를 얻을 목적으로 미국에 의존했다.

그러나 1970년대부터 막대한 석유 자원을 바탕으로 이란 외교정책에 있어서 더욱 커진 독립성은 이란의 경제 · 군사적 위상이 향상되었다는 것을 말해 준다. 이 책 제13장 아흐마디네자드의 강경 외교정책과 미국의 핵전략에서 상세하게 언급하겠지만 이란이 2006년 현재 70달러 유가 수준에서 하루 400만 배럴의 석유수출로 벌어들이는 수입은 하루 2억 달러 이상에 이른다. 이란은 서방세계에 대항하여 석유를 무기화함으로써 핵폭발에 버금가는 충격을 세계 경제에 가할 수 있다. 이란이 석유생산을 감산하거나 수출을 중단만 해도, 세계 경제에 침체를 불러오고 큰 혼란을 야기할 수 있다. 이란의 핵위기가 고조되면 될수록, 이란의 오일 달러 수입이 그만큼 증대되는 환경에서 아흐마디네자드 정부의 강경 외교정책 노선은 쉽게 변화되지 않을 것은 명약관화하다.

이슬람 정부가 경제 · 기술적인 자립을 강조하더라도 이란은 필요한 원료와 기술적 자원을 계속 얻기 위해 그들의 정책을 적절하게 조절해야 한다. 이란은 기술과 경제발전을 위해서 지속적으로 중국 · 러시아 · 일본 · 한국 등과 경제협력을 중심으로 하는 실리주의 외교정책을 강화해 오고 있다.

7 국제정치체제와 외부환경

외교정책은 한 나라가 외부세계와 접촉을 하며 최대한의 이익과 최소한의 손실을 추구하는 것이다. 그 나라의 고유한 특성과 외부환경(지역정치체제와 국제정치체제)은 정책결정에 큰 영향을 끼친다. 한 나라의 많은 외교정책은 역시 다른 나라의 최대 이익과 최소 손실이라는 행동에 대응하기 위해 이루어져 있는데, 특히 약소국은 체제 요인에 의해 제한을 많이 받는다. 역시 일부 국가는 그들의 지리 · 전략적인 위치와 다른 특성 때문에 더욱더 국제정치체제 변화에 영향을 쉽게 받는다. 국력이 약한 나라는 강대국의 관심이나 패권경쟁에 휘말리기 쉬우며, 특히 주요 강대국 사이의 관계에 맞추어 외교전략이 변하게 된다.

국제정치체제에서 세력구조보다 더 깊이 이란 외교정책에 영향을 미친 요인은 거의 없다. 역사적으로 영-러 패권경쟁은 이란 외교정책에 있어서 단 하나의 가장 영향력 있는 국제정치체제 요인이었다. 1941년 영-러의 對이란 침략은 1942년 영-소와의 '방어적 동맹(defensive alliance)'을 선호함으로써 이란의 중립주의 외교정책에 변화를 가져왔다. 이 방어적 동맹이라는 용어는 당시 이란의 포로우기(Foroughi) 국무총리에 의해서 명명되었다.

영-러 침략의 결과로 국제정치환경의 극적인 변화는 또한 그들에 대한 대항세력으로서 이란이 미국에 관심을 갖도록 했던 것이다. 미-소간의 냉전이라는 국제정치체제가 모사데그의 석유 국유화정책과 소극적 균형정책에 가장 큰 영향을 주었던 것이다. 냉전이 모사데그의 외교정책에 해를 끼쳤던 것과는 달리, 그것은 1950년대 대부분 기간 동안 샤의 외교정책에는 도움이 되었다. 샤의 적극적 민족주의 외교정책이 냉전에 의해서 영향을 받았듯이, 미-소간 냉전의 해빙 분위기가 그의 새로운 자주적 국가정책의 근원이 되었다.83)

지난 200년 동안에 이란의 정책결정이나 국가의 운명은 지역적 수준 및 국제적 수준과 같은 체제적 요인에 의해 상당히 영향을 받았다. 이리하여 세계대전 후의 형성된 양극화 현상은 비록 동맹국의 성격은 아니더라도 이란의 동맹정책의 방향을 결정하였다. 후에 1970년대의 양극체제의 붕괴와 초강대국의 등장은 이란으로 하여금 보다 더 독립적인 외교정책을 추구하도록 하였다. 동시에 이란은 초강대국 사이에서의 줄타기 외교로 자국을 보호할 수 있었다.

제1차 세계대전의 혼란, 제2차 세계대전으로 인한 연합군의 이란 점령, 아제르바이잔 사태 등 국가 생존의 위기를 체험하지 못한 새로운 세대는 샤의 군사 현대화의 정책에 반대하기 시작했다. 그러나 1980년 9월 22일 이라크 침공 시, 이란은 또다시 최우선 선결 과제를 영토 보전에 두게 되었다. 하룻밤 사이에 이란 국민은 강력한 군사력의 필요성을 절감했다.

샤 정권보다도 더 독자적인 외교정책을 가능하게 한 이러한 국제정치체제 요인들로 인해서 이슬람 정부는 많은 이익을 얻었다. 1985년 이래 초강대국 관계에 새로운 긴장완화 시대를 선포한 고르바초프 통치 하의 소련 외교정책의 변화와 지역문제에 관한 초강대국간의 협력은 이란의

---

83) Ramazani 1975, 441.

입장을 어렵게 만들었으며, 초강대국간의 경쟁을 이용하는 것도 힘이 들게 되었다. 이런 변화 때문에 이란이 이러한 외교전략을 이용하려 했을 때 그것은 실패로 끝이 났다. 그 예로 1987-88년 페르시아만 위기 동안에 이란은 쿠웨이트 유조선으로부터 성조기를 내리도록 미국에 압력을 가하기 위해 소련에 접근하였으나, 결국 미국은 이란의 전략에 말려들지 않았다.[84)]

지역적 수준에서의 체제적 요인과 세계적 수준에서의 체제적 요인과의 상호작용 역시 한 나라의 정책결정에 영향을 미친다. 이란의 경우를 보면, 이란 북부의 모든 지역이 소련과 국경을 접하고 있다는 사실은 소련이 북부 지방에 영향을 미친다는 것이다. 페르시아만을 영국이 지배하는 동안 이란은 독립적인 정책을 추구할 수가 없었다. 영국군의 철수 이후에도 서방 국가들이 그 지역의 중요성을 인식하고 여전히 관심을 갖게 되자, 이란 외교정책은 서방의 이해관계와 정책 우선순위에 의해서 제한되었다. 그러나 이란은 1970년대에 페르시아만에서보다 큰 영향력을 행사할 수 있었는데 그 이유는 이란과 서방의 목표가 부합되었기 때문이다.

세계적으로 큰 영향력을 행사하는 나라들의 관심이 되는 지역적 하부체제에서 순전히 지역적인 요인은 덜 중요한 반면, 지역 국가들의 정치적 선택과 지역 세력균형에 영향을 주는 문제들은 다소 중요하게 보인다. 페르시아만에서 이란은 지역적인 견지에서 보면 잠재적으로 가장 강력한 국가이다. 그러나 외부세력의 등장으로 인해서 독립적인 정책을 추구하려는 이란의 능력은 제한되었다. 이점은 페르시아만 위기상황에 의해 설명될 수 있다. 즉, 그 지역에 미 해군이 진입함으로써 극적으로 세력균형이 바뀌게 되었으며 이란의 지역정책 목표가 다소 방해받게 되었다. 그래서 비현실적인 목표를 추구하는 경향이 있는 이슬람 정권조

---

84) Hunter 1990, 19.

차도 새로운 현실에 대해 그들의 외교정책을 조정하지 않을 수 없었다.

지역환경에 영향을 주는 강대국의 등장과 더불어 최근 수십 년 동안 증가되는 국가간의 연계, 다른 지역 하부체제 구조간의 상호작용, 지역체제의 타 지역들간의 상호작용 등에 의해서 중동 지역 내 국가들의 정책결정은 영향을 받는다. 1990년대 초 소연방의 붕괴 이후, 국제정치체제가 미-소 양극체제에서 미국 단독의 일극체제로 변함으로써 페르시아만 · 아랍권 · 카프카스-중앙아시아의 신생 무슬림 6개 국가들을 포함하는 중동 지역은 이란의 외교정책 결정 과정을 복잡하게 만들고 있다.

조지 W. 부시 행정부는 2001년 9 · 11 테러를 겪으며 2003년 이라크 사담 후세인 정권을 붕괴시키는 과정에서 패권적 일방주의(hegemonic unilateralism) 외교정책을 극명하게 보여 주었다. 패권적 일방주의란 냉전 이후 소비에트와의 경쟁관계가 종식되면서 미국이 가지게 되는 절대적 힘의 우위에 기초한다. 이를 통하여 미국의 가치와 이익을 국제사회에 전파하고 있다. 2006년 현 부시 행정부의 패권적 일방주의는 몇 가지의 원칙에 의해 구성된다.

1) 자유 · 평화 · 인권 등의 미국적 가치와 이익의 최우선
2) 힘의 우위를 통한 미국의 일방적 주도
3) 미국의 일방적인 리더십이 여타의 다자주의 리더십보다 우선한다는 점이다. 이는 달리 말하면, 국제질서를 구성하는 국제법이나 규범보다 미국의 이익과 가치가 더 우선한다는 의미이다.
4) 패권적 일방주의는 동맹을 규정할 때, 피아의 이분법적 구조로 구분한다. 중간에 어떠한 중립세력이 존재하지 않는다.

제4장 국제정치와 이란의 외교전략

이란의 주요 외교전략은 대외적 변화 및 대내적 사정에 부합하여 전개되었다. 하나의 단독 전략이 이란 외교정책의 주요 방향을 결정하기도 하고, 때로는 여러 개의 다른 전략이 동시에 채택되기도 했다.

레자 샤는 군사적으로 이란이 약화되었던 제1차 세계대전 혼란기 동안에 중립정책을 취했음에도 불구하고 조국이 외세의 치열한 각축장이 되었음을 목격했다. 그의 아들 무함마드 레자 샤는 1941-45년 사이에 미-소 연합군의 이란 점령으로 정신적 충격을 받았으며 그 감정은 대부분의 이란 국민들이 공유하는 것이었다. 그러므로 샤의 군비증강 정책이 초기에 대중적인 지지를 받은 것은 놀라운 일이 아니었다.

2003년 미국의 對이라크 공격으로 사담 후세인 정권의 붕괴를 다른 나라의 일로만 볼 수 없었던 이란 이슬람 정권은 미국의 對중동 민주주의 확대 전략에 위협을 느끼고 있다. 미국의 "이란 신정체제 교체"와 이에 대응한 이란의 핵개발 위기로 긴장감이 감돌고 있는 절박한 상황에서 이란은 과연 어떠한 외교전략을 구사해 나갈 것인가? 역사적으로 그동안 이란 정부가 조국의 운명이 위기에 처했을 때, 국제사회에서 어떠한 외교정책을 펼쳐 나갔는지를 살펴봄으로써 향후 이란의 외교전략을 추론하는데 도움이 될 것이다.

1 균형정책 외교전략

"균형정책" 외교전략은 유럽의 "세력균형" 원리와는 정반대의 것이었다. 그것은 중립 또는 비동맹정책을 택함으로써 당시 이란과 밀접한 외교관계에 있었던 제국주의 경쟁상대인 영-러 양국을 상대로 이란의 독립을 유지하는데 목적이 있었다. 정치 · 경제 · 군사력에서 다른 국가들과 대등하지 못했던 이란은 19세기 중엽까지 외세의 침략에 대항하여 효과적으로 저항할 수 없었다. 이것은 이미 두 차례의 러시아-이란 전쟁(1804-1828)의 결과와 영국의 페르시아만 제해권 및 인도에서의 영국군 주둔으로 만들어진 결과였다.

의식있는 이란의 지도자들은 "조국을 위기에서 구할 수 있는 수단은 이란 외교의 질과 그것을 효과적으로 만드는 특수한 전략의 채택에 있다"고 믿었다. 이러한 외교전략의 필요성을 인식한 첫 번째 인물은 카자르조의 나세르 알 딘 샤 정부에서 1848년부터 1851년까지 재상을 지냈던 노련한 정치가 미르자 타키 칸 아미르 카비르(Amir Kabir)였다. 그는 '적극적 균형정책(positive equilibrium)'이라는 새로운 외교전략을 고안해 냈다. 그 전략의 주요 원리는 이란을 지배하려는 두 경쟁세력에게 동등한 특권을 제공하여 그들의 경쟁에 기인한 역학관계를 이용함으로써 조국의 독립과 주권을 보호할 수 있다는 것이다.

"균형정책" 선언으로 신임을 받았던 그는 정치 및 경제 양 측면에서 영-러가 서로 반목하도록 하는 정책을 폄으로써 이란의 독립을 유지시키려 하였다. 그러나 왕권이 약화된 상태에서 실시된 이러한 정책은 초기에는 이란의 국익을 보호하고자 한 것이었으나, 실질적으로 그러한 초기 목표와는 반대되는 결과를 초래하였다. 유럽 열강은 이란이 자국

내에 거주하는 외국인들의 불법 행위에 간섭하지 않을 것을 골자로 하는, 주권국가로서의 위상에 명백히 반하는 협정을 체결할 것을 강요했다. 이 협정들은 특히 1828년의 투르크만차이(Turkmanchai) 조약을 체결한 러시아를 필두로 여러 유럽 열강에 의하여 체결되었다.

영-러 양국을 서로 반목하게 하여 이란의 독립과 주권을 수호한다는 취지에서 실시되었던 "균형정책"은 1907년 결국 실패로 끝나고 말았다. 1907년 영-러 협약의 조인은 근대 이란 역사의 두 가지 주요 사건 중에 첫 번째에 해당된다. 이 협정은 영-러 두 열강이 이란에 대한 상호 이해관계의 충돌을 일시적으로 가라앉히기 위한 전략적인 것이었다. 따라서 이란의 균형정책은 성공은 고사하고 이중으로 패배한 결과를 초래했다. 이란은 자국이 택한 외교정책의 선택에서 실패했을 뿐만 아니라, 독일과의 우호관계 추진에 제한을 받았기 때문이다. 따라서 영국은 러시아가 처음부터 영토확장의 일환으로써 이란 북부 5개 주를 러시아의 영역으로 하고 영-러 협약을 여러 차례에 걸쳐 위반하였음에도 불구하고 이를 묵인하였다. 민족주의 원칙은 이란의 외교관계에 그대로 잔존했지만, 균형정책은 더 이상 민족주의 원칙을 충족시키는 수단이 되지 못했다.[85]

물론 아미르 카비르와 다른 유력한 지도자들은 이 전략이 불완전하며 조금은 유해하다고 생각했다. 그러나 그들은 가능한 최소한의 양보 수준에서 열강의 균형 상태를 유지하기 원했고, 되도록 그런 양보도 필요하지 않도록 하기 위해 이란의 입지를 강화하려고 노력하였다.

이란으로서는 불행히도 이 전략은 1851년 아미르 카비르가 공직에서 물러나고, 이란 지도자들의 무능력 및 이란의 군사·경제적 취약성 때문에 왜곡되었다. 비록 적극적 균형정책의 적용이 이란을 더 이상의 불행한 운명에 처하게 하지는 않았으나, 영-러는 자신들의 지배 영향권으

85) Savory 1990, 39.

로 이란을 남북으로 적절히 분할하였다. 그 결과 이란 외교사에서 아미르 카비르의 적극적 균형정책은 큰 명성을 얻지는 못했다.

1930년대와 1940년대 사이에, 이 균형정책 개념의 수정판이 이란 좌파에서 나타났다. 그것은 영국의 이란 남부 유전에 대한 이권을 감안하여, 소련의 위협에 대응한 이란의 안보를 확보하기 위해서는 동일한 특권을 이란 북부에서 소련에게도 부여해야 한다는 것이다. 샤의 외교정책의 견해 또한 이 개념의 영향을 반영했는데, 1960년대 그는 모스크바 정부에 이란에서의 월등한 경제적 이권을 주면서 소련을 우방으로 만들려고 노력했고, 1970년대에 유럽 열강과의 우호관계를 위해 동일한 책략을 사용했다.

경쟁세력 사이에 있어서 균형정책의 개념과 세력균형의 개념은 1940년대 후반기에 모사데그의 '소극적 균형정책(negative equilibrium)' 전략의 형태로 다듬어져 재등장했다. 이러한 새로운 외교책략에 관한 기본 방침은 양 세력에게 과도한 특권 혹은 모든 특권을 부여하는 것을 거부하고, 또 어느 한 세력에게만 이익을 주는 것을 효과적으로 거부함으로써 양 경쟁세력의 영향력이 균형을 이루도록 한다는 것이었다. 예상대로 이 개념은 폭넓은 지지를 얻었으며 쉽게 적극적 균형정책을 능가했다. 모사데그는 심지어 이란의 중립적 입장을 스위스의 모델에서 찾으려 했으나 그것도 여의치 못했다. 충분한 군사·경제적 힘을 갖춘 국가들만이 이러한 전략의 적용이 가능한 것이었다. 이란은 이 기준에 부합되지 못했고, 따라서 소극적 균형정책의 실행 노력 역시 실패로 돌아갔다.

모사데그는 국내외적인 요인에 의해서 몰락했다. 그는 국제정치에서 동서 양 진영을 이해하지 못하고 그의 소극적 균형정책의 희생자가 되었다. 길란 및 아제르바이잔 위기에 있어서와 같이, 석유는 이란 외교관계에서 주요한 결정 요인으로 국내외 정치와 밀접히 연계되어 있다.[86]

외부 세계에서의 정세 변화도 이 실패의 한 원인이 되었다. 당시 가장 중요한 국제정세 변화는 국제정치체제의 양극화, 미-소 경쟁의 제로섬 게임 성격, 양 진영 중 어느 한쪽을 택일하라는 강대국의 압력이었다. 그럼에도 불구하고 소극적 균형정책에 따른 기본 원리는 국민들이 민족주의와 비동맹정책이 가장 효과적이라는 것을 인식한 약소국가들 사이에 가장 호소력이 있었다. 강대국의 압력과 민중의 저항이라는 이러한 경쟁적 발전은 이란에서도 분명했다. 모사데그 정권의 실각 이후 새롭게 복위된 샤는 미국과 동맹을 체결하고 소극적 균형정책을 '소극적 자기 파괴적 민족주의'[87]로 규정하면서 '적극적 민족주의'라고 부르는 그 자신의 이론을 개발했다. 그러나 샤가 내세운 적극적 민족주의는 모사데그의 영향을 받은 것이 확실했다. 1960년대 중반에 소개된 샤의 자주적 국가정책은 사실 그의 경쟁자인 모사데그의 소극적 균형정책보다 더 야심에 찬 것은 아니었다.

그러나 샤는 운이 더 좋았다. 이란 국내 경제사정의 향상이 세계정치의 양극화 속에서 자주적 국가정책을 실행하기에는 안성맞춤이었다. 그리하여 이러한 기회를 잡게 됨으로써, 샤는 미국과의 동맹을 유지했고 소련과의 관계 또한 증진시켰다.

자주성을 향한 이러한 경향은 국내외적 발전이 상대적으로 자주적 외교정책의 추구를 가능하게 하여 1970년대까지 지속되었고, 어떤 분석가는 이 시기의 이란 정책을 '사실상의 비동맹'으로 표현하기도 하였다. 그러나 이것은 과장이다. 왜냐하면 샤의 자주적 외교정책은 미-이란의 동맹관계를 위협하지 않았고, 대부분의 이란 국민은 외교정책의 '자주적' 성격에 관하여 매우 회의적이었기 때문이다. 사실상 소극적 균형정책의 실패에도 불구하고 대부분 이란 국민에게 있어서 모사데그의 전략은 비동맹의 성격을 띤 것으로, 자주권을 확보하고 외세의 영향을 거부하는 것을 의미했다.

---

86) Ghods 1989, 189.

87) negative self-destructive nationalism.

따라서 이란 이슬람 정권의 "동도 서도 아닌 오직 이슬람이다"라는 슬로건 즉, 동서 양 진영 어느 쪽에도 속하지 않겠다는 비동비서(非東非西) 정책은 역사적으로 소극적 균형정책보다 더 행동주의적이고 도전적으로 변이된 것이다. 그러나 1979년부터 2006년 현재까지 이슬람 공화국의 외교전략도 '미국 제국'에 대응하여 러시아 · 중국 · 인도 등과 유전개발 및 무기 거래를 통하여 막대한 경제적 이권을 활용하고 있는 것으로 판단해 보면 제2의 균형정책의 수정판이라 할 수 있다.

2 제3세력 외교전략

실패한 균형정책에 대체할 만한 전략을 수립하고자 하는 노력이 1906년의 입헌혁명기부터 1921년 레자 칸의 쿠데타 사이의 기간에 집중되었는데, 그것은 "제3세력 전략(the third power strategy)"의 기원이 되었다. 적극적 균형정책과 소극적 균형정책 양 전략을 경험하고 전개시키던 그 시기에, 이란은 공식적으로 '제3세력' 전략을 채택한 것이다. 그 본질은 두 경쟁 세력에 맞설 수 있는 제3세력을 이용하여 정치 · 경제 · 군사적 원조를 획득하는 것이었다. 이 정책의 목적은 이중적인 것이었다. 정치적 측면에서 보면 이란의 목적은 자국의 경제 재건을 위하여 제3세력의 지원을 얻고자 하는 것이었다.

이러한 제3세력을 선택하는 데에는 두 가지 기준이 적용되었다. 그것은 과거 이란의 내정문제에 간섭한 역사를 가지지 않아야 하고, 지정학적으로 가능한 한 이란 국경에서 멀리 떨어진 곳에 위치한 국가여야 했다. 이란 정부는 위의 두 가지 기준을 모두 충족시키는 적절한 제3세력으로서 미국을 우선적으로 선택하였다. 슈스터(Morgan W. Shuster)는 1911년 5월 2일 미국의 대표 자격으로 재정적 원조 임무를 띠고 테헤란에 도착했다. 하지만 그의 임무는 1911년 12월 러시아의 직접적인 압력

으로 인하여 중단되었다.[88)]

이러한 결과가 초래된 주요한 이유는 제3세력 전략을 수행하기 위해서 이란 정부가 첫 번째로 선택했던 미국이 이란에 그렇게 많은 관심을 두지 않았다는 데 있다. 러시아 및 영국과 같이 세력균형을 이루고 있었던 유럽 열강도 이란에 큰 관심을 두지 않았던 것은 마찬가지였다.

이와 같이 제3세력 전략은 19세기 후반에 최초로 발전되기 시작하였으나 실행에 옮기기가 어렵다는 것이 판명되었다. 바로 그러한 성격 때문에, 비교적 가까이 있는 제3세력이 이란에 대한 세력균형자의 역할을 수행할 준비와 관심을 가졌다면 성공할 수 있었을 것이다. 그러나 이론적으로 이 제3세력의 실제적 관심이 두 주요 경쟁세력과 함께 패권경쟁을 할 정도로 너무 커서도 안 된다는 것이다. 만약 그렇게 된다면 이란은 아무런 이익도 얻지 못할 것이다.

결국 이란은 모든 관련 기준을 만족하는 이상적인 제3세력을 찾을 수 없었다. 미 고문단이 철수한 1927년 이래로 레자 샤는 영-러의 전통적인 패권경쟁의 대항세력으로써 미국 대신에 독일과 관계를 트고자 노력했다. 1930년대에는 독일이 제3세력으로 선호되면서 이란은 열강의 패권경쟁에 쉽게 휘말리게 되었다.[89)]

제2차 세계대전 후 국제정치체제의 양극화는 이란의 제3세력 전략 시행을 더욱 어렵게 만들었다. 모사데그가 소극적 균형정책을 주창했음에도 불구하고 영-소 양국의 영향력을 조종하는데 또다시 미국을 이용하여, 석유산업의 국유화를 위해서 이란-영국 분쟁에서 미국의 지지를 얻으려고 제3세력 전략을 사용했다. 샤의 정책 관점 또한 제3세력 전략의 영향을 반영하고 있다. 국제정치체제의 성격 변화로 인하여, 새로운 정치·경제적 세력의 등장에서도 보여주듯이 그는 성공할 수 있는 더 좋은 기회를 가졌다. 그리하여 1970년대에 샤는 미국에 대한 이란의 의존

88) Savory 1990, 41.
89) Ramazani 1975, 25.

도를 줄이고 자국의 안보 및 경제적 선택권을 증대하기 위해 또 다른 제3세력 전략으로 중국 · 일본 · 유럽 열강들과의 관계를 이용했다.[90)]

이슬람 정권 역시 때때로 위에 언급한 국가들을 동일한 목적에 상당히 효과적으로 이용하면서 제3세력 전략의 변화를 추구했다. 중국은 미국-이란 간 반목의 시기에 소련에 대해 균형추로서의 역할을 했으며, 터키는 이란-이라크 전쟁으로 페르시아만 항구들이 손상을 입었을 때 이란에게 외부 세계와의 교량 역할을 하면서 소련에 대한 경제 의존도를 줄이도록 해주었다. 호메이니 시대 이후 이란 외교정책의 주요 윤곽은 다음과 같다.

첫째, 경제적 측면에서 이란은 독일 · 프랑스 · 이탈리아 등 EU와 외교관계를 강화하여 1996년에는 최대의 무역상대국으로 연간 거래액은 거의 170억 달러에 달했다.

둘째, 정치 안보적 측면에서 이란은 '패권주의적' 미국의 일방주의 정책을 좌절시키기 위해서 러시아 · 중국 · 인도와 전략적으로 외교관계를 강화하고 있다.

특히 이란은 주요 무기 공급국인 러시아와의 관계를 중시한다. 이란에게 가장 중요한 무기 공급국 가운데 두 번째인 중국 역시 이란 외교의 주요 우선순위에 있다.[91)]

이란최고국가안보회의 사무총장 아야톨라 하산 로우하니는 러시아와의 관계강화를 꾀하며 "이란 · 러시아 · 중국 · 인도와의 상호협력은 미국의 패권주의 정책에 맞서기를 원한다면 매우 중요하다"라고 말했다. 이란 정부는 "한편으로는 미국이 이란과 관계를 회복하자고 꾀하면서,

---

90) Hunter 1990, 24.

91) Hiro 2001, 223.

다른 한편으로는 이란에 무기 프로그램을 지원하는 국가들에 제재를 가하는 법률을 통과시키고 있다"라고 의문을 제기했다.[92)]

이러한 제3세력 외교전략의 맥락에서 2006년 현재까지 이란 이슬람 정권은 미국에 대항하여 러시아-중국을 중심축으로 삼아 주요한 제3세력으로써 이용하고 있다고 할 수 있다.

3 제3세계주의 외교전략

최근 수십 년간 이란이 중동 이슬람권의 문제에 계속 개입해 온 것은 제3세계주의(Third Worldism) 현상의 관점과 밀접히 연관되어 있다. 이란 외교정책의 제3세계적 차원은 혁명 이래로 매우 강화되어 왔다. 그러나 이것이 완전히 새로운 발전이라는 폭넓은 시각은 잘못이다. 즉, 이란 외교정책의 이러한 측면은 오랫동안 중요시 되어왔다는 것이다.

모사데그 총리의 '소극적 균형정책' 전략 이론은 비동맹운동의 선구자적 역할을 하였고, 1951년 석유산업 국유화는 제3세계 경제적 민족주의의 효시가 되었다. 수십 년간 이란은 제3세계 국가들의 지도적 국가라기보다는 오히려 서방의 대리국 역할을 해 왔지만, 1960년대부터 제3세계 국가들의 경제문제를 대변하기 시작했다.

이란은 "석유수출국기구(OPEC)" 회원국들 중 특히 이라크와 심각한 정치적인 문제가 있었음에도 불구하고 OPEC의 창설 회원으로 참여하기로 결정했다. 샤는 또한 다른 천연자원 수출국들도 OPEC의 예를 따르도록 권유하기까지 했다. 이란은 알제리를 제외한 모든 아랍의 OPEC 회원국들과는 달리, 1970년대에 서방의 선진국가들과 마찰을 빚으면서까지 국제경제 질서와 제3세계에 특별한 관심이 되는 다른 문제를 개혁

92) Hiro 2001, 256.

하도록 하는데 앞장섰다.

게다가 강대국들의 과도한 영향력을 차단하고 균형을 잡기 위해서 자원을 공동으로 관리하자는 생각은 무슬림들에게 그리 독특한 것이 아니었다. 동서 양 진영의 균형을 잡고 초강대국과의 관계에서 상충적인 측면을 완화하기 위한 비동맹 운동이 일찍이 일어났기 때문이다. 특히 1970년대와 1980년대에 제2세계에서 유행했던 남-남 협력이나 집단적 자급자족 사상은 그와 같은 맥락에서 출발한 것이다. 이란의 혁명세력 가운데 다수의 비성직자들은 이란 외교정책의 목표와 이상을 설명하기 위해 제3세계와 관련된 것들을 이용해 왔다. 이란 외무장관은 제41차 유엔총회에서 과거의 식민주의가 신(新) 식민주의라는 더욱 위협적인 것으로 대체되어, 약소국에 대한 강대국의 지배가 계속돼 왔다고 주장했다. 그는 또한 기술 및 산업의 후진성과 경제적 미개발로 인해서 신식민주의체제가 구축되었다고 덧붙였다.

현 세계질서의 부당한 측면을 바로잡기 위한 호메이니의 전략은 이슬람체제 안에서 형성된 것임에도 불구하고, 다른 제3세계 개혁주의자들의 전략과 상당히 유사하다. 무슬림에 초점을 두었지만, 그는 이란의 문제와 딜레마가 다른 피억압 민족과 관계가 있다고 믿었다. 그에 따르면, 무슬림 세계의 문제점은 이슬람의 길에서 이탈하여 동서 양 진영의 부패한 길을 택한 것에 있다. 또한 다른 문제점은 상당 부분 강대국들의 음모에 기인한 무슬림 세계의 분열에도 책임이 있다. 따라서 그는 무슬림 세계가 구원에 이르기 위해서는 이슬람으로 복귀하여, 진정한 이슬람 정부를 세워 분열을 극복하고 통합을 이루어야 한다고 강조했다. 그는 "만일 통합이 된다면 어느 누구도 10억 무슬림을 패배시킬 수 없을 것이다"라고 말했다. 때문에 무슬림 및 그 밖의 피억압 집단과 민족은 세계의 세력균형을 바로잡아 변화시키고 종속과 착취에서 벗어나기 위해 협력해야만 한다는 것이다.

그러나 호메이니의 관점이 그리 혁신적인 것은 아니었다. 이슬람 공조사상이나 범 이슬람주의 등은 19세기 중반, 알-아프가니가 무슬림 영토에서 대영제국 외세를 근절시키기 위해 이슬람의 결속을 외쳤을 때 일찍이 제시된 것이었다. 또한 근래에 들어서는 아야톨라 아볼 가셈 카샤니가 동구와 서구 사이의 이슬람 세계를 제3세력으로 성장시키기 위해 무슬림의 통합을 제창했었다. 게다가 이란이 다른 무슬림 국가 및 제3세계 국가들과도 연합해야 된다는 생각은 그의 창작품이 아니었다. 1957년 이란에서 민족주의와 중립주의에 관한 책을 저술했던 L. P. 엘웰 수톤은 이란인들이 몇몇 아시아의 약소국 무슬림 세력들과의 연계를 바라고 있고, 그것이 강대국들의 압제에 대응할 수 있는 유일한 것으로 인식하기 때문이라고 언급한 바 있다.[93]

이런 식으로 현 이슬람 정권에서 실행되는 이란 외교정책의 제3세계적인 측면이 과거보다 더 강경해진 것은 확실히 팔레비 정권에 깊은 뿌리를 두고 있다.

4 적극적 민족주의 외교정책

샤에 의하면 모사데그가 영국의 제국주의에 대항하였지만, 1950년대 더 치명적인 것은 소련의 제국주의였다. 테헤란 정부는 소련 제국주의의 위협에 대응하여 이란의 국가 이익을 보호하기 위해서, 소극적 균형정책을 포기하고 샤의 "적극적 민족주의(positive nationalism)" 정책을 선택했다. 이 정책은 기본적으로 냉전 하에서 서구와의 제휴를 의미하는 것이었다. 적극적 민족주의 정책은 단지 반소련과 친서구만을 의미하는 것은 아니었다. 국가 이익이 될 때는 적극적 민족주의 정책이 소련을 선호하는 정책노선으로 나가기도 했던 것이다.

---

93) Hunter 1990, 40.

적극적 민족주의 전략은 소련에 맹목적으로 적대감을 갖는 것만은 아니다. 이란은 적극적 민족주의 원리에 따라서 소련과 평화 공존을 위해 노력했다. 이것은 미국과 무비판적으로 우호관계를 맺지 않는 것과 동일하다. 그 예로 1954-57년 국경문제에 관한 소련과의 협정, 샤와 국회의원의 소련 방문, 1958-59년 우호 및 불가침 조약협정 등은 단순히 미국 측으로부터 만족할만한 방위협정을 보장받기 위한 압력성의 '전술' 만은 아니었다.[94)]

이와 같이 그의 적극적 민족주의 정책의 성격과 문제, 그리고 의미는 모사데그 정권의 붕괴로부터 1960년대 초에 등장했다. 즉, 1953년부터 1960년대 초반까지 샤 정권은 이란 외교에서 "적극적 민족주의" 전략을 구사했다.

냉전으로 인해서 모사데그의 소극적 균형정책이 '반서구 · 소련 · 친투데'로 왜곡된 것과 같이, 샤의 적극적 민족주의 또한 맹목적인 친서구 · 반소련으로 비춰졌던 것이다. 영국과의 외교관계 재개, 1954년 석유협정 서명, 바그다드 조약 체결, 아이젠하워 독트린 수용, 그리고 1959년 미국과의 방위협정은 모두 국내적으로 샤 정권의 권력을 공고히 하고 소련에 강력히 저항하는 지지 기반이 되었다.

그 당시 미 CIA의 지원으로 재집권한 샤의 정책은 친미정책 노선을 취할 수밖에 없었다. 이는 외세의 압력에 의해서가 아니라 자신의 치밀한 전략적 계산에서 비롯된 것으로 이란의 對소련 안보를 극대화하고, 1인 통치를 공고히 하기 위한 안정적인 입지를 확보하기 위한 것이었다. 샤의 정책은 이란군의 급속한 재건도 포함하고 있었다. 지역 정치에서 이란은 1955년에 미국이 후원하는 바그다드 조약에 가입하였다. 바그다드 조약은 이라크의 탈퇴 이후에 1958년 CENTO로 바뀌었다.

나세르 이집트 대통령의 범 아랍 급진주의와 친소정책, 더불어 1958

---

94) Ramazani 1975, 448.

년 이라크 왕정 붕괴에 따른 급진적 친소정권의 등장은 샤에게 있어 새로운 위협 요인이 되었다. 즉, 친소 급진주의가 페르시아만의 인접국가에까지 확산된 것이었다. 이러한 위협을 인식한 샤는 우선 미국에 더욱 밀착하려는 움직임을 보였다. 그는 미국의 협조로 이스라엘과 비공식적 관계를 맺었는데, 이로 인해 차후 이란-이스라엘 협력관계가 이루어졌으며 이라크 내에서 간헐적으로 발생하는 쿠르드족의 폭동을 지원하기도 했다. 이란은 중동에서 전통적인 외교전략의 하나로 자주 언급되는 "적(아랍)의 적(이스라엘)과 친구"가 된 것이었다.

소련 수상 흐루시초프가 국제적 긴장완화 쪽으로 정책 방향을 바꾼 이후, 샤는 이따금 모스크바와의 교섭에도 참여했으며, 부분적으로 미국이 그가 원하는 만큼의 지원을 해줄 수 있도록 만들었다. 그러나 소련은 1962년까지 이란과의 긴장완화에 대한 대가로 샤 정부에 미국과의 관계 단절을 계속 요구해왔다. 그 해에 취한 가장 중요한 조치는 미국의 미사일이 이란 영토 내에 배치되지 않도록 한다는 데에 합의한 것이었다. 미국의 중거리 미사일이 대륙간 탄도미사일로 점차 대체되고 있었기 때문에 미국도 이 같은 조치에 굳이 반대하지 않았다.[95]

그리피스 교수는 "적극적 민족주의" 정책은 샤의 목표에 비추어 볼 때 매우 성공적이었다고 평가하고 있다. 이 정책으로 샤는 자신의 1인 통치를 공고히 할 수 있었고, 군대를 현대화하고 증강시킬 수 있었으며, 투데당을 붕괴시킬 수 있었다. 그는 또 미국과 영국이 각기 40%씩의 지분을 갖는 '국제 컨소시엄'[96]의 설립을 통해 석유 국유화 문제를 해결했고 대규모 토지개혁에 착수할 수 있도록 정권을 안정시켰다. 그는 불필요한 미국의 내정간섭에서 점차 벗어났으며, 따라서 반정부 세력을

95) Griffith 1978, 374-75.

96) 미국 · 영국 · 프랑스 · 네덜란드 등 8개국의 국제 컨소시엄으로 이란 정부의 동의 없이 석유가격과 산유량을 결정할 수 있다는 비밀조항을 포함하고 있었으나 1973년에 해체되었다.

곤경에 빠뜨렸다. 또한 그는 적극적 민족주의를 통해 1953년 스탈린 사후 시작된 국제정치질서의 재편에 필요한 기본적인 토대를 닦아 놓았다.

아미니가 총리직을 맡고 있던 시기에 민족전선이 소생하면서 특히 자유총선거와 같은 정치체제의 민주화에 대한 요구는 샤의 적극적 민족주의 외교정책에 대한 공격으로 나타났고, 중립주의 외교정책을 채택하도록 하는 압력이 되었다. 민족전선 지도자들의 관점에서 국내에서의 '자유와 민주주의'는 해외에서의 '자주적 이란 정책'과 필적되는 것이었다.

5 강대국과의 동맹 외교전략

앞서 언급한 대부분의 외교전략은 이란이 다른 세력들에 의존하지 않고 이란 국익을 창출하려는 것이 주요 목적이었다. 그러나 이란의 여타 열강들과의 동맹정치의 역사적 경험은 부정적이었다. 제1차 이란-러시아 전쟁(1804-13) 기간 중에 이란은 프랑스와 동맹을 맺었다. 프랑스는 러시아에 대항하고 있었던 이란을 군사적으로 지원하고, 그 대신에 이란은 러시아의 페르시아만 진출을 봉쇄함으로써 나폴레옹 군대의 인도 진출 통로를 용이하게 한다는 것이었다. 그러나 1807년 7월 나폴레옹과 알렉산더 짜아르는 틸지트(Tilsit)에서 만나 평화협정을 체결했다. 그 결과 프랑스-이란 동맹은 끝이 나고 프랑스 군사 고문단이 철수하는 가운데, 이란군은 러시아 군대에 패배했다.

19세기 초반에 이란은 영국과도 비슷한 경험이 있었는데, 영국은 러시아 및 다른 유럽세력이 인도로 진출하는 것을 막기 위해 이란과 동맹을 맺었다. 영국은 이란의 군사적 잠재력과 인도 진출을 위한 강력한 완충장치로서 이란의 능력을 과대평가 했었다. 그러한 평가는 제1차 러시아-이란 전쟁에서 계속되는 이란의 패배로 인한 참담한 결과 때문에 잘못된 것이라는 것이 증명되었다. 영국은 이란을 완충지대로 이용하려는 생각을 포기하고 이란을 약화시켜 인도와 가장 가까운 외부 지역들을 직접 통제 하에 두기 시작했으며, 페르시아만에서도 같은 전략을 적용했다.

이란은 영국 및 프랑스와의 경험의 결과로 불평등한 동맹을 불신하게 되었다. 더욱이 강대국과의 동맹전략은 러시아와 같은 강한 인접국을 가진 약소국에게는 쉬운 선택이 아니었다. 인접국과의 동맹의 선택은 압도적인 힘의 차이 때문에 효과적이지 못했고, 그것은 지배나 흡수를 의미할 수도 있었으며, 미국과 같이 멀리 떨어진 제3세력과의 동맹 또한 위험성을 내포하고 있었다. 힘에서의 커다란 불균형은 주종관계를 만드는 경향이 있을 뿐만 아니라, 또한 먼 국가와의 동맹관계도 심지어 인접 경쟁국의 즉각적인 선제공격을 막아내는데 실패할 수도 있는 것이다.

한편, 인접 강대국은 비록 유동적일 수도 있지만 일반적으로 약소국과 지속적인 이해관계를 가진다. 그러나 멀리 떨어져 있는 강대국과의 이해관계는 좀 더 변하기 쉽다. 만약 약소국과의 동맹정책이 성공적이 되려면, 그것은 멀리 떨어진 강대국을 위한 어떤 본질적인 경제 및 전략적 가치를 가지고 있어야 한다.[97]

역사적으로 이란에 대한 서구 강대국의 관심은 대체로 부정적이었다. 영국은 인도의 식민지화를 유지하기 위한 완충장치로써 이란에 관심이 있었고, 미국은 이해관계 지대인 아랍 유전에 접근하는데 있어서 소련에 대항한 완충장치로써 이란의 유용성을 발견한 것이다. 그러므로 샤 정권은 역사적 경험으로 미국을 위시한 강대국들이 이란을 희생물로 삼아 러시아와 타협하고자 하거나, 때로는 그렇게 하고 싶어한다는 것을 알고 있었다. 결과적으로 강대국과의 동맹전략은 이란에게 그다지 매력적이지 못했다. 그러나 제2차 세계대전으로 유발된 세계의 변화, 이란에 대한 소련의 커지는 위협, 자국 내의 정권 경쟁 등으로 샤 정권은 대미

97) Hunter 1990, 26.

동맹 관계를 추구했던 것이다.

이란은 만약 자국의 안보와 중대한 이해관계가 두 강대국 중 하나에 의해 심각하게 위협을 받는다면, 다른 강대국과 동맹을 맺지 않을 수 없을 것이다. 이란의 치열한 국내 각 정파가 정권 다툼에서 승리의 수단으로써 외세와의 동맹관계를 역시 추구할 수 있다. 이런 생각은 1950년대 샤의 대미동맹에서 확인되었다.

외교정책에 관한 샤의 전략은 또한 어느 정도 새로운 국제적 및 지역적인 발전에 대한 대응과 이란의 경험에 대한 반응으로 전개되었다. 샤는 미국과의 동맹의 가치에 대하여 종종 회의적이었다. 미국의 지원으로 샤가 권좌에 복귀한 것은 사실이었으나, 점차 미국과의 동맹으로 인해서 샤의 민족주의적 및 정권의 정통성은 서서히 잠식당했다. 샤는 이 동맹이 국내 통치에 있어서 위협을 막는데 효과가 있는지 점점 더 의심했다. 이러한 우려는 1958년 이라크의 군주제 전복으로 시작되었고 케네디 미 행정부 시기에 절정에 달했는데, 이때는 미국 정부가 공공연히 샤보다 아미니 이란 국무총리를 선호했다.

지역의 도전에 이란을 방어하고 보호할 미국과의 동맹에 대해 샤의 불안감 또한 깊어졌다. 사이프러스 섬을 두고 터키-그리스가 분쟁을 벌였을 때 미국의 對터키 지원이 부족했고, 1965년 인도-파키스탄 전쟁 동안 파키스탄에 대한 지원도 마찬가지였다. 이 기간 동안 CENTO의 비효율성은 극명하게 드러났다.[98)]

이후 몇십 년 간 소련의 위협이 줄어들고 냉전이 진정됨에 따라 이란은 자주적 외교정책과 정치적 선택권을 넓히기 위해 노력했다. 그 후 이슬람 정권은 한층 더 나아가 동맹전략 자체를 비난했다. 비록 기회가 주어지긴 했지만, 이란은 공식적인 동맹뿐만 아니라 어떠한 강대국과의 밀착관계까지도 거부했다. 만약 향후 10년 뒤 2016년 미-러 양국이 경

---

98) Hunter 1990, 32.

쟁관계에서 협력관계로 돌변했을 때, 미-러 양국은 국제정세에 따라 각각 자국의 국익을 위해 이란을 희생물로 삼아 상호 이용할 수 있다는 가능성 때문에 강대국과의 동맹전략에도 한계가 있다.

6 지역적 차원의 이란 외교전략

통일 국가가 된 후 처음 3세기동안 이란의 지역정책은 오스만 제국의 도전에 대항하는 것에 국한되어 있었다. 그 다음 2세기 동안은 인도 및 페르시아만에서 대영제국 주둔군의 등장과 러시아의 남하정책 때문에 이란과 주변국의 자주적 상호작용이 억제되었다. 이란이 자국의 지역적 차원의 진정한 외교정책을 전개할 수 있었던 것은 1920-30년대뿐이었다.

1950년대에 들어서서 이 새로운 이란의 지역정책은 인접 국가들과의 국경분쟁으로 인하여 터키 · 아프가니스탄 · 이라크와의 국경 설정문제의 해결에 초점을 맞추었다. 소련의 압력에 기인한 공통적인 취약성 때문에 이란 · 터키 · 아프가니스탄은 그들간의 갈등을 해소하거나 최소한 억제시켰다. 그 다음, 1950년대에는 이란의 국경 너머에서 벌어지고 있던 변화들은 이란 외교정책에서 지역적 차원을 보다 더 중요시하게 하였다. 중동에서 탈 식민지화로 신생독립국가들의 등장과 동서 양 진영간의 대립은 이들 관련 동맹국 사이의 경쟁을 격화시켰다. 이 지역의 다른 나라들처럼 이란도 이러한 변화의 충격을 피해 갈 수 없었다. 가장 중요한 변화는 터키 · 파키스탄 · 이라크와 함께 바그다드 조약에 가입했다는 것이다.

사실 바그다드 조약은 이란의 주변 지역 회원국들에 의한 공동의 방위 필요성과 안보 이해관계의 판단에 기초한 독자적인 행위의 결과는 아니다. 그보다는 오히려 냉전 상황에서 영국과 미국이 그들 자신만의 안보 이해관계를 추구하려는 데에서 창안된 것이다. 아무튼 바그다드 조약이 어떻게 생겨났던 간에 이란과 인접국 사이의 새로운 패턴의 상호작용을 했다는 점에서 중요성을 가졌다.[99]

1950-60년대에 이 지역의 급격한 변화로 인해서 이란 외교정책의 지역적 차원의 중요성은 높아졌다. 거의 완전한 탈 식민지화의 추세에 따른 민족주의의 열풍으로 인해서 지역 국가들간의 보다 큰 협력과 분쟁의 가능성이 거의 동시에 증대되었다. 이란의 시각에서는 후자가 특히 중요했다. 당시 인도-파키스탄 분쟁은 정치안정을 깨뜨렸다. 또한 극단적 아랍 민족주의의 발흥은 민족통합주의자 · 팽창주의자 · 배타주의자적인 분위기를 야기했다. 이집트의 나세르가 페르시아만에 점점 더 초점을 맞추자, 자연적으로 이란은 남부 국경선에 대한 심각한 안보 문제를 제기하게 되었다.

국제정치체제의 변화로 인해서 이란은 외교정책의 무게 중심을 지역에 두게 되었다. 1960년대 초반까지 초강대국들간의 경쟁은 각각 지역 동맹국들을 내세워 대리전 양상을 띠면서, 동시에 지역 국가들의 국내정치를 교묘하게 조종하려는 시도 또한 나타났다. 소련의 정면 공격 위협이 줄어든 반면에, 모스크바의 지원을 받는 이라크와 이집트를 위시한 친소 중동 지역 국가들의 위협이 증대되면서부터 이들에게는 이러한 도전에 대응할 새로운 안보기구의 설립이 요구되었다.

1970년대에는 강대국들에 의한 직접 개입 경향이 약화되었고, 영국은 수에즈 동부정책을 종결함에 따라 페르시아만에서 자국의 군대를 철수시켰다. 미국은 지역 국가들을 통해서 미국의 국익을 지키고자하는 소위 “닉슨 독트린”을 선언했다. 이 두 사건은 함께 지역 국가들간의 상호작용을 조장했으며, 이는 이란 외교정책을 상당히 중요한 이슈로 만들었다. 그 사이에 이란은 향상된 경제력과 국방력으로 보다 적극적인 지

99) Hunter 1990, 27.

역정책을 추구할 수 있게 되었다.

이 시기 이란의 지역정책은 급속히 성장하는 아랍 경제력 및 군사력에 직면하면서 인종 및 정치적 고립으로부터 벗어나는 길을 찾으려는 데 있었다. 인도 · 파키스탄 · 아프가니스탄과 긴밀한 관계를 만들려고 하는 시도는 샤의 다소 비현실적인 희망을 반영했다. 이슬람 혁명 이후 이란의 혁명적 야심과 지역 국가들의 적대적인 대응으로 인해서 이란 외교정책은 이전보다 훨씬 더 중요해졌다.

7 자주적 국가 외교전략

1960년대 초부터 샤는 이란의 외교정책을 "자주적 국가정책(independent national policy)"이라고 특징지었다. 이 새로운 명칭은 1950년대 샤의 외교정책 즉, 적극적 민족주의 정책의 이름을 대체했다. 샤 정권에 의해 채택된 '자주적 국가정책'의 전략은 단순히 친서구적인 '사실상의 비동맹' 정책이 아니다. 이 전략은 냉전의 해빙 분위기, 미-소의 전략적 사고와 정책의 변화, 그리고 이라크 · 이집트 · 시리아 등 아랍 국가들의 페르시아만 정책에 대한 이란의 우려 등을 포함한 다양하고 복잡한 국내외적 요인의 결합에 의해서 채택된 것이다.

이 새로운 전략의 주요한 목표는, 첫째는 샤 정권의 국내 통치권을 강화하고 전례 없는 경제개혁 조치를 취하는 것이고, 둘째는 1) 소련과의 협력 2) 미국에 대한 보다 더 독자적인 정책 추구 3) 페르시아만에서 능동적인 정책의 가능성을 모색하는 것이다. 이 마지막 3개의 가능성은 이란의 '자주적 국가정책' 전략의 주요한 구성 요소이다.[100)]

이와 같이 당시 이란의 외교전략은 미국과의 협력, 자주국방의 극대

100) Ramazani 1975, 488.

화, 동맹국과 경제협력의 다변화였다. 1960년대 이후 이란 외교정책은 더욱더 자주적 외교전략으로 나갔는데, 이러한 새로운 진전은 미-소간 냉전의 해빙 분위기 속에서 주로 국제정치환경의 급격한 변화에 기인했다. 이러한 모든 국내외적 요인들로 인하여 샤는 1970년대 초에 세 가지 중요한 지역적 사태 진전에 대응할 수 있었다. 즉, 1)아랍 세계에서의 급진주의 2) 소련의 영향력 소멸 3) 영국의 페르시아만 철수가 그것이다.

1) 세계적 차원

첫 번째는 미-소 양국간의 긴장완화였다. 샤가 존경해 마지않았던 프랑스의 드골 장군처럼 그는 미-소간의 긴장 완화를 위험과 기회가 공존하는 것으로 파악했다. 미-소간의 긴장완화는 이란의 중대한 국익과 관련된 문제가 샤 자신을 배제한 가운데, 미-소 양국의 패권경쟁에 의해 결정된다는 점에서는 위험한 것이었다. 한편으로는 기회가 되기도 했는데 그 이유는 소련의 직접적인 위협이 사라진 결과, 이란은 보다 안전해졌으며 미국과의 관계를 긴밀히 할 필요성이 없어졌기 때문이었다.

두 번째는 샤가 일찍이 간파했던 것으로 중국과 소련의 반목이었다. 이로 인하여 이란은 미국과 마찬가지로 중국과의 관계를 개선시킬 수 있었으며 이란은 큰 이익을 얻을 수 있었고 소련의 위협을 줄일 수 있었다.

세 번째는 미국의 베트남전 개입이었다. 샤는 베트남 참전으로 중동에서 미국의 관심이 분산되었으며, 결국 이 지역에 대한 미국의 정책 수행 의지가 크게 약화되었을 것으로 판단했다.

네 번째는 1965년과 1971년의 인도-파키스탄 전쟁에서 CENTO 동맹국인 파키스탄에 대한 미국의 지원이 거의 없었다는 점이었다. 이로 인해 샤는 미국의 對이란 안보공약의 신뢰성을 불신하게 되었으며, 케네디와 존슨 행정부 기간 동안 샤에 대한 미국의 경제개혁 압력은 실패로 돌아갔다.

다섯 번째는 이란의 경제 · 군사력 강화였다. 이는 이란 석유의 수출가격 상승과 경제개발 및 정치안정의 증대에 따른 것이었다.

여섯 번째는 소련이 미국뿐만 아니라 우호관계에 있는 터키 · 이란 · 파키스탄 등 남부의 인접 국가들과의 긴장 완화도 함께 원했다는 것이다.

일곱 번째는 기술적 측면에서의 군비경쟁이었다. 미국이 전쟁의 억제력을 해상발사 핵무기에 의존할 수 있게 됨에 따라서, 샤는 1962년 이란의 영토 내에 미국의 지대지 미사일의 설치를 허용하지 않겠다고 소련과 쉽게 약속할 수 있었다. 이로 인해 모스크바 정부는 처음으로 이란이 미국과의 관계를 묵인하는 가운데, 소련-이란간의 긴장완화에 합의했던 것이다.

소련 정부가 대부분의 침략적 행위를 중단한 결과 양국간 교역은 증대되었고, 이란에 약간의 경제원조를 제공하였으며 심지어는 무기까지도 판매했다. 소련-이란간의 화해 분위기는 1968년까지 지속되었다. 그 후 이라크에 대한 소련의 지원이 증가하고 인도양에 소련 해군의 출현이 빈번해졌기 때문에 양국 관계가 또다시 악화되었지만, 1962년 냉전시대 이전으로 회귀할 정도는 아니었다. 이는 닉슨의 對이란 압력행사 중단 및 무기판매 증가와 더불어 미-이란 간 관계를 재확립시켰다. 그러나 이란의 석유수입 증가로 인해 미국의 경제 · 군사 원조는 중단되었으며 이로 인해 샤 정권에 대한 미국의 영향력은 크게 감소하였다.

1960년대가 지나면서 이러한 모든 요인들로 인해 샤는 이란이 소련 및 중국과의 관계를 정상화해야 한다고 확신했다. 동시에 그는 미국과의 관계를 우선은 유지하되 약간의 거리를 두기를 원했으며, 최대한의 자주 국방을 이루기 위해 가능한 빠른 속도로 군사력을 강화하고자 했다. 이는 특히 서유럽과 많은 아랍 국가들과의 관계에 변화를 주어야함을 의미했다. 더욱이 그러한 자주적 국가정책과 특히 對미국 관계 축소는 민족주의적이었던 반정부 세력의 압력을 약화시키면서 샤가 '백색혁명(White Revolution)'을 수행하는데 있어 보다 안정적인 국내의 기반을 제공해 주었던 것이다.[101)]

1960년대 초기 국내외 상황의 전개로 이란 외교정책에 큰 변화가 일어났다. 샤는 국내의 권력 다툼에서 아미니 총리에게 승리했다. 샤는 성공적으로 자신의 토지개혁을 포함한 '백색혁명'에 따르는 혼란을 극복했고 점차 의사결정권을 장악했다. 반정부 세력들을 제압해 나가면서 샤는 이란의 경제발전과 사회 근대화를 위해 야심 찬 계획을 세우고 보완하기 시작했으나 이 진행 속도는 몇 가지 제한 요소들로 인해 지체되었다. 수지가 적은 석유시장과 제한적인 OPEC 활동의 초기, 이란의 국가 수입이 개선되기 시작한 것은 1968년이 되어서였다. 최초의 주요한 타개책이던 페르시아만 산유국들과 회사들간의 소위 테헤란 협정조인에 힘입어 이란은 많은 석유수입을 얻게 되었다.

2) 지역적 차원

이미 지적한 바와 같이 이집트의 나세르 및 시리아·이라크의 바아스당의 급진주의적 친소정책은 1950년대에 나타나 1960년대부터 이란 안

---

101) Griffith 1978, 376.

보에 중대한 위협으로 간주되었다. 특히 소련이 북부는 물론 서부와 남부에서도 이란을 포위할 수 있는 기회를 갖게 되었다. 이러한 경향은 투데당과 이란 내 친소세력을 부활시킬 가능성이 있는 한 내부적인 위협이 되기도 했다. 1967년까지 중동 전쟁 동안 샤는 이집트 위기와 예멘 내전에서 공화주의자 측을 지원하는 소련에 대해 예의 주시했다. 또 심각한 것은 이집트・소련・이라크가 오만과 아랍에미리트 내의 반군단체에 원조를 제공하는 것이었다.

돌이켜보면 1967년 제3차 중동전에서 이집트의 나세르 군대가 이스라엘에 참패를 당하고, 그 결과 예멘에서의 군사활동을 포기한 것은 이란에 위협적이었던 아랍 민족주의가 몰락하기 시작했음을 암시했다. 1970년 나세르의 사망과 반소 성향을 띠었던 사다트가 대통령직을 계승한 것은 이러한 추세를 반영했다. 사다트는 나세르 아랍 사회주의의 실패로 인한 이집트의 국내 경제난 타개 및 이스라엘의 점령지 철수를 위해 미국의 지원을 얻는 데에 주력했다. 이 두 가지 목표에는 미국은 물론 사우디 같은 보수적 아랍 산유국과의 협력관계를 확립하고, 나세르가 맺은 소련과의 우호관계를 파기해야 할 필요성이 있었다. 샤는 이러한 사태의 전개 속에서 독자적 외교전략을 취하기 시작했다.

첫째, 샤는 중동에서 소련의 영향력을 감소시키며 아랍 국내정치의 온건화 분위기 조성에 착수하기 시작했다. 그 다음 샤의 전략은 이란의 석유 외교를 중심으로 아랍의 지지를 얻고 페르시아만에서의 패권을 장악하기 위해 미국의 후원을 받으며 이집트 및 사우디와의 관계를 급속히 개선시켜 나간다는 계산이었다. 사실상 이집트-사우디, 이란-사우디의 관계는 전통적으로 적대적이었기 때문에, 이 두 관계는 그들 공동의 적인 이스라엘・아랍 급진주의・소련의 위협 등을 의식하여 잠정적으로 성립된 것이었다. 1973년 아랍-이스라엘 전쟁 후 이러한 추세는 보다 강화되었으며, 샤는 이 전쟁으로 아랍 측과의 공조 아래 성공적으로 석유가격을 인상시킬 수 있었다.

둘째, 샤의 "자주적 국가정책"에 영향을 끼친 사태는 1971년에 페르시아만에서 영국이 철수한 것이었다. 이는 이미 수년 전에 결정된 것이었고 서방에서는 소련과 아랍의 급진세력, 특히 이라크의 바아스 정권[102]이 페르시아만 지역의 힘의 공백을 메울 것이라는 비관적인 예측이 나오고 있었다. 1976년까지 이러한 예측들은 상당부분 빗나갔는데, 그 이유는 샤 자신이 직접 힘의 공백을 메웠기 때문이었다.

역사적으로 이란은 페르시아 제국 시대부터 언제나 남부 걸프 사태에 관여해왔다. 1960년대에는 많은 이란인들이 오랫동안 영유권을 주장해온 아랍에미리트와 바레인에 거주하고 있었다. 더욱이 페르시아만과 호르무즈 해협에서 인도양으로 통하는 출구는 이란에게 전략적으로 매우 중요한 곳이었는데, 그 주요한 이유는 이란의 부와 힘의 기반이 되는 석유가 이곳을 통해 수송되기 때문이었다.

이란은 영국의 철수 이후 1971년에 바레인의 독립을 승인하며 아랍에미리트와 안정적인 동맹관계를 유지하고자 했다. 그러나 샤는 군사적 패권을 공고히 하기 위해 최소한의 군사력으로 걸프 지역의 전략적으로 중요한 위치에 있는 3개 군소 도서를 접수했다. 이로 인해 아랍 측의 자존심은 손상되었으며, 리비아는 이란・영국과의 외교관계를 단절한 뒤 자국 영토 내에 있는 영국 석유회사(BP)의 자회사들을 국유화시켰다. 이라크 역시 이란의 행위를 규탄했다.[103]

소련의 위협은 다소 간접적인 형태로 계속 이어졌는데, 예를 들어 지역의 전복을 촉진시키는 정책과 이란을 친소 성향의 급진국가로 에워싸

102) 1941년에 창립된 바아스 당(아랍 민족의 통일・사회주의・자주독립이 주요 정강)과 아랍 사회당의 연합.

103) Griffith 1978, 378.

는 것을 들 수 있다. 샤는 1971-72년에 인도와 이라크의 모스크바 우호협정, 남 예멘의 지배, 그리고 리비아 · 시리아 · 이라크 · PLO와 같은 지역동맹을 통한 반 군주세력의 지원을 그 증거로 여겼다. 이 발전 양상의 복합적인 충격으로 이란 외교정책은 재고가 요구되었다.

미국과의 동맹이 핵심적인 것으로 남아 있었긴 했지만, 샤는 계속해서 보다 독립된 태도를 취했고 이란의 선택권을 증대시키기 위해서 애썼다. 이런 식으로 그는 소련과의 관계 개선 및 유럽과의 우호관계를 확대시키며 지역정치에 있어 활동적이 되었다. 중동과 남아시아에서 샤는 급진주의 침투를 저지하는데 목적을 둔 실용주의 정책을 추구했다. 샤는 아랍 세계 내의 급진세력에 반대하는 보수정부와 함께 전술적인 동맹을 맺었다. 그러나 샤는 또한 급진주의 세력들이 자신의 정권을 전복시키려는 음모를 포기할 경우에 그들과 거래하는 것을 마다하지는 않았다.

남아시아로 전환해서 보면 샤는 이란의 동부 지역에서 아프가니스탄 문제 해결, 지역분쟁 중재, 그리고 지역협력의 새로운 모델을 제시하며 안정화시키기 위해 노력했다. 이런 식으로 1964년에 이란-터키-파키스탄 3국이 지역개발협력기구(RCD)[104]를 구성했는데, 이는 그들의 조화로운 부를 동시에 가져오는 야심찬 노력이었다. 후에 샤는 RCD에 아프가니스탄과 이라크를 포함하여 확대시키자고 제안했으며, 심지어 아시아 공동시장을 창설할 것을 제시했다.

그러나 1968년 이후 이 지역의 강대국 개입에 있어 근본적인 변화로 인하여 이란은 샤 자신조차 예상하지 못했던 중차대한 역할을 떠맡게 되었다. 영국 정부가 1971년까지 페르시아만에서 영국군을 철수한다는 결정을 발표함으로써 수에즈 동부정책은 끝난 것이었다. 그러나 대체적으로 베트남전이 이유였지만, 이 시기에 미국은 영국 대신에 페르시아

104) Regional Development for Cooperation

만의 안보 책무를 맡는 것을 주저했다. 대신에 미국은 닉슨 독트린의 이름 아래 우호적인 지역세력이 그 지역방어 책임을 맡게 하는 의존적인 전략을 발전시켰다. 그 당시 페르시아만의 어느 아랍 국가도 안보 임무를 수행할 군사적 · 인적 잠재력이 없었다. 따라서 이란이 최초로 닉슨 독트린의 적용 대상 국가가 되었다.[105]

이러한 지역적이고 국제적인 필요성으로 인해 이란의 보다 많은 활동적인 역할이 요구되었다. 이란의 이 새로운 역할은 샤에게 큰 자만심을 불러 일으켰다. 이는 새롭게 진전되는 미-소 양국의 긴장 완화에 따라 미국이 이란의 국가안보를 위태롭게 할 수 있다는 샤의 불안과 더불어 복합적으로 작용하게 되었다. 샤는 미-이란 양국의 이익 둘 다를 충족시키기 위해 보다 많은 지역방어의 책임을 떠맡아야 한다고 결론지었다.

따라서 이러한 책무로 인해 이란이 외교정책을 시행함에 있어서 국가적 위신과 국제적 위상의 문제에 관심을 갖게 되었다. 이란 외교정책의 새로운 영역의 확장은 샤에게 심각한 불이익이 되었다. 그의 외교정책의 자주성에 대한 강조에도 불구하고, 많은 이란 국민들은 새로운 책무의 수임은 미국의 의도에 따라 미 국익을 보호한다고 믿었다. 그들은 이란의 새로운 지역 역할에 따른 군사력의 강화와 연계한 국가 자원의 전용에 분개했던 것이다.

8 석유자원 민족주의 외교전략

1945년 이후 이란 외교정책은 석유가 국력과 그 잠재성을 고양시키는 경제발전의 밑바탕이 되었다는데서 출발한다. 20세기 말까지 이란을 근대화하고자했던 샤는 부흥의 전제조건이 경제적 기반을 구축하는 일이

105) Hunter 1990, 33.

라고 생각했다. 오일 달러가 이란을 지역적 군사 강국과 세계적 경제 대국으로 변형시킬 것은 분명했다. 석유 정치 경제는 이란의 외교정책과 국가안보 전략에 영향을 미치기 시작했다. 동시에 이란의 그랜드 전략의 주축인 오일 달러에 과도한 의존은 외세 및 국제경제 압력에 취약성을 드러내 보이기 시작했다. 간략하게 말해서 오일 달러는 이란의 근대화 엘리트들에게 '구원'과 '저주' 양쪽 모두를 주었던 것이다.[106)]

1970년에서 1979년 사이의 10년 동안은 "OPEC의 해"로 불렸다. 이는 이 기간 동안, 특히 1973년 중동의 석유가격이 4배로 인상된 후에 OPEC은 자신들의 국가 이익을 최대화하고 서구 국가들에 대항하여 석유를 경제적 무기로 사용했기 때문이다. 이란은 OPEC이 유가를 1배럴당 3달러에서 11.65달러로 올리는데 주도적인 역할을 하였다.

샤의 통치 말기 수년 동안 증가된 석유수입에 힘입어 이란 외교는 재정적 한계를 벗어나, 훨씬 독립적이고 그 범위도 확대되었다. 이란은 최초로 외교정책의 수단으로써 경제원조를 이용한 경제외교를 시작했다. 야심 찬 외교관계의 발전 계획 때문에 이란의 외교는 천연자원과 잠재적인 수출시장에 접근하는 문제들에 보다 더 관심을 두게 되었다. 더욱이 이란 외교는 국제경제체제를 재구성하는데 관해 선진국과 개발도상국가 사이에서 과거보다 더 제3세계의 입장을 대변하게 되었다.

당시 사담 후세인은 자신의 새로운 정책노선에 걸림돌이 되는 이란과의 전쟁을 원하지 않았다. 그의 정책은 석유를 국유화하고 유가를 4배로 올려 그 자금으로 서양의 과학기술을 도입함으로써, 소련의 경제 · 군사적 지원에 덜 의존하고 동시에 이집트 · 사우디아라비아 · 이란 등 "보수주의" 국가들과 관계를 개선하자는 내용을 담고 있었다.

1970-76년 동안 외교정책에서 이란의 가장 큰 도약은 1973년의 석유가격 동맹이었다. 이란과 베네수엘라는 국제정치와 경제에 대한 경험을

106) Ehteshami 2002, 288.

바탕으로 유가를 인상하는 일에 오랫동안 앞장섰다. 게다가 두 나라의 원유 매장량은 사우디아라비아보다 적었으므로 석유가 고갈되기 전에 산업기반을 세울 만큼의 많은 자금이 필요했다.

결국 두 나라는 주변 강대국들 즉, 이란에게는 소련 그리고 베네수엘라에게는 미국과 브라질 때문에 더욱더 강한 국력이 필요했다. 1973년 제4차 아랍-이스라엘 전쟁의 여파로 아랍 석유생산 격감과 미국에 대한 금수조치는 두 국가에게 기회를 가져다주었다. 왜냐하면 사우디 같은 친미 아랍 산유국에 의해 오랫동안 영향을 받아온 유가 인상 통제력이 와해되었기 때문이다. 따라서 1973년 말 이란 석유의 판매가는 4배로 뛰었고 샤는 경제발전과 군비증강을 위해 석유로부터 얻은 막대한 수익을 사용했다. 그 결과 이란은 급속한 경제발전뿐만 아니라 상당한 외교 성과를 이루었다.[107)]

샤는 국내의 정치안정을 이루며 민족주의 세력을 억압하고 많은 무기를 구입하며 이란의 국내외 정책에 대한 개인적 지배를 강화하려고 노력했다. 말할 필요도 없이 샤의 유가 인상 조치는 석유 소비국들로부터 많은 비판을 받았다. 미-이란 관계는 이 조치 때문에 1950년대 초 모사데그 정권 이래로 어느 때보다 더 긴장되었다. 그러나 샤가 자원민족주의 전략을 추구하기에 시기적으로 국제정치 역학상 유리한 입장에 있었다. 미국이 인도양에서 미 국익에 위협적인 소련의 해군병력 증강을 파악하기 시작한 1970년대 초였기 때문이다. 이란은 이 새롭게 조성된 긴장 속에서 소련에 대응한 미국의 확실한 지역적 동맹국이었다. 샤는 미국보다 소련을 더 위협적인 존재로 파악했기 때문에 더욱더 그러했다. 1976년 중반 미국의 압력에도 불구하고 샤는 유가 인하에 반대하며 계속 유가를 인상하려고 했다.

이 증가된 이란의 활동이 일부 아랍 국가와의 관계에서 갈등을 증폭

---

107) Griffith 1978, 379.

시킨 결과, 샤에 반대하는 급진주의 아랍 국가들은 샤 정권의 전복을 꾀하였다. 페르시아만의 아랍 국가들은 심지어 지역 패권국가로서 이란의 역할에 대해 불안해하였고, 서방 국가들 역시 유가 인상에 대한 샤의 강경 자세로 인해 이란을 재평가하기 시작했다. 동시에 이란의 지역정책은 소련을 성가시게 했다. 왜냐하면 이란의 정책은 좌익진영과 친소 세력들을 위태롭게 하는 데에 주력했기 때문이었다.[108]

국내에서 샤의 야심차고 활동적인 외교정책은 이란이 본질적으로 서구의 대리인 역할을 하는 지역 맹주세력을 목표로 하는 것처럼 보였다. 따라서 이란과 서구의 이해관계가 부합되지 않았다는 보편적인 믿음 때문에 대부분의 이란인들은 샤 정권이 서구의 하수인에 지나지 않았다고 생각했다.

페르시아만 석유에 대한 미국과 OECD[109]의 의존도는 1973년 이후 증가하였다. 중동 석유에 대한 미국의 의존도는 전체 에너지 수요 중, 1975년 6.6%에서 1976년 12.4%에 이를 정도로 두 배 가까이 증가하였다. 미국의 원유수입량은 1973년 23%에서 1976년에 45%로 증가하였는데, 중동 지역은 미국의 총 원유수입 중 44%를 공급했다. 게다가 OPEC 석유에 대한 서유럽의 의존도 역시 증가하고 있는 실정이었다. 이 당시 對미국 이란 석유수출은 미국 석유수입량의 8-9%를 차지했으며 이는 과거 3년 동안 증가해온 것이었다. 안정된 석유공급원으로써 이란의 역할은 높게 평가되어야 했다.[110]

이러한 것은 1976년 경제침체 이후 이란의 국민과 엘리트 계층으로부터 배척 당하면서 샤 정권의 전복을 앞당기는데 일조했다. 이슬람 혁명정권은 초창기 샤의 외교정책과는 전적으로 다른 즉, 이란이 민족의 이

108) Hunter 1990, 34.

109) 세계 경제발전에 기여하며 개발도상국을 지원하자는 취지로 1961년 공식출범한 경제협력개발기구.

110) Chubin 1977, 213.

익을 추구하는 민족국가라는 것을 거부하고 새로운 세계적 이슬람 공동체의 이익을 위한 보편주의를 기조로 하는 외교정책을 추구해 왔다. 반미 이슬람 혁명에 대응하여 1979년 2월 9일부터 19일까지의 미 국방장관 해롤드 브라운의 중동 방문을 앞두고, 그는 미국은 “적절하다면” 군대를 파견하여 걸프 원유 공급에 대한 미국의 이익을 보호할 것이라고 선언했다. 또한 오만 · 소말리아 · 케냐와의 군사기지 협상과 미 항공모함 콘스탈레이션 파견, 인도양과 아라비아 해에 대한 함대 지원, 걸프 지역 미해군의 증강 등의 움직임도 있었다.[111)]

그 후로 10년이 지나도록 미-이란간의 석유를 둘러싼 갈등은 계속되고 있다. 1997년 9월 28일 이란은 러시아의 가스프롬 및 말레이시아의 페트로나스를 포함한 프랑스의 토탈사와 오일 컨소시엄을 구성하는데 서명했다. 미국은 이 3개의 회사가 이란-리비아 제재법안을 위반했기 때문에 벌금을 부과할 것이라고 발표했지만 실제로 집행되지는 않았다.[112)]

1997년 12월부터 1999년 3월까지 유가의 폭락으로 1998년 이란의 석유수출 수입은 105억 달러로 감소했다. 이란이 IMF와 세계은행의 재정적 지원을 요청하자 클린턴 미 행정부는 이를 반대했다. 당시 공식적으

---

111) Ramazani 1990, 53.

112) 이란 석유산업에 대한 미국의 경제제재는 결국 1999년 3월 1일 이란 정부가 프랑스 회사 Elf Aquitaine 및 이탈리아 회사 ENI와 협약하여 걸프의 하르그 근처 유전지대를 개발하면서 그 문제점을 드러내기 시작했다. 10년 계약의 이 협약으로 창출할 기대 수익은 약 10억 달러였고, 프랑스 석유회사는 이 사업에 성공하여 이란과 두 번째 계약을 맺게 되었다. 캐나다의 Bow Valley Energy 석유회사와 더불어 Elf는 1억 배럴 분이 채굴 가능한 Balal 근해의 유전지대를 개발하기로 하였다. 미국은 이란-리비아 경제제재 법령을 통해 에너지 투자산업에 뛰어드는 기업들을 상대로 벌금형을 부여하는 식으로 위협했지만, 이는 거의 모든 회사들이 외면해 버렸고 법령은 그 효력을 상실해 버렸다.

로 이란의 인플레이션은 20%, 실업률은 15%, 경제성장률은 2%로서 이란 경제도 붕괴위기에 있었다. 테헤란에서 대학생들이 주도한 7월의 민중폭동도 이러한 경제침체가 하나의 원인이 되었다. 1999년 OPEC의 연속적인 생산량 감축에 기인해서 유가는 배럴당 13달러에서 18달러로 급등했다. 이로 인해서 이란의 석유수입은 25억 달러에서 30억 달러로 늘어났고 장단기 외채를 25%를 줄이며 116억 달러의 차관만 상환하면 되었다. 그러나 정부는 빈곤층에 대한 식량과 가솔린 보조비용을 줄이는 데는 실패했다. 연간 100억 달러에 달하는 이러한 국가 보조금은 국가재정을 계속 축내며 경제를 악화시키는 원인이 되었다. 공식적인 민영화 계획도 사유자본의 부족으로 지체되었다.[113)]

2003년 사담 후세인 정권이 붕괴된 후 이라크 저항세력의 자살폭탄 공격 및 이란 핵위기에 기인한 중동 지역 정세의 불안으로 2006년 여름, 유가는 77달러까지 치솟은 바 있다. 이와 같이 이란을 위시한 걸프 산유국의 안보와 석유는 미 국익과 직결되어 있기 때문에, 미국은 이슬람 혁명전후에 관계없이 이 지역에 개입하지 않을 수 없는 것이다. 이란과 이라크의 국내 안정도 석유수출에 의한 수입에 매우 크게 의존하고 있으므로, 국제 유가에 상당히 영향을 받고 있다.

9 민족주의적 비동맹 외교전략

1979년 2월 5일 호메이니가 바자르간(Mehdi Bazargan)을 국무총리 서리로 임명했을 때, 혁명 정부의 최우선 과제는 샤 정권기에 지속되었던 미-이란 양국간의 비굴한 외교관계를 청산하고 "평등한" 관계로 전환하는 것이었다. 바자르간은 외교정책을 "균형" 전략의 기반 위에서

113) Hiro 2001, 254.

계획하였다. 앞서 설명한 이 외교전략은 아미르 카비르로 알려진 미르자 타기 칸이 그의 짧은 총리 재임시 이란 외교정책에 처음 적용했던 1848-51년으로 거슬러 올라간다.

국회의장 라프산자니는 아미르 카비르에 관한 그의 저술에서 그를 "식민주의와 투쟁한 챔피언"으로 묘사했다. 바자르간은 비동맹정책을 취하면서, "이란의 對초강대국 외교정책이 모사데그의 정책과 같아야 한다"라고 믿었다. 모사데그와 유사하게 바자르간은 샤와 미국과의 동맹을 파기함으로써 미국의 영향력을 제거하려고 하였다.

"소극적 균형"정책으로 더 잘 알려진 모사데그의 비동맹정책은 이란에 대한 영국의 지배를 종식시킴으로써 이란의 독립을 유지하는데 그 목적이 있었다. 모사데그의 민족전선은 이란을 강대국의 간섭에서 해방시키는 것과 비동맹 노선의 외교정책을 펼칠 것을 주장했다. 당시 미-소 초강대국들 중 어느 한 국가도 모사데그의 비동맹 노선에 대해 찬성하지 않았다는 점은 주목할 만하다. 당시 소련은 이러한 정책 노선에 대해 냉담한 반응을 보이며 무관심으로 일관했고, 미국은 명백한 적대감을 보였다.[114)]

이슬람 혁명 정권의 초대 외무장관인 카림 산자비에 의하면 이란의 비동맹 외교정책은 다음 4가지를 기초로 하였다.

1) 역사
2) 자국의 지리적 위치
3) 이슬람의 정신적이고 인본주의적 이상
4) 다른 국가와의 완전한 호혜주의 원칙

이슬람적 이상(理想)에 관한 언급은, 호메이니가 그러하듯, 산자비 또는 바자르간이 "이란 국가의 가장 주요한 정체성은 이슬람이어야 한다"

114) Agwani 1978, 76.

라는 것만을 의미하는 것은 아니었다. 산자비의 민족전선과 바자르간의 이란해방전선은 그 성격상 모두 비종교주의·민족주의·민주주의적이었으며, 그들의 지지를 중산층과 현대 교육을 받은 지식인들로부터 이끌어냈다.

바자르간은 그의 활동이 비종교적인 민족전선과 호메이니가 이끄는 종교적 이슬람운동 사이에 가교 역할을 했다고 주장하였다. 그는 자신이 "이란의 지도자"이고, 호메이니는 "이슬람의 지도자"로 불릴 수 있다는 사실을 알고 있었다. 바자르간 자신은 "나는 이슬람을 통해 이란을 위해 봉사한다"라고 하였고, 반면 호메이니는 "이란을 통해 이슬람을 위해 일한다"라고 믿었다. 이러한 두 지도자간의 뿌리깊은 차이점은 인질 사태가 일어나자 명백해졌다. 샤 정권을 지속적으로 지원하는 카터 행정부에 대한 불만에도 불구하고, 바자르간은 미국에 대해 비적대적인 비동맹정책을 추구했다. 미국과의 실질적 동맹관계를 끝내기 위해 1979년 3월 12일 산자비는 CENTO로부터 이란 대표단을 철수시키고, 같은 해 11월 3일 외무장관 야즈디는 1953년 3월 9일 체결했던 미-이란 방위조약을 파기하였다.

같은 날 바자르간 정부 역시 미-이란 방위협정을 파기하였고, 또한 1921년 이란이 소련과 맺은 조약 제5조 및 제6조를 파기하였다. 1979년 11월 6일 바자르간의 사임 후, 이러한 조약 파기는 혁명위원회에 의해 재확인되었다. 그동안 소련은 이 조약에 근거해서 이란 영토로부터 소련이 위협받는다고 판단될 때는, 언제든지 소련이 일방적으로 이란에 군사개입을 할 수 있는 권리를 가지고 있다고 주장해 왔다.

이러한 독소 조항은 소련 정부에 의해서 이란이 서방에 치우친다고 판단될 때는 언제든지 이란에 대한 압력 수단으로써 계속 이용되었다. 레자 샤는 1935년 비밀리에 그 조약을 파기하려 노력하였고, 그 후 그의 아들 샤도 1958-59년에 재차 시도하였으나 소련은 그것을 거부한 바 있다. 산자비는 다음과 같이 말하였다.[115]

"이란은 북쪽의 이웃 국가 소련과의 관계에서 '좋지 않은 기억'을 가지고 있다. 우리는 소련과 순수한 우호관계를 원한다. 그리고 당연히 그러한 관계를 해치는 공격 또는 선동은 거부될 것이다. 다시 말하자면 과거의 석유이권 양여, 영토의 요구, 마하바드 쿠르드 공화국 선포 등의 재발을 용납하지 않을 것이다. 우리는 이란의 독립 · 주권 · 통합을 위해 어떠한 대가를 치르고서라도 지켜낼 것이다."

10 이상주의적 대결 외교전략

1979년 11월 4일의 테헤란 주재 미 외교관 인질 사건은 국제법을 무시했던 이란의 이상주의적인 외교전략에 하나의 시험대가 되었다. 이슬람 이상주의자들은 기존의 국제정치 외교행위의 규범과 국제법에 도전하였다. 그것은 "이슬람적 세계질서"에 대한 호메이니의 초민족주의적 이상을 급진주의적으로 해석한데 있었다. 미 인질 사건의 "학생 주도자"들은 이러한 대결주의적 외교정책의 선도자였다.

미 대사관 점거는 온건파에 대한 강경파의 반발이 극에 이르렀음을 반영하였다. 극단주의자들은 바자르간 정부의 비동맹정책을 공격하였으며, 그와 그의 정부를 '아메리카니즘(Americanism)'의 앞잡이로 낙인찍었다. 따라서 혁명 세력이 정권을 장악한지 3일 만에 미 대사관을 전격적으로 공격한 것은 우연의 일치가 아니었다.

바자르간의 비동맹정책은 균형전략의 역사적 원리에 기초한 민족주의적인 것이었다. 바자르간이 추구했던 민족주의적이고 현실주의적인 비동맹정책과 같은 전통적인 전략은 1979년 1월 1일 그의 사임과 동시에 사라지지는 않았다. 이란의 초대 대통령이 된 바니사드르와 외무장관인 고트브자데는 모두 모사데그 및 바자르간의 민족주의적 비동맹정

115) Ramazani 1990, 52.

책에 가까운 노선을 추구하였다. 비록 바니사드르가 이슬람적 입장에서 그의 "등거리 정책"을 합리화하였지만, 그는 초강대국에 대한 견제세력으로써 프랑스를 위시한 서유럽에 의존하였다. 고트브자데는 그의 최대 정적인 바니사드르와 마찬가지로 비동맹정책을 신봉하였는데, 그는 모사데그주의자들의 소극적 균형정책과 그가 소위 "언행일치의 정직"이라 부르던 것을 이용하였다. 따라서 두 사람은 모사데그 · 바자르간 · 산자비 · 야즈디와 같은 그들의 전임자들이 선호했던 "적극적 중립주의(positive neutralism)"라는 용어를 즐겨 사용했다.

그러나 그들은 모사데그의 민족주의 노선보다는 이맘 호메이니의 이슬람주의 노선을 따르고자 했던 혁명 이상주의자들의 저항에 직면하였다. 이러한 이상주의자들은 또 다른 주요 외교정책 지침을 창안한 선구자였다. 그들은 호메이니의 정책 발언을 그들의 이익과 성격에 맞게 해석하였다. 그들의 해석은 무엇보다도 두 가지 외교정책 사안과 관련이 있었다. 이란과 서구 및 동구와의 관계 그리고 이란의 혁명 수출이 바로 그것이다.

울라마가 통치하는 이슬람 공화국 건설이 최우선 관심사였던 호메이니는 1979년 12월 9일 다음과 같이 말했다.

> "국가는 화합을 외친다. 그리고 이슬람 공화국을 원한다. 동구도 서구도 아닌 오직 이슬람 공화국만을 원하며 또 그렇게 되어야 한다. 반란에 처한 국가가 민주주의를 이룩하기 위해 반란을 일으켰다는 것은 합리화될 수 없다."

이 말은 이란의 신헌법의 채택을 놓고 아제르바이잔 위기가 절정에 달했을 때에 나온 것이었다. 이러한 맥락에서 호메이니는 새로운 공화국을 관리하는데 있어, 이란이 맹목적으로 동구의 사회주의나 서구의 자본주의를 모방해서는 안되며 '이슬람 민주주의'가 서구 민주주의보다 우월하다는 점을 강조하였다. 이상주의자들은 호메이니의 말을 해석하는데 있어서 "오직 이슬람 공화국"이라는 중요한 용어와 함께 "동구도 서구도 아니다"라는 비동비서(非東非西) 정책을 강조하고, "이란은 소련 및 미국과 상대해서는 안되며, 또한 초강대국과 관계가 있는 다른 국가와도 마찬가지다"라고 선전하는데 이용하였다. 다른 문제와 관련하여 호메이니는 범 세계적 이슬람의 정통성과 세계의 다른 국가들로의 이슬람 수출을 믿었다. 그는 다음과 같이 말하였다.

> "이슬람은 한 국가에 한정된 특별한 것이 아니다... 무슬림에게 있어서 조차도 마찬가지이다, 이슬람은 인간애를 포용하며... 이슬람은 모든 인류를 정의의 우산 아래에 두고자 한다. 우리는 이것이 점차 실현되기를 바란다. 이러한 이상적인 '이슬람 세계질서' 개념의 당연한 결과인 울라마가 통치하는 유일한 이슬람 공화국인 이란은 전세계에 혁명의 수출을 위해 노력해야 한다."

그러나 그는 "칼을 사용하여 이데올로기를 수출해서는 안 된다. 무력을 통한 이데올로기의 수출은 수출이 아니다"라고 단호하게 말하였다. 같은 연설에서 그는 혁명 수출 방법은 이슬람의 도덕적인 행위를 보여줌으로써 이루어져야 한다고 덧붙였다.[116)]

이상주의자들은 이슬람 세계질서 수립의 소명을 호메이니가 자신의 희망의 표현이라고 부른 점을 간과하였다. 그것은 이슬람의 선행을 통한 혁명의 수출을 요구하였고 무력 사용은 금지하였다. 그러나 혁명 수출을 추구하며 외무장관 고트브자데에 도전하던 학생들은 전세계에 걸친 16개의 민족해방운동 국제회의를 후원하였다. 무함마드 몬타제리와 그의 아들인 아야톨라 호세인 알리 몬타제리 같은 다른 혁명 이상주의자들은 무력 사용을 포함한 어떠한 수단을 사용해서라도 혁명을 수출하

116) Ramazani 1990, 55.

고자 하였다.

1979년 2월부터 시작된 페르시아만에서의 미국의 활동은 궁극적으로 혁명 정권 견제와 붕괴를 그 목표로 삼았다. 이란인들은 1980년 9월 22일, 이라크의 對이란 침공 배후세력이 미국이라고 여겼다. 이란-이라크 전쟁을 미국의 사주에 의한 사담 후세인이 일으킨 대리전쟁으로 보는 이러한 견해에 미국은 부분적으로 책임이 있다.[117]

이와 같이 이란 혁명 이상주의자들은 미국이 이라크의 對이란 침략전쟁을 부추기고 있다고 의심하며, 그 반격으로 카르발라를 통해 예루살렘으로 진격하고자 하였다. 또한 회의적이었던 혁명의 현실주의자들과의 투쟁에서 그들은 승리하였다. 1982년 7월과 이란이 UN의 휴전 협정을 받아들인 1988년 7월 사이의 6년간 이상주의자들의 외교전략은 종종 현실주의자들의 전략보다 더 우세하였다. 이란의 대결 외교전략은 중동에 단 하나의 주요 동맹국을 남겨두었는데 그것은 시리아였다. 지역 내의 다른 국가들은 이란의 혁명 전파 움직임에 위협을 느꼈다. 이란-이라크 전쟁의 확산과 위협에 대한 대응책으로써 사우디아라비아 · 바레인 · 오만 · 쿠웨이트 · 카타르 · 아랍에미리트 등 아랍 국가들인 걸프 6개국은 1981년 걸프협력회의(GCC)를 결성하였다.

사우디의 메카 순례 기간 중 정치적 선동과 시위를 통한 혁명 수출, 혁명 수비대의 레바논 파병, 레바논 헤즈볼라와 이슬람 아말 세력에 대한 지원으로 인하여 이란은 지역 내에서 고립되었다. 또한 쿠웨이트에서의 잔악 행위, 1983년 10월 레바논 주둔 미군과 프랑스 군대에 대한 자동차 자폭공격, 바레인에서의 쿠데타 시도 등의 연루로 인해서 이란은 더욱 고립되었다. 더욱이 친이란 단체에 의한 미국 · 영국 · 프랑스 · 독일 인질들의 억류는 적어도 이란의 반서구주의에 의해 부분적으로 조장되었다. 그러한 대결 외교정책은 이란의 고립을 한층 심화시켰다.

117) Ramazani 1990, 57.

이란-소련 양국의 인종적 · 지리적 근접성으로 인하여 소련은 자국의 무슬림들에게까지 이슬람 혁명이 확산되지나 않을까 긴장했다. 진정한 의미에서, 미-소 양국 모두 불안한 이슬람 혁명 수출을 차단하고자 하였다. 이란은 미국 및 소련과의 경제관계에도 영향을 받았으며, 이란의 이상주의적 대결 외교정책이 상당히 누그러진 1986년이 되어서야 비로소 이란-소련 양국 관계는 진전되기 시작했다. 그러나 2005년 강경 보수파 아흐마디네자드 정권이 출범한 이후, 이란은 2006년 7-8월 이스라엘의 레바논 침공에 맞서 헤즈볼라를 지원하고 나서는 등 서방과 대결 외교정책 기조를 유지하고 있다.

11 이슬람 팽창주의 외교전략

1980년대 초 이란의 메시아적 시아파 이슬람주의(Shiism)는 이웃 아랍 국가들의 정치적 통합과 지역적 현상유지에 직접적인 도전으로 여겨졌다. 호메이니는 이슬람에 기초한 통치 행위를 확대하고자 하는 신정주의자였기 때문에 중동 지역에서의 이슬람 혁명 수출 시도를 종교적인 의무로 보았다. 이란 외교정책의 핵심적인 문제가 바로 여기에 있다. 이란 외무성에서 발행된 '이란 이슬람 공화국의 외교정책의 원리'에 공식적으로 언급된 외교정책 기조는 다음과 같다.

'이슬람은 순수하게 이데올로기적인 성격에서 하나의 경계선만 인정한다. 지리적 국경선을 포함하여 다른 경계선들은 부정되고 거부된다.'

이슬람 정권은 오스만 제국과 같은 세계적 이슬람 공동체를 지향한다. 울라마에 의하면 이슬람 혁명은 이란 국경 내에 머물면 질식할 것이고, 혁명의 수출 없이는 보전될 수 없다. 라프산자니 행정부에서 이슬람 문화지도부 장관을 지낸 온건파 하타미 대통령은 당시 '우리의 전략을 수립할 때 우리는 어디를 보는가? 우리가 팽창 아니면 현상유지를 주시하는가?'라고 쓰고 있다. 울라마 지도부는 1930년대의 트로츠키의 '영구 혁명론'을 언급하면서, "이슬람 정권이 살아남을 수 있는 유일한 길은 다른 나라에 이슬람 혁명을 전파하는 것이다"라고 말한다.

이란 외교정책은 이슬람을 중심으로 이루어지며 그 목표는 이슬람을 방어하고 수호하는 것이다. 서구 열강의 이란 자원 침탈을 경험한 이란 국민은 민족주의 성향도 강하다. 이슬람의 보편적 메시지는 이슬람 영역의 확장에 대한 의지를 고무한다. 신의 주권에 대한 신앙심은 세속적 통치를 의문시하며 정통성이 결여된 정부에 대항하여 지하드를 수행할 종교적 정당성을 부여한다. 신권 정부 설립의 주요한 목적은 지하드 수행을 의무적으로 만드는 것이다. 그래서 이슬람 국가는 보편적이고 도전적이며 팽창주의적으로 된다.

이슬람 공화국의 급진주의적인 이데올로기 성향은 기존의 국제사회에서의 상호관계에 문제를 야기한다. 권력을 장악하기 이전에, 호메이니는 소극적 민족주의 성향을 가진 전통주의자로서 백색혁명을 자본주의 세계로 통합하려는 음모로 보았다. 이란은 서구의 영향력을 제거함으로써 경제난을 극복하고 문화 정체성을 회복할 수 있다는 것이다. 호메이니는 반서구-반미를 앞세워 자신의 권력을 공고히 하며 국민의 여론을 친이슬람 울라마 성향으로 고무시켰다. 미 대사관 점거와 인질 사태에 대한 울라마 지도부의 강경노선은 협상 자체를 불가능한 방향으로 몰고 갔다.

카터 행정부가 對이란산 석유수입 금지조치·이란 자산동결·군사적 행동 가능성 등 압력을 가했지만, 이슬람 정권은 조금도 동요하지 않고 강경한 태도로 일관했다. 호메이니는 다음과 같이 말했다.[118)]

---

118) Sayeed 1999, 219.

> "우리는 한 발자국도 물러서지 않을 것이다. 우리들은 순교할 각오가 되어 있다. 미-이란간의 싸움이 아니라 이슬람과 불신자간의 싸움이다."

유엔 사무총장 발트하임의 중재 노력도 허사였다. 1980년 11월 이란 국회 마즐레스는 미 외교관 인질 석방의 조건으로 다음과 같은 4개 항을 제시했다.

1) 샤의 은닉한 해외 재산 반환
2) 미국 내 동결된 이란 자산 해제
3) 이란에 대한 내정 간섭 중지
4) 이란에 대한 적대적 행위 중지

바자르간 임시정부는 국제외교 관례를 준수하려고 노력했지만, 울라마 지도부는 강경 노선을 고수했다. 호메이니가 페르시아만 국가들에게 혁명을 수출하겠다고 선언한 후, 아랍 국가는 이에 대응하여 이란과 국교를 단절했다. 바자르간 정부는 비간섭 정책을 주장했지만 울라마는 그들의 급진주의 정책을 정당화했다. 이슬람 원리주의 세력은 억압과 불의에 대항한 팽창주의 정책이 곧 이슬람 이데올로기를 확고히 뿌리내릴 수 있는 지하드의 올바른 길이라 주장했다.[119)]

호메이니는 1979년부터 이란 혁명 그 자체를 '세계 무슬림 국가들과 이슬람 단체, 메카 순례기간, 그리고 해외 각국 주재 이란 대사관'을 통하여 국제화하려고 시도했다. 호메이니에 의해 발표된 성명서는 다음과 같다.

---

119) Sayeed 1999, 221.

"우리는 모든 무슬림 국가가 이교도와 이슬람간의 투쟁에 합류할 수 있기를 바란다. 이것은 우리 자신과 미국 사이의 투쟁이 아니라, 이슬람과 이교도의 투쟁이다. 나는 모든 무슬림 국가에게, 모든 무슬림에게, 모든 무슬림 군대에게, 모든 이슬람 안보세력에게 그리고 우리나라와 협력하는 모든 무슬림 국가 원수에게 호소한다. 무슬림은 이교도와 이슬람의 투쟁에 일어서야 한다."

전체로서의 무슬림 공동체에 대한 이러한 일반적인 호소는 당시 세계 10억 이상의 인구에게 이란 방송을 통해 전해졌다. 또한, 1984년 11월 라프산자니 역시 다음과 같은 성명서를 발표했다.

"숨긴다거나 은폐의 의도가 전혀 없는 그 일은 이슬람 혁명의 수출이다. 이슬람 혁명은 진실과 고귀한 혁명의 특성을 지리학적 경계로만 국한하지 않고, 혁명 메시지의 전달로 강화되며 바로 우리의 임무로서 이슬람 자체의 메시지이다."

같은 맥락으로 테헤란 라디오는 "세계의 압제 당하는 지도자"라는 제목으로 호메이니를 언급하고 아랍 세계로 그의 메시지를 전달하며 국제주의자로서의 성격을 부각시켰다.[120)]

"이것은 정의의 목소리요, 억압받는 목소리다. 이것은 이란 이슬람 공화국의 목소리다. 무슬림들이 어디에 있든지 간에 우리는 개혁을 이슬람의 본거지인 테헤란에서부터 당신에게까지 전달한다. 그래서 그들은 어디서든 압제 당하는 모든 사람들을 위한 빛이 되어 줄 것이다. 우리는 정의, 공평, 그리고 자유의 선교인 우리의 이슬람 포교가 아직도 충성심으로 남아 있음을 약속한다."

---

120) Halliday 1986, 102.

또한 인질 사건이 비록 미-이란간의 갈등과 이란 국내정치의 급진주의화에 기인해서 발생했다 하더라도, 그것은 혁명의 메시지를 선전하기 위해 이슬람 혁명주의자들에 의해 이용되었다. 인질 사태는 미국에 대한 상징적인 도전이며, 과거에 오용되었던 정치적 수단에 대한 도전장이었다. 이란은 미 외교관이 간첩행위를 하기 위해 대사관을 보호의 수단으로 이용한 점을 비난하고, 외교적 면책특권에 관한 국제협정이 부적절한 것이라고 밝혔다. 그러므로 이슬람 정권은 미국의 재외공관을 대사관이 아니라 스파이의 소굴이라고 불렀다.

그는 특히 연례행사인 메카로 순례여행을 떠나는 하지를 공식적으로 장려해왔다. 메카에서의 이란 순례자들은 그 때를 이용하여, 혁명에 대한 선전물과 호메이니의 사진을 배포하면서 사우디 경찰과 충돌을 일으키기도 했다. 해마다 호메이니와 그 추종자들은 다음과 같이 말했다.

> "순례 의식이 단지 종교 행사만은 아니다. 순례 여행이 무슬림의 의무라고 한다면, 이슬람의 목적은 무슬림을 자각시키는 것과 세계의 압제 당하는 국민을 위하여 봉사하는 것이다."

1982년 하지 전날 밤 호메이니는 순례 여행의 감독자로서 후이니하(Khu'iniha)를 지명하면서 그 주제를 다시 한번 강조하였다.[121)]

> "순례 기간이 다가왔다. 순례는 경배로서의 위대한 임무이고 정치·사회적 특징인 것이다. 당신은 무슬림 땅에서 일어나고 있는 정치·사회적 발전을 알게 된다... 그래서 당신은 침략자 및 국제적 약탈자와 직면하면서 위대한 임무를 띠고 참여한 존경받는 이란 순례 여행자들과 정보를 공유할 것이다."

---

121) Halliday 1986, 105.

호메이니가 이란-이라크 전쟁 8년 동안 계속해서 외친 구호인 '카르발라를 통해서 예루살렘을 해방하자'는 팽창전략을 보여준다. 베샤라티 내무장관은 "제 3 밀레니엄은 세계를 지배하는 이슬람과 무슬림의 통치기에 속한다"라고 강조했다. 라프산자니의 핵심 외교정책 보좌관인 라리자니는 "진정한 벨러야테 파키는 이란에 존재한다. 이 벨러야트는 무슬림 세계의 모두에게 책임이 있다. 이것의 목표 중의 하나는 팽창정책이다"라고 말했다. 하메네이가 "유대인이 이스라엘에서 추방되고 이스라엘이 멸망해야 된다"라고 강조하는 것 역시 이러한 팽창주의적 외교정책의 좋은 예이다.[122)]

이슬람 혁명 이래로 이란 정부는 외세에 대항하여 투쟁하는 무슬림 단체들을 지원해 왔다. 이슬람 해방운동 단체가 1980년 호메이니의 권고로 이슬람 학생들에 의해서 결성되었다. 이것은 미 제국주의에 대항하는 관련 이슬람 국가들이 연합전선을 형성하여 해방운동을 전개하는 것을 목적으로 한다.

울라마 지도부의 요청으로 무함마드 몬타제리는 남부 레바논에서 싸우는 헤즈볼라 및 팔레스타인 투사들과 합류할 지원병을 훈련시킬 목적으로 테헤란 근교에 군사 캠프를 설치했다. 레바논 당국은 이를 거부했지만, 이란은 시리아를 통해서 400명의 자원병을 비밀리에 들여보냈다. 그러나 급진주의적 이슬람 팽창주의 외교전략의 실패로 인하여 울라마는 바자르간 정부의 정책과 목표를 재평가하고 외교노선을 수정하지 않을 수 없었다. 미국과 이스라엘은 2006년 7월 레바논 사태에서도 이란과 시리아를 헤즈볼라의 배후 세력이라고 비난한 바 있다.

---

122) Rajavi 1997, 229.

12 문명 간 대화 외교전략

이란 외교정책 노선은 이전의 대립으로부터 화합과 화해로의 새로운 국면을 맞이하고 있다. 개혁파 출신인 하타미 대통령의 세계관과 외교정책 노선은 과거의 정권과는 사뭇 다른 양상을 띠면서, 더 이상 "문명 간의 충돌"이 아닌 "문명 간의 대화"를 지향하고 있는 것이다. 그의 긴장완화 정책은 대외관계의 확대 개선에 이바지하는 국가적 분위기를 조성하였고, 이는 곧 이란 국가 경쟁력의 성장을 가져왔다. 이에 반해 대미관계는 상호간의 의심과 불신에 의해 발전의 기미를 보이지 않고 있다. 이란 정부가 걸프 및 주변국가에 있어서는 신뢰를 얻기 위한 온건한 외교정책 노선을 추구하고 있음을 다방면에서 찾아볼 수 있다.

국내 정치의 주요 담론으로써 부상한 "시민 사회"의 출현으로 하타미의 "문명 간의 대화" 전략은 외교정책 상에서도 중요한 이슈가 되었다. 그의 외교전략 상의 주안점은 바로 "분쟁 대신에 대화"였다. "문명 간의 대화", "분쟁 대신에 대화"와 같은 이 기발한 아이디어로 이란 외교정책은 전환점을 맞게 되었다. 이란 외교정책이 하타미 대통령의 노력의 일환으로 대립에서 화해의 장으로 전환됨에 따라, 주변 국가들은 이란과 새로운 대화의 장에 나서게 되었다.

하라지 이란 외무장관은 이슬람회의기구(OIC) 정상회담 일주일 전에 그 지역 국가들과의 유대관계 증진을 위해 걸프 지역을 일주일 간 순방했다. 이란은 아랍 세계와 대화를 통해서 의견의 차이를 좁히고 관계 정상화에 열성이었다. 과거 보수적인 이슬람 공화국에 위협을 받았던 걸프 국가들도 시아 이슬람 혁명의 후계자와 대화하기 시작했다. 하타미 대통령이 최고 지도자 하메네이에게 정상회담의 기조연설을 하도록 요청한 것은 개혁주의 온건파와 보수주의 강경파간의 조화를 위한 하타미 측의 제스처이다. 그래서 이란은 모든 내부적 갈등과 외부적 불화에도

불구하고 국제사회의 환영을 받았다.123)

OIC가 이란을 국제적 고립으로부터 이끌어 내어 세계정치 무대에 자신 있게 임하도록 유도함으로써 서구와 문명 간 대화의 물꼬도 트였다고 할 수 있다. 하메네이는 개막 연설에서 이슬람 세계의 결속을 호소했다. 이슬람 세계가 지난 4반세기 보다 결속력이 더 강화된 것은 사실이다. 미국 외교관들은 테헤란에서 OIC 정상회담이 개최된 것을 계기로 이란을 고립시키려는 그들의 전략에 손상을 가져다주었다고 간주한다. 그래서 미국은 심지어 테헤란 선언에서의 테러에 대한 언급을 비난할 구실을 찾기도 했다.

하타미 같이 자유주의적 개혁파가 지속적으로 밀고 나갔던 이 외교방식은 1997년 5월의 대선 이후 채택되었으며 이란 외교정책의 기반을 마련하게 되었다. 하타미는 같은 해 5월 CNN 방송과의 인터뷰를 통해 미국과의 화해 의사를 표명하였다. 그는 "우선 본인은 위대한 미국과 미국민들에게 깊은 존경심을 표한다"라고 하였으며 미국과 돈독한 관계를 맺고 싶다고 말했다. 또한 그는 "이란은 미국 문화에 지적인 호기심을 갖고 있다"라고 말하며 이를 "문명 간의 대화"라고 일컬었다. 이에 대해 이란의 보수파는 하타미의 미국에 대한 우호적인 태도를 보였던 1998년 1월 7일의 CNN 인터뷰에 대해 "너무 관대하다"라고 비난하였다.

미국도 테헤란에 온건한 지도자가 집권하고 있을 때, 대화의 기회를 놓치고 싶어하지는 않았다. 미 국무성 대변인, 제임스 루빈에 의하면 클린턴과 그의 고위 보좌관들이 "하타미의 CNN과의 45분 인터뷰" 내용을 면밀히 평가했다. 그들은 국가간의 외교관계에 있어 상호 존중에 바탕을 두어야 한다는 하타미의 언급에 동의했다.

2000년 3월 17일 '프린스턴 미국-이란 위원회'에서 올브라이트 미 국무장관은 모사데그 정부에 대한 1953년의 쿠데타에서 미국이 중요한 역

123) Sayeed 1999, 274.

할을 하고 샤 독재정권을 장기간 지원함으로써 이란에 불신감을 주었다고 인정했다. 그녀는 과거의 근시안적 미국의 정책, 특히 이란-이라크 전쟁 당시 미국이 이라크를 지원한 것에 유감을 표시하고 나서 화해의 상징인 올리브 나뭇가지를 집어 들었다. 그녀는 미국 내 동결된 이란 자산의 해결을 약속했다. 1979년 인질사태 이후 미국은 120억 달러의 이란 자산을 동결했으나 인질 위기가 해결되면서 대부분 반환했다는 것이다. 즉, 1980년대 중반까지 레이건 행정부에 의해서 거의 다 해결되었다고 미국은 믿고 있다. 그러나 이란 정부는 100억에서 120억 달러가 더 남아있다고 주장하고 있다.[124)]

그러나 이란의 보수파는 외교정책 문제에 대해 다른 생각을 갖고 있었다. 그들은 다른 국가와의 외교관계에서 미국 및 이스라엘은 배제한 채 이뤄져야 한다고 주장하였다. 가장 중요한 것은 2000년 3월 24일 마샤드의 종교집회 연설에서 하메네이는 "정식 사과를 포함하지 않는 한, 미국이 1953년 8월에 일어난 쿠데타에서 2일 동안 저지른 반역 · 적개심 · 불의 등 행위를 우리는 결코 잊지 않을 것이다"라고 경고했다.

전문가 회의에서 행한 연설에서 하메네이는 반미 혁명적 슬로건의 타당성을 지지하며, 미국과의 관계를 갖는 것에 대해서 반대 입장을 취했다. 또한 그는 하타미의 외교정책에 반대하면서 "미국과의 대화는 미국과 관계를 맺는 것보다 훨씬 더 위험하다"라고 주장하며, 이슬람 정권이 강경 반미 외교노선을 계속 고수할 것임을 분명히 하고 있다. 따라서 개혁파 하타미 정권의 '문명 간 대화' 외교정책도 한계가 있을 수밖에 없었다.

124) Hiro 2001, 257.

제5장 팔레비 시대의 이란 외교정책

1921년 2월 21일 야음을 틈타 페르시아 코사크 여단의 지휘관인 레자 칸은 3천명의 군대를 이끌고 쿠데타를 일으켰다. 수도 테헤란으로 진격 도중 그는 카라즈에서 저명한 저널리스트인 지아(Seyyed Zia al-Tabatabai)를 만났으며, 양자는 국가의 위기상황을 타개하기 위해 협력하기로 다짐한다. 한때 오스만 제국 주재 이란 대사로 봉직했던 지아는 진보적 민족주의자로 알려져 있었다. 레자 칸과 지아는 국민과 샤에게 봉사하며 볼셰비키와 싸워서 승리하고 조국을 위기에서 구하기로 맹세하였다. 그러나 그들 둘 사이의 동맹은 100일도 채 지속되지 않았다.

레자 칸은 지아에 이어 1923년 국무총리가 되었고, 1924년 이란 공화국을 설립하려는 그의 시도가 울라마 종교 계층의 반대로 좌절된 후, 1926년 봄에 새로운 팔레비 왕조를 세우고 48세에 스스로 왕위에 올랐다. 1925년 그는 이슬람 이전의 페르시아의 이름인 "팔레비(Pahlavi)"를 자신의 성씨(姓氏)로 선택하였다. 그것은 민족주의자의 감정을 고조시키고 더 나아가서는 전통적인 카자르 왕조의 대중성을 약화시킬 수 있었다. 이와 같이 쿠데타로 집권에 성공한 레자 칸에 의해 카자르 왕조는 붕괴되었다. 그 후 증대된 오일 달러를 기반으로 국력이 신장된 이란은

1970년대를 통해서 걸프 지역의 군사강국이 되고자 시도하며 중동에서 서구 안보의 주요한 기둥이 되는데 목표를 두었다. 샤는 이것을 이란의 '역사적 책임'이라고 말했다.

1 레자 샤

이미 살펴보았듯이 이란의 국내문제들은 외교정책과 밀접하게 연관되어 있다. 예컨대, 카자르 왕조의 붕괴 및 레자 샤(Reza Shah: 1925-41)에 의한 팔레비 왕조의 집권은 외세, 특히 영-러에 의해 이란의 국권이 굴욕적으로 유린 당한데 기인하는 것이다. 1925년에 레자 칸이 왕위에 오르는데 성공한 것은 카자르조가 허약성 · 우유부단 · 부정부패 · 근대화에 대응하지 못했다고 하는 국내 정치적 원인이 우선적으로 작용했기 때문이다. 레자 샤 외교정책의 특징은 다음과 같은 요인에 의해서 이해될 수 있다.

1) 레자 샤가 정치 · 경제적 민족주의자였다는 점
2) 근본적으로 그의 외교정책은 1906년 입헌주의자들의 민족주의 정책을 계승했다는 점
3) 레자 샤의 외교정책은 그의 후계자였던 무함마드 레자 샤의 전반적 외교정책의 가이드라인이 되었다는 점

이 모든 것이 놀라운 것은 아니다. 20세기의 모든 저개발 국가 · 시민국가 · 준 시민국가들이 민족주의의 영향을 강하게 받고 있었다. 이란의 경우는 외세의 침략에도 불구하고 명목상으로나마 군주제의 전통을 유지하는 가운데, 과거 영광스런 제국의 유산을 모두 간직하고 있었기 때문에 더욱 그러했다.

그의 아들이 그랬듯이 레자 샤는 다시 내부적으로 강해져야 이란의

독립이 회복될 수 있으리라는 것을 잘 인식하고 있었다. 따라서 터키의 케말 아타투르크(Kemal Ataturk)[125]처럼 그는 정책의 최우선 목표를 석유수입과 이란 경제의 민족주의적 보호에 힘입어 이란 횡단철도 같은 근대적 인프라를 건설하는데 두었다. 또한 무엇보다도 그는 카자르 시대에 없었던 서구식 군대를 보유함으로써 근대화를 이루어내며 이슬람 성직자 계층의 권력을 축소하려 했다. 그에게 두 번째 우선순위 과제는 이란 내에서 영국과 소련의 영향력을 가능한 한 약화시키는 것이었다.[126]

이와 같이 레자 칸이 완고한 민족주의자라는 것은 처음부터 자명했다. 그의 주요 목적 중의 하나는 이란을 정치・경제 분야에서 외국의 지배로부터 독립시키는 것이었다. 그의 최초의 행동 중 하나가 1928년, 정확히 1세기 동안 이란의 주권 침해를 가능하게 했던 외세와의 불평등 협정을 일방적으로 파기한 것이었다. 그에 앞서 1922년, 그는 제3세력 정책을 부활시켰고 다시 미국을 "과거에 이란을 침략하지 않았으며, 지정학적으로 이란과 멀리 떨어져있고 동맹국으로서 적절한 요건을 갖추고 있는 나라"로 꼽았다. 이란의 관점에서 미국은 오히려 1911년보다 더 유망한 동맹국의 후보로 떠올랐다. 그 예로, 미국은 1919년 파리 평화회의에서 이란의 전쟁 배상금과 관련한 영국의 주장을 용인하지 않았으며, 1919년 영국-이란 조약은 무효라고 공공연히 비난하기도 했다. 윌슨 대통령은 강대국에 대한 약소국의 권리를 위해 싸우는 전사처럼 보였다.

---

125) 1920년 4월에 케말 장군은 앙카라에서 국민의회를 소집하여 행정 수반으로 취임했다. 그는 1922년에 술탄제를 폐지한 뒤, 1924년에는 이슬람 공동체의 창설 이래로 1300년간 이어져 온 전통적인 칼리프제마저 폐지한 결과, 무슬림 국가의 원칙인 정교일치체제를 종식시키고 근대 터키 국가를 수립함으로써 오늘날 '터키의 국부(國父)'로 불리어지고 있다.

126) Griffith 1978, 369.

레자 칸 외교정책의 첫 번째 성과는 영-러를 이란 영토로부터 축출한 것이었다. 1920년 소련군은 영국의 간섭에 맞서 싸운다는 명분으로 이란에 다시 진주했다. 또한 소련이 배후에서 조종하는 길란 사회주의 공화국이 이란 정부의 통제력이 미치지 못하는 북부 지역에 세워졌다. 레자 칸이 집권하기 전, 러시아와의 긴장관계가 득이 되지 않는다고 깨달은 모시르(Moshir ad-Doweleh) 총리는 모스크바 당국과 군대의 철수 및 통상협정에 관한 협상을 시작했으며, 1921년 2월 레자 칸의 쿠데타 직후에 이란-소련 우호조약이 체결되었다.[127)]

이 조약은 이란 내에서 소련의 특권을 폐지하고 소련-이란 간 교역을 재개시켰지만, 특정 상황 하에서는 소련이 이란 영토 내로 군대를 파견할 수 있게끔 했다. 곧이어 쿠데타 당시 레자 칸의 최측근 고문이었던 신임 지아 총리는 소련 군대를 철수시키기 위해 설득과 압력, 예를 들면 조약에 대한 의회의 승인을 지연시키는 등의 방법으로 적절히 대응하였다. 소련의 관심이 뜸해지자 레자 샤는 길란에 무력 침공을 감행했다. 이것은 그 후 1946년 이란의 對아제르바이잔 정책과 유사하다.

한편, 영국은 사실상 남부 이란과 일부 아랍어를 사용하는 후지스탄주를 완전히 장악하여 그 지역의 실력자인 하잘(Shaikh Kha'zal)의 보호자가 되었고 이란 석유의 주도권을 확고하게 장악하게 되었다. 소련이 이란의 독립에 위협적인 존재로 여겨짐에 따라 1919년에 이란 총리 보수커드(Vosuqad ad-Dowleh)는 이란에서의 정치・경제적 지배를 허용하는 협정을 영국과 체결하였다. 그러나 민족주의 세력에 의해 이 안은 의회에서 부결되었다. 그러자 곧 모시르 신임 총리는 소련과의 협상에서 성공적으로 화해를 이루어냈다. 쿠데타 이후 지아 총리는 조약 자체

127) 이란-소련 우호조약(1921. 2. 26)은 이란의 독립과 국경 존중, 과거의 불평등 조약 폐기, 그리고 제3세력이 위협할 경우, 군사작전상 필요시 소련군의 이란 진주를 허용함으로써 1941년 소련의 이란 점령의 구실이 되었으나 이란의 독립이 국제적으로 승인되었다.

를 백지화시켰으며 의회는 공식적으로 조약의 비준을 거부하였다. 마침내 레자 샤는 무력으로 후지스탄을 차지했고, 이 지역은 중앙정부의 통제를 받게 되었다. 영국은 이를 충격으로 받아 들였으며, 영-소 양국 정부는 표면상으로나마 이란의 내정에 대한 불간섭 정책을 채택하여 레자 샤는 보다 쉽게 이란의 독립을 이룰 수 있었다.

레자 샤의 외교정책에는 영-소 양국과 세력균형을 이룰 수 있는 제3세력을 찾기 위한 시도가 포함되어 있었다. 우선 바이마르 독일 공화국은 허약했고 프랑스는 영국과 동맹세력이었기 때문에, 레자 샤는 전임자와 마찬가지로 미국에 의존하려 했다. 그는 미국의 기업들에게 석유이권을 주었고 이란의 재정 시스템을 재조직하기 위해 또 다른 미국의 재정 전문가인 밀스포그 박사를 초빙했다. 1922년 11월 18일 밀스포그가 테헤란에 도착했고 의회 승인을 통해 재정관리를 개혁할 수 있는 권한을 갖게 되었다. 밀스포그의 성격은 왕의 성격과 맞지 않았으므로 결국 불화를 야기했다. 레자 샤는 그것에 대해 "이란에서 샤는 오직 하나이고 내가 그 샤다"라고 선언하고 1927년에 밀스포그를 직무유기로 파면시켰다.

레자 샤는 어느 정도 성공적이었던 자신의 노력을 통해 이란을 경제적으로 독립시키려고 했다. 이란은 그동안 이란의 주요 무역 상대국이었던 소련과의 무역이 감소하자, 자국의 수출 및 생필품 수입을 위한 다른 시장을 찾아 나섰다. 1927년 밀스포그의 첫 임무가 실패로 돌아가자, 레자 샤는 제3세력 정책 추진을 위하여 "멀고도 이해관계가 없는" 나라로서의 미국을 대체할 만한 또 다른 나라를 찾았다. 결국 그는 독일을 선택했고, 이어서 독일인 고문인 린덴브라트(Lindenblatt) 박사를 이란 국립은행의 총재로 임명했다.

제1차 세계대전 시작부터 이란에 대한 독일의 외교정책은 적극적이었고, 이란과 아프가니스탄에서 독일 간첩의 비밀공작은 많은 이란의 정치가들이 독일을 선호하게 만들었다. 독일은 이란을 추축국 편에 서도록 만들어 전쟁에 가담시키려는 의도 또한 있었다. 게다가, 독일은 이란의 주요 무역 파트너로서 소련의 경제적 지배에서 벗어날 수 있는 기회를 제공했다. 이란의 산업구조를 발전시키려는 레자 샤의 시도와 더불어 소련을 독일로 점차 대체시키는 정책이 행해졌다. 제1차 세계대전 이전에 이란 무역량의 2/3는 러시아와 이루어졌었다. 11.5%로 급속하게 떨어진 1938-39년까지도 이란의 전체 무역량의 1/3은 러시아와 지속되었다. 이와는 대조적으로 이란 무역에서 독일의 비중은 1931-33년 8%에서 1940-41년 45.5%로 증가했다.[128]

영-소의 압력에서 벗어나기 위한 샤의 또 다른 노력에 의해 이웃 국가들인 터키・이라크・아프가니스탄과의 관계 정상화 조치가 이루어졌다.[129] 이러한 조치들은 이란의 안보에 크게 기여하였으며, 그의 아들인 무함마드 레자 샤가 1970년대에 행한 성공적이었던 일련의 정책들의 선례가 되었다. 레자 샤는 특히 소련으로부터 점차 많은 경제적 독립을 성취해 나갔다. 그는 1928년에 모든 외국과의 협약을 백지화시켰으며 1932년에는 영국에 대한 대규모 이권 즉, 다아시(Willian Knox D'Arcy)의 석유이권을 무효화시켰다.[130]

1941년에 세 번째이자 사실상 재앙을 초래한 레자 샤의 조치는 영-소에 대항하는 자신의 능력을 과대평가한 것이었다. 그의 對독일 정책은 주로 자신의 민족주의적 성향에 의해 결정되었다. 이러한 면에서 볼 때, 앞서 언급한 밀스포그 박사의 초빙에서 증명되었다시피 레자 샤의 독일에 대한 정책은 그의 對미국 정책과 본질적으로 다르지 않았다.

그는 자신의 민족주의적 목표를 달성하기 위해 외세에 이용당하지 않고 오히려 특정 외국세력을 이용하고자 하는 자세를 견지했다. 그러나

---

128) Savory 1990, 44.

129) 1937년에 터키, 이라크, 아프가니스탄과 기존 국경선을 상호 보장하는 불가침 조약을 체결.

130) Griffith 1978, 370.

이는 그의 외교정책상 하나의 실수였다고 할 수 있다. 다른 관점에서 보면 레자 샤야말로 이란의 민족주의적 근대화주의자였다는 것이 역사의 최종적 평가인 듯하다. 1941년까지 그가 영-소 양국으로부터 주권을 확립하고 독립을 성취했던 것은 분명했다. 더욱이 그는 이란의 근대화와 서구화 작업에 손을 댔고 그의 아들인 무함마드 레자 샤가 이를 계승했다. 무엇보다 그는 중국에서 장개석이 해내지 못한 국가에 대한 중앙정부의 효율적인 통제를 이루어냈다.

1939년 제2차 세계대전이 터졌을 때 이란은 외교정책을 급히 수정할 필요성을 느끼지 못했다. 특히 최소한 1942년까지는 전쟁에서 승리하고 있는 것처럼 보였던 독일에 대해서는 더욱 그러했다. 그러나 레자 샤는 1941년 6월 소련의 독일 침공이 가져온 사태변화에 즉각적으로 대처하는데 실패했다. 레자 샤가 이란에 있는 프란즈(Franz Mayr) 지휘 하의 독일 공작원들을 추방하는 것을 거절한 것이 화근이 되어 1941년 8월 영-소 연합군의 이란 점령을 초래했다. 독일의 이란과의 제3세력 관계는 갑자기 끝이 났고, 당시 이란의 두 주요 적대국이었던 영-소는 다시 한 번 서로 공모하여 이란의 전통적 균형정책의 가능성을 파괴하였다.

따라서 1941년까지 레자 샤의 외교정책은 이란의 민족 독립을 회복시켰다는 점에서 성공적이었던 것으로 평가받아 마땅하다. 그런데 왜, 어떻게 1941년에 그가 실권하게 되었을까? 중요한 원인은 그가 국제정세에 대한 오판과 동시에 독일의 힘을 과대평가하고 오히려 연합국의 힘을 과소평가 했다는데 있다. 무엇보다도 영-소 양국이 이란에 독일의 기술진이 주재하고 있다는 구실을 내세워 이란을 경유해 러시아로 들어가는 군수품의 공급선을 통제하기로 결정했을 때, 레자 샤는 이를 심각하게 생각하지 아니했던 것이다.[131]

따라서 레자 샤의 친독정책에도 불구하고, 독일 방송이 레자 샤가 영

131) Griffith 1978, 371.

국에 복종을 선언했다고 비난했던 것을 상기해보면 무조건적인 우호관계는 아니었던 듯하다. 그가 제2차 세계대전 기간 동안 어떻게든 이란의 독립을 유지해 나갈 수 있었던 것은 의아한 일이었다. 기본적으로 이란은 또다시 지정학적 위치의 희생물이 되었으며, 역설적으로 레자 샤의 위대한 업적인 이란 횡단철도에 의해 도리어 피해를 입게 되었다. 이란 횡단철도는 전쟁 중에 미국의 군수 물자를 소련으로 공급하는데 가장 효과적인 통로였다. 소련・영국・미국에게는 이 철도의 안정적이고 효율적인 이용이 필수 과제였다.

이란의 민족주의와 반영・반소 감정으로 인하여 레자 샤가 영-소 양국에 일종의 치외법권을 부여할 수 있었을 지는 의문시되었다. 따라서 비록 덜 민족주의적이고 외세에 덜 혐오감을 갖고 있는 이란 국민일지라도 외세에 치외법권을 부여하는 것에 대해서는 분명 의혹을 품었을 것이고, 레자 샤는 이러한 딜레마를 해결할 수 없었을 것이다. 어쨌든, 또다시 이란은 강대국 정치의 제물이 되었다. 레자 샤는 왕조의 보전을 위해 퇴위한 뒤 1944년에 남아프리카공화국에서 유배 생활을 하다가 객사했으며, 그의 어린 아들 무함마드 레자 샤가 왕위를 계승했다.

2 무함마드 레자 샤

1941년에 레자 샤의 뒤를 이어 새로 등극한 18세 약관의 무함마드 레자 샤(Muhammad Reza Shah: 1941-79)는 이란의 독립을 유지하는데 1921년에 그의 아버지가 당했던 것보다 더 위협적인 상황에 직면하게 되었다. 왜냐하면 1941년의 소련은 1921년 당시보다 훨씬 더 강성해져서 영국과 함께 전세계를 양분하고 있었기 때문이다. 더욱이, '미국'이라는 제3세력이 영국 및 소련과 동맹관계에 있었고 반면, 나치 독일은 영-러의 공격으로 이란에서 축출되었다.

결국 새로 왕위에 오른 샤의 개인적 지위는 매우 취약했으므로 그는 자신의 뜻대로 이란 외교정책을 수행할 수 없었다. 그렇기는 해도 샤와 그의 참모들은 영-소간의 경쟁상황을 부분적으로나마 이용했다. 그들은 이란의 경제문제에 미국의 재정 고문인 밀스포그의 재임명을 포함하여 미국을 개입시켜 그 힘을 이용하고자 했다.

제2차 세계대전이 종전되자 이란 외교정책의 주요 현안은 소련과 영국의 지배로부터 독립을 쟁취하는 것이었다. 친소 투데당을 제외하고는 이 목표에 국민적인 합의가 이루어졌으며 무함마드 레자 샤뿐만 아니라 그의 최대 정적이었던 모사데그도 뜻을 같이했다. 그들이 의견을 달리 했던 것은 이란 독립의 회복 여부가 아니라 독립의 회복 방법이었다. 모사데그는 영국을 주적으로 여긴 반면, 샤는 그의 아버지와 마찬가지로 소련을 가장 큰 위험 요인으로 간주했다. 1906년의 입헌주의자들과 1941년의 무함마드 레자 샤가 그랬듯이, 모사데그는 이란이 중립주의 혹은 소극적 균형정책을 따라야 하며 이것이 가능하다고 믿었던 반면, 샤 정부는 이란이 현재 너무 허약하고 국제정치체제가 미-소를 중심으로 양극화되었기 때문에 이론적으로는 바람직하나 그러한 정책은 불가능하다고 생각했다.

따라서 샤는 국력 강화는 물론 영토의 보전과 독립에 대한 소련의 위협을 억제하고 궁극적으로는 이란의 주권을 확립하기 위해 친미정책을 취해야한다고 믿었다. 모사데그와 같은 샤의 반대세력에게 이것은 외세에 대한 항복을 의미했다. 현실주의에 둔감했던 민족주의자의 전형인 모사데그는 봉건 지주 및 민족주의 지식인층 사이의 협력을 역설했다.[132)]

돌이켜보면 샤의 전략은 보다 현실적이었으며 이란의 국가 이익에도 부합하였다. 모사데그는 다음과 같은 세 가지 요인을 간과했다.

---

132) Griffith 1978, 372.

1) 전후 대영제국의 국력이 약화되었다는 점
2) 이란이 완전한 독립을 이룰 수 있을 만큼 강해지려면 급속한 근대화가 필요하다는 점
3) 이란이 당시 약소국이었지만 풍부한 석유자원으로 인해, 장기적인 면에서 잠재력을 보유하고 있었다는 점

이란의 1차적 당면과제는 북부 지역에서 소련을 축출하는 것이었다. 이 점에서 소련과 이란의 정책은 제1차 세계대전 이후 확연히 평행선을 달려왔다. 1945년에 소련은 이란의 아제르바이잔과 쿠르디스탄에 소수민족 독립국가를 수립했었는데, 이는 테헤란 중앙정부의 통제력으로부터 이 지역을 효과적으로 분리시켜 소련에 대규모 석유이권을 이양토록 하기 위한 전략이었다.

카밤 이란 총리는 과거 1921년 당시와 흡사한 전술을 이용했다. 그는 전시 동안에는 모든 사안들을 유예시키고 미국의 원조를 구하는 동시에, 이권의 양도를 저지시키기 위해 의회를 활용했다. 그는 전쟁이 끝난 후 대규모 석유이권의 양도를 약속하는 대가로 소련군을 이란 북부 영토에서 철수시켰다. 여기에서 1921년과는 달리 미국은 소련이 철수하도록 영향력을 행사하여 이란에 커다란 도움을 주었다. 그 이유는 1946년에 이 문제를 둘러싼 미-소 양국의 대립이 바로 냉전의 시발점이었기 때문이다. 소련군이 철수하자마자, 이란 정부는 친소 쿠르드 및 아제르바이잔 양대 분리주의 소수민족 국가를 무력 공격으로 붕괴시키고 주권을 회복했다. 소련에 약속했던 석유이권은 처음에는 보류되었다가 이후 의회에 의해 비준이 거부되었으며, 결국 친소 투데당도 공격을 받고 활동이 금지되었다.

시간이 지남에 따라 이란에 대한 미국의 간섭이 심화되고 소련-이란 간의 관계가 급속히 냉각되었다. 기본적으로 이러한 현상은 미-이란 양국이 소련이라는 공동의 적을 가졌기 때문에 발생했으며 미국 역시 그러한 이유로 이란 내에서의 입지를 강화하려 했다. 미국 정부는 이란에

대규모의 경제 · 재정 · 군사 정책 고문단을 파견했으며 비록 이란 정부가 원하는 만큼은 못되었지만 상당액의 차관을 제공하기도 했다. 샤와 그의 측근들은 미국과의 관계에 있어서, 미국이 이란과 단지 부분적으로만 공유하고 있었던 또 다른 목표를 가지고 있었다. 즉, 이란이 국내의 적대적인 좌우익세력에 맞서 입지를 강화하기 위해 미국을 이용하는 것이었다. 반면, 미국은 전후 서유럽에 관심을 집중했으며 경제적인 기준을 마련하여 원조 규모를 결정하려 했다. 미국은 대량의 원조를 제공하고 이란 정부가 자의적으로 그것을 배분하도록 하기보다는 농업 · 보건 · 교육 등에 직접적으로 원조를 할당하기를 원했던 것이다.

연합군의 점령기(1941-1946) 동안 이란 정부의 독립적인 외교정책이란 있을 수 없었고 이란은 극심한 경제난에 시달렸다. 소련의 공급물자 적하를 돕기 위해 1942년 미국의 비전투 군대가 이란에 도착한 후, 이란은 다시 한 번 "미국적인 대안"[133]을 시도했다.

한편 모스크바는 소련군의 철수를 조약 날짜보다 훨씬 이후로 연기했으나 1946년까지 완전히 철수했다. 미국이 이전의 영국을 대신하여 이란에 적극적인 관심을 갖기 시작하면서 연합국 사이의 힘의 균형에 큰 변화가 생겼다. 이란에게 이것은 단지 열강들의 세력다툼의 연속일 뿐이었다. 다만 달라진 것이 있다면 세력다툼의 참여국들 중 하나의 국가가 바뀌었다는 것뿐이었고, 초기에 이란은 자국의 주권과 독립을 지키기 위한 시도로서 균형전략을 계속 유지했다. 이전에 제3세력으로서의 역할을 수행했던 미국은 이제 이란을 위협하는 서구 열강들 중에 하나

133) 밀스포그가 과거 20년 전인 1922년에 자신이 임명되었던 때와 비슷한 혼란기에 다시 재정고문으로서 임명되었다. 의회는 또 한 번 그에게 막대한 경제 · 재정적 권리를 주었으나 그의 임무는 다시 실패로 끝이 났다. 밀스포그가 제안했던 조치들 즉, 수입관세 · 물가통제 · 정부지출의 삭감 등은 당시 기득권을 갖고 있던 기업가들의 강력한 반대에 부딪쳤고, 결국 그는 1945년 2월 사임했다.

가 되었다.

이란은 다른 많은 약소국가들처럼 냉전의 급박한 정세에 휘말려 들었다. 만약 이란이 1940년부터 1990년까지 50년 동안 추구해 온 제3세력 정책을 계속 유지했었더라면, 이란에 더 이상 "무관심한" 세력이 아니었던 미국을 대신할만한 다른 세력을 찾았을 것이다. 이러한 상황에서 이란은 1955년 지역 방어조약인 바그다드 조약에 가입함으로써 친서방 동맹에 합류했다.

샤는 정치・경제적으로 이란을 외세의 지배로부터 독립적인 국가로 만들고자 했다. 그러나 모사데그와는 달리, 샤는 정치적 비동맹을 불신했다. 샤는 이란을 후진국에서 한국・홍콩・대만 등의 아시아의 신흥 개발도상국의 수준으로 끌어올리기 위함이라는 명분을 내세워 군주제를 강화함으로써 자신의 위상을 높이는 작업에 착수했다. 그는 선진국과 개발도상국의 차이가 줄어들기는커녕 점차 더 커지고 있다는 점을 잘 알고 있었다. 이란 정부가 국민의 생활수준을 끌어올리기 위해서는 시간이 필요했다. 이란은 1949년 경제개발계획을 최초로 실시한 중동국가였다.[134)]

1949년 이후부터 이란 외교정책의 정치・경제적 원칙들을 충족시키기 위하여 제시되었던 "균형정책"은 이란 정치의 지배적인 이슈가 되었

134) 석유는 경제개발계획에 필요한 자금을 조달하는 주요 수입원이었다. 1951년 석유의 국유화 및 이후 석유판매 수입 중단 등의 이유로 제1차 7개년 경제개발계획은 실패로 끝났고, 1956년까지 경제계획을 다시 세울 수가 없었다. 제2차(1956-1962), 제3차(1962-1968), 제4차(1968년 착수한 마지막) 계획은 눈에 띌만한 많은 성과를 이루어냈지만 이란은 여전히 개발도상국의 대열에 낄 수 없었다. 만약, 이란이 "나무곡괭이와 삽을 가지고 문제점들과 싸워나가는" 나라들 중 하나로 머물지만 않았더라도, 그 경제속도는 가속화되었을 것이라고 국무총리 후바이다스는 주장했다. 사용 가능한 자금이 많아야 경제발전이 가속화 될 수 있는 것이며, 이러한 자금 증가의 주요 원천은 석유였다(Savory 1990, 49).

다. 그 해 모사데그는 샤의 권력에 대항하는 신 파시스트·민족자본가·지주·부족장·종교계·바자르 상인·비투데당의 급진 좌파 지식인 등을 포함하는 광범위한 정치단체를 중심으로 연합민족전선을 결성했다. 그러나 그보다 5년 전인 1944년에 모사데그는 그 유명한 "소극적 균형정책"에 관한 연설을 했다. 그는 이 연설에서 "적극적 균형정책"이란 영국-이란 석유회사가 이미 갖고 있는 이권에 균형을 맞추기 위해 소련에게도 석유이권을 양도해야 한다는 것을 의미하는 것이라고 말했다. 그는 그 자신이 주장하는 "소극적 균형정책"은 영국의 석유이권 폐지를 뜻한다며 이 정책에 대한 지지를 호소했다.[135)]

이 연설에서 모사데그는 이란의 국교로 12 이맘 시아파를 공포했던 1501년 이래로 수 세기동안 이란인의 가슴에 담고 있던 감정들을 환기시켰다. 이 연설은 종교계층 및 바자르 상인과 같은 이란 사회의 전통적인 무슬림 그룹들뿐만 아니라 유럽 열강의 정치·경제적 영향으로 인하여 외국에 배타적인 성향을 가지고 있었던 많은 이란 지식인들의 관심을 끌었다. 그들에게 있어서 외세 배타적인 성향은 민족주의적인 요소였다. 그들이 종교적 지도자들에 의해 통치되는 12 이맘 시아파 이슬람 국가의 건설을 꼭 원하는 것은 아니었다.

샤와 모사데그 사이의 대립은 의회가 영국 소유의 영-이란 석유회사를 국유화한 직후인 1951년 4월에 불가피하게 그를 총리로 임명하면서부터 더욱더 본격적으로 시작되었다. 모사데그는 토지개혁의 단행보다는 영-이란 석유회사의 국유화를 이루는데 보다 주력했는데, 다수의 모사데그 지지자들이 봉건 지주들이었음을 상기해보면 별로 놀랄 일도 아니다. 샤의 관점에서 보면 모사데그는 매우 위험한 인물이었는데, 그 이유는 양자간에 정책의 차이가 너무 컸기 때문이었다. 모사데그는 "샤는 군림할 뿐 통치해서는 안 된다"라고 주장하면서 샤의 통치권을 부정했

135) Savory 1990, 45.

던 것이다.

1925년에 모사데그는 레자 칸을 새롭게 건국된 팔레비 왕조의 '샤'로 선출하는 투표에서도 이미 반대표를 던졌을 만큼 무서운 정적이라 할 수 있다. 따라서 이 두 사람은 대내외 정책에서 뿐만 아니라 기본적으로 이란의 정치체제를 두고 대립하였다. 비록 전쟁 직후 샤가 통치보다는 군림에 보다 주력하기는 했으나, 총리가 자신보다는 의회에서 다수의 입장을 대변하고 실권을 행사하기 시작하자 샤는 전통적인 이란의 절대 왕권체제로의 회귀를 결심했다. 모사데그와 마찬가지로 그 역시 이란의 석유자원을 국유화하려 했으나, 우선적으로 봉건 지주와 성직자 계층의 세력을 억제하고 일반 농민들을 통치의 기반으로 삼는 급진적 계획안을 마련했다.136)

이러한 문제에 있어서는 이란 대내외 이해관계 당사자들간에 어떠한 타협도 존재할 수 없었다. 영국은 사태발생 직후 석유 국유화를 저지하고 원상회복할 것을 결의했다. 미-소 세력이 이란 내로 들어오게 되자 모사데그는 소련에 대한 불신과 중립주의 정책의 욕구에도 불구하고 어쩔 수 없이 소련과 투데당에 손을 내밀었다. 소련과 투데당은 모사데그와 뜻을 같이 했는데, 이는 우선 샤를 제거하고 그 다음에는 모사데그마저도 제거하기 위한 전술이었다. 이러한 상황에서 미국은 불가피하게 샤와 영국, 그리고 반 모사데그 세력과 더욱 밀착하게 되었다.

마침내 1953년에 결말이 났는데 처음에는 샤가 모사데그를 제거하기 위한 첫 번째 시도에서 실패하여 로마로 피신했으나, 미국의 지원 아래 자헤디 장군이 이끈 반 모사데그 역 쿠데타가 성공함에 따라 다행히 이란으로 귀국할 수 있었다. 결국 샤의 최고 통수권이 확립되고 상당기간 미국과의 관계가 공고해졌으며 이란 내에서 소련의 영향력은 약화되었다. 여기서 주목해야 할 점은 석유분야의 국유화 해제가 이루어지지 않

136) Griffith 1978, 374.

았다는 점이다.

모사데그의 "소극적 균형정책"에 반대하여 샤는 "적극적 민족주의" 정책의 채택을 제안했는데, 그는 이것을 "자국의 이익과 부합된 최대의 정치・경제적 독립정책"이라고 정의했다. 그러나 민족전선은 협상에는 관심이 없었다. 그것은 단지 종교 지도자들과 동맹관계를 만들어내는 도덕적 절대성만을 그 사상의 일면으로 다루었다. "타락한 외세에 의해 이란이 강탈당한 것"은 지식인들과 종교계층 모두에게 있어 공통적인 주제였다. 그것은 1960년대 이슬람 혁명운동의 시작 이래로 호메이니와 그 추종자들이 강력하게 추진해 온 과제이기도 했다.

1961년 비엔나 협정으로 미국 대사관 전직원에게 주어진 특권과 면세 등에 대하여 이란인들은 분노하였다. 이러한 자국의 주권 침해에 대한 이란인들의 분노는 1963-64년에 폭력적인 저항시위로 나타났다. 비엔나 협정은 샤의 큰 정치적 실수로 판명되었고 호메이니의 반정부 투쟁의 도화선으로써 강력한 선전무기가 되었다. 반정부 세력은 즉시 이 이권을 러시아와 다른 서구 세력들이 1828년 이란에게 강요했던 치욕적인 특권에 비유했다. 이 사건은 이란의 외교정책을 지배하는 민족주의자 정책의 완고한 특성을 다시 한 번 확인시켜 준 것이었다.

1960년대에 샤는 "적극적 민족주의"라는 슬로건을 "독자적인 외교정책"으로 바꾸었으나, 외교정책에 대한 샤와 그의 반대세력간의 근본적인 갈등은 "적극적 민족주의"와 "소극적 민족주의" 사이에서 지속되었다. 이러한 갈등은 1962-67년 이란과 소련간의 국교회복 과정에서 명백하게 찾아볼 수 있는데, 이 국교회복은 "1962년 9월, 이란은 자국의 영토를 외국의 미사일 기지로 사용하도록 허락할 수 없다"라는 샤의 선언에 의해 이루어진 것이었다. 이러한 국교회복은 곧 소련과의 많은 경제협력 및 거대 프로젝트에 관한 협정 체결을 성사시키게 했던 것이다. 독자적 외교정책에 대한 민족전선 진영의 해석은 완전히 달랐다. 민족전선에 있어 독자적 외교정책의 주요 기준은 미국과 소원한 관계를 유지하는 것이었다. 이것을 성취하고 나서 이란은 네루 스타일의 "절대적 중립주의" 정책을 추구해야 한다는 것이다. 이 정책은 당시의 "비동맹정책"이라고 하는 정책의 일종이었다.[137)]

이와 같이 이란 외교정책은 국제관계의 언급 없이는 이해할 수 없다. 걸프 지역의 다른 나라들과 함께 이란은 불행하게도 제2차 세계대전 이후 냉전을 둘러싼 국제정치의 역학관계로 인해서 이란의 외교정책을 시행하기가 쉽지는 않았다. 냉전으로 인해서 모사데그의 '반서방 · 친소련'으로의 소극적 균형정책이 무너졌듯이, 샤의 적극적 민족주의로 인해서 이란의 외교노선은 '친서방 · 반소련' 정책으로 기울었다. 그러나 적극적 민족주의 전략은 미국과 무비판적 우호관계를 형성하지 않았듯이, 소련과 무조건적인 적대관계 역시 형성하지 않았다.

1960년대 이란의 석유생산이 증가하고 토지개혁을 통해 국내 정치가 안정되어감에 따라, 샤 정권은 더욱 입지를 굳혀 갔다. 1964년에 샤는 새로운 '민족 독립 외교정책'을 발표하였는데, 그것은 근본적으로 강대국들과 등거리 외교를 추구함으로써 자국의 이익을 확고히 하려는 의도였다. 비록 이것이 미국과의 정치적 유대와 이란의 지정학적 위치 때문에 소련과의 온건한 유대관계를 예측하지 못했다 할지라도, 그 발표는 강대국들에 대한 이란의 이해관계를 반영한다.[138)]

이와 관련하여 이란은 새로이 1964년에 창설된 터키 · 파키스탄을 포함하는 지역발전협력기구 RCD에 주의를 기울였으며, 지역에 영향을 미치는 이슈에 있어서 조화와 통합정책에 관심을 보였다. 지역적 문제에 초점을 둔 것은 1967-73년 기간에도 계속되었다. 그러나 페르시아만에서 나세르의 위협의 감소는 새로운 요인의 출현으로 상쇄되었다. 새로운 요인이란 처음에 영국의 아덴(Aden)에서의 갑작스런 철수와 그 다음은 페르시아만에서의 철수였는데, 이란은 이에 빨리 적응해 갔다. 주요

137) Savory 1990, 46.
138) Chubin 1977, 198.

이슈는 그 시대에 영국에 의해 외교관계를 맺었던 보호국들과의 유대를 구축하게 되었다는 것이다. 이란은 쿠웨이트 및 사우디아라비아와 우호 관계를 유지했으나, 이라크와의 관계는 1958년 국왕 시해 사건 이래로 1965-66년을 제외하고 악화되었다. 이란-이라크 양국 관계는 1968년 7월에 아랍 사회주의 바아스 정권의 출현으로 더욱 악화되었다.

이란과 걸프 지역의 안보를 강화하기 위해 샤는 1969년부터 계속해서 두 가지 정책을 추진했는데, 걸프 지역의 비혁명적인 아랍 국가들과의 관계개선과 "차이나 카드(China card)" 정책을 통해 중국을 소련에 대항할만한 세력으로 이용하는 것이 이 두 정책의 초점이었다. 후반기의 이러한 움직임은 사실 제3세력 정책과는 다른 성질의 것이었다. 이란 이슬람 공화국 역시 이란 외교의 근본적인 정치적 전략을 지속하는 또 다른 실례로서 이 "차이나 카드" 정책을 효과적으로 이용했다.

페르시아만 국가들과 관련하여 이란의 외교는 협력과 경쟁을 추구하면서 화해와 갈등 사이에서 흔들렸다. 이란은 OPEC에서 아랍 국가들과의 협력, 이라크-이란 적대관계, 툰부(Tunb) 및 아브무사(Abmusa) 두 섬에 대한 통치권 분쟁, 이스라엘과 상업적 관계 등은 그들을 계속해서 불안하게 하였다.

소련과 이란의 관계정상화 노력은 계속되었다. 이란의 강화된 지역적 중요성으로 인해서 이란에 대한 소련의 공격 가능성은 희박했다. 이란의 천연가스에 의존하는 상업적인 전략은 성공적이었던 것 같다. 그러나 중-소 양국간의 친선 회복, 미-소 양국의 공동관리[139] 또는 유럽에서 상호 균형 잡힌 군비축소에 있어서 조차도 이란의 안보문제를 강조하지 않을 수 없었다. 샤는 지정학적으로 한정된 긴장완화가 다른 지역들에서는 '사냥면허(hunting licence)'로 둔갑할 수 있다고 주장해 왔다.[140]

139) 샤는 미-소 양 초강대국이 공동으로 "그들은 그들의 사냥지를 선택한다"는 점에서, 공동관리라는 말을 사용한 것으로 보인다.

앞에서 언급했듯이 샤의 "독자적 외교정책" 선언은 서방과 가까운 관계를 유지하면서도, 보다 동등해지길 원한다는 것을 서구세력에게 분명히 하기 위한 것이었다. 그러나 걸프 지역에서 1971년까지 영국군을 철수시킨다는 갑작스런 영국 정부의 발표로 그 지역에 힘의 공백이 생겨났다. 미-소 양 강대국이 영국을 대신하여 그곳에서 중요한 전략적 역할을 수행함에 따라 이란이 독자적인 외교정책을 실시하기가 더욱 어렵게 되었다. 이란뿐만 아니라 걸프 지역의 아랍 국가들도 자국의 안보를 책임질 능력이 있으며 열강들의 간섭은 필요하지 않다는 것을 재확인시키기 위한 방법을 모색했다.

소련은 "모든 외부 세력들이 페르시아만 밖에서 머물 것을 믿는다"라고 경고했다. 1972년 10월 샤가 몇 차례 소련을 방문했을 때, "페르시아만 지역 안보는 외세의 간섭을 받지 않는다"라는 미국 카터 정부의 원칙에 따라 해결되어야 한다는 소련-이란 공동 성명서도 같은 맥락에서 발표되었다. 하지만 이러한 진술은 거짓이었음이 소련의 정책에서 드러났다. 1972년 4월 소련-이라크 협정의 결과, 반제국주의 진보세력의 전선강화 및 양국간의 정치 · 군사협력을 위한 장기적인 기지를 제공하기로 했다는 사실은 이란을 경악하게 했다. 소련은 도파르의 오마니 지역에 있는 점령당한 페르시아만을 해방시키기 위해, 소위 민중전선이라 불리는 세력을 지원했다. 이로 인하여 소련은 인도양에서 자국의 군함의 활동을 증가시키면서, 이 시기 이라크로 무기를 운송한다는 의심을 살만한 소련 상선들이 걸프 지역을 자주 드나들었다.

국제정세의 증대되는 불확실성에 기인하여, 1973-76년 기간의 이란 외교정책은 지역 외교전략과 결합되어 강화된 군사력 증강의 추구로 특징지어 진다. 샤는 "군대가 약함은 용서할 수 없는 죄이다"라고 강조하며 이것은 국력을 소홀히 한 약한 정부의 책임이라고 주장하였다.

140) Chubin 1977, 201.

1971-72년에 취해진 군비 증강을 가속화하기 위한 결정은 좀 더 크고 좀 더 넓은 지역을 책임지기 위한 결정으로부터 나왔다. 1972년 11월, 바다는 '국경이 없기' 때문에 이란의 안보 최전선은 인도양의 북서 지역을 포함시켜야 한다고 샤는 지적하였다. 이것은 독자적으로 장거리 해상 작전을 수행하기 위한 해군의 군사력을 다섯 배로 확장하는 청사진이었다. 1973년 석유수입이 4배 상승하자, 군사력 강화의 가속화를 가능케 하여 이는 질적으로나 양적으로 향상되었다. 이것은 현대적인 새로운 첨단 무기를 이용하여 방위력을 구축함으로써 이란의 안보를 확실하게 하려는 샤의 오랜 욕구를 반영했다.141)

1972년 이후로 일어난 세 가지 사건은 미-이란 관계를 좀 더 긴밀하게 하였다.

1) 인도양에서의 미국 해군 활동의 증가
2) 영국으로부터의 바레인 해군기지 인계
3) 걸프만의 지역 안보를 위해 이란-사우디아라비아를 두 축으로 하는 닉슨 대통령의 양 기둥정책(twin pillar's policy)

1973-75년 동안에 샤는 카이로 방문시 사다트 대통령을 여러 번 만났고, 1975년 12월에 아사드 시리아 대통령을 이란에 초청하였고, 사우디아라비아와의 우호관계를 증대시켰다. 샤는 아랍의 대의에 대한 구두지지(verbal support)를 표했다. 예를 들어 그는 1975년 7월 이슬람 정상회담을 지지하며 "이란은 팔레스타인의 실체를 인정한다"라고 말했다. 좀 더 구체적으로 말하면, 1973년 전쟁 동안 이란이 사우디에 군대 수송선을 제공한 것과 그 후의 이집트와의 군사적 접촉은 이를 반영한다. 그럼에도 불구하고 대체로 아랍-이란 관계의 발전은 아랍 국가들간의 정치적 역학관계에 의해 제한을 받는 경향이 있었다. 예를 들면 1975년 3

141) Chubin 1977, 202.

월 이란-이라크간의 친선 회복은 지역 국가들에게 달갑지 않았으며, 이란-아랍 국가들간의 협력관계에 걸림돌로 작용했다.[142]

한편 1970년대 OPEC의 담합에 의하여 유가가 4배로 뛴 것은 중동 석유에 크게 의존했던 서방 경제의 침체뿐만 아니라 전에 없었던 인플레이션을 초래했다. 실제로 그 당시 상황을 설명하기 위해 경기 침체 속의 인플레이션 즉, 스테그플레이션이라는 용어가 새로 만들어질 정도였다. 여기저기에서 "새로운 경제질서"가 필요하다는 요구의 목소리가 높아졌다. 제3세계에서는 개발도상국들이 생겨났다. 서방 경제 지도자들 사이의 대화에서 "동-서 간"의 대화는 더 이상 없었고, "남-북 간"의 대화만 있을 뿐이었다.

이러한 유가 인상의 결과로 7개년 경제개발 계획의 자금이 조성되었고 1973년에는 10배로 증가했다. 경제발전의 속도는 말할 수 없을 정도로 가속화되었다.

1949년에 겨우 85달러였던 연간 1인당 국민소득이 1974년에는 815달러로 증가했다. 그러나 3년 사이 다시 그 두 배가 되어 1977년에는 1600달러에 달해 이란은 네덜란드 · 노르웨이 · 벨기에 같은 선진국가들의 수준에 진입했다. 1962-1973년 사이 GNP 평균 성장률은 연간 9.2%에 달했다. 제5차 경제개발계획의 첫해에 이란 경제 성장률은 35%였고 다음해에는 42%에 달했다. 예측했던 바와 같이 경제는 과열되었다. 고유가에 따라 세계의 원유 수요가 감소했으며, 이는 결국 1977년 이란의 경제 침체를 초래했다.[143]

이러한 급작스런 경제의 과열과 침체로 인해서, 1978년 8월 자한기르 아무제가르 정권이 붕괴되었다. 아무제가르는 그 당시 이란의 상황을 다음과 같이 지적했다.

---

142) Chubin 1977, 204.

143) Savory 1990, 51.

"탐욕스러운 대중들의 부러움과 기대감이 단기간에 채워질 수 없고, 황금시대를 요구하는 이란인들이 점점 더 증가하고 있다. 국가의 '서구 중독증'에 대한 반대의 목소리와 종교 · 문화적 전통으로의 회귀를 위한 희망은 그들의 실현되지 않은 사상과 이상의 노골적인 표현이다. 이러한 만족하지 못하는 이란인들의 많은 꿈은 아이러니하게도 최근 이루어진 교육과 계몽에 의해 생겨난 것이다."

이란의 전통 · 도덕적 행동양식의 변화와 급속한 경제적 변화와의 속도가 맞지 않은 상태에서 오는 정신적 충격, 소외감, 불안감이 다양한 각 사회계층 사이에서 생겨났다. 역사를 통해 볼 때, 급속한 사회변화와 분열의 기간은 사람들로 하여금 황금시대를 찾게끔 했었는데 이란도 예외는 아니었다. 호메이니가 황금시대를 약속했을 때, 대중들뿐만 아니라 많은 중산층 지식인들도 그에게 몰려들었다. 아무제가르가 덧붙여 말하길, 이러한 개인들 사이에서 현대화로의 변화가 전통적인 종교 · 문화적 기준의 안정을 바라는 욕구를 만들어 내었다고 했다.

팔레비 정권 당시 미국은 이란과 돈독한 관계였으며 샤(Shah) 또한 서구유럽 국가들과 긴밀한 관계를 유지해 왔었다. 특히 이란은 이스라엘과 강한 신뢰관계를 유지했으며, 사우디 · 아랍에미리트 · 요르단 · 모로코 · 이집트와 같은 아랍의 보수 군주국가들과도 우호관계를 맺었던 반면, 시리아 · 이라크 · 리비아 등 급진주의 국가들과는 긴장관계를 형성하였다. 결국 샤 정권 시절 이란은 강국의 면모를 유지하며 걸프 지역 안보의 중요 역할을 담당했다.[144)]

여타의 국가들처럼 이란의 경제정책도 정치적 행동과 분리될 수 없는 것임이 다시 한 번 입증되었다. 샤가 이슬람의 전통적인 경제적 가치에 반하는 근대화 정책을 강력히 추진해나가자, 보수파 종교 지도자들은 어렵지 않게 반정부 세력들을 규합할 수 있었다. 특히 미국은 현대화의

144) Bakhash 2001, 247.

표상이었으므로 경제발전과 현대화에 대한 적개심은 부메랑이 되어 미국인들에게로 되돌아왔다. 더욱이 미국은 1970년대 이란에 무기를 조달하고 이란의 강압적인 군부세력을 지원한 결과, 샤 정권의 정치적인 주요 배후세력으로 인식되었다.

결국 이러한 점들로 인해서 미-이란간의 관계는 불편해졌고, 마침내 미국은 샤에 대한 지원을 철회했던 것이다. 보수파 종교 지도자들에 의한 극단적인 반미주의 분위기가 고조되면서, 이슬람 혁명 이후의 이란 정부는 과거 모사데그 시절의 "소극적 균형정책"이라는 비동맹 외교정책으로 돌아설 수밖에 없었다.

이슬람 혁명을 전환점으로 이란은 미국을 '거대한 악마' 국가로 낙인찍고 주적으로 간주했다. 미-이란 외교관계는 1979년에 단절된 이래로 현재까지 지속되어오고 있다. 영국 · 프랑스 · 독일 같은 유럽 국가들 역시 혁명의 크고 작은 사건들로 인해서 이란과의 외교관계가 좋지 못했다. 또한 아랍-이스라엘간의 분쟁으로 이란은 이스라엘을 국가로 승인하지 않았다. 혁명 이후 10년 동안 이집트 · 모로코 · 요르단과 같은 국가들간의 외교관계는 단절되었으나, 아랍의 급진주의 국가들과 친밀한 관계를 형성해 나갔다.

그 중에서 이란은 시리아와 돈독한 외교관계를 맺고 리비아 또한 동맹국으로 인정하며, 1990년대 초 수단에서 정권을 잡은 이슬람 세력을 적극적으로 지원해 주기도 했다. 이렇게 이란은 이 시기에 걸프 지역의 조정자에서 위협세력으로 변신하게 되었다. 심지어 사우디아라비아와 아랍에미리트 같은 국가들은 이란을 그들의 정권에 위협을 가할만 한 국가로 여겼다. 결국 아랍과 서방 진영의 국가들은 '이란'을 이 지역의 현상유지를 파괴하는 '문제아'라고 간주했다.

제6장 모사데그 집권기의 미국-이란 외교관계

오늘날의 이란-미국 외교관계를 이해하려면 팔레비 왕정 당시의 1950년대 이란 석유 국유화 운동을 주도했던 모사데그(Mussadiq) 민족주의 정부를 미 CIA가 개입하여 붕괴시킨 사건으로 거슬러 올라가 그 역사적 배경과 내막을 연구해야 한다.

1951년 4월부터 1953년 8월까지 이란 총리를 지낸 모사데그는 이란의 거의 모든 세속적 민주주의 세력과 일부 보수적인 종교 세력으로부터도 존경을 받았다. 그는 당시 영국이 장악하고 있던 국내 석유산업을 국유화하고, 오일 달러를 이용하여 앞으로 수십 년간 급속도로 경제성장을 할 수 있는 토대를 마련하고 이를 기반으로 이란 내에서 영국의 오랜 패권주의에 종지부를 찍었다. 그의 이러한 업적은 대다수 이란인들에게 강한 자부심을 심어주었다. 그는 또 샤와 전통적인 지배계층의 힘을 감소시키고 도시 중산층 및 하류층을 결집시켜 이란의 정치제도를 민주화하고자 하였다. 비록 민주화를 위한 모사데그의 시도는 실패하였으나, 이러한 노력은 그를 민주국가 건설을 꿈꾼 이란인들의 영웅으로 만들기에 충분했다.

모사데그 집권 초기에 미국은 이란 내에서 매우 호의적인 이미지를 가지고 있었다. 이는 이란에 거주했었던 소수의 미국인 교사, 선교사, 고고학자, 정부관리, 그리고 미국 정부와 대다수 미국인들이 신봉하는 자유·민주주의·자주독립에 대한 그들의 헌신적인 열정에 의해 형성된 것이었다. 미국은 초기에 모사데그 정권을 지지하며 석유산업 국유화와 관련한 이란의 권리를 인정하고 이란-영국 정부간의 합의를 이끌어내기 위해 노력했다. 또한 미국은 이란에 경제 원조를 하며 모사데그의 민주주의 실현에 대한 열망을 높이 평가했다.

그러나 모사데그 정부에 대한 미국의 지원은 서서히 감소했고, 아이젠하워 대통령 집권 후 미국은 쿠데타를 배후 조종하여 모사데그를 몰아내고 그의 민주화 운동을 좌절시켰다. 미국은 그 뒤 샤를 전폭적으로 지원하여 그가 쿠데타 이후 수년간에 걸쳐 권위주의 정권을 창출하는데 크게 기여했다. 결과적으로 모사데그 시대에 이란인들에게 비친 미국의 이미지는 선의의 제3자에서 샤 독재정권을 지원한 '악마'로 바뀌게 되었다.

여기서는 모사데그 집권 시절 미국-이란 외교관계에 대해서 살펴보기로 한다. 그 중에서도 특히 어떤 전략적 이유로 모사데그를 지지하던 미국 관리들이 그에 대해 적대 정책을 펴고 결국 그를 실각시키게 되었는지, 그리하여 지금까지도 많은 이란인들이 미국의 이미지를 '악마화' 하게 되었는지에 대하여 알아보고자 한다.

1 모사데그 집권 이전의 미국-이란 외교관계

제2차 세계대전 이전까지 미국은 전략적·경제적으로 이란에 대해 관심이 적었고 양국은 비교적 우호적이면서 적당한 거리를 유지하고 있었다. 미국은 1856년 이란과 외교관계를 수립했으나 1944년 이전까지 대사급 외교관을 보낸 적이 없었다. 1800년대 말에서 1900년대 초에 이르기까지 양국간의 교류는 극히 제한적이었는데, 소수의 미국인 고고학자와 교사, 그리고 선교사들에 의한 선교 활동이 대부분이었다. 그들은 이란 내에서 미국에 대한 매우 좋은 인상을 남겼다. 그럼에도 불구하고 1930년대 말까지 양국 관계는 워낙 비중이 낮아서, 팔레비 국왕은 미국 언론에서 주미 이란 대사에 대해 모욕적인 보도를 하자 수년 동안이나 이란 대사를 본국으로 소환시켰을 정도였다.

유럽이 제2차 세계대전으로 불타오르자 영국과 소련은 소련군의 보급로를 만들기 위해 1941년 9월 이란을 침공하였다. 침략군은 무기력한 이란 군대를 순식간에 압도했고, 독일의 지지자로 여겨지던 레자 샤를 권좌에서 몰아내고 그의 어린 아들에게 왕위를 물려주게 하였다. 미국이 전쟁에 참전함에 따라 미 정부도 이란에 군대를 파병하고 보급로 확보 작전에 참여하였으며, 이때부터 미국-이란 관계는 급진전되었다. 1944년 초, 약 3만여 명의 미군 병사들이 이란에 배치되어 독일군 등 적군으로부터의 보급로 보호, 이란의 교통체계 및 석유생산 설비의 증설 및 개선, 항공기 · 트럭 · 원유저장 장치의 생산공장 건설 등에 참여했다. 미국은 이란 군대와 헌병대를 훈련하고 재편하는 것을 돕기 위해 군 사절단을 파견하고 전쟁 기간 동안 무기 대여 형식으로 약 850만 달러를 이란에 지원했다. 영국이나 소련과 달리 미국은 전쟁 기간 동안 이란의 국내 문제에 관여하지 않음으로써 자유와 독립을 대표하는 국가로서의 이미지를 확고히 다졌다.

1944년에 이르러 독일의 위협이 약해지자 소련은 1941년부터 점령해 온 이란 북서부의 아제르바이잔과 쿠르디스탄 지방에 대한 영향력을 확대하고 원유 개발권을 요구하기 시작했다. 전쟁 동맹국으로서의 원만한 관계 유지를 위해 미국은 초기에는 소련의 이러한 활동에 제동을 걸지 않았다. 그러나 1945년 세계대전이 막바지에 이르자 이란에 대한 소련의 위협은 더욱 노골적이었으며, 이란에만 국한된 것이 아니라 세계의 다른 지역에서도 비슷한 양상을 보였다. 소련 팽창주의에 대한 미국 관리들의 우려가 커지고, 루즈벨트의 뒤를 이어 보다 외교 교섭에 능했던 트루만이 대통령에 당선되면서 미국은 이란으로부터 소련군을 철수하도록 모스크바에 압력을 가하기 시작했다.

모스크바 당국은 이에 반발하였고, 1945년 12월과 1946년 1월 소련의 지원 하에 아제르바이잔 공화국과 쿠르드 공화국이 각각 이란 북서부 지역에 설립되었다. 무방비 상태였던 이란 정부는 미국과 영국에 지원을 요청하고 소련군의 철수를 위한 탄원서를 유엔에 제출했다. 미국 관리들은 소련 정부에 항의서한을 발송하고 유엔에서 이란의 입장을 강력히 지지했다. 미국 정부의 지원을 받아 이란의 카밤 총리는 1946년 3월 모스크바를 방문, 이란 영토로부터 소련군 철수에 대한 내용이 담긴 협정을 타결시켰다. 이란군은 1946년 12월 아제르바이잔과 쿠르디스탄 지역의 통치권을 다시 회복하고 소수민족의 자치운동을 진압함과 동시에 냉전시대의 첫 페이지를 마무리지었다.

아제르바이잔과 쿠르디스탄 위기가 끝나 갈 무렵, 미 국무부를 비롯한 미국 정부기관들은 이란과 관련된 미국의 이권에 대한 총체적인 재조명 작업에 들어갔다. 일찍이 미국 정부가 이란 북서부 지방에서 소련군을 몰아내기 위해 엄청난 공을 들였던 것을 돌이켜 볼 때, 미국 관리들은 소련과의 전쟁이 발발할 경우 페르시아만의 석유 보고에 사활이 걸릴 가능성이 크기 때문에 이란을 전략적으로 매우 중요한 지역이라고 결론지었다. 그러나 이러한 깨달음에도 불구하고 1940년대 말 미국의 對이란 정책에는 중대한 변화가 전혀 일어나지 않았다. 당시 미국은 소련의 팽창주의를 막기 위한 노력의 일환으로 "거점방어" 전략을 추구하고 있었다. 이 전략을 수행하기 위해서 미국은 군사력을 서유럽과 일본에 집중시키고, 이란이 위치하고 있는 소련의 남부 국경선 주변 등 여타 지역은 상대적으로 소홀히 했었다. 결과적으로, 이란 정부가 미국의 군사·경제적 원조를 거듭 요청했지만 트루만 독트린 하에서 그리스 또는 터키와는 달리 대규모 원조를 지원 받지 못했다.

미국은 그 대신 이 기간에 다른 방식으로 이란에 대한 영향력을 조금씩 넓혀갔다. 2차 세계대전 기간에 시작되었던 군사훈련 지원업무는 1947-48년 재협상을 거쳐 연장되었다. 미국 대사관 직원의 수도 크게 증가하여 양국 간 외교·상업·문화 교류가 증대되었다. 더욱 중요한 것은 미 중앙정보국의 전신인 미 전략사무국이 1947년 초 테헤란 주재 미국 대사관에 지부를 설립하여 대사관 관리와 무관들이 맡아오던 비밀공작 업무를 넘겨받았던 것이다. 그들이 행한 비밀공작 업무에는 소련 및 이란 내 동맹세력에 관한 정보 수집 및 선전활동, 소련 영토 내에서의 첩보 및 체제전복 작전수행, 소련의 침공에 대비한 후방 게릴라전선 구축과 퇴각로 확보 업무 등이 있었다. 이러한 활동은 궁극적으로 소련을 노리고 행해진 것이었으나, 당시 이란의 여러 정치 세력가들의 힘을 강화시키거나 약화시키는 효과도 있었다.

1940년대 말 진정한 정치 참여의 기회가 거의 없는 데다, 이란 석유산업을 독점하여 막대한 이윤을 남기는 영국 소유의 영국-이란 석유회사(AIOC: Anglo-Iranian Oil Company)에 대한 반감이 더욱 커짐에 따라 정치 참여에 적극적이던 이란인들 사이에서 동요가 점점 심해졌다. 이 같은 동요는 주로 1941년 창당되어 이란 최대의 정당으로 성장하다가, 아제르바이잔 위기 이후 몰락한 친소련계 공산당인 투데당에 의해 주도되었다.

1949년 10월에는 유력한 정계의 인사들이 모여 정치개혁과 AIOC의 이란 내 자산의 국유화를 표방하는 민족전선을 창설했다. 민족전선은 급속도로 대중적 지지를 넓혀, 1949년 말 이란 의회인 마즐레스에 8명이나 당선되었다. 민족전선을 이끈 이가 바로 모사데그였는데, 그는 부유한 지주 집안 출신의 마즐레스 의원이었으며 열정적인 민족주의자이자 민주주의자, 그리고 이란의 몇 안 되는 청렴한 정치인으로 유명했다.

1950년대 초 미국은 이란의 정치상황에 대해 상당한 경계심을 갖게 되었고, 어떤 이들은 이란 정세가 "위험하고 폭발적"이며 이란이 "제2

의 중국"이 될지도 모른다고 경고했다. 그와 동시에 국가안전보장회의에서 미국은 대외전략에 대해 대대적인 수정을 가했으며 이는 1950년 4월 작성된 NSC-68이라는 문건에 명시되었다.[145)]

이 새로운 전략을 수행하기 위해서는 소련의 서부 및 동부 국경선에 위치한 국가들뿐만 아니라 중국과 소련 주변국 모두에 대한 보다 적극적인 군사 · 경제적 원조를 포함하는 "냉전 시대의 새로운 결의"가 필요했다. 점점 증가하는 이란 내부의 사회불안과 이 새로운 대외 전략으로 인해 미국 관리들은 對이란 정책을 재정비할 수밖에 없었다. 그들의 결론은 투데당이 집권하여 이란을 소련의 손아귀로 넘기는 것을 어떻게 해서든 막아야 한다는 것이었다.

미국은 이듬해, 연간 2천3백만 달러 상당의 군사 원조와 소규모의 경제 원조를 실행할 것을 결의했다. 그들은 미국 수출입은행을 통해 2천5백만 달러의 차관을 제공하기로 하고(그러나 그 후 실제로 제공되지는 않았다), 이란이 세계은행에 1천만 달러의 차관을 요청한 데 대해 지지 의사를 밝혔다. 미국은 또, 테헤란 주재 미국 대사관에서 근무하는 관리 및 CIA 요원들의 수를 대폭 늘리고 당시 명망 높은 외교관이었던 헨리 그레이디를 새 대사로 임명했다. 1951년 초 미국은 이란 정치에 깊숙이 관여하기 시작했다.

---

145) U.S. National Security Council(NSC), United States Objective and Programs for National Security, NSC-68, April 14, 1950. Gasiorowski, Mark, "U.S. Foreign Policy Toward Iran During the Mussadiq Era", D. W. Lesch(ed.), *The Middle East and the United States*, London: Westview Press, 2003, p. 54.

2 트루만 행정부와 모사데그

1) 제1기 모사데그 정부

석유 국유화 운동은 처음에 영국의 석유산업 지배에 대한 반발로 시작되었으나 이는 곧 자주독립국가 이란을 향한 대중들의 욕망의 한 표현으로 발전되었다. 이 운동을 이끈 조직은 민족전선(National Front)이었는데, 민족전선은 원래 상호 연관된 두 개의 목표를 달성하기 위해 1949년 11월 모사데그와 18명의 유력 인사들에 의해 창립되었다. 그들의 목표는 독재정치를 종식하고 이란 국내 문제에 대한 외세의 통제와 간섭을 배제하는 것이었다. 이처럼 포괄적인 목표에 기인하여 민족전선은 다양한 사상을 가진 사람들과 단체들을 하나의 우산 속에 아우르는 조직이 되었다. 여기에는 자유경제주의자와 사회민주주의자, 종교인과 비종교인, 그리고 사회문화적 자유주의자와 보수주의자가 공존했다.

1950년대 내내 정치개혁과 석유산업 국유화 문제가 가장 큰 쟁점이 된 가운데 이란 내부의 동요는 더욱 심해졌다. 1950년 6월 26일 샤가 노쇠한 알리 라즈마라(Ali Razmara) 사령관을 총리로 지명했다고 발표하자, 이란 민중들은 그가 영국에 맞서 석유 국유화 문제를 잘 처리할까 하는 의구심으로 혼란에 빠져있었다. 이란의 정세가 불안했음에도 불구하고 미국인들은 한반도로부터의 또 다른 뉴스에 촉각을 곤두세우고 있었다. 그것은 북한 공산주의자들이 한국에서 38도 선을 넘어 남쪽으로 물밀듯이 밀고 내려오고 있다는 것이었다.[146]

1951년 3월 3일 라즈마라 총리는 마즐레스에서 석유산업 국유화를 반대하는 연설을 하며 정치 및 사회경제적 개혁정책을 펼치는 동시에,

---

146) Kinzer 2003, 83.

석유 공급량의 부족으로 인해 그의 전임자들이 AIOC와 맺은 추가협정을 실행하고자 했다.[147] 이에 대해 모사데그와 민족전선은 석유산업의 완전 국유화를 주장했고, 과격한 이슬람 단체인 페다야네 이슬람(Fedayan-e Islam)의 한 단원이 4일 뒤에 라즈마라를 암살했다. 샤는 라즈마라의 후임으로 자신의 측근인 후세인 알라(Husayn Ala)를 총리서리로 임명했다. 이에 대응하여 마즐레스가 모사데그를 총리로 지명하고 석유산업 국유화 법안을 통과시켰던 것이다. 이란은 이제 새로운 소용돌이에 휘말리기 시작했다. 샤는 여론에 밀려 1951년 4월 29일 모사데그를 총리에 임명하고 5월 2일 석유산업 국유화 법안을 승인하였다. 모사데그는 이란에 대한 영국의 영향력이 자국의 모든 문제의 근원이라고 생각했다.[148]

모사데그가 총리로 취임한 후 그의 첫 번째 임무는 석유산업의 국유화를 단행하고 AIOC의 영향력을 제거함으로써 영국의 간섭으로부터 벗어나려고 했던 것이다. 이것은 이란에서 큰 역사적 사건으로써, 환호하는 이란 군중들은 "석유가 국유화되었다! 이란의 존경받는 총리 모사데그 박사 만세!"라고 외쳤다. 그의 지위, 권력, 그리고 인기는 AIOC를 국유화한데 기초하고 있었다.[149]

그러나 모사데그의 집권기간은 짧았다. 너무나 많은 문제들과 대내외 세력들이 모사데그 정부의 앞길을 가로막았다. 곧 민족전선 내부에서도 균열이 생겼고 초기에 자신을 지지했던 많은 인사들이 정책과 정치 스타일에서의 차이로 인해, 또는 순전히 기회주의에 편승하여 이 운동으로부터 떠났다. 민족전선의 해체는 그동안 모사데그의 대중적 인기가 두려워 몸을 사리던 모사데그의 정적들이 그를 마음놓고 공개적으로 공격할 수 있게 한 기폭제가 되었다. 이처럼 혼란스러운 폭풍의 와중에 외

147) Bill 1988, 264.

148) McGhee 298, 1988.

149) Falle 2003, 80.

국발 음모의 회오리바람이 몰아쳤던 것이다. 모사데그 정부가 이토록 강한 폭풍을 견뎌내지 못한 것은 어쩌면 당연한 일인지도 모른다.

AIOC의 국유화는 이란에서 그동안 누려온 특권에 크나큰 치명타가 되면서 영국과 이란은 더욱 첨예하게 대치하였다. 영국은 그 후 수 개월간 이란 석유산업에 대한 영국의 주도권을 되찾기 위해 3면 전략을 구사했다. 모사데그를 압박하여 영국에 유리한 협약을 체결하도록 하든, 아니면 그를 총리직에서 실각시키든, 어떤 방법을 쓰는지는 중요하지 않았다.

첫 번째 전략은 그다지 마음이 내키지는 않았지만, 국유화 원칙은 지키면서 이란의 석유에 대한 영국의 지배권을 사실상 유지할 수 있는 새로운 석유 협약을 체결하는 것이었다. 이러한 노력은 1951년 8월 수포로 돌아갔고, 그 후 영국 정부는 모사데그와의 직접 협상을 전혀 고려하지 않았다.

두 번째 전략은 모사데그의 대중적 지지 기반을 붕괴시키기 위한 일련의 적대적인 공작활동으로 구성되었다. 이 가운데 가장 큰 성공을 거둔 작업은 세계 메이저 석유회사들을 설득하여 이란산 석유의 수입을 거부하도록 만든 것이었다. 영국은 그와 동시에 이란에 대해 추가로 경제제재를 가하고 이란 인근 지역의 병력을 증강시키기 시작했다.

세 번째 전략은 모사데그를 사임시키기 위한 비밀공작을 수행하는 것이었다. 이는 모사데그 재임 기간에 끊임없이 진행되었으며, 주로 이란에서 오랜 공작활동을 벌여온 영국 정보 요원들에 의해 교육받은 정치·경제·군사·종교계 인사들의 네트워크를 통해 이루어졌다.

다른 한편 모사데그가 집권하자 트루만 행정부는 그에 대한 지지를 공개적으로 표명했다. 미국은 그가 대중적 지지도가 대단히 높아서 투데당을 효과적으로 대체할 수 있다고 보았기 때문이었다. 워싱턴 관리들은 미국의 對이란 정책을 다시 한 번 검토하고, 석유 위기가 장기화될 경우 미국 경제와 서방 세계의 안보에 미치는 영향, 그리고 이란의 지정학적 위치를 고려했을 때, 이란은 어떤 대가를 치르더라도 서방 세계 진영에 속해야 한다고 결론 내렸다. 따라서 트루만 대통령의 잔여 임기 동안 미국은 모사데그를 지지하고 영국의 이란 정권 교체 전략에 반대하였으며, 석유 분쟁의 양쪽 당사자들을 만족시키고 국제 석유시장의 분열을 최소화할 수 있는 협약을 이끌어내기 위해 노력하였다.

석유 국유화 법안의 발효 직후, 미국은 국제 석유시장에서 영국의 이란산 석유 금수조치를 약화시키기 위한 계획을 실행했다. 이 계획에 의하면 미국 석유회사들은 영국의 금수조치에 의해 불리한 영향을 받아온 미국의 동맹국들에게 석유를 공급해야 했다. 석유 금수조치가 시행된 첫 해, 이 계획에 의해 공급된 석유는 약 4천6백만 배럴 가량 되었는데, 이는 이란의 1950년도 석유생산량의 약 20%에 달했다. 이 같은 미국의 노력은 원래 국제 석유시장을 안정시키기 위한 것이었으나, 의도와는 달리 영국의 이란산 석유 금수조치를 지원한 결과가 되어 이란 경제난을 초래하였고, 모사데그의 대중적 지지 기반을 붕괴시키는 데 한 몫 했다.

그와 동시에 미국은 석유 분쟁을 해소하기 위한 협상 테이블을 마련했다. 미국 관리들은 영국 측에 AIOC의 국유화를 받아들이고 그 대신 수입을 이란과 반반씩 나눠 갖는 것이 어떻겠느냐고 귀띔했다.[150] 1951년 7월, 딘 애치슨(Dean Acheson) 미 국무장관은 에버럴 해리먼(W. Averell Harriman) 특사에게 사절단을 이끌고 테헤란과 런던으로 가서 석유 분쟁을 중재해 줄 것을 요청했다. 해리먼은 영국과 이란의 입장 차이를 줄

150) 당시 석유산업계에 빈번히 이루어진 협정이었다.

이기 위한 끈질긴 노력 끝에 영국을 설득하여 리차드 스톡스 경(Sir R. Stokes)을 단장으로 하는 협상단을 이란에 파견하도록 하는 데 성공했다. 그러나 스톡스가 이끄는 사절단은 협상에서 별다른 진전을 보지 못하고 영국과 이란간의 협상은 그 해 8월 결렬되고 말았다.

이 기간 동안 영국은 모사데그를 몰아내고 친 영국 성향의 타바타바이를 총리직에 내세우기 위해 부단히 노력하고 있었다. 영국은 모사데그를 해임하고 타바타바이를 총리로 임명하도록 샤를 직접 압박하는 한편, 정보 요원들의 네트워크를 이용하여 타바타바이의 총리 후보 지명을 위한 마즐레스 내부의 지지 기반 확보에 힘을 쏟았다. 영국 관리들은 심지어 타바타바이와의 석유 분쟁 해결을 위한 가이드라인까지 만들어 놓았다. 미국은 이러한 영국의 활동에 대해 잘 알고 있었으나, 이를 지지하지도, 반대하지도 않았다. 타바타바이를 집권시키기 위한 영국의 노력은 스톡스 사절단의 협상이 완전 결렬될 무렵까지 별다른 진전을 보이지 못했다.

그에 따라 영국은 1951년 9월 아바단 주재 영국의 고위관리의 對이란 무력사용 건의에 따라 이란 서남부 지역을 침공하여 유전을 확보하기 위한 계획에 착수하였다. 이 계획에 대해 알게 된 트루만 대통령은 애틀리(Attlee) 영국 총리에게 미국은 침략전쟁을 결코 지지하지 않을 것이라고 통보하고 이란과의 협상을 재개할 것을 촉구했다. 미국 지도자들은 이란의 어떤 군사적 공격도 정당화될 수 없을 뿐만 아니라 소련의 개입 구실을 주게 될 것이라고 믿고 있었다.[151] 결국 애틀리 총리는 각료들에게 "미국 정부의 태도로 봤을 때 이란에 대한 무력 사용은 적절치 못하다"라고 말하고 침략 계획을 포기했다.

모사데그는 10월, 유엔 안전보장이사회에서 석유 분쟁에 대해 연설하기 위해 뉴욕을 방문하였다. 미국 관리들은 그를 워싱턴으로 초청하여

151) Bill 1988, 270.

따뜻하게 맞이하고 석유 분쟁을 해소하기 위해 거듭 노력했으나 합의점을 찾는 데는 실패했다. 미국은 이듬해 몇 차례의 추가 제안을 통해 미국 및 여타 석유회사들의 컨소시엄을 구성하여 이란산 원유 판매의 방안을 모색했다. 독점금지법에 대한 우려로 인해 미국 메이저 석유회사들이 이 계획에 반대하자, 미국 관리들은 우선 개인회사들을 설득하고 1952년 가을에 메이저 회사들을 참여시키기 위해 독점금지 관련 법안을 포기하기로 결정했다. 그럼에도 불구하고 미국은 석유 분쟁을 잠재우는 데 실패했다.

석유 국유화 법안을 백지화하거나 타바타바이를 총리로 임명 또는 무력으로 유전을 점령하는 데에도 실패하자, 영국은 이란의 석유를 다시 장악하기 위한 다른 방안을 모색하기 시작했다. 새로운 방안은 곧 구체화되었다. 1945-46년 아제르바이잔 위기 시절 총리를 지낸 카밤(Ahmad Qavam)이 모사데그를 몰아내고 총리 자리에 오르기 위해 영국에 접근했던 것이다. 영국은 1952년 3월 파리로 밀사를 파견, 카밤과 접촉을 하도록 했다. 카밤은 밀사를 만난 자리에서 석유 분쟁을 영국에 유리한 조건으로 해결하겠다고 제의하며 이를 승인할 만한 인물들로 구성된 예비각료 명단을 제공했다. 영국은 그의 석유 분쟁 조정 계획을 받아들이고 이란 내 영국 협력자들을 동원하여 그를 지원하기로 약속했다. 카밤은 그 후 수개월 간 자신의 총리 후보 지명을 위해 이란 내 지지세력 확보에 주력했다.

모사데그는 샤의 권력의 원천인 군 통수권을 넘겨줄 것을 요구했으나 샤가 거절하자 7월 16일 총리직에서 전격 사임했다. 샤는 카밤을 새 총리로 임명했다. 그 뒤 며칠 동안 민족전선은 모사데그의 복귀를 주장하며 여러 차례에 걸쳐 대규모 집회를 열었다. 군과 경찰은 시위대를 공격하여 최소한 69명이 사망하고 750명 이상이 부상을 입었다. 테헤란 시내 도로는 모사데그의 지지자들로 넘쳐 났다. 겁이 많고 소심했던 샤는 7월 21일 여론의 힘에 밀려 모사데그를 다시 총리로 임명했다. 카밤은 단 5일간의 최단명 총리직을 끝으로 조용히 타국으로 망명했다. 그러나 카밤 총리도 의식있는 이란인들 사이에서 상당한 지지세력이 있었기 때문에, 만약 샤가 카밤을 강력하게 지지해 주었더라면 그러한 일은 없었을 것이라고 당시 미 외교관들은 술회하고 있다.[152)]

다른 한편 처칠 총리는 한국전쟁에서 영국이 미국을 지원하고 있다는 사실을 상기시키며, 이란에서도 "영국-미국은 하나로 통일하여 행동할 것을 기대한다"고 말했다.[153)] 모사데그 시대의 영국 외교관으로서 산증인이었던 팔르(Sam Falle)는 자신의 비망록에서 다음과 같이 증언하고 있다.

> "쿠데타는 물론 비도덕적이다. 왜냐하면 그것은 이란의 내정문제에 대한 간섭이었기 때문이다. 그러나 1952년은 매우 위험한 시대였다. 냉전은 한반도에서 열전으로 바뀌고 있었다. 소련은 1948년에 베를린을 모두 장악하고자 했다. 서방세계는 이란을 소련에 넘겨줄 위기에 처하면서 제3차 세계대전으로 비화될 가능성도 배제할 수 없는 절박한 상황이었다."[154)]

2) 제2기 모사데그 정부

카밤 사건은 이란의 정치 불안을 가속화시켰다. 군대의 사기는 급격히 저하되고 투데당은 더욱 활발한 활동을 펼쳤다. 모사데그는 새 내각을 그의 측근들로 채우고 비상계엄 권한을 부여해줄 것을 마즐레스에 요청한 것이 카샤니 · 막키 · 바카이 등 민족전선 지도자들의 심기를 건드렸다. 게다가 자헤디(Fazlullah Zahedi) 장군이 이끄는 일부 군 장교들

152) Falle 2003, 82.

153) Kinzer 2003, 145.

154) Kinzer 2003, 205.

은 영국 정보 네트워크의 핵심 인물인 라쉬디안(Rashidian) 형제와 함께 모사데그를 제거하기 위한 음모를 꾸미기 시작했다. 자헤디는 1기 모사데그 정부에서 잠시나마 내무장관을 지내고 1952년 7월 폭동 때까지는 민족전선을 지지했으나, 투데당의 부활과 군대의 심각한 사기 저하를 겪으며 반대파로 돌아서게 되었다.

카샤니 · 막키 · 바카이는 자헤디에게 접근하여 모사데그에 대한 실망감을 표명했고, 그 후로 자헤디의 음모에 소극적으로나마 동참하게 되었다. 자헤디는 2차 대전 당시 자신과 함께 독일 요원들과 협력했던 박흐티아르 부족장의 지원도 얻었다. 그는 영국 대사 대리를 만나 영국 정부가 자신에게 반대하지 않고, 카밤이 시도한 석유 협상과 비슷한 조건의 협상안에 합의해 줄 것, 그리고 그의 활동에 대한 미국 측의 묵인을 받아줄 것을 요청했다. 대사 대리는 런던에 이를 보고하고, 자헤디를 도와주라는 지시를 받았다. 영국 정보관리들은 박흐티아르 측에 무기를 공급했다. 영국 대사 대리는 헨더슨 미국 대사에게 자헤디의 활동에 대해 설명했다. 자헤디 및 그의 부하 장교 한 사람도 9월 초 헨더슨을 만나 투데당의 세력을 잠재울 새로운 정부가 곧 들어설 것이라고 말했다. 헨더슨은 이 대화 내용을 워싱턴에 보고하고 사태의 추이를 지켜보았다.[155]

이 시기 미국의 對이란 정책은 꽤나 모호했다. 카밤 사건 이후 이란의 불안한 정세와 투데당의 부활에 불안을 느낀 헨더슨 대사는 대규모 원조를 통해 모사데그 정권을 지원하는 방안을 미국 정부에 건의했다. 실질적인 원조가 이루어지지는 않았지만, 미국 관리들은 영국과의 공개 · 비공개 대화를 통해 석유 분쟁을 종식시키기 위한 방안을 다시금 모색하고 모사데그 정권을 계속 지지하였다. 그러나 한편으로 테헤란 주재 CIA 요원들은 對소련 비밀공작 활동의 일부를 모사데그의 지지기반을

155) Gasiorowski 2003, 57.

무너뜨리는 방향으로 활용하기 시작했다.

그들은 모사데그를 부패하고 부도덕하며 자기 이익을 위해 카샤니를 이용하는 인물로 묘사한 흑색선전용 신문 기사와 만화를 유포시켰다. 그들은 일부 성직자들에 대한 재정 지원을 통해 성직자들을 모사데그로부터 떼어놓고 카샤니를 대체할 만한 종교 지도자를 등장시키고자 했다. 모사데그를 적극 지지해왔었던 범 이란당 및 노동당과 오랜 유대관계를 맺어온 CIA 요원들은 이들을 모사데그 정부의 반대세력으로 돌리기 위해 노력했다. 특히 주목할 만한 사실은 1952년 가을 두 명의 CIA 요원들이 노동당의 당수였던 바카이에게 접근하여 그에게 돈을 주고 모사데그와 결별하도록 설득했다는 것이다. 이와 비슷한 공작이 카샤니와 막키를 비롯한 다른 주요 인물들에게도 일어났었을 것이다.

1952년 11월 범 이란당과 노동당이 친 모사데그파와 반 모사데그파로 분열되고, 카샤니 · 막키 · 바카이 등 민족전선 지도자들이 공개적으로 자신으로부터 등을 돌리자, 모사데그는 정치 생명에 심각한 타격을 입었다. 이 세 사람은 당시의 다른 이란 정치인들과 마찬가지로 극히 기회주의적이었으므로 아마 모사데그와 갈라서게 된 다른 이유도 있었을 것이다. 한편, 같은 시기에 영국도 이와 유사한—그리고 어쩌면 더욱 큰 규모로—반 모사데그 비밀공작 활동을 벌이고 있었다. 따라서 CIA의 이러한 활동이 모사데그의 정치기반을 붕괴시키는 데 일조했음은 분명하나, 이 시기에 그들만이 첩보 활동을 벌였던 것은 아니므로 CIA가 모사데그 정권을 약화시키는 데 얼마나 큰 역할을 했는지는 확언할 수 없다.

모사데그는 자헤디의 계획에 대해 알게 되었고, 그것이 실행되지 못하도록 저지하기 위한 조치를 취했다. 그는 자헤디가 이란 상원의원으로서 면책특권을 갖고 있었기 때문에 그를 체포할 수 없었지만, 10월 13일 자헤디의 측근인 헤자지 장군과 라쉬디안 형제에 대한 구속 영장을 발부했다. 모사데그는 영국 관리들이 자헤디를 지원했다며 10월 16일 영국과의 외교관계를 끊어버렸다. 이 사건으로 인해 미국 관리들은 큰 충격을 받았고, 그 중 일부는 이란의 상황이 걷잡을 수 없게 되었음을 인식했다.

더 이상 테헤란 대사관을 통해 안전하게 작전을 수행할 수 없게 된 영국은 모사데그 축출을 위해 미국의 도움을 요청하기로 했다. 이란에서의 영국 정보활동을 이끌어온 우드하우스(C. M. Woodhouse)는 미국 관리들에게 모사데그 축출 계획에 대해 설명하기 위해 11월 워싱턴으로 파견되었다. 이 계획에 따르면, 샤의 허락과 상관없이 라쉬디안과 박흐티아르족의 주도 하에 조직적으로 폭동을 일으키도록 하자는 것이었다. 영국은 자헤디가 쿠데타를 이끌 적임자라고 생각했으나 만일에 대비하여 쿠데타를 주도할 만한 인물을 몇 명 더 추천하였다. 우드하우스는 CIA와 국무부 관리들을 만났는데, 대부분의 CIA 고위관리들은 쿠데타에 찬성했으나 일부 이란 전문가들과 CIA 테헤란 지부장은 이 계획에 반대했다. 국무부 관리들은 우드하우스에게, 트루만은 쿠데타를 지지하지 않을 것이지만 아이젠하워 대통령 당선자와 그의 외교정책 보좌관들은 지지할 것이라고 말했다. 워싱턴이 쿠데타를 마지못해 지원하기로 결정하게 된 것은 1953년 3월 미국의 최종 중재안이 거부된 이후의 일로 보인다.156)

그러면 딘 애치슨 국무장관에 의해 주도된 트루만 행정부의 이 같은 정책 변화의 주요한 이유는 첫째는 당시 한국전쟁이 진행 중인 상황에서 공산주의의 확산에 대한 위협, 둘째는 풍부한 석유자원의 제한에 대한 우려이다. 워싱턴에서 미 행정부의 교체가 일어났었던 1953년 1월, 덜레스(John F. Dulles)가 딘 애치슨 대신 국무부 장관이 되었고, 그보다 조금 앞서 이란에서는 헨리 그레이디 미국 대사 자리에 로이 헨더슨이 들어앉았다. 애치슨과 트루만 민주당 행정부는 혼란스러운 이란 국내

156) Falle 2003, 85.

정세에 대해 초조해 있었던 반면, 덜레스와 아이젠하워 공화당 행정부는 이란 문제에 개입하기로 결정했던 것이다.[157)]

3 아이젠하워 행정부와 모사데그

아이젠하워가 1953년 1월 대통령에 취임하자 새 행정부는 소련을 더욱 효과적으로 봉쇄할 수 있는 방향으로 외교정책을 재편하기 위해 보다 대담한 계획들을 구상하였다. 1953년 10월 국가안전보장회의 결의문서인 NSC-162에 최종 정리된 그들의 새로운 외교전략은 소련 봉쇄를 극대화하면서 동시에 미국의 국방비 지출을 줄이기 위한 방안이 주된 골자였다. 이 방안들 가운데 중요한 것이 중・소 주변의 친 서방 국가들의 힘을 강화시키기로 한 것이었다. 이는 트루만 행정부가 시작한 프로젝트였으나 그동안 한국전쟁과 유럽 지역의 재건으로 인해 뒤편으로 밀려나 있었다. 이들 국가는 대규모의 군사・경제적 지원과 지역방위 동맹, 그리고 필요한 경우 CIA의 비밀 정치공작 등을 통해 국가 안보가 강화되어야 했다.

새로운 외교전략을 수립함에 따라 아이젠하워 행정부는 그간 유럽에 집중되었던 군사・경제 원조를 제3세계 국가들에게 제공하고 소련과 중국을 에워싸는 방위 동맹국 연합을 구성하였으며, CIA 첩보활동을 대폭 증강시켰다. 소련과 인접한 위치, 그리고 모사데그가 석유 위기를 해결하지 못한 점 등을 고려했을 때 이란은 미국의 새 외교전략에 있어서 매우 중요한 요소였으며, 곧바로 아이젠하워 행정부의 주요 관심사가 되었다.

국무부 장관으로 임명된 존 덜레스 및 트루만 행정부 시절 CIA 첩보

157) Bill 1988, 274-79.

부 부부장을 역임하고 아이젠하워 정부에서 CIA 국장이 된 그의 형제 앨런 덜레스는 경각심을 가지고 이란 국내 상황의 추이를 지켜보고 있었다. 그들은 모사데그를 공산주의자로 여기지는 않았으나 만약 그가 집권하면 이란의 상황이 더욱 악화되고 투데당이 힘을 키워서 권력을 잡게 될지도 모른다고 생각했다. 미국의 對소련 봉쇄 전략에서 차지하는 이란의 중대한 역할에 비추어보았을 때, 그들은 이러한 가능성에 대해 심각하게 우려하지 않을 수 없었다. 따라서 덜레스 형제는 모사데그를 축출해야 한다고 결론지었다. 이 결정은 당시 바이로드 근동·남아시아 지역 담당 국무부 차관보나 헨더슨 대사, CIA 테헤란 지부장 및 여타 하위 계급의 국무부와 CIA 관리 등 그 누구와도 공유되지 않은 채 이루어진 것이었다. 앨런 덜레스는 1952년 11월 우드하우스를 만나 모사데그 정부를 전복하기 위한 쿠데타를 지지한다고 밝혔다. 덜레스 형제는 아이젠하워가 취임할 무렵 이미 쿠데타 계획에 착수할 준비가 되어 있었다.

미 대통령 취임 2주 뒤인 1953년 2월 3일, 미국과 영국의 고위관리들은 이란 문제를 논의하기 위해 워싱턴에서 만났다. 이 회담에서 그들은 모사데그를 몰아내고 자헤디를 새 총리로 추대하기 위한 계획을 세우고 그것을 실행에 옮기기로 결정했다. 이 작전은 CIA 산하 중동지역첩보부의 부장인 커밋 루즈벨트가 지휘하기로 했다.158) CIA와 계약을 맺고 일하던 한 미국인 이란 전문가는 영국 정보 요원과 함께 쿠데타를 일으키기 위한 작전계획 수립 임무를 부여받았다. 루즈벨트는 6월 25일 국무

---

158) 커밋 루즈벨트는 그 뒤 수개월에 걸쳐 이란을 여러 차례 방문, 쿠데타를 준비하고 BEDAMN 선전작전의 중심 인물들인 자헤디, 라쉬디안 형제, CIA 테헤란 지부 요원들, 그리고 네렌과 실리로 명명된 두 명의 이란인들을 차례로 규합했다. 그들은 BEDAMN 네트워크를 이용하여 모사데그에 대한 광범위한 흑색선전을 지속적으로 펼치고 반정부 및 반투데당 시위대를 조직하여 이미 테헤란을 휩쓸고 있던 혼란을 가중시켰다.

부 회의에서 덜레스 형제를 비롯한 미국 고위관리들로부터 쿠데타 계획의 실행을 허락 받았다.

자헤디는 1952년 10월 자신의 계획이 탄로난 뒤에도 모사데그를 몰아내기 위해 지속적으로 음모를 꾸몄다. 그는 이 기간에 영국으로부터 무기와 후원금을 지원 받은 박흐티아르족의 지도자들과 여전히 긴밀한 연락을 취하고 있었다. 그의 동료 국회의원들도 모사데그를 축출하기 위해 의회 내에서 각종 공작활동을 벌였다. 1953년 2월 모사데그 역시 샤를 이란에서 추방하기 위한 첫 번째 시도를 했다.[159)]

같은 달 자헤디를 따르는 퇴역 장교들과 박흐티아르 부족으로 이루어진 무장세력이 카셈의 지휘 아래 이란 군인들을 공격하는 사건이 발생했다. 이는 쿠데타를 유발하기 위한 것임이 분명해 보였다. 이에 모사데그는 면책특권을 상실한 자헤디에 대해 구속 영장을 발부했다. 그러자 자헤디의 측근들은 테헤란에서 연쇄적인 폭력 사태를 일으켰고, 이 때 모사데그 정부는 거의 전복될 뻔하였다. 4월 말 자헤디의 동료들은 모사데그의 충실한 지지자였던 경찰청장을 납치, 살해하였다. 1953년 초, 겨울에서 봄에 이르기까지 쿠데타 음모설이 끊이지 않고 나돌았다.[160)]

6월 25일 열린 미 국무부 회의 이후 루즈벨트가 이끄는 CIA 전담팀은 자헤디와의 공조를 느슨하게 가지면서 작업하기 시작했다. 그들은 모사데그에 대한 광범위한 흑색선전을 진행하며 고위 군사장교들의 지원을 모색하며 몇몇 군부 조직을 쿠데타에 동참시키기 위한 물밑 작업에 착수했다. 그들은 7월 말과 8월 초, 샤에게 두 명의 밀사를 보내 협조를 구했다. 결국 루즈벨트는 샤와 직접 면담할 수 있는 기회를 만들었다. 특별 라디오 중계를 통해 미국과 영국이 직접 이 작전에 개입했다는 것이 확인되자, 샤는 마침내 이 음모를 지원하는데 동의했다.

샤의 지원을 등에 업은 루즈벨트는 이제 쿠데타를 일으키기 위한 만

159) McGhee 1988, 300.

160) Gasiorowski 2003, 59

반의 준비를 갖췄다. 샤는 모사데그를 해임하고 자헤디를 총리로 임명하는 칙령에 서명했다. 샤의 왕실 경비대장이 8월 15일 밤, 첫 번째 국왕의 칙령을 모사데그에게 전달하러 갔으나 그 자리에서 체포되었다. 모사데그를 따르는 군대 및 경찰 조직들은 시내 곳곳에 장애물을 설치하고 자헤디를 체포하기 위한 대대적인 수색작업에 들어갔으며, 자헤디의 측근 여럿을 구속했다. 모사데그의 해임과 동시에 테헤란으로 진격하려던 무장 병력들은 시내로 진입하는데 실패했다. 쿠데타 음모의 진상이 밝혀지자 샤는 두려움에 떨며 바그다드를 거쳐 로마로 피신했다. 자헤디는 CIA에서 제공한 은신처에서 며칠간 지냈다. 루즈벨트는 만일을 대비하여 자신과 자헤디를 비롯한 조직원들의 탈출 계획을 세웠다.

다소 주춤거리는 와중에서도 루즈벨트와 그의 동료들은 즉흥적으로 새로운 작전을 세우기 시작했다. 그들은 샤의 결정을 공론화하기 위하여, 모사데그를 해임하고 자헤디를 총리로 임명한다는 국왕의 칙령 사본을 테헤란 전역에 유포시켰다. 그들은 두 명의 미국인 기자들을 아르데쉬르 자헤디(Ardeshir Zahedi)와 만나게 했는데, 그는 기자들에게 샤의 칙령에 대해 설명하고 헌법에 따라 이루어진 국왕의 명령을 모사데그가 거부한 것 자체를 쿠데타로 규정했다. 이 소식은 즉시 뉴욕타임스를 통해 보도되었다. 아르데쉬르 자헤디와 CIA 요원 한 명이 테헤란으로 병력을 이동하도록 케르만샤 및 이스파한 지역 수비대 사령관들을 설득하기 위해 이 지역에 파견되었다. 미 군사 고문단은 자헤디 지지 세력들에게 군수 물자를 공급하여 그들도 작전에 가담하도록 유도했다.

8월 17일 네렌과 실리는 루즈벨트의 전담팀으로부터 받은 5만 달러를 이용, 대규모 시위대를 고용하여 테헤란 중심부를 행진하면서 '투데당의 구호'를 외치고 샤를 비난하는 피켓을 흔들며, 샤와 전 국왕의 동상 및 레자 샤의 묘를 파괴하도록 했다. 이 시위대는 쿠데타 세력의 앞잡이 역할을 톡톡히 했다. 그들의 시위로 인해 테헤란 시민들 사이에서는 투데당이 집권할지도 모른다는 두려움이 퍼졌다. 시위는 이튿날도 계속되었다. 투데당이 자헤디와 샤에 반대하며 자신을 암묵적으로 지지하고 있었음에도 불구하고 모사데그는 경찰에게 군중을 해산시키라고 명령했다.

8월 18일 저녁, 이란 경찰은 자헤디가 숨어 지내던 CIA의 은신처에 점점 가깝게 다가왔다. 루즈벨트는 쿠데타를 일으키기 위한 또 다른 방책을 연구하기 시작했다. 카샤니가 모사데그 정권에 강하게 반대하고 있다는 것과, 이란의 중산층과 빈민층에도 상당한 영향력을 지니고 있다는 것을 알고 있었던 루즈벨트는 카샤니의 도움을 받아 모사데그 반대 시위대를 다시 결성하기로 했다. 그는 라쉬디안 형제의 충고에 따라 카샤니와 관계된 것으로 보이는 실력자 아흐마드 아라메쉬(Ahmad Aramesh)에게 두 명의 CIA 요원들을 보냈다. 그들은 아라메쉬에게 반모사데그 시위대를 조직하도록 카샤니를 설득해달라고 부탁하고 후원금으로 1만 달러를 건넸다. 그와 동시에 라쉬디안 형제, 네렌과 실리 또한 나름대로 시위대를 조직하기 위해 노력했을 것이다.

카샤니를 비롯하여 이 인물들이 관여했는지는 분명치 않지만, 8월 19일 오전 갑자기 대규모의 군중들이 테헤란 시내 상점가 근처에 나타났다. 그들은 관공서와 모사데그를 지지하는 정당 및 신문사 건물들을 습격했다. 여기에는 군인과 경찰, 그리고 그동안 방관하다가 앞서 발생한 투데당의 데모에 놀란 시민들까지 참여했다.

사태가 자신에게 매우 불리하게 돌아가고 있다는 것을 깨달은 모사데그는 군경에게 군중들을 해산시키라고 명령하지 않았다. 그 때 일부 군병력이 테헤란 라디오 방송국을 점령, 모사데그를 비난하고 자헤디를 추켜세우는 방송을 내보내기 시작했다. 공군의 한 장군은 탱크 부대를 이끌고 자헤디의 은신처로 가서 그곳을 포위하고 있던 경찰들로부터 그를 구출해냈다. 군부대와 대규모 시위대는 육군본부를 점령하고 모사데그의 거처로 진격했으며, 그곳에서 9시간에 걸친 탱크를 동원한 격렬한 전투가 벌어졌다. 모사데그의 관저를 둘러싼 담장이 모두 파괴되었고 관사 또한 집중 공격을 받는 가운데, 약 300여 명의 사망자가 발생했다. 모사데그는 옆집 정원으로 피신했으나 이튿날 자헤디의 군대에 항복했다. 며칠 뒤 샤는 이란으로 귀국하여 루즈벨트에게 개인적으로 감사를 표하며 "내 왕좌는 신과 나의 백성들, 군대, 그리고 당신 덕분에 지킬 수 있었소"라고 말했다.[161)]

샤의 이러한 언급은 비교적 적절했던 것으로 보인다. 왜냐 하면 미국은 분명 모사데그 정권을 무너뜨리고 이란의 독재 군주제도를 회복시키는데 핵심적인 역할을 했기 때문이다. 루즈벨트와 그의 동료들은 쿠데타를 계획, 지도, 그리고 재정 지원을 했고, 모사데그 체포 작전이 실패한 후 결단력 있는 행동으로 쿠데타를 성공으로 이끌었다. 명목상 쿠데타를 이끌었던 자헤디는 쿠데타가 거의 끝날 때까지 CIA에서 제공한 은신처에 숨어 있었다. 샤는 쿠데타를 일으키기 위한 결정을 내릴 때나 그 실행 방식, 모사데그를 대신할 총리 후보를 결정함에 있어 완전히 배제되어 있었고, 쿠데타를 지지하는데 망설였으며 쿠데타가 초기에 실패할 것처럼 보이자 바로 외국으로 피신했었다.

영국은 비록 실패로 끝났으나 최초 쿠데타 계획을 세우는 데 일조했다는 것과 라쉬디안 형제가 루즈벨트와 함께 일하도록 유도했다는 것 등 쿠데타에서 아주 작은 역할을 했을 뿐이었다. 그 당시의 이란 인사들 가운데 외부 세력 도움 없이 군대의 지원을 받으며 쿠데타를 이끌어갈 수 있을 만큼의 지지기반을 갖춘 사람은 거의 없었다. 따라서 모사데그를 몰아내고 그의 민주화운동을 잠재우는 데 미국이 핵심적인 역할을 했던 것이다.

---

161) New York Times, August 20, 1953.

4 모사데그 정권 붕괴에 대한 이란-미국 국민의 인식

1953년의 모사데그 민족주의 정권의 붕괴에 대한 이란인들과 미국인들간의 시각 차이로 인해 미-이란 양국은 긴장관계를 유지했다. 지금까지 우리는 양국의 적대관계를 이해하기 위해서 매우 복잡한 정치외교 및 역사적 사실을 살펴보았다.

모사데그 총리를 축출한 1953년 쿠데타에 CIA가 깊숙이 개입했던 것이 이란 국민들의 미국에 대한 시각을 바꿔놓는 결정적인 계기가 되었다. 1953년까지 미국은 정치적으로 깨어 있는 대다수 이란 국민들 사이에서 매우 긍정적인 이미지를 갖고 있었다. 그러나 이 긍정적인 이미지는 이란 민족주의 정권을 붕괴시킨 쿠데타 이후 엄청난 타격을 입었다. 그 후 약 25년간 미국이 샤 정권을 지원하는 가운데 이란 국내 문제에 대한 지나친 개입으로 인해, 미국의 이미지는 제국주의 국가로 비춰지며 불신의 골도 깊어졌다. 좌익 투데당과 카샤니를 위시한 우익세력은 영국 및 소련의 개입과 마찬가지로 미국의 개입을 비난했다.

카샤니는 1951년 11월 "우리는 이란 내정에 간섭하는 어떤 외국 정부도 원하지 않는다... 미국은 영국의 정책노선을 답습하는 것을 그만 두어야한다. 그렇지 않으면 미국은 전세계 특히 이란에서 아무 것도 얻을 수 없고 증오와 위상의 저하만을 가져올 것이다"라고 말했다.[162)]

모사데그 정권을 무너뜨리는데 영국과 미국이 동시에 적극 개입했다는 데에는 논쟁의 여지가 없다. 문제는 이 쿠데타가 선인가 아니면 악인가 하는 것인데, 이 문제의 해답은 모사데그 정부의 적법성 여부와 제3세계 국가의 주권의 의미와 직결되어 있다.

아무튼 모사데그 정권의 붕괴는 미-이란 양국간의 1세기 동안의 우호

---

162) Bill 1988, 288.

관계에 마침표를 찍고, 의식 있는 이란 민족주의 세력의 반미 감정을 불러일으켰던 미국의 개입이라는 새로운 시대를 열기 시작했다.

1) 서양인들의 인식

1953년에 쿠데타를 일으킨 것은 선한 행위였는가? 어떤 이들에게는 분명 그랬다. 물론 이것은 미국과 영국의 정책담당자들의 생각이었다. 미국을 위시한 서양국가들, 특히 영국은 모사데그의 역할을 부정적으로 평가했다. 이란과 석유 국유화 논란, 그리고 모사데그에 대한 영국의 인식은 두 가지 요소에 의해 좌우되었다.

첫 번째 요소는 세계를 성숙하고 문명화된 서양과, 유치하고 미개한 동양이라는 이분법으로 나누는 영국인들의 제국주의적이고 불평등한 세계관이었다.

두 번째 요소는 이란의 석유 국유화로 인해 입은 영국의 정치 · 경제적 손실이었다.

이 기간 동안 벌어진 영국 의회에서의 이란과 관련한 논쟁이나 신문기사들은 거의 예외 없이 매우 부정적이었다. 영국인들은 영국 석유회사가 이란의 석유를 이용하는 대신, 그들에게 후한 보상을 해주고 있으며 영국 관리들이 합리적이고 공정하다고 생각했다. 반면에 영국은 이란인들을 대체로 비합리적이고 감정적이며 덜 문명화된, 그리고 자기회의에 빠진 이상한 민족이라고 생각했다. 석유 국유화 운동은 외세 배척 성향의 폭동을 선동하는 이란 지도자들의 사악한 수작으로 폄하되었다. 무신론적인 공산주의자와 광신적인 종교지도자들이 "일반 대중들의 불만"을 교묘히 이용, 영국 석유회사의 관대한 문명화 작업에 이를 표출시켜 회사를 희생양으로 삼았다는 것이다. 영국인들이 모사데그를 "석유산업에 굶주린 매"라고 표현한 것을 보면, 그를 얼마나 경멸하고 혐오했는지 잘 알 수 있다.

이와 같은 부정적 견해는 훗날, 특히 쿠데타 기간에 미국인들 또한 공유하게 되었다. 타임지는 모사데그를 광적인 민족주의자로 묘사하면서 그의 집착이 결국 이란을 망쳐놓을 것이라고 논평했다.[163] 뉴스위크지는 그를 모순되고 비이성적이며 비합리적인 사람으로 표현하고 "공산주의 위협"에 대해 경고했다.[164] 워싱턴포스트지는 사설을 통해 모사데그의 성공은 투데 공산당과 그들의 후원자인 소련만을 이롭게 할 뿐이라고 전망했다. 쿠데타가 성공하여 모사데그 정권이 붕괴되자 주요 일간지의 사설을 통해 드러난 미국 언론의 반응은 한 마디로 "안도"와 "기쁨"으로 요약되었다.

1949-1953년 사이 미국 언론들의 기사에는 주로 모사데그와 이란 정치에서의 그의 역할에 대해 조금씩 변해간 미국 정부의 공식 입장이 반영되어 있었다. 미국인들이 애초에 모사데그의 민족주의 운동을 지지했었으나, 그 태도를 정반대로 바꾼 근본적인 요인은 역시 냉전체제의 출현이었던 것으로 보인다. 1953년 대통령에 당선된 아이젠하워는 냉전체제의 이데올로기를 적극 수용하고, 미국이 소련의 위협으로부터 세계를 보호할 임무를 지녔다고 생각했다. 그 당시 한국전쟁이 막 끝나면서 제3차 세계대전을 피하게 되었다는 안도감이 퍼져 있었다. 그러한 상황에서 이란이 공산주의화되면 제3차 세계대전과 같은 세계적 분쟁으로 비화되어 인류에게 끔찍한 비극적인 일이 될 것이라는 생각이 팽배해 있었다.[165]

즉, 이란이 소련과 가까이 위치해 있고 이란 공산당의 힘을 과대평가하게 된 것이 미국인들의 인식을 바꾸는 데 중요한 역할을 했다. 그러나

163) Time, July 18, 1952, p. 6.

164) Newsweek, August 11, 1952, p. 36.

165) Falle 2003, 84-85.

우리는 미국 정책담당자들의 마음을 바꾸는데 영국인들의 설득이 얼마만큼 작용했는지를 간과해서는 안 된다. 영국은 이란 민족주의 세력이 이란 공산화를 막을 강한 의지나 능력을 갖추지 못한 것으로 묘사하는데 성공했던 것이다.[166]

서양인들, 그 중에서도 특히 고위 정책입안자들 사이에서의 지배적인 인식을 돌이켜보면, 모사데그 총리의 정통성과 이란의 주권 문제는 미국과 영국의 국익 문제에 가려져 있었음을 알 수 있다.

미국 관리들 가운데 쿠데타의 핵심 인물이였던 커밋 루즈벨트의 자서전에서도 언급되었듯이, 그들의 입장에서는 특정 정부의 정통성은 커녕 이란이라는 일개 국가의 주권조차도 그다지 중요하지 않았다. 이란 정부가 스스로의 운명을 결정할 수 있는 능력을 갖추지 못했다는 이데올로기적 사고에 기반을 둔 믿음과 "악의 제국" 소련의 팽창정책에 대한 현실적인 우려는 미국 내에서 쿠데타의 적절성에 대한 논의가 벌어졌을 때 지침이 된 두 가지 주요한 요인이었다. 따라서 미국관리들은 쿠데타가 미국인들뿐만 아니라, 다루기 힘들고 "유치한" 이란인들에게도 유익한 것으로 여겼던 것이다.

1979년 이란 혁명은 냉전시대의 서구 진영 전반과 특히 미국에 상당히 거친 메시지를 전했다. 미국에 대한 분노와 반감은, 특히 인질 사태가 빚어졌을 때 "미국에게 죽음을", "세계를 집어삼키는 미 제국주의", "미국, 거만함의 선두주자" 등의 구호를 통해 여실히 드러났다.

그러나 당시 미국이 가지고 있었던 자국의 이미지는 이란 국민들이 묘사한 것과는 정반대였다. 18세기 영국 제국주의에 대항해 싸운 경험을 간직하고 있던 미국인들은 자신들이 반 제국주의적이고 자결주의를 지지하는 국민이라고 생각하는 경향이 강했다. 그래서 그들은 예상치도 못했고 이해할 수도 없는 이란 국민들의 거센 분노를 접했을 때, 이를

---

166) Siavoshi 2003, 68.

광신주의에 의한 비이성적인 적개심의 발로라고 규정지었다. 또한 그들은 미국이 그동안 이란을 지원한 은혜에 대한 감사는커녕 반미로 돌변한 배은망덕한 배반의 국가라고 생각했다.

그러나 미국의 정책은 1953년 쿠데타 개입의 연장선으로 확대해서 보는 이란 민중들의 시각과는 괴리가 매우 컸다. 즉, 1953년과 1978년 사이의 미 외교정책은 이란의 대다수 민중의 요구를 무시하고, 샤 독재정권 및 그의 정치 엘리트 집단과의 특수한 밀착관계에 의존했던 것이 오늘날 미-이란 양국 간 갈등관계의 화근인 것이다.

2) 이란인들의 인식

이란 내에 크게 세 부류의 세력들이 있었는데, 이들은 모사데그에 대해 모두 서로 다른 견해를 가지고 있었다. 이들 세력이란 1) 보수세력[167] 2) 소련과 연계된 좌파 투데당 3) 여러 단체들의 연합인 민족전선을 일컫는다.

국유화 운동에 대한 이란 보수세력의 인식은 모사데그와 석유 국유화 시기에 관한 두 권의 책에 잘 드러나 있다.[168] 이들 두 저자는 모사데그를 권력에 굶주린 비합리적인 지도자, 그리고 이란을 암흑의 시대로 몰고 간 인물로 묘사하였다. 그들은 모사데그가 민족주의 운동을 이끄는 중요한 역할을 한데 대해 단 한 마디도 긍정적으로 언급하지 않았다. 또한 그들은 모사데그의 축출에 대해 이란의 독립을 추구하는 민족주의

167) 왕실, 다수의 군 장교, 부유한 상인, 지주, 친 영국 성향의 정치인.

168) 하나는 무함마드 레자 팔레비가 쓴 '역사에 대한 응답(Answer to History)'이고, 다른 하나는 그의 누이 아쉬라프 팔레비가 쓴 '난공불락(Undefeatable)'이다. 아쉬라프는 기회주의적이고 비합리적인 모사데그와 달리 이란 국왕을 "합리적인" 석유 국유화 정책의 지지자로 표현하면서, 그가 이 귀중한 자원을 국유화하기에 더욱 적절한 때를 기다리고 있었다고 썼다.

운동의 패배로 보지 않고, 모사데그 세력의 광신주의에 대항한 샤의 긍정적인 민족주의의 승리로 보았다.

이와 같은 시각은 반 모사데그, 반 민족주의 단체와 관련된 신문들에 의해 널리 전파되었다. 쿠데타는 신을 두려워하고 국가와 국왕을 사랑하는 대중들이 모사데그와 투데 공산당원들에 대항하여 일으킨 "거국적인 의거"로 찬양되었다. 보수세력에 따르면 모사데그 정권은 샤를 경시하고 국가 최고 지도자로서의 그의 힘을 제한하고자 했기 때문에 정통성이 결여되어 있었다. 따라서 미국과 영국이 개입한 사실은 이란을 공산주의의 위협으로부터 구해주기 위한 "자유세계"의 도움의 손길로 간주되었다.

그러나 정치적으로 깨인 이란인들 중에는 석유 국유화 운동과 모사데그 정부, 그리고 쿠데타를 포함하여 1949-1953년 사이에 일어난 사건들의 성격에 대해 매우 다르게 해석하는 이들도 많이 있었다. 그들은 쿠데타를 악행으로 보았다. 막스-레닌주의 지식인들로 구성된 투데당 지도자들은 착취당하고 있는 노동자와 소작인 계급에게 혁명의 가능성이 잠재해 있다고 역설했다. 이란이 미국과의 공조를 통해 영국의 지배에 맞서고자 했던 초창기 민족전선과 모사데그 행정부의 활동은 격렬한 비판의 대상이 되었다. 투데 당원들은 이란 국민들의 이익에 관한 한, 미국과 영국간의 긴장 및 경쟁 관계는 중요하지 않다고 생각했다.

모사데그와 투데당의 시각은 특히 1952년 중반 미국 정부와 모사데그 정부 사이에 긴장관계가 형성되면서 바뀌었다. 1952년 말, 투데당 지도자들은 제국주의의 본질에 대한 사상적 단순성(그리고 보수세력과 타협하려는 경향)과 같이 부르주아 민족운동에 내재된 몇 가지 문제점에도 불구하고, 이 운동이 실질적인 반 제국주의적 성격이라는 다른 측면도 갖고 있다는 결론을 내렸다. 제국주의라고 하는 공동의 적이 있는 상황에서 이러한 반 제국주의적 성격 덕분에 민족주의 부르주아 계급은 이란 사회에서 진보세력의 동맹이 될 수 있었다. 민족전선으로 대표되는 민족주의 부르주아 계급의 성격과 활동을 제대로 이해하면, 1949-1953년 사이에 이들이 이란 국민들의 반식민지 투쟁을 이끄는 데 얼마나 중요한 역할을 했는지 알 수 있다.

일반적으로 투데 당원과 비투데 당원을 포함한 좌파 지식인들은 석유 국유화 운동 시대를 혁명성이 잠재된 시대로 여겼다. 그 혁명성 덕분에 자유 민족주의 부르주아 계급은 국유화 운동 초기에 주요 요직을 차지하고 영국 제국주의에 대항하는 주요한 세력이 되었다.

1953년 쿠데타는 민족전선의 활동에 확실한 종지부를 찍었다. 그러나 종교인과 비종교인을 포함하여 많은 인사들은 여전히 활동하면서 모사데그가 세운 이상을 실현하기 위해 노력했다. 쿠데타 이후 모사데그주의자들이 세운 최초의 조직은 이란민족저항운동(NRMI)[169)]이었다. 샤를 지지하고 모사데그를 권력 찬탈자로 여기던 보수세력의 주장에 맞서기 위한 논리로써, NRMI 지도자들은 이란 헌법에 의하면 군주는 군림하되 통치해서는 안 된다고 주장했다. 따라서 모사데그가 샤의 권력을 제한하고자 했던 것은 단지 헌법에 충실하기 위해서라는 것이었다. 그들은 모사데그가 선거에 의해 당선된 이란의 총리로서 국민들로부터 권한을 위임받았었기 때문에, 그를 총리의 자리에서 몰아낸 것은 불법적인 범죄라고 주장했다.

모사데그주의자들은 중동 지역에서 미국의 이익은 영국과는 달리 순전히 전략적이었고, 경제적이지는 못했다고 주장했다. 이 지역에서 미국의 궁극적인 목표는 미국 관리들의 머리 속에 각인된 소련 팽창주의를 막는 완충지대의 건설이었다. 모사데그주의자들의 주장에 의하면 이란 민족주의자들은 이 목표에 뜻을 같이 했고 이란 내에서 공산주의의 영향을 제한하기를 원했다. 1953년 쿠데타에서의 미국의 역할에 대한 그들의 불만에도 불구하고, 자유 민족주의자들의 미국에 대한 일반적인

169) National Resistance Movement of Iran.

시각은 상대적 낙관주의를 바탕으로 한 채 그대로 유지되었다.[170)]

모사데그 시대와 쿠데타에 대해 이슬람 성직자들만의 독특한 인식이 있었는가? 이 질문에 대해 간단히 대답하면 '아니오'가 될 것이다. 왜냐하면 이 문제들에 대해 종교계만의 통일된 인식은 없었기 때문이다.

석유 국유화 시기의 종교계의 성향과 행동은 입헌시대와 여러 가지로 비슷했다. 1949-1953년 사이에 어떤 종교인들은 모사데그를 지지하고, 어떤 이들은 반대했다. 일부 종교인들은 쿠데타 주동자들을 지지했고, 일부는 상당한 위험을 무릅쓰고 전반적으로 세속적인 성향의 모사데그가 열망한 목표에 지속적으로 뜻을 같이 했다.

보수적인 성직자들 중에서 영향력 있는 인물이었던 테헤란의 비흐바하니는, 유명한 입헌론자였던 그의 할아버지와 달리 기존체제와 질서를 옹호하는 인물이었다. 그는 쿠데타 주동자들과 매우 밀접히 연관되어 있었다. 시아파 이슬람 세계의 최고위 성직자로서 가장 영향력 있는 마르자예 타클리드(marja'e taqlid) 가운데 한 사람이었던 부루제르디는 공식적으로 중립을 지키면서 성직자들이 정치에 개입하지 말 것을 촉구했다. 호메이니를 위시한 그의 추종자들은 1949-1953년 사이에 있었던 정치적 사건들에 참여하지 않았다. 그러나 성직자들 가운데 일부는 모사데그의 편에 서서 석유 국유화 운동에 적극 동참했다.

이 시기에 가장 돋보이는 정치활동을 벌인 종교인은 카샤니였다. 그는 영국 제국주의와 관련한 개인적인 경험들로 인해 비동맹 사상에 빠진 반 영국 성향의 행동주의자가 되었다. 따라서 그는 1950년 모사데그와 그의 운동에 기꺼이 동참했다. 그러나 사상적 이유와 개인적 · 정치적 차이 때문에 두 사람 사이에는 긴장이 싹텄다. 카샤니는 특히 투데당이 모사데그에 대한 공격을 중단하고 공산주의 세력과 모사데그 사이에 협력관계가 형성되는 것처럼 보이자 무척 놀랐다. 1953년 중반 카샤니

170) Siavoshi 2003, 72.

는 모사데그와의 협력관계를 청산하고, 바카이와 막키 등 세속적인 민족전선의 초기 멤버들 중 몇몇과 함께 모사데그 정부를 음해하고 궁극적으로는 전복시키려고 했다. 이러한 행동을 취하면서 그는 샤와 외세의 쿠데타 주동자들과 한 편이 되었다.

쿠데타 직전에 그는 논평을 통해 모사데그를 민주주의자의 가면 뒤에 독재자의 본성을 숨긴 선동적인 정치인으로 묘사했다. 카샤니는 모사데그를 국유화 운동을 이용하여 자신의 정치적 야망을 실현하기 위한 자로 간주했다. 카샤니는 모사데그가 총리가 된 후에, 한 번도 이란의 국내 상황을 개선시키려고 노력한 적이 없었다고 말했다. 쿠데타 이후 카샤니는 모사데그를 계속 공격하면서 샤를 찬양했고, 결과적으로 쿠데타를 공식 인정했다.

그러나 그는 영국에 대해 여전히 강한 적대감을 가지고 있어서, 모사데그 정부 시절에 단절되었던 이란과 영국의 외교관계의 재개에는 반대했다. 카샤니는 미국에 대해선 별로 말이 없었으나 1951년 11월 다음과 같이 말했다. "우리는 이란 내정에 간섭하는 어떤 외국 정부도 원하지 않는다... 미국은 영국의 정책노선을 답습하는 것을 그만 두어야한다. 그렇지 않으면 미국은 전세계 특히 이란에서 아무 것도 얻을 수 없고 증오와 위상의 저하만을 가져올 것이다."[171)]

서방세계에 대해 카샤니가 서로 모순된 감정을 가지고 있었음에도 불구하고, 그는 미국을 무신론적 공산주의 사상이라는 진짜 적에 맞서 싸우는 국가로 여긴다는 뜻을 비친 적이 있다.

어떤 종교인들은 모사데그와 그의 이상을 최후의 순간까지 충실하게 따랐다. 그 중 일부는 NRMI를 창설하는 데 동참했다. NRMI는 초기의 민족전선보다 종교적인 색채가 약간 더 강하기는 했지만 모사데그의 이상에 대한 충성심이 대단했다. 이 종교적인 자유민족주의자들 중에는

---

171) Bill 1988, 288.

잔자니 · 탈레가니 · 안가지와 같은 인물들이 있었다. 그들은 모사데그주의자들과 마찬가지로 쿠데타를 범죄행위로 간주하고 모사데그를 민족의 영웅으로 추앙했다.172)

결론적으로 보수주의자들은 모사데그의 개혁정책이 자신들의 정치 · 경제적 이익에 큰 해악을 가져온다고 생각했다. 그들 중 상당수는 영국과 밀접한 관계에 있었고 영국 석유회사가 이란 문제에 개입해준 덕분에 권력을 가질 수 있었다. 심지어 석유산업의 국유화를 탐탁하게 여기지 않았던 이들조차도, 외세와 조화를 이루는 것이 자신들의 이권 유지에 더 적절한 행동양식이라고 생각했다. 그러나 투데당은 강한 반자본주의 사상을 가진 사회주의 단체로서, 쿠데타 중에는 활동하지 않았으나 고유의 사상적 · 정치적 입장 때문에 쿠데타 주동자들에 대하여 부정적인 반응을 보였다.

정치적으로 이보다 더 복잡한 반응을 보인 것은 쿠데타의 최대 희생자인 자유민족주의 지도자들이었다. 그들은 1953년 무렵에 냉전 논리가 미국의 고위 외교정책가들 사이에서 가장 중요하게 다뤄졌다는 것을 깨닫는 데는 실패했다. 냉전 논리의 출현과 '악의 세력'으로 그려진 소련의 이미지에 의해 가공된 안보에 대한 불안감으로 인해 미국이 이란 문제에 개입했던 것이다. 미국은 모사데그가 서방 세력을 적대시하고 소련과 연대하는 것으로 여겼다.

그 이유를 막론하고 미국이 민주적으로 선출된 모사데그 정부를 무너뜨리고, 팔레비 독재정권을 지원했다는 사실은 양식있는 대부분의 이란인들에게 매우 위선적인 행위로 받아들여졌다. 그러나 쿠데타가 성공하고 그 뒤 표면적으로 평온함이 유지되자, 미국 관리들은 쿠데타가 매우 현명한 선택이었고 자신들의 전형적인 냉전 논리가 정당하다고 판단한데 문제가 있었던 것이다.

---

172) Siavoshi 2003, 74.

5 결론

당시 미국 관리들은 모사데그 민족주의 정권이 미국의 이익에 별다른 위험 요소가 되지 못하며 오히려 투데당을 효과적으로 견제하는 역할까지 할 수 있을 것으로 내다봤다. 그러나 미국의 이러한 인식은 모사데그의 통치 하에서 이란의 정치불안과 사회혼란이 가중됨에 따라 서서히 바뀌었다.

트루만과 아이젠하워 행정부의 바탕에 깔려있던 미국의 안보 논리에 따르면 이란은 냉전시대에 서방세계 진영에 속해야 한다는 것이었다. 아이젠하워 정부가 들어서자, 더욱 강경한 반공주의 색채를 띤 그의 외교정책 보좌관들과 트루만 행정부 출신 일부 관리들은 모사데그를 지지하던 기존 정책을 접고 그를 정권에서 몰아내는 방향으로 전환했다. 결과적으로 냉전과 연계된 미국의 안보 논리와 모사데그 정부가 그들의 국익에 미치는 영향에 대한 그 당시 미국 관리들의 시각의 변화는 미국이 1953년 8월 쿠데타 실행 계획을 추진하는 데 결정적인 계기가 되었다.

그 후 수년간 미국 관리들의 이와 같은 시각은 변함없이 팔레비 샤 독재정권을 전폭적으로 지원하고 이란이 소련의 팽창주의 정책을 저지하는 보루 역할을 하도록 하는 원인이 되었다.

쿠데타 직후 미국은 샤에게 6천8백만 달러를 긴급 지원했는데, 이는 이란이 영국의 석유 봉쇄정책으로 인해 입은 손실액의 약 1/3에 달하는 것이었다. 그 후 10년간 미국은 이란에 3억 달러 상당의 추가 경제 지원을 단행했다. 쿠데타 이후 미국 관리들은 석유 분쟁을 해결하기 위해 재차 노력하여, 마침내 1954년 말 이란이 다시 석유수출을 할 수 있도록 합의를 이끌어냈다. 이 합의로 이란의 석유생산으로부터 나오는 수입은 빠른 속도로 증가하여 1958년에는 미국의 전체 원조 금액을 초과했고,

이는 그 후 샤의 주 수입원이 되었다. 미국은 또한 쿠데타 직후 샤의 군사력을 증강시키기 위한 노력의 일환으로, 이란 국내 정보기관을 재조직 및 재교육시키고 약 10여 년간 거의 6억 달러에 달하는 군사 원조를 제공했다.

모사데그와 민족전선의 위협이 효과적으로 차단된 상태에서, 빠른 경제 성장과 효과적인 감시 및 안보체계 속에서 샤는 1950년대 말에서 1960년대 초까지 자신의 권력기반을 더욱 확고히 다졌다. 1963년 말에 이르러 이 작업은 완전히 마무리되었다. 샤는 마침내 자신의 권위에 도전하는 자들이 전혀 설자리가 없는 권위주의 정권의 수장이 되었고, 그가 실권할 가능성은 거의 없어 보였다.

그러나 많은 정치인들은 이란 국민들이 샤 독재정권에 대해 크게 분노하고 있다는 것을 알고 있었다. 그들은 1953년 미국이 샤를 복권시키고 새로운 독재정권을 강화시키도록 지원해준 것을 점점 더 격렬하게 비난했다. 국민들의 이 같은 분노는 과거 모사데그가 일으킨 것과는 다른 형태로 1970년대 샤에게 새로운 시련을 제공했다. 그것은 민주화 운동이 아니면서 매우 폭력적이고 반미적이었다.

1979년 이슬람 혁명 당시 미 대사관을 '스파이의 소굴'이라고 부른 슬로건은 1953년 초에 이미 테헤란 거리에서 성난 군중들이 외쳤던 것이다. 모사데그를 1952년 1월 타임지의 '표지 인물'로 선정한 것과 같이 호메이니를 1979년 1월의 '표지 인물'로 선정하고 "완전히 광신적이며 미친 늙은이"라고 묘사한 것은 역사의 반복이라고 하지 않을 수 없다. 이슬람 혁명세력은 이란 군 고위 장교들을 포함한 친미 인사들을 대량 숙청하면서 미 대사관을 점거하여 외교관들을 인질로 삼아 미국에 대항했다. 이것은 미국에 의한 팔레비 샤 정권의 복귀 시도에 대한 위협을 사전에 차단하여 1953년과 같은 역사적 '비극'을 반복하지 않도록 하기 위해서였다.

1953년에 팔레비 왕정을 다시 일으켜 세운 미국의 전략이 빚어낸 여러 사건들은 1979년 샤 정권의 붕괴 및 미국의 국익에도 심각한 타격을 주며 부정적인 결과를 초래했다. 1953-1979년 사이 미국이 이란 문제에 깊이 개입하고, 정통성이 결여된 팔레비 독재정권을 지원함으로써 이란의 자유주의 세력이 정치 민주화를 실현할 수 있는 기회를 상실하게 하도록 했던 것은 이란에 대한 미국의 '역사적 원죄'라 할 수 있다.

제7장 이란의 이슬람 세계관과 외교정책에 미친 영향

이란의 이슬람화와 그 이전 문화는 경쟁적 이분법을 지닌 집단적 정체성의 감정을 만들어 냈으니 그것은 곧 '이란과 이슬람'이다. 이란 문화의 이러한 고유한 이중성으로 인해서 '이란과 이슬람'이라는 이분법 사이에 언제나 긴장감이 존재했다. 그 후 이란의 시아주의(Shiism) 이슬람화의 증대와 더불어, 이란 민족주의와 시아주의 사이의 수렴현상이 나타남에 따라 이란과 이슬람 사이의 이중성과 긴장감이 완화되기도 했다.

그러나 이러한 수렴현상은 19세기 민족주의의 출현으로 약해졌다. 20세기에는 '이슬람-이란'이라는 이분법화의 과정이 민족주의의 대두와 세속화를 향한 노력과 함께 가속화되었다. 이러한 이중적 성격은 이란 외교정책의 방향을 결정하는 이슬람의 역할에 영향을 미친다. 이슬람 혁명이 이란의 정치 · 사회적 삶과 외교정책에 영향을 주었으므로, 우리는 현대의 이란 외교정책의 성격과 방향을 결정짓는 이슬람의 역할을 이해할 필요가 있다.

여기에서는 이란의 외교정책 결정과정에 있어서 이슬람의 상대적 역할을 연구하고자 한다. 이는 무슬림 국가들의 대외관계에 있어 향후 이슬람의 역할이 무엇인지 예측하는데 도움이 될 것이다. 특히 이 연구는 중동 무슬림 국가들과 서구 기독교 국가들간의 국제관계에 대한 이슬람의 영향 및 관계가 주로 충돌적일 것인지 협력적일 것인지에 대한 평가를 가능하게 할 것이다.

1 사파비조와 이란의 시아파 이슬람화

무슬림 국가들 중에서도 이란은 알렉산더 대왕[173]에게 정복당했음에도 불구하고 이슬람 이전 1500여 년 동안, 하나의 민족국가 및 진보한 문명으로서의 오랜 역사와 전통을 자랑하는 독특한 국가이다. 이슬람 이전의 찬란한 이란 문화는 철학 · 종교 · 윤리적 체계를 갖추고 있었다. 예를 들어 세련된 세계관, 정교한 우주이론, 그리고 이러한 우주의 시스템 내에서의 인류의 위치와 운명이 그러한 것이었다. 이란의 조로아스터교 사상은 유대교와 기독교에 직접적으로 깊은 영향을 주었을 뿐만 아니라 이 양대 종교를 통해 이슬람에도 영향을 주었다.[174]

페르시아 제국의 영토 및 정치적 단일체는 서기 642년 아랍의 침공으로 파괴되었으나, 이란은 언어 및 문화의 아랍화를 피할 수 있었다. 또한 이슬람의 전파에도 불구하고 이슬람 이전의 상당수 페르시아 전통은 오히려 이란 무슬림의 지적 추구에 영향을 주었다. 그 결과 이란은 상당

---

173) B.C. 334년 알렉산더는 3만5천의 군대를 이끌고 소아시아 반도의 그리스 도시들을 탈환했다. 그는 이듬해 다리우스 3세가 이끄는 페르시아군을 북부 시리아 지역에서 격파, B.C. 332년에는 페르시아 제국의 수도인 수사와 페르세폴리스를 함락했으며 아프가니스탄의 발흐, 중앙아시아의 부하라, 그리고 인더스 강 유역까지 정복했다.

174) 이에 대한 더 자세한 내용은 다음 책 271-277쪽을 참조할 것. 장병옥, 1997, “페르시아 사상과 이란인의 의식구조”, 세계인의 의식구조, 서울: 한국외국어대학교 출판부,

한 문화적 정체성을 유지했으며, 이란의 영토 상실 및 정치 분열에도 불구하고 '이란인'이라는 하나의 정서는 강하게 남아 이슬람 이후의 문화와 정치발전에 영향을 주었다. 9-10세기의 이슬람 도래 이후 이란의 정치·문화적 르네상스 및 아놀드 토인비가 이란적인 이슬람 문명이라 일컬었던 발전은 모두 이슬람 이전의 이란 문명의 탄력성과 문화적 차별성의 직접적인 산물이었다. 더욱이 이란의 전통은 아랍 무슬림 이후 투르크인들에게 전수되었는데, 일부 학자들은 이러한 사실을 이란의 이슬람 정복이라 특징지었다.

페르시아 제국이 아랍 무슬림 군대에 정복당한 후, 1491년이 되어서야 이스마일 사파비 샤(Ismail Safavi Shah)에 의해서 하나의 국가로 재통일되기 시작했다. 페르시아 제국의 후예 사파비조(Safavi: 1501-1724)는 이란을 통일했을 뿐만 아니라 비록 축소되긴 했지만 이슬람 이전 영토의 상당부분을 회복했다.

이란에서 시아파가 처음 화두로 떠오른 것은 사파비 시대였다. 왜냐하면 사파비조가 12 이맘 시아파를 새로운 왕국의 국교로 선포하였기 때문이다.[175] 사파비조는 백성들에게 시아파 신앙을 신봉하도록 강요했으며, 수년 동안 정부로부터 독립적인 시아파 종교기관을 창설했다. 이것은 이후 이란 역사의 전체적인 윤곽을 변형시키게 된다. 사파비 시대에 시작된 민족적 정치문화의 산물인 시아파 신앙체계는 예언자 무함마드와 시아파의 12 이맘의 생활에서 예시된 것과 같은 올바른 생활방식의 추구를 강조한다. 시아 이슬람은 또한 이란 역사와 문화에 의해 형성

---

175) 시아주의는 사파비조 이전부터 이란에 존재했으며, 특히 북부 지역에서 그러했다. 10세기의 강력한 부와이드조는 12 이맘 시아파를 신봉했으며, 카르발라 사건을 기리는 종교의식을 도입했다. 7 이맘 시아파인 이스마일파 또한 이란에서 성행했다. 그러나 이란의 대중적 시아주의화에 따라 점차적인 이란주의와 시아주의의 동일화는 사파비조 시대에 생겨났다.

되었다.

12 이맘 시아파를 신봉하는 국가에서 가장 위대한 이슬람 법학자로 추앙받는 무즈타히드(mujtahid)[176]들의 주장에 의하면, 현재 은폐중인 제12대 이맘 마흐디(Mahdi)만이 국민을 통치할 수 있는 유일한 정통성을 지니고 있다. 따라서 12 이맘 시아파 무슬림 국가의 탄생은 종교 지도자와 왕과의 양립된 체계를 제도화하였고, 종교 지도자가 정치권력을 움켜쥐게 하는 배경이 되었다. 종교 지도자는 종교적 권위뿐만 아니라 세속 권력 또한 열망하였다. 따라서 19세기 동안 왕과 비교하여 종교 지도자의 정치적 영향력이 증대되었고, 12 이맘 사상은 이란 정치의 중요한 핵심부를 형성하게 되었다. 이란에서는 국내 정치 상황과 외교정책이 서로 긴밀한 연관성을 갖기 때문에, 12 이맘 사상이 이란의 외교정책에서 중요한 역할을 했던 것이다.

이란의 국가 이념으로써 시아주의 이슬람화는 중대한 정치적 결과를 초래했다. 한편으로는 순니파 아랍과의 상이한 역사·문화적 전통과 함께 시아주의는 이란의 민족적 응집력과 동질성을 강화시켰으며, 새로운 국가로 통합시키는데 기여했다. 이는 이란이 독립성을 유지하도록 하였으며, 많은 무슬림 지역들이 그랬듯 오스만 제국의 통제 아래로 들어가는 것을 막았던 것이다. 또 다른 한편으로는 시아주의화로 인해 이란의 순니 무슬림 세계로의 접근은 제한되었으며, 따라서 이란이 순니 무슬림 지역으로 그 영향력을 확대시키는 데에는 한계가 있었다. 또한 이슬람과 시아주의의 관계에 대한 부정적인 결과들 중의 하나는 이란에 실망한 아랍 순니 무슬림들을 결속하도록 만들었다는 것이다. 이란은 수

176) 19세기 중엽까지만 해도 이란 전국에 3-4명의 극소수 무즈타히드가 있었으나, 무즈타히드의 지위에 대한 사회적 인식의 재고로 인해서 그 이후 19세기말과 20세기에는 급격한 증가를 보여 무려 수백 명에 달했다. 현재 이란에 있는 무즈타히드를 포함한 울라마의 수는 총 15만-20만에 달한다(Keddie, N. & Hoohlund, Eric 1986, 75).

세기 후 언어 · 문화적 차이와 함께 종파가 다른, 여타 무슬림 국가들에게 이슬람 혁명을 수출하려고 시도했다.

그럼에도 불구하고 순니파를 시아파로 개종시키기 위한 사파비조의 열정은 이란의 영토 밖으로까지 확장되지는 않았다. 사실, 사파비조는 시아파의 교리를 나머지 이슬람 세계로 확대시키려는 노력은 하지도 않았다. 이러한 소극적 자세는 한편으로 오스만 세력이 존재하는 것과, 다른 한편으로 정치 지도자들과 결탁한 울라마의 종교적 열정이 희석된 데에서 기인했다. 사파비조는 그래서 시아주의의 전파를 그들의 외교정책의 주요한 목표로 삼지는 않았으며, 이데올로기 요인은 외적 행위에 거의 영향을 주지 않았다. 사파비조 통치자가 세속적 정치 지도자들처럼 종교와는 관계없이 점차 외교정책을 수행함에 따라 이후 수 십 년간 이러한 성향은 강해졌다.[177)]

사파비 시대에 종교적 소수민족에 대한 정책이 불공정했음에도 불구하고, 그들을 시아파로 개종시키려는 각 군주들의 열의는 식어갔다. 다만 사파비 군주들이 조로아스터 교도들을 박해하자, 17세기에 인도로 대규모 이주를 시작했던 경우는 있었다. 어떤 종교적인 소수파는 사파비 페르시아 제국의 통치 하에서 다른 소수파보다 더 잘 살아갔다. 예를 들면 오스만 투르크 제국의 박해로부터 이란에 피난처를 찾은 수많은 기독교 아르메니아인들은 훨씬 더 좋은 대우를 받았으며, 교회를 건축하고 종교의식을 거행하도록 허가 받았다. 기독교인들에게 가장 호의적인 압바스 대왕은 아르메니아인들에게 이스파한 내의 줄파라는 한 지역 전체를 내주었다. 압바스 대왕은 또한 캐푸신회, 베네딕트회 등 다양한 기독교 수도원 단체들에게 사파비 제국의 수도인 이스파한에 수도원을 짓도록 허용했다. 압바스 대왕의 기독교인들에 대한 호의적인 태도는 유럽에까지 널리 알려지게 되었다.

---

177) Hunter 1998, 118.

유럽 열강은 그들이 위협적으로 느끼던 오스만 투르크에 대항하기 위해 사파비조 이란과 동맹을 맺을 목적으로 특사를 압바스 대왕의 궁전에 파견했다. 비록 이러한 접촉이 이전까지는 거의 없었으며, 오스만 투르크 제국에 대항한 사파비 페르시아 제국과 유럽 열강간의 어떠한 동맹도 구체화되지는 않았지만, 이러한 예는 이슬람의 역할과 관련하여 무슬림 국가의 외교정책을 결정하는데 있어서 교훈적이다.

이러한 특이한 경우에서, 이란-오스만 제국간의 종파적 차이가 왜 이슬람이 압바스 대왕의 對기독교 유럽 및 무슬림 터키 정책에 영향을 끼치지 못했을까? 이러한 분파적 차이는 '이슬람'과 '이란' 중, 이란이라는 태도의 부분을 설명하는 것이지만, 순니파와 시아파는 타종교의 신봉자보다 훨씬 더 많은 공통점을 가지고 있으며 이슬람 문명화의 양 축을 형성한다. 따라서 만일 문명화의 요인이 행위의 가장 중요한 결정 요인이라면, 이란-오스만 양 이슬람 제국은 기독교 유럽 열강에 대항하여 협력했어야만 했다. 그럼에도 불구하고 상황은 그렇지 못했다. 사파비-오스만 제국 관계는 양 제국 상호간이나 다른 열강에 대한 외교정책의 성격과 방향을 결정짓는데 있어서 이슬람은 제한적 영향력만을 미쳤다는 것이다. 따라서 어떠한 이슬람적인 동기가 부여된 목적 대신, 정치가로서 세속적인 사파비 대왕들은 당시 틈만 나면 영토를 확장하려던 전통에 따라 이란 남부를 자주 침범한 포르투갈인들과 같은 외세에 대항하여 이란의 국경을 보호해야만 했다.

사파비조의 붕괴[178]에 따르는 한 가지 흥미롭고 교훈적인 일화가 외

178) 1742년의 사파비조의 붕괴는 처음에 아프간 민족들의 반란에 의해 시작되었다. 나디르 샤 아프샤르(1742-47)가 이란의 부흥과 역사적 영토를 회복하고 심지어 영토를 확대하기까지 했지만, 사파비조의 몰락 이후 이란의 오랜 침체기가 뒤따랐다. 격렬한 권력 투쟁이 이란의 동북 지역을 통치하던 나디르의 후손들간에 나타나, 남부 이란에는 카림 칸 잔드가 잔드조(Zand)를 세우고 있었는데, 1779년에 카림 칸이 사망하자 혼란한 틈을 타서 카자르 부족의 아가 무함마드 칸이 경쟁자들을 물리치고 카

교정책과 이데올로기적 문명화의 요인 사이의 관계를 보여주는데, 그것은 다름 아닌 이슬람의 역할이다. 러시아와 오스만 터키 양국은 각각 양국 간 이란의 북부 지방을 분할하기로 협약했다. 이것은 무슬림 국가가 형제 무슬림 국가에 대항하여 비무슬림 세력과 협력하는 또 다른 사례였다.

2 카자르조와 외세의 침투

카자르조(Qajar: 1796-1925)는 잔드조(Zand: 1750-1794)와의 반세기에 걸친 내란에서 승리함으로써 1796년 새로운 왕조를 설립했다. 카자르조가 내정에만 몰두하는 동안 이란의 주변국과 유럽 열강과의 관계에는 큰 변화가 일어났다. 카자르조의 통치 시기는 유럽 제국의 동진, 특히 무슬림 세계로의 진출이 강화·확대되는 시기와 맥락을 같이 한다. 18세기 초, 피터 대제의 이란 북서부 침공은 앞으로 일어날 일에 대한 불길한 전조(前兆)에 불과했다. 당시 지정학적으로 중요했던 이란을 중심으로 부동항을 얻기 위한 러시아의 남하정책과 영국의 식민지 인도를 보호하기 위한 동진정책이 전개되고 있었다. 따라서 영-러 양국은 걸프만과 인도양의 통로였던 이란의 육지와 바다를 통제하기 위한 패권경쟁에 돌입했다.

짜르 러시아 군대의 남침으로 인해 제1차 러시아-이란 전쟁(1804-13) 및 제2차 러시아-이란 전쟁(1824-28) 등 두 차례에 걸친 전쟁이 발발했

자르조를 창건했다. 더 자세한 내용은 다음 책을 참고할 것. Kamrava, Mehran, 1992, *The Political History of Modern Iran: From Tribalism to Theocracy*, Westport: Praeger. 김정위, 2002, 이란사, 서울: 한국외국어대학교 출판부. 장병옥, 2004, 현대이란정치, 서울: 한국외국어대학교 출판부.

다. 물론 과거 안나 여왕(Queen Anna)의 통치 시기에도 러시아는 사파비조의 붕괴에 뒤따른 정치 불안정을 이용해, 이란의 트랜스코카서스 지역과 카스피 해안을 낀 북부 지역들을 병합하려 했다. 케서린 대제와 아가 무함마드 칸 시기 동안 이란-러시아 양국 사이에 적대감이 일어났다. 적대감은 아가 무함마드가 그루지야를 이란의 통제 하에 두려 결정하자, 이란 샤의 가신인 그루지야의 기독교 통치자가 러시아의 보호를 요청한데서 발단이 되었다. 1789년 아가 무함마드 칸이 사망하고 얼마 후 케서린이 사망하자 적대감은 사라졌다. 그러는 동안 동남부에서 이란은 영국의 침략에 직면하여 약간의 영토를 잃게 되었다.

이란의 영토 보전은 카자르조의 나디르 왕(Nadir: 1736-47)에 의하여 일시적으로 회복되는 듯 했으나, 아가 무함마드 왕의 1795년과 1797년 그루지야로의 두 차례 원정은 러시아의 신경을 건드렸다. 이는 러시아의 개입을 초래했고, 결국 러시아에 그루지야뿐만 아니라 이란의 영토였던 아라스강 남쪽의 카프카스 지역까지도 잃게된 원인이 되었다. 아라스강은 오늘날 이란과 옛 소연방의 경계를 이룬다. 좋든 싫든 간에 이란은 영-러 양국 사이의 패권경쟁의 가운데에 끼어 있는 상황이 되고 말았는데, 영-러의 세력다툼은 제2차 세계대전 때까지 계속 되었다.

이란보다 월등히 강력한 영-러 제국주의 세력의 압력에 직면하여, 19세기 초부터 1960년까지의 이란 외교정책의 주요 목표는 자국의 영토를 유지하고 최소한의 독립을 확보하는 것이었다. 19세기 중반 이후부터 이란의 개혁과 발전을 위한 노력에 대한 외국의 지원 역시 이란 외교정책에 있어 중요시되었다. 때때로 이러한 목표를 달성하는 것은 다른 경쟁세력과의 힘의 균형을 맞추기 위한 또 다른 경쟁세력과의 협력을 의미했다. 때로는 이러한 협력의 대가는 형제 무슬림 국가들이 상호간에 대항하는 결과를 초래하게 되었다. 예를 들어, 카자르조의 파트흐 알리 샤 통치기(1797-1834)인 1819년에 체결한 영국-이란 우호협정은 "영국-아프간 사이에 분쟁이 일어날 경우 이란은 무슬림 국가인 아프가니스탄에 대항해 싸운다"라는 내용을 담고 있었다.

이것은 이란-아프가니스탄 양국이 같은 이슬람을 신봉한다고 할지라도, 영국-이란간의 협력 또는 형제 무슬림 국가간의 분쟁을 막지는 못한다는 것을 다시 한번 증명한다. 이란 북부 지역을 분할하겠다는 러시아-오스만 터키의 협약과 더불어 영국-이란간의 우호조약은 무슬림 국가들이 자국의 국익에 따라 비무슬림 외세와 기꺼이 동맹을 맺을 수 있다는 사실을 보여준다. 이란은 최소 2세기 동안 비무슬림 국가들과의 외교관계를 적극적으로 추구하였는데, 이는 그들이 무슬림 국가 사이의 관계를 포기할 수도 있다는 것이다. 전술한 내용은 이란이 역사적으로 중요한 순간에 문명과 이데올로기가 아닌 안보와 경제 요인을 고려하여 이란의 정책을 결정지었다는 것을 설명한다. 그래서 이슬람은 한 가지 중요한 예외인 제2차 러시아-이란 전쟁만을 제외하고는 카자르조 시대에 이란 외교정책을 형성하는데 거의 역할을 하지 못했다.

1824년 트랜스코카서스의 시아 무슬림 주민들이 러시아인들에게 당한 학대에 항의했던 시아 울라마의 선동으로 인하여, 이란은 그들에 대한 강한 적개심을 드러냈다. 비록 이란이 외세의 무슬림 지역에 대한 침투를 저지하지는 못했지만, 무슬림 내부의 결속력에 대한 사상은 팽배해있었다. 사이드 자말 알 딘 알 아프가니(1838-97)는 범 이슬람주의를 주창한 가장 강력한 사상가였으나 이란에서는 많은 추종자들을 얻지 못했다. 다만 카자르조의 왕자인 아불 하산 미르자 등과 같은 일부 저술가들이 그의 사상에 감화되었을 뿐이다.[179)]

이란인들의 시아 이슬람 신봉과 함께 문화적 독특함이라는 정서는 범 이슬람주의를 받아들이는 데 역기능적으로 작용했다. 더욱이 19세기 후반부터 1918년까지 범 이슬람주의는 오스만 제국의 술탄의 권한이나 영향력을 확장하기 위해 사용되었으며, 다른 무슬림 국가들은 이를 의심

---

179) Hunter 1998, 122.

의 눈초리로 지켜봤다. 결과적으로 1896년 오스만 제국의 술탄이 무슬림 내부의 친목을 도모하기 위해 교육부 장관인 무니프 파샤를 카자르 궁전에 파견했지만 큰 효과는 없었다. 이란의 점진적인 세속화 추세 및 페르시아 민족주의의 등장으로 이어진 19세기 중반까지의 지속적인 개혁으로 인해, 이란 외교정책의 결정 요인으로써의 이슬람의 영향력은 이후 수십 년간 더욱 약화되었다.

3 팔레비조와 이슬람의 쇠퇴

1925년 레자 샤가 카자르조의 통치권을 인수하여 현대 이란 국가를 창건하기 시작했다. 레자 샤의 통치는 다음의 2가지 주요 임무로 특징지어진다.

1) 다양한 부족 군벌들과 부족장의 진압을 통한 중앙집권화
2) 이슬람 이전의 이란 문화의 부활과 사회 · 경제적 근대화

이러한 사회 · 경제적 근대화는 이란의 교육과 사법제도의 세속화 및 차도르 착용의 폐지 등 여성에게 어느 정도의 자유를 주는 내용이 포함되어 있기 때문에 중요하다. 이런 모든 조치들은 이란 사회에서 이슬람의 역할과 울라마의 정치 · 사회적 권력을 잠식하는 원인이 되었다. 문화적 차원에서 이슬람 이전의 페르시아 전통과 정체성을 고취시키는 것은 이란인들의 자아 정체성을 형성하는데 있어서 이슬람의 역할을 손상시켰던 것이다.

이란의 주요 외교정책의 주안점은 자국의 영토 보전과 국경의 안정 및 독립과 자유를 유지하는데 있었다. 레자 샤는 이러한 목표를 영-러양 강대국에 대응하여 다른 열강 특히 독일을 이용하여 힘의 균형 원리

에 바탕을 둔 외교전략에 의해 달성하려 시도했다. 레자 샤는 또한 이란 경제발전에 독일의 도움을 얻으려 노력했다. 그 결과, 독일인들은 영국 정부가 강력하게 막으려 노력했던 철강 제철소의 이란 내 건설을 지원했다. 그러나 대다수의 이슬람 세계가 여전히 식민주의 통치 아래 놓여 있었기 때문에 무슬림들간의 상호 관계는 다소 제한적이었다. 결과적으로, 이슬람 요인은 레자 샤의 시기 동안 이란 외교정책에 어떠한 역할도 거의 하지 못했던 것이다.

샤의 통치 시기 동안 이란은 상당한 사회 · 경제적 발전과 근대 이란의 정치 · 군사적 위업을 이룩했다. 그러나 샤의 권위적 성향과 이란의 내적인 불안정이라는 커다란 문제로 인해 정치체제나 근대 시민사회로의 발전에 있어서는 상당히 제한적이었다. 이러한 문제는 국가의 역할을 강화하는데 우선권을 둘 수밖에 없도록 했던 것이다. 샤의 근대화 정책은 이란 사회 내부에 불가피한 모순을 만들어냈는데, 특히 그의 정책은 세속 민족주의자들과 이슬람 전통주의자들 사이의 거리를 넓히게 하였다. 이러한 분열의 결과는 50여 년 뒤의 이슬람 혁명 시기에 나타났다. 그동안 1979년까지 세속 민족주의자들이 국내외적으로 이란의 정치와 외교정책을 지배했다.[180]

레자 샤의 통치는 1941년 제2차 세계대전의 발발에 의한 격동의 결과로 갑자기 끝났다. 제2차 세계대전이 1939년 시작되었을 때 이란 정부는 제1차 세계대전 때처럼 '중립국'임을 선포했다. 이란의 지정학적 상황으로 인하여 연합군은 이란의 중립을 존중하지 않았고, 이란에 독일인이 포진해 있다는 구실로 1941년 이란을 점령했다. 레자 샤는 퇴위 당해 남아프리카공화국으로 추방되었고, 그의 어린 아들이 왕위를 계승했다. 1946년까지 소련군이 이란 영토에서 최종적으로 철수하고, 소련의 지원에 의해 이란 영토 내에 설립되었던 마하바드 쿠르드 공화국과 아

180) Hunter 1998, 123.

제르바이잔 공화국이 해체되었을 때, 이란 외교정책의 최우선 과제는 다시금 영토 보전이었다. 그래서 무슬림 국가들이 아닌 강대국과의 관계가 이란에게는 매우 중요했다.

소련군이 이란에서 철수한 후, 영국이 모사데그의 민족주의 정부를 제거하기 위해 쿠데타 음모를 꾸민 1947년부터 1953년까지 외세의 간섭은 종식되지 않았다. 이란의 정치 · 경제적 운명을 통제하려던 모사데그 민족주의 정부가 앵글로-페르시아 석유회사를 국유화하고 영국 기술자들을 추방했으나, 결국 그러한 사태는 오히려 모사데그 자신의 축출을 초래했다.

앞서 여러 차례 언급한 모사데그의 '소극적 균형정책' 이론은 이란이 자국의 지정학적 곤경에 맞서 국제정치체제 하에서 독립을 쟁취하기 위한 전략이었다. 그 이론의 정수는 어떤 주요 세력에게도 특별한 이익을 제공하지 않는 것이었다. 이 시기에 정치 활동을 하던 아야톨라 아불카셈 카샤니와 같은 일부 종교인들은 이슬람 국가가 동양과 서양 사이의 제3세력으로 활동하기 위해 통일된 전선을 형성해야 한다고 주장했다. 그러나 민족주의 시대에 그의 사상은 이란이나 다른 무슬림 국가들에게 거의 영향을 주지 못했다. 무슬림 국가들의 정치 · 경제적 의존성 때문에 그들 국가간의 단결은 성취될 수 없었을 것이다.

이슬람 요인은 이 시기 이란 외교정책에 매우 제한적인 영향만을 끼쳤는데, 그것은 단 한 가지 사건에서만 결정적인 역할을 했다. 1947년 유엔에서 이란은 아랍인과 유대인 자치구로 구성되는 팔레스타인 연방국가 창설을 제시한 소수의 계획안에 찬성하고 이스라엘 측이 지지했던 분할 안에 반대했다.[181] 1948년 유엔이 팔레스타인 분할과 이스라엘의 건국을 결정했을 때, 이란은 반 영국 제국주의에 대한 아랍-이란 민족주의 진영의 공통된 감정과 이슬람 정서로 가득 차 있었다. 이후 이란 국

181) 장병옥 1999., 188.

민의 이슬람 정서로 인해 팔레비 정권은 이스라엘과 전면적인 외교관계를 맺는 것을 거부했으나, 사실상 뒤로는 이스라엘과 매우 긴밀한 관계를 맺고 있었다. 1960-70년대 아랍-이스라엘간의 정치적 분쟁과 관련하여 샤 정부가 이스라엘의 동맹국인 미국과 밀착하게 됨으로써 이란의 종교계와 무슬림들 사이에 반미감정을 유발하기도 했다. 이러한 변화와 동요에도 불구하고, 1954년부터 1971년까지 이란 외교정책은 본질적으로 다음의 두 가지 근본적인 관심사에 의해 좌우되었다.[182)]

1) 소련과 그 지역 동맹세력에 의해 야기되는 안보상의 위협에 맞설 필요성
2) 이러한 안보적 위협에 기원을 둔 미국과의 전략적 동맹을 유지할 필요성

이슬람은 이란 정부의 외교정책에 거의 끼어들 여지가 없었으며, 단 한 가지 예외로는 사회주의 이데올로기 및 안보 위협 특히, 아랍 사회주의에 대항할 잠재적 무기 정도로 간주되었다. 그래서 이슬람은 이란·사우디아라비아·튀니지 등과 같은 친서방 정부들이 나중에 이슬람회의기구(OIC)가 된 지역 기구를 형성할 당시, 협력을 굳건히 만들 단합의 주제 및 이데올로기적인 껍데기로 이용되었다.

이란의 2가지 근본적인 안보 관련 목적을 넘어 독립과 제3세계주의라는 주제가 이란 외교정책의 성격을 결정지었다. 이란은 국제정치-경제체제 내에서 자국을 포함한 개발도상국들의 정치·경제적 입지를 향상시킬 수 있도록 변화하길 원했다. 그래서 개발도상국들이 자국의 운명에 영향을 미칠 수 있는 정치·경제적 행위의 국제적 영향을 결정짓는 데 더 많은 역할을 하기를 원했다. 결과적으로 이란은 석유수출국기구(OPEC)에 가입했고 1960년대, 유엔의 탈식민지 위원회에서 활동했으

182) Hunter 1998, 124.

며, 개도국들의 무역 거래를 향상시키자고 주창했다. 깊이 뿌리박힌 이란의 민족주의자들의 정서와 미국에 대한 필요 이상의 의존성은 샤 정권의 정통성을 의심하게 할 정도였다. 이는 샤가 이러한 개념들을 떨쳐버리기 위해 소위 '자주적 국가 외교정책'을 주장하도록 만들었다.

1950년대를 통해 샤와 지배 엘리트들은 종교기관들과의 무언의 협력을 하는 가운데, 점차 이슬람 이전의 이란 전통을 정권의 정통성의 토대 및 정책의 정당화 근거로 삼아, 1962년 이후 이란 사회를 세속화시켜 나갔다.

심지어 샤는 자신의 외교정책에서 때때로 보편적인 이슬람의 유대라는 주제보다 범 아리안이라는 주제를 더 선호했다. 즉 샤는 "이란・인도・파키스탄과의 관계 확대가 아리안족의 부흥을 불러일으킬 것이며... 영광스럽고 인본주의적이며 도덕적인 문화의 횃불을 높이 들게 할 것이다"라고 말했다. 샤의 범 아리안이라는 상징의 사용과 중동 및 남아시아에서의 영향력 확대를 위한 이란과 사우디아라비아 사이의 증대되는 경쟁관계로 인하여 이슬람의 역할은 미미했다. 또한 이슬람이 사우디아라비아의 외교정책의 수단으로써 이용되면서 이란은 OIC에서 점차 멀어졌다.

1973년과 1978년 사이의 석유위기는 독자적인 이란 외교정책을 수립하고 제3세계의 목소리를 높이도록 할 수 있는 기회가 되었다. 그래서 샤는 1970년대 남북간의 대화에서 주요 대변자가 되었고 국제정치체제의 근본적 개혁과 새로운 국제경제 질서의 창조를 위한 주요 주창자가 되었다. 반면 이슬람은 이란 외교정책 결정과정에서 방향을 정하고, 그것을 합법화하는 도구로서의 역할이 더욱더 축소되었다. 요약하자면, 이슬람의 역할은 16세기 초, 페르시아 사파비 시대로부터 1979년 이슬람 혁명 이전까지는 이란 외교정책 결정과정에 있어서 미미했다.[183]

---

183) Hunter 1998, 126.

4 이슬람과 이란 이슬람 공화국의 외교정책

이슬람 혁명 이후에 이란 외교정책은 이데올로기적 사고에 의해 과거보다 더 깊이 영향을 받게 되었다. 이란의 지도부 내에 다양한 의견이 있어 온 것은 사실이지만, 이슬람 정권은 단순히 이란의 국익만을 추구하는 것을 넘어 광범위한 세계적 이슬람 운동을 추구했다. 이로 인해 이슬람 정권은 그 과정에 있어 한 국가만이 아닌 한 사상의 대변자 역할까지 해오고 있다. 이란 외교정책을 수립하는데 있어 이와 같은 두 가지 요인이 중요시되는 이유는 이슬람 정권의 이념적 척도, 이란의 국익과 정권의 이념적 열망 사이에서 오는 갈등, 그리고 이러한 갈등에 대처하는 방법 등과 관련한 이해가 요구되기 때문이다. 이슬람 정부의 이념은 근본적으로 모든 측면의 사회구조 · 사회관계 · 해외 공동체와의 관계에 적용되는 호메이니의 이슬람 해석에 기초하고 있다.

그러나 1981년 이후에야 이 이념적 체계는 주요 행동 지침 및 국가 권력에 정통성을 부여하는 유일한 도구로서 국가의 행위를 합리화하는 수단이 되었다. 혁명 초기, 여러 정치세력들이 향후 정권을 잡기 위해 권력 다툼을 벌이고 있었는데, 바자르간 총리와 바니사드르 대통령을 포함하는 세력들은 짧은 기간이기는 했지만 불안정한 권력관계를 유지하며 국가 문제에 미미한 영향을 끼쳤다. 그들은 성직자들과는 다른 가치와 가이드라인을 고집했고 당시의 이념체계 가운데 일정 부분만을 받아들였으며, 때로는 같은 원리에 대해 근본적으로 다른 해석을 내리기도 하였다. 1981년 중반에는 이러한 세력들이 이란의 정치무대에서 완전히 사라졌으나 그들의 정치사상은 이란 사회와 일부 이슬람 지도자들에게 계속 영향을 끼쳐 왔다.

호메이니가 자신의 세계관의 뿌리를 이슬람에 두고 있기는 하지만, 그는 중동과 제3세계의 광범위한 정치 · 사회적 배경뿐만 아니라 이란의 역사적 경험이 낳은 산물이었다. 이와 같이 대체로 이슬람 이란의 이념체계가 기타 다른 요소의 영향을 벗어난 것은 아니었다. 현 국제사회체제와 세계질서에 대한 그의 관점은 세속적 이란인 및 제3세계 민중의 정치적 논제의 관점과 거의 동일하다. 단지 세계의 현 상황과 이란이 처한 어려움을 분석하는 데 있어 호메이니와 세속적인 이란의 지식층, 또는 대부분의 제3세계의 지식층 사이에 약간의 차이가 있을 뿐이다.

이란 외교정책을 형성하고 수행하는데 있어서 이슬람 혁명 이념의 영향은 새로운 이란 이슬람 공화국의 다양한 시기를 통해 상당부분 변화했다. 비슷하게 이러한 이념은 다른 어떤 것보다도 이란 외교정책에 영향을 주었다. 이러한 변동은 4가지 요인의 영향을 반영했다.

1) 이란의 외적 행위의 전통적인 결정 요인으로서의 영향력을 재주장
2) 이란의 이념적 목표 성취를 위한 이란 능력의 한계에 대한 자각
3) 국내 발전과 대외 사건 및 외국의 반응에 대한 이란의 이념적 변화
4) 이란의 혁명적 도전에 대한 다른 국가들 및 국제기구의 반작용

전술한 바에 비추어, 이란 이슬람 공화국의 외적 행위에 대한 이슬람 이념의 영향은 4가지 구별되는 시기에 따라서 분석되고 평가되어야 한다.

1) 이데올로기의 통치(1979-1984)

1979년 2월 샤 정권의 붕괴에서 1984년까지 이슬람 혁명 세력에 의해 영향을 받은 이란 외교정책 노선은 큰 변화를 겪었다. 1979년과 1981년 사이에 이란의 정치적 모습은 다양한 계층의 정치 세력들간의 권력투쟁에 의해 특징지어진다. 1979년 2월부터 1979년 11월까지의 바자르간 총리의 집권기 동안, 이란은 초강대국인 미-소로부터 동일한 거리를

유지한다는 원칙에 토대를 둔 온건한 비관여정책을 추구했다. 그러한 정책은 모사데그의 소극적 균형정책이나 샤가 1960년대 후반부터 자신의 퇴위까지 추구했던 외교정책과 동일했다. 비관여정책의 일환으로 이슬람 혁명정권은 서방측의 집단안보기구였던 CENTO에서 탈퇴했다. 사실상 CENTO는 거의 10년간 아무런 활동없이 존재했었던 냉전의 산물이었다.

바자르간 정부는 미국을 위시한 서방국가 및 소련과의 마찰을 피하고 이웃 국가들의 내정 문제에 간섭하지 않았다. 바자르간은 미국과 적대적 관계를 원하지 않았다. 그래서 그와 외무장관 이브라힘 야즈디는 1979년 알제리의 지도자 보우메딘의 장례식 동안 카터 대통령의 국가안보 보좌관 브레진스키 및 국무장관 밴스와 회동할 것에 동의했다. 그 후 이 숙명적 회동으로 인해서 1979년에서 1980년까지의 인질 위기가 발생하고 바자르간 정부가 퇴진하게 되었다. 간단히 말해, 바자르간 정부하에서 이슬람은 이란 외교정책을 형성하는데 어떠한 적절한 역할도 할 수 없었던 것이다.

바자르간과 그의 관료들은 단순히 정부기구에 대한 불안전한 통제권만을 가지고 있었다. 다시 말해 혁명위원회의 강경 이슬람 세력은 바자르간 정부의 외교정책에 제동을 걸었다. 서구 국가들 특히 미국에 대한 적대감을 공유하고 있었던 좌익과 이슬람 세력은 무언의 연대를 통하여 바자르간 정부를 붕괴시켰다.

1979년 11월 바자르간 정부의 퇴진과 1981년 바니사드르 대통령의 퇴진 사이에서, 집단과 개개인간의 권력 투쟁은 이란 외교정책의 방향성에 영향을 주었다. 급진적이고 반서구적인 성향을 보였던 이슬람주의자들은 미 외교관 인질 사태를 이란 외교정책에 활용했다. 인질 사태 동안 이란의 행위는 무슬림과 소위 피억압자들의 주적으로서 미국을 인식하는 이슬람주의자들의 시각이 융합된 부산물이었다. 그들은 미국을 모욕하기 위해 인질 위기를 이용했으며, 그렇게 함으로써 약 200여 년의 외세 지배 시기 동안 누적된 민족적 수치심의 멍에를 덜 수 있었다. 이러한 행위가 어느 정도로 이슬람 요인에 의한 것인지를 밝히기는 어렵다. 이란의 역사적 경험은 민족적 수치심을 덜기 위해 초강대국 미국을 무시하고자 하는 의도와 상당부분 관련이 있다. 당시 이란의 장기적인 국익과 관련한 외교정책의 대차대조표를 계산하는 것은 중요하게 보이지 않았다.[184)]

이슬람의 영향력을 제외하고도 민족주의가 이란의 행위에 큰 역할을 했다. 가장 좋은 예는 모사데그 총리가 앵글로-페르시아 석유회사를 국유화하면서 영국 석유전문 기술자들을 이란에서 추방한 사실을 들 수 있다. 이러한 정책은 모사데그 정부에게는 치명적이고 정치 · 경제적으로 이란에 손실을 준 것으로 증명됐다. 그러한 정책은 150년 동안 이란의 가장 중요한 천연자원인 석유를 지배했던 '대영제국'에 분개해 온 이란 국민에게 감정적인 만족감을 주었다. 모사데그의 정책은 그래서 이란 민족의 수치심을 완화시키는데 기여했다.

이슬람주의자의 이념 역시 이 시기 동안 새로운 정부의 행동을 결정하는데에 중요한 역할을 했다. 이슬람주의자는 미국을 샤 정권의 보호자로서 비난했다. 그들은 또한 미국을 이스라엘 건국의 주요 배후세력이며, 이스라엘의 반이슬람 정책의 지원 국가로 간주했다. 그들은 또 미국을 이슬람의 윤리적 가르침에 저주가 되는 서구 퇴폐문화의 주요 전파자로 여겼다. 어떤 의미에서 서방 특히 미국을 향한 이란 이슬람주의자들의 적대감은 문화와 문명의 충돌이라는 성격을 내포하고 있기도 하다. 이슬람주의자들은 미국이 부패한 무슬림 독재정권들을 지원하고 이슬람 세계까지 지배하려는 데에 분개하고 있다.

미국과 중동의 친미정권들에 관한 이슬람주의자의 견해는 민족주의자의 견해와 거의 동일하다. 심지어 이스라엘에 관해서도, 이슬람주의자

---

184) Hunter 1998, 136.

및 제3세계 호전주의자들 조차도 동일한 시각을 공유한다. 제국주의 세력이 세계의 피억압자 특히 무슬림으로부터 천연자원 · 영토 · 문화 · 명예를 빼앗는다고 여기는 것이다.

이슬람은 이란이 이라크와의 전쟁을 수행하는데 중요한 역할을 하였다. 전쟁 수행에 있어 이란 국민은 이슬람 공화국의 이슬람 이데올로기와 혁명에 깊이 영향을 받았다. 이란 정부는 전쟁을 영토 분쟁이나 민족 분쟁의 관점이 아닌 '진실과 거짓', 그리고 '이슬람과 불경' 간 전쟁의 관점으로 부각시켰다.

이란-이라크 전쟁은 오직 이라크라는 비이슬람 정권이 파괴된 이후 종식될 수 있었기 때문에 장기 소모전의 좋은 예이다. 전쟁을 지속하겠다는 이란의 결정은 이슬람 혁명운동을 다른 무슬림 국가에 고무시키고자 하는 의도를 반영했다. 이러한 이념적인 목적은 영토에 기반을 둔 민족국가로서의 이란의 이익과 배치되는 것이었다. 국가 이익에 우선한 그러한 이념은 이슬람 요인의 영향을 증명하는 것이었다. 간단히 말해 이란-이라크 전쟁의 수행은 외교정책의 다른 결정 요인들보다 훨씬 더 영향을 주는 이념 · 문명적 요인들의 명백한 사례였다.

전쟁 동안 이란의 외교정책이 이념적 원칙에 따라 결정된 것은 아니었다. 상당수 이슬람주의자는 국가 이익을 위해 자신들의 이념적 원칙을 접어두고 타협을 했다. 예를 들어, 이란은 1982년 시리아의 아사드 정권이 하마市의 이슬람주의자들의 봉기를 진압하고 거의 3만 명을 살해한 이후에도 시리아와의 우호관계를 지속했다. 이란 정부는 심지어 시리아 이슬람주의자들을 '이라크와 시오니즘의 첩자'라고까지 비난했다.[185)]

유사한 방식으로 이란의 폭력적인 반이스라엘과 반시오니즘의 감정에도 불구하고 이란은 비밀리에 이스라엘의 무기를 구입했다. 한 가지

---

185) Hunter 1998, 138.

세속적인 설명과 또 한 가지의 이슬람적 해석이 이러한 이란의 행위에 적용될 수 있다. 세속적인 설명은 다음과 같다. 일반적으로 한 국가나 정부의 생존이 위험에 처하면 이념적인 목적이나 원칙은 무시된다. 이란 이슬람 정부 역시 예외는 아니었다. 이슬람적 해석은 다음과 같다. 마살라하트(Masalahat) 즉, 복지와 선의 개념은 신자들에게 다음과 같이 믿도록 만든다. 무슬림들의 일반적인 이익과 총체적인 행복이 위험에 처하면, 이슬람 정부는 이슬람 명령의 적용에 있어 유연성을 보일 수 있고 또 보여야 한다. 이란은 시리아와의 우호관계가 이란 무슬림의 일반적인 행복과 양립하여 마살라하트에 의해 용인되었다고 믿었다.

1982년 이스라엘의 레바논 침공 이후, 이란-레바논간의 연계는 이념에 따른 외교정책의 또 다른 예이다. 이란에게는 불가피한 안보적 이익이나 또는 레바논에 관여하는 것에서 얻는 다른 어떤 이익도 없었다. 비록 이란이 레바논의 시아파 집단과 긴밀한 역사적 관계를 가지고는 있지만, 이러한 관계는 "1980년대 이란이 레바논 시아파와의 광범위한 연대를 가지고 있었다"라는 설명으로는 충분하지 않다.

사실 레바논에 대한 이란의 동기는 순수하게 이념적이고 혁명적이었다. 즉, 이란은 레바논에서의 교두보를 확보하여 레바논 시아파 및 다른 무슬림을 급진적으로 만들고자 했다. 따라서 테헤란 정부는 이란 혁명과 같은 이슬람 혁명의 발발을 위한 적절한 환경을 조성한 이후, 다른 아랍 국가들에서 유사한 혁명의 촉매제가 될 수 있도록 이스라엘의 레바논 침공에 따른 기회를 이용하였다. 심지어 인질 억류와 관련한 레바논에 대한 이란의 연계로 인해서 서방국가들이 이란-이라크 전쟁에서 이라크를 지원했던 그 순간에서조차도, 이란 정부는 레바논에 대한 정책을 변경하지 않았다.[186)]

요약하자면, 1979년과 1984년 사이에 이란의 혁명적이고 이념적인

---

186) Hunter 1998, 139.

열정은 국가 이익과 실용주의 정책을 초월하는 것이었다. 이슬람은 이러한 열정이나 행동의 분위기를 유발하지 않았던 것이다. 그 모든 것은 1960년대와 1970년대의 제3세계에서 일반적이었던 급진주의나 호전성에서 기인한 것이다.

2) 이슬람 국가의 통합(1984-1988)

이란 외교정책의 수행에 있어서 중요한 변화는 공식적으로 호메이니가 행한 1984년 10월의 연설에서 나타났다. 비록 그는 이란이 기존 국제질서와 국제정치체제를 명확하게 인정한다고 하지는 않았으나, "예언자 무함마드가 무슬림이 다른 국가와 국민들과의 관계를 갖는 것이 필요하다고 설교했었다"라는 사실을 언급했다. 호메이니는 타국과의 관계를 가지지 않는 것은 이슬람의 계율에 위배된다고 주장했다.

호메이니 역시 '국민과 국민간의' 민간외교를 지지하는 자들을 비난했으며, 그들의 관점을 비합리적인 것이라고 언급했다. 그는 이란의 '국가와 국가간의' 관계에 있어서 일부 설득력 있는 조건들을 내놓았다.

1) 이란의 새로운 관계는 이슬람주의자의 관점에서 샤 정부가 미국과 맺은 주종관계보다 우호적이어야 한다.
2) 어떠한 환경 아래에서도 이란은 국제관계에 있어 이슬람과 이슬람의 영향을 손상시킬 것 같으면, 국가와 국가간의 관계를 추구해서는 안 된다.
3) 이란은 3대 적대국인 미국 · 이스라엘 · 남아프리카공화국과의 관계를 금지한다.

이 시기 이후 이란은 상호 주권 · 독립 · 영토 존중 · 타국의 내정간섭 배제라는 전제 하에 거의 모든 국가와의 관계 증진을 원했다. 많은 이란 지도자들은 때때로 유엔 안전보장이사회의 거부권 행사와 같은 일부 조항을 비난하기는 했어도, 여러 다른 유엔헌장의 조항이 자신들의 입장을 대변하는 것처럼 말했다. 이란 정부의 중점 사안은 남남관계 즉, 빈국간의 관계였으며, 남북문제는 1970년대 유행했던 단어였다. 호메이니는 비동맹운동을 초기에는 속임수라며 사실상 거절했으나, 이후 비동맹운동에 적극 동참했다. 이란은 다음과 같은 이유로 입장을 바꾸었다.[187]

1) 이란의 지도자들은 이슬람 정권이 살아남기 위해서는 그들이 현존하는 국제정치체제가 불공평하고 부당한 성격을 가졌을 지라도, 그 테두리 내에서 행동해야 한다는 것을 깨닫게 되었다. 그들은 또한 이러한 체제의 일부 규정은 이란에 유리할 수도 있다는 것을 습득했다.

2) 이슬람주의자가 샤 정권의 붕괴를 단순히 이슬람의 힘과 대중적 저항의 힘으로 봤을 때, 그들은 다른 무슬림 국가들의 국민이 동원된다면, 그들 역시 부패한 정권을 붕괴시킬 수 있다고 믿었다.

그러나 중동 국가들 내에서 이슬람 혁명의 발발에 대한 희망은 단순히 기대로 끝나고 대부분의 아랍 순니파 무슬림의 반응은 미온적이었으며, 그들이 행동주의로 나갈 정도로 호응하지도 않았던 것이다. 또한 다른 무슬림 국가들은 스스로 파괴적인 이란의 혁명적 행동의 충격으로부터 자국을 보호하는데 성공했다.

3) 실용주의와 이데올로기(1988-1997)

1988년 8월 이란-이라크 전의 종전은 이란 외교정책의 전개에 분수령이 되었다. 사실상 약간의 이란 영토를 상실하고 이라크의 점령 아래 남겨둔 상태에서, 이란 정부가 인정한 종전은 이슬람 정권의 이데올로

187) Hunter 1998, 140.

기적인 근간에 심각한 타격을 주었다. 더욱 중요한 것은 조국이 궁극적으로 승리할 것이라는 자신감에 차 있던 많은 이란인들의 믿음을 흔들어 놓았다는 점이다. 100만 명 이상의 사상자로 고통을 받으며, 이란 무슬림들은 스스로에게 근본적인 의문을 던졌다. "만일 이란의 대의가 정당했다면, 왜 신은 사탄의 무리인 사담 후세인과 서구 및 아랍의 동조자들을 물리치도록 돕지 않았을까?"

이라크와의 전쟁에서 이란의 무슬림들은 이슬람 신앙·혁명적 열정·희생정신만으로는 승리를 쟁취할 수 없다는 사실을 경험했다. 대신 정교한 무기와 충분한 외교적·물적 자원이 이라크를 압도하기 위해서 필요했던 것이다. 상당수의 이란 국민이 이를 깨달았을 때, 이슬람주의자들의 국제관계 및 이란 외교정책의 수행에 대한 신뢰성은 상당히 실추되었다. 또한 이란의 강경파들이 이후 그들의 영향력을 되찾기는 했어도, 당시 그들의 영향력은 약화되었다.

1989년 6월 호메이니의 사망은 이란의 탈이데올로기적인 외교정책의 수행에 더욱 큰 영향을 주었다. 한편으로 호메이니의 죽음은 이란 정부가 더욱 실용주의 외교정책을 추구할 수 있는 가능성을 열었다. 또 다른 한편으로는 그의 죽음은 인질 위기를 해결하고 이라크와의 종전 협상을 하는 것과 같은 어려운 결정을 내릴 수 있다는 사실을 의미하는 것이었다. 그러나 이란 정부는 외교관계에 대한 일부 어려운 문제를 해결하는 것이 불가능하게 되었다. 예를 들어 유럽 국가들과 관계 개선의 필요성에도 불구하고, 이란 정부는 이슬람을 모욕한 '악마의 시'의 저자 살만 루시디(Salman Rushdie)에 대한 호메이니의 유언으로 남아있던 1989년 2월 14일의 사형 명령을 철회하지 못했다.[188]

호메이니의 루시디에 대한 사형선고는 서양세계에 널리 퍼져있는 이란에 대한 잘못된 편견을 더욱더 확신시켜 주었다. 곧 이란이 서방세계

---

188) Hunter 1998, 143.

문명의 적(敵)이라는 인식을 심화시켰다. 호메이니의 율법적 결정은 유럽 국가들로부터 이란과 이슬람 세계 국가들에 대한 비난을 초래하며 서구세계의 정치 지도자들에게 좋지 않은 영향을 끼쳤다. 서구 국가들은 이러한 문제를 이란과의 관계 개선에 있어 필요한 전제조건으로 내세웠다.

만일 호메이니가 생존해 있었다면, 그 자신 역시 명령을 철회했을 것이고 누구도 그의 결정에 반대하지 않았을 것이다. 또한 호메이니는 그런 상황을 쉽게 통제했을 것이고 마살라하트 즉, 이슬람 공화국의 이익과 복지에 대한 필요성 때문에 미-이란 외교관계를 재개했을 가능성도 있다. 호메이니가 사망함에 따라 그의 이데올로기적 유산을 해석할 어떠한 권위자도 남아 있지 않다. 외교정책의 대다수 다른 중요한 문제에 있어 이란은 비이데올로기적 실용주의 노선을 추구하기 시작했다. 1990-91년의 걸프전에 대한 이란의 자세 및 중앙아시아 국가들에 대한 이란의 정책만큼 이를 잘 설명해 주는 것은 없다.

(1) 페르시아만 위기

1988년 8월 종전 후 이란의 최대 관심사는 어떻게 자국의 영토에서 이라크군을 축출하고, 유엔 안보리 결의안 589호의 실행을 얻어내며, 샤트 알 아랍 수로에 관련된 1975년 알제이 협약을 이라크가 받아들이도록 하는 것이었다. 그러나 이란의 노력에도 불구하고 유엔 안전보장이사회나 강대국들은 이라크가 이란의 요구를 받아들이도록 압력을 가하지 않았다. 대조적으로 1990년대 초까지 미국을 포함한 주요 서방 세력들은 이라크를 동맹국의 한 축으로 편입하여 걸프만의 새로운 안보 구조의 창안을 모색했다.

한편 페르시아만 위기는 이란에게 특정한 국가 이익을 가져오기도 했다. 이 중 가장 중요한 것은 알제이 협정에 포함된 내용인 샤트 알 아랍 지역에 대해서 이라크와의 공동주권을 인정하자는 이란의 평화협정을 사담 후세인 정권이 수용한 것이다.

이라크와의 평화협정은 정치적으로 이슬람 정부에게는 매우 중요했다. 이란 정부는 경제회복에 매진하기 위해서 평화를 조성하는 것이 이란 외교의 중요한 목표라고 생각했다. 그러나 오만과 같은 페르시아만 국가에 의한 중재나 UN의 중재를 포함한 어떠한 노력도 성공적이지는 못하였다. 그러던 중 이 문제를 해결한 것은 1990년 5월 사담 후세인이 이란 대통령에게 보낸 서신이었다. 이 서신에서 후세인은 이란-이라크 간의 계속되는 적대관계는 오로지 미국에게만 이익이 된다고 주장했다. 그러면서도 그는 알제이 협정의 조항을 인정하기에는 아직 어렵다고 표명했다.[189]

이란은 이라크의 제안에 적극적으로 그러나 조심스럽게 대응했다. 이란은 평화협상과 평화조약이 유엔 안전보장이사회 결의안 598조에 의하여 전개되어야 한다고 주장했다. 6월과 7월에 이란-이라크 양측의 실무자들은 사담 후세인-라프산자니간의 정상회담의 발판을 마련하고자 몇 차례 사전회담을 개최했다. 그럼에도 불구하고 이 사전회담에서 이라크는 이란 측이 만족스러워 할 정도의 양보는 하지 않으려고 하였다. 1990년 8월 이라크 군대가 쿠웨이트를 침공하고 미국을 위시한 다국적군의 파병이 전개되자 이라크는 이란과의 국경에 배치된 이라크 병력을 철수시키지 않을 수 없었다. 이라크군이 이란의 영토에서 철군한 이후 이란은 안도의 한숨을 쉬었고, 8월 15일 사담 후세인은 이란 측이 원하는 모든 주요 사항을 받아들였다.

이것은 이란 정부에게는 호기였다. 1990년 8월 17일 이라크 군대는 이란 영토에서 철수하였다. 같은 날 두 나라는 포로들을 교환하기 시작하며, 9월 10일에는 외교관계를 회복하기로 발표한 후, 10월 14일 상호 대사관의 문을 다시 열었다. 이라크의 쿠웨이트 침공은 이란이 이 협정

189) Hunter 1992, 126.

에서 평화를 얻는데 도움을 주기도 하였으나, 이란에게 또 다른 몇 가지 딜레마를 가져다주었다. 우선, 이란은 이라크가 쿠웨이트의 유전지대마저 점령함으로써 파생될 막대한 오일 달러 및 전략상의 위치 등의 이유로 인하여 우려하지 않을 수 없었다. 사실 이란은 이라크가 쿠웨이트를 점령한 후, 그 다음의 타깃은 이란의 후지스탄 지방이 될 것으로 추측했다.[190]

쿠웨이트를 이라크에 합병한 사담 후세인은 이란의 안보 환경을 어렵게 만들었을 것이고, 다시 한 번 이란의 후지스탄 주와 아마도 다른 페르시아만 해안 지역에 관심을 두었을 것은 확실하다. 이라크의 쿠웨이트 침공을 전혀 예상하지 못하고 이란-이라크 전쟁의 전비를 부담했던 사우디아라비아와 쿠웨이트 같은 아랍 국가의 지도자들은, 결국 사담 후세인이 걸프만에서 훨씬 더 심각한 위협세력이라는 사실을 경험하고, 뒤늦게 후회한다고 이란 측에 말한 적이 있었다.[191]

사실 1991년 '사막의 폭풍작전'이 성공한 이후 걸프만에서의 미군의 주둔은 이란의 안보에 대한 우려를 급격하게 증대시키고, 정책의 선택권을 축소했던 것이다. 걸프 아랍 국가들에 대한 영향력과 걸프전에 대한 이란의 태도는 중요했다. 이란 이슬람 정권이 이라크를 지원하겠다고 나온다면, 일부 무슬림 국가들이 반 사담 연합에 합류하는 것을 어렵게 만들 수도 있다는 것이다. 결과적으로 이라크 사담 정권과 반 사담 세력 양측은 각각 상호 이란의 지지를 얻으려고 노력했다.

이러한 맥락에서 사담 후세인은 갑자기 종교를 앞세워서, 이슬람 상징이나 이슬람 종교적 용어들을 사용하기 시작했고 자신을 떠오르는 이슬람 세계의 새로운 지도자로 지칭하기에 이르렀다. 사담 후세인은 점차 팔레스타인 문제와 그의 쿠웨이트 침략을 연계시키며, 이스라엘 군대가 점령한 아랍 지역으로부터 철수하는 것을 대가로 쿠웨이트를 침공

190) Hunter 1992, 127.

191) Hunter 1998, 144.

하였다고 주장하였다. 그는 쿠웨이트 침공을 이란이 그동안 슬로건으로 내세웠던 '이슬람과 팔레스타인' 문제와 연계시킴으로써 이란 및 아랍 무슬림 국가들의 지지를 받고자 하였다.

계속해서 사담 후세인은 이란의 협력을 얻어내기 위해 이슬람과 반미 정서에 호소했고, 이슬람 성지에 미군의 주둔을 부각시키며 이슬람을 보호하기 위해 미국에 대항한 이란-이라크 공동전선의 결성을 촉구했다. 이러한 사담의 전략은 이란에 어느 정도 반향을 불러 일으켰다. 이란에서 이라크를 지지하는 소규모의 시위가 열렸다. 아야톨라 할할리와 같은 일부 성직자는 이란이 이슬람 지역에 미국의 영향력을 차단하기 위해 이라크와 연합하라고 촉구했다. 심지어 이란의 정신적 지도자인 하메네이도 사우디아라비아에 주둔한 미군에 대항해서 성전을 일으키자고 주장했다. 그러나 이러한 소수의 관점은 대다수 국민에게 폭넓은 지지를 얻지 못하고 이 극단적인 감정의 분출은 갑자기 조용해졌다. 이라크와의 8년 전쟁 동안 겪은 고통으로 인해 이란 국민은 사담과의 협력을 꺼려했던 것이다.

이란은 이라크의 쿠웨이트 합병을 묵인하고 사담 후세인을 지지할 수는 없었다. 또한 이라크에 대한 지지는 서방과의 관계개선과 금융 및 기술적 지원의 획득을 추진해온 이란의 외교전략을 포기하는 것을 뜻했다. 게다가 이슬람 정권 지도부는 이란이 이라크를 지원한다면, 반 사담 연합군에 의한 군사적 보복공격으로 이란의 안보에 위협을 초래할 것이라고 우려하고 있었다. 그러나 이슬람 이념 때문에 사담 후세인에 대항한 다국적군에 참여하는 것 또한 이란 측에 현실적인 선택은 아니었다.

더구나 팔레스타인 민중의 권리를 옹호하며 이슬람주의를 주창하는 사담 후세인의 전략적 행동 때문에, 이란은 어느 한 쪽으로 편중된 반 이라크 혹은 친 서방정책을 선택할 수 없었다. 그러므로 이란은 쿠웨이트 문제에 대한 두 갈래의 균형적인 정책을 채택했다. 이란은 원칙적으로 이라크의 쿠웨이트 침공을 비난하며, 유엔의 이라크 군대 철수 요구와 쿠웨이트의 합법적 정부의 원상회복을 지지했다. 이라크가 완전히 붕괴되고, 사우디아라비아와 다른 페르시아만 국가에 미군의 영구 주둔은 테헤란의 이슬람 정권에게는 위협으로 비춰졌다. 이러한 상황에서 한편으로 이란은 유엔의 제재를 지지하면서도 다른 한편으로 이라크와의 관계 정상화를 추구했다.

그렇기 때문에 이란은 어느 정도 반 이라크주의에 편승한 중립적 입장을 채택했다. 이와 같이 이라크의 쿠웨이트 침공은 이란과 서방간의 화해를 위한 또 다른 기회를 주었다. 이란의 중립적 자세는 반 사담 연합에 간접적으로나마 기여했다고 할 수 있다. 예를 들어 이란은 사담 후세인의 쿠웨이트 침공을 비난하고, 유엔이 부과한 이라크에 대한 수출입 봉쇄에 동의하면서 쿠웨이트의 영토 보전을 지지했다.

이러한 정책을 정당화하기 위해 이란은 사담의 미국과의 전쟁에서 이슬람적 성격을 최소화하였다. 바그다드의 라디오 방송이 이슬람적 슬로건에 호소하며, 마치 그들의 이야기가 호메이니의 연설과 비슷하게 들렸음에도 불구하고, 이란의 지도자 하메네이는 "걸프전이 이슬람과 이교도간의 전쟁이 아닌 까닭에 이란 국민은 사담 후세인을 지원할 이슬람적 의무가 없다"라고 말했다. 그런 상황에서 라프산자니 대통령은 "이란 국민은 사담 후세인이 '페르시아만'을 '아라비아만'으로 바꾸도록 하는 것을 진정으로 원하느냐"라고 반문하며 이란인들의 민족 감정에 호소했다.[192]

이란의 對걸프전 정책은 이슬람 이데올로기의 유연성을 반영했다. 즉, 이슬람 정권은 이란의 안보 및 국익에 의거하여 행동하는 정책을 추구했다. 예를 들어 이란이 자국의 재건 노력을 위한 재정・기술적 원조를 얻을 목적으로 반 사담 동맹세력에 합류했다면, 아마도 미국 내에 압류된 다수의 자산의 반환을 포함한 상당한 지원을 얻어낼 수도 있었을

192) Hunter 1998, 146.

것이다. 그런 행동은 이슬람 강경파에게는 받아들일 수 없는 것이었고, 또한 이슬람 정권의 신뢰를 훼손시켰을 것이다. 이데올로기적인 견고함보다 더욱 중요한 것은 이란 정권 내의 과도한 반미주의였는데, 특히 하메네이가 그러했으며 이는 이란이 미국 주도 하의 어떠한 동맹세력에 가입하는 것도 상상할 수 없도록 만들었다.

(2) 이란과 중앙아시아

소련-이란 양국간의 국교회복의 첫 번째 단계는 소련의 외무장관 세바르드나제(Eduard Shevardnadze)와 호메이니의 1989년 2월의 회동에서였다. 호메이니가 사망한 직후인 같은 해 6월 라프산자니가 모스크바를 방문했다. 소련이 해체된 1990년 1월과 1991년 12월 사이 이란은 소련 내부의 파괴적 결과로부터 자국을 보호하고 모스크바와의 긴장을 피해야 할 필요가 있었다.

그래서 소련의 남부 신생 중앙아시아 공화국들 내의 인종간 대립이 심각해진 1989년을 통해, 이란은 비간섭주의를 견지했다. 이란 외무부는 이러한 인종간의 분쟁이 소련의 내부 문제라고 여러 차례 언급했다. 이란은 심지어 1990년 1월 미하일 고르바초프가 아제르바이잔-아르메니아 사이의 분쟁을 진압하기 위해 바쿠에 소련군을 파병했을 때에도 침묵으로 일관했다. 고르바초프가 이란이 이슬람 원리주의를 조장하고 있다는 비난에도 불구하고, 이란 정부는 그것에 대응하지 않았던 것이다. 일부 영향력 있는 이슬람 성직자들은 아제르바이잔 사태에 대한 테헤란 정부의 수동성에 대해 비난했다. 아야톨라 무사아르다빌리는 이란의 아제르바이잔에 대한 불간섭은 아제르바이잔의 시아 무슬림들에게 영향을 줄 수 있는 터키인 및 이집트인들에게 또 다른 여지를 남기는 것이라 경고했다.

소련 남부의 중앙아시아 공화국들이 독립한 후, 이란은 그들과의 관계에 있어 비이념적이고 실용주의적인 접근을 유지했다. 이슬람 요인은 이란-중앙아시아 국가들간의 관계에서 최소한의 역할만을 했던 것이다. 즉, 동기 요인은 안보와 경제였다. 트랜스코카서스에서는 안보적 고려 때문에 이란은 대다수의 시아 무슬림 아제르바이잔인들보다 기독교 아르메니아인들과의 우호관계를 형성했다. 이란 정부는 비밀리에 나고르노-카라바흐 분쟁에서 아르메니아인들을 돕기까지 했다. 중앙아시아에서 이란의 목적은 역시 그 지역에서 혁명적 이슬람을 전파하기보다는 자국의 안보와 경제관계를 증대시키는 것이었다. 그래서 타지키스탄에서 옛 공산당 출신의 비종교적 라흐마노프 정부가 자국 내 이슬람 반정부 세력과의 내전을 치르고 있었음에도 불구하고, 이란은 라흐마노프 정부와 우호관계를 맺으려 노력했다. 이란은 또한 타지키스탄 내전을 종식시키려는 노력에서 중요한 역할을 했다.[193)]

옛 소련 연방 국가들에 대한 이러한 비이념적 정책의 더욱 명백한 예로는 러시아가 "이슬람주의는 러시아의 안보와 국익에 중대한 위협이다"라고 언급함에도 불구하고, 이란이 러시아와 전략적 동반자 관계를 모색하기 위해 노력을 해왔다는 점이다. 심지어 체첸 무슬림 투사들이 러시아군의 토벌작전으로 학살당하고 있음에도, 이란은 모스크바와의 관계 회복을 위한 정책 의지 때문에 그것을 묵인하고 있다. 다만 이란 언론은 체첸에서의 러시아의 군사행동을 비난했지만, 이란 이슬람 정부가 체첸 사태에 개입해야 한다는 어떠한 촉구도 없었다. 2006년 현재까지도 이슬람 정권은 체첸 전쟁이 러시아의 내부 문제라는 자세를 취하고 있다.

(3) 이란의 對이스라엘 정책

옛 소련이 붕괴된 후 등장한 중앙아시아 국가들에 대한 이란의 정책과는 대조적으로, 이스라엘과 아랍-이스라엘 간 분쟁에 대한 이란의 정

193) Hunter 1998, 147.

책은 이란의 안보와 다른 국익의 희생을 감수하더라도 대부분 이슬람주의 및 이데올로기 요인에 의해 결정되어 왔다. 이란과 이스라엘 양국 사이의 어떠한 전통적 이유로도 이란 정부의 이스라엘에 대한 적대감은 설명될 수 없다.

이란은 이스라엘과 국경을 공유하지 않은 까닭에 지금까지 어떠한 영토적 분쟁도 벌인 적이 없었다. 양국은 비록 1982년 이란이 레바논의 시아파 이슬람주의자 집단과 연루되어 일어난 이스라엘과의 간접적인 분쟁에 휩싸인 적은 있을지라도 전쟁을 벌여본 적은 없다. 또한 이란인들과 유대인들 사이에는 어떠한 역사적 분쟁도 없었다. 반대로 두 국민간의 역사는 고대 페르시아 제국시대부터 나치 독일 통치 하에 이르도록 적대감보다는 우호관계로 특징지어져 왔다. 즉, 페르시아 제국의 다리우스 대왕이 바빌론에서 노예상태로 구속되어 있던 유대인을 해방시켰고, 이란 정부는 나치 독일 통치 하에서 신음했던 유대인이 탈출할 수 있는 길을 열어 주기도 했던 것이다.

이란-이라크 전쟁 초기에 이스라엘의 무기가 이란에 유입됐다는 소문을 이라크 언론이 보도하면서, 그것은 유대인과 페르시아인 사이의 오랜 역사적 우호관계를 반영하는 증거라고 주장했다.

이스라엘에 대한 이란의 적대감에는 어떠한 민족적 이유도 없는 것이다. 이스라엘에 대한 적대감은 이란의 이슬람주의 이데올로기와 순수한 이슬람 동기에서 기인한다. 다시 말해 이란의 지도부는 이스라엘을 이슬람의 주적으로서 무슬림들의 제3의 성지인 예루살렘을 찬탈했다고 간주하고 있다. 그러한 이슬람의 동기는 제3세계 국민의 마음 속에 이스라엘을 제국주의의 대리국가로 여기는 호전성에 의해 더욱 강화되었다.[194)]

이스라엘에 대한 적대적 접근은 이란의 국내 경제발전을 포함한 국익

194) Hunter 1998, 148.

에 손상을 가져왔다. 이스라엘의 국가 정통성을 인정하지 않고, 중동평화과정을 반대함으로써 이란은 국제금융 자본의 수혜 대상국에서 배제되어 왔다. 이스라엘에 대한 이란의 이념적 자세로 인해 이슬람 정권은 정치 · 경제적 불이익을 당하였다.

1988년에서 1997년까지의 이란에 대한 미국과 이스라엘의 유화정책으로 인하여 이란-이라크 전의 종전 후, 이란 지도부 내 실용주의자들의 입지는 향상되었다. 이것은 이란의 자국 영토 내에서 이라크군이 철군하도록 하기 위한 노력과 더불어, 이란이 서방과의 관계 향상을 모색하도록 자극했던 것이다. 비록 이란 강경파는 미국과 관계를 맺으려는 것을 인정하지 않았지만, 미국에 대한 적대감을 완화하고자 하는 메시지들이 터키 · 파키스탄 · 일본과 같은 중재국들을 통해 전달되었다. 미국의 외교정책 결정자들은 냉전의 종식으로 인해 이란의 전략적 가치에 대한 매력을 느끼지 못하게 된 반면, 이라크나 걸프 지역에 있는 대규모 석유 매장지를 중요시하게 되었다.[195]

이란의 기대와는 대조적으로 미국의 이란에 대한 정책은 더 단호해졌다. 즉, 미국은 자국 내 동결된 이란의 자산 문제에 대한 입장을 변화시키지 않았을 뿐만 아니라, 다른 서방 국가나 국제기구를 통한 이란에 대한 차관 지급을 거부하는 자세를 유지했던 것이다. 예를 들어 미국은 GCC와 이집트 · 시리아 · 터키 · 파키스탄 등 국가들을 포함하는 전후 안보구조에 대한 논의에서 이란의 참여를 거부했다. 1991년 12월 소련의 붕괴로 인해 워싱턴은 이란을 고립시키는 강경정책을 채택하게 되었고, 이는 클린턴 정부의 이중 봉쇄전략의 맥락에서 더욱 정교하게 되었다. 그런 상황에서 보수적인 아랍 국가들과 이스라엘에 대한 공통된 이란의 위협은 이스라엘에 의해 이용되었다. 미국 정부는 이란의 위협을 과장함으로써 아랍과 이란 사이의 긴장감을 더욱 고조시키면, 아랍 측

195) Hunter 1998, 150.

을 이스라엘과 화해하게끔 설득할 수 있을 것이라고 여전히 생각하고 있을 수도 있다.[196)]

일단 아랍-이스라엘간의 평화가 정착되면 미국의 봉쇄정책은 이란 이슬람 정권을 붕괴시키기 위한 적극적 개입정책으로 바뀔 것이라는 것이 이슬람 원리주의자들의 믿음이었다. 그래서 이란 정치 지도자들은 "아랍-이스라엘간의 평화과정의 성공은 자신들의 안보를 위협할 것이다"라고 결론지었다. 간단히 말해, 이슬람 이데올로기에도 불구하고 세속적인 이유 역시 이란 외교정책에 상당부분 영향을 주었던 것이다.

4) 문명 간의 대화와 이슬람회의기구(1997-2005)

외교정책에 대한 새로운 비전을 가진 하타미 대통령은 1997년 12월 테헤란에서 열린 '이슬람회의기구(OIC)' 정상회담에 참석한 무슬림 국가 대표들의 따뜻한 환영을 받았다. 특히 아랍 국가 출신의 거의 모든 회원들이 하타미 이란 대통령의 연설에 귀를 기울였다는 것은 놀라운 일이다. 또한 1991년 다카(Dakar)에서 열린 제6차 OIC 정상회담에서는 제8차 정상회담을 이란에서 갖자고 결정하기까지 이르렀다. 이란 외교정책의 패러다임 변화는 아직도 개선할 점이 많지만 이것은 이미 라프산자니 정권 시절부터 추진되었던 것이다.

이란의 이슬람화 정책은 이란과 아랍인들로 하여금 문화적인 경쟁심을 불러일으키게 하였고 이슬람 문화의 발전에 각각 공헌하면서 정통성의 문제와도 결부되어 있었다. 그러므로 이란과 사우디아라비아는 이념적인 측면에서 경쟁을 하고 있지만, 그들의 국가 이익은 상호 협력과 이해를 바탕으로 하고 있다. 이란의 긴장완화 정책과 상호 신뢰구축 조치의 주요 목적은 페르시아만의 안정을 유지하는 것이었다. 1997년 테헤

---

196) Hunter 1998, 137.

란에서 열렸던 제8차 OIC 정상회담에서 하메네이는 "이란은 이슬람 국가에게 더 이상 적대적인 감정을 드러내지 않는다"라고 밝혔다. 이는 특히 걸프 지역 국가들에게 지지 받을 만할 내용이었다. 이란 외교정책은 국가 이익에 그 근본을 두고 있지 예전의 호메이니 시절처럼 이념에 기초를 두고 있지 않다는 것이다. 그러므로 이란은 상호 존중과 이해를 바탕으로 한 외교정책을 통하여 다른 국가들에게 화해적인 접근을 시도했다.

이란과 아랍 세계의 화합 분위기 속에서 이란은 OIC 의장국으로서 위상을 과시하며 국제적 고립으로부터 완전히 벗어났다. 이슬람 은행의 창설에 대한 문제가 OIC에 의해서 논의되었다. 무슬림 세계의 사기를 진작시키고 위상을 유지하는데 일조하고 있는 OIC 정상회담은 이란의 국제적 이미지를 개선하는데 기여했다.[197]

이란은 그 주변 국가에 영향력을 끼치는 외부 세력들, 특히 미군의 페르시아만 주둔에 항상 반대를 해오고 있다. 이란의 최고 지도자인 하메네이는 제8차 OIC 정상회담에서 다음과 같이 목청을 높였다.

> "걸프만에 주둔하고 있는 전함들, 특히 미군은 세계의 가장 중요한 에너지 자원의 보고인 이슬람 지대에서 불안을 야기하고 있다. OIC는 이슬람 국가들의 힘과 위엄을 이용하여 그들을 몰아낼 수도 있다. OIC는 언제든지 필요하면 이 지역의 평화와 안보를 위해 부대를 배치할 수 있기 때문이다."

이와 같이 하메네이는 걸프만에 미군의 주둔을 비난하고 이슬람 세계가 이를 간섭할 필요성을 강조했다. 그는 "미국의 시나리오에 따른 중동 평화과정을 이란은 반대한다"라고 반복해서 비난했다. 또한 그는 외세의 위협에 직면해 있는 무슬림 국가들의 독립 및 국익을 위해서 OIC의

---

197) Sayeed 1999, 283.

더 효과적인 지원과 역할을 제안하기도 했다. 또한 이 회담에서 하타미 대통령은 다음과 같이 밝혔다.

> "이란 이슬람 공화국은 이 지역의 평화와 안정을 주변 국가들과의 협력에 의해서 도모할 것이며 페르시아만 연안 국가들에게 지역 안보상 협력을 요구한다. 이는 결국 모든 국가들을 위한 노력의 일환이다."

이란은 이러한 지역 안정과 자국의 영토통합 문제에 대해 매우 민감한 반응을 보이며 걸프만에서의 미군의 주둔을 매우 달갑지 않게 여기고 있다. 미군이 이 지역에 주둔하고 있으면 언젠가는 주변 전체 국가들에게 상당한 위협을 가할지도 모른다고 판단하고 있기 때문이다.

테헤란에서는 강경파 하메네이의 반미 정책과 온건파 하타미의 탈고립 정책의 일환으로 아랍 이웃국가 및 미국을 포함한 서구와의 대화-화해-개방이라는 상반된 국가정책이 공존하고 있다. 그러나 이란-아랍 국가간의 관계에서 이란의 급진주의 시아 이슬람 이념은 이란-아랍 국가간의 관계에 역기능적으로 작용하고 있다.

또한 보수파 성직자인 하메네이의 전폭적인 지원으로 아흐마디네자드가 2005년 6월 대통령에 당선됨으로써 대화 · 개방노선을 추구해왔던 전 하타미 정부의 온건정책은 강경정책으로 급선회하게 되었다. 비성직자 출신이면서도 이슬람 원리주의에 충실한 아흐마디네자드 신정부가 출범함으로써 이란은 국내외적으로 종전보다 훨씬 더 강화된 이슬람주의 및 반미 노선을 지향할 것으로 보인다.

5 외교정책에 대한 이슬람의 영향

이란이 아랍의 정복에 의해 이슬람화된 이래로 이슬람은 이란의 문화와 정치발전에 영향을 미친 요소들 가운데 오직 하나에 지나지 않았고, 이슬람 혁명 이전까지만 해도 거의 중요하지 않았다. 이란에서의 이슬람 세계주의는 편협한 정체성을 뛰어넘지 못했으며, 따라서 이란 민족주의를 누그러뜨리지도 못했다. 이슬람 이전의 페르시아 전통과 이슬람으로 분류하는 것이 보편화되어 있으나, 현재 민족주의는 부분적으로나마 이란의 시아주의화에 의해 약화되었다.

이란 이슬람 혁명의 발발 이전까지 이슬람은 이란의 외부세계와의 관계를 결정함에 있어서 미미한 역할을 했다. 즉, 심지어 이슬람 혁명 이후까지도 다른 요인들이 이란의 대외정책에 지속적으로 영향을 주었던 것이다. 이란의 반 서구주의는 이슬람과 서구의 단순한 문화적 상이성에 그 기원을 가진 것은 아니다. 물론 어느 정도 문화적 충돌이 이란 이슬람주의자들의 서구에 대한 시각에 영향을 주었지만, 실제로 대내외 정책을 다루는 이란의 지도층 내에는 상당한 분열이 있다. 이란에서 어떠한 다른 시각을 가진 무슬림도 이슬람 정치체제 또는 이슬람 세계관의 정통성에 도전하지는 않고 있지만, 두 개의 커다란 성향이 존재한다.

첫 번째 성향은 이슬람의 전통적인 관점을 취하며, 개인 재산을 인정하고 민간기업과 정부의 최소한의 역할에 기초한 경제체제를 옹호한다. 외교정책에 있어서 이러한 세력은 "동구도 서구도 아니다"라는 비동비서(非東非西) 노선에 따라 비동맹의 태도를 고수한다. 그러나 그들은 유럽 · 중국 · 일본 등 다른 국가들과의 외교관계를 증진시키면서 미국과의 관계를 정상화시킬 수 있다는 가능성 또한 배제하지 않는다. 그들은 이란이 다른 이슬람 국가 및 제3세계 국가들과 우호관계를 맺고 이란의 혁명 메시지를 전파할 것을 지지한다. 이들은 외교라는 전통적 경로를 통해서 이러한 일들을 하기를 원하며 '국가와 국가 간' 관계의 가치와 이란의 능동적 참여외교의 중요성을 강조한다.

두 번째 성향은 이슬람의 혁명적 관점을 취하며, 평등주의 측면과 소수계층에 편중되어 있는 과도한 부의 축적에 대한 금지 조치 등을 강조한다. 그러므로 전반적인 토지개혁과 경제 부문에 관해 거의 총체적인 통제를 취하고 사적 요소의 극히 적은 부분만을 허용한다. 혁명의 순수성과 열정을 유지해야 한다는 점을 확고히 믿는다. 외교정책에 있어서, 이 그룹 역시 비동맹 노선을 취하지만 러시아에 대해서는 기본적으로 온건한 입장을 보이는 반면, 미국에 대해서는 반미노선을 취하며 미국과의 관계 정상화를 반대한다. 또한 국가간의 관계에 문제를 초래한다 할지라도 이슬람 혁명을 수출해야 한다는 정책을 추구한다. 실상 이 세력은 이란 외교정책이 세계의 정부보다는 그 국민들에게 초점을 맞추어야 한다고 주장한다.[198)]

이란 지도부의 이러한 서로 다른 견해들을 조정하기 위한 헌법이나 다른 메카니즘의 결여로 인해서, 이란의 혁명 후기 외교정책은 이원론적이고 모순된 성격을 띠게 되었다. 이란의 지도부가 외교관계를 수행하는데 있어서 이데올로기와 실용주의를 어떻게 적절히 조화시킬 것인가는 중요하다. 때때로 이슬람 정권은 상당한 국익의 손실을 감수하면서까지, 이란을 하나의 국가보다는 하나의 혁명 운동의 선구자로서 간주했다. 그러나 증대하는 정치·경제적 압력과 더불어 생존을 위한 국민의 요구로 인해서, 대부분의 이란 이슬람 지도자들은 순수한 이데올로기주의자나 이상주의자라기보다는 전문적인 관료 및 정치인화 되어

---

198) Hunter 1990, 43.

가는 경향이 있다.

지난 수십 년간의 기간에 이슬람주의자들은 외부 세계가 이란의 이데올로기적 열망에 쉽게 호응하지 않을 것이라는 사실을 알게 됐다. 더욱이 위협을 느낀 일부 국가들은 이란의 문제를 악화시키고 심지어 이란의 혁명 목표를 좌절시키려 시도했다. 이라크의 對이란 선제공격에도 불구하고 오히려 국제사회가 이라크를 지원함으로써 이란은 정치·경제·군사적 압력으로 이어지는 국제적 고립을 초래했다.

이란의 지도자들은 강대국이 이슬람 혁명의 영향을 두려워하여 이란을 적대시한다는 사실에 오히려 자부심을 가졌다. 그러나 모든 이란인과 이슬람 지도자들이 이러한 태도를 공유하는 것은 아니다. 왜냐하면 그들은 이란의 이데올로기적 극단주의의 파괴적 결과로 불필요한 적을 만들었다는 점을 인식했기 때문이다.

이러한 경험의 결과로, 이란의 지도자들은 외교관계의 지침에 관한 그들의 관점을 재평가해야만 했다. 기존의 국제정치체제가 얼마나 부당하든지 간에 그들이 그것을 개혁하기에는 역부족이라는 사실을 깨달았다. 이란은 그 한계를 절감하면서 혁명 목표를 수행해나갈 만한 군사적 수단을 포함한 국력이 미약함을 인식한 것이다. 심지어 그들이 이란과 같은 이슬람 종파인 이라크 시아 무슬림의 봉기를 이끌어 내지 못한 것은 실망스러운 것이었다. 이란의 범 무슬림 통합에 관한 주장도 무시된 채 지나가 버렸다. 이란은 다른 혁명 정부가 이미 경험했던 국제정치체제에 순응하는 똑같은 과정을 통과하고 있다. 이러한 순응이 혁명 목표의 포기를 의미하는 것은 아니지만, 종종 국가의 생존을 우선시하고 혁명 목표를 그에 적용시키는 것을 의미한다.

그러나 이러한 경험이 모든 분파에 같은 정도로 영향을 끼친 것은 아니다. 일부 급진주의자들이 아직도 국제사회의 규범을 따르는데 반대하기 때문에, 이란 외교정책에 있어서 이념을 다시 한 번 강조할 수 있는 가능성이 있을 수 있다. 일부 급진주의자들은 이념적 경직성이 가져오는 막대한 대가를 인식하고 있다. 결과적으로 온건파와 급진파 사이의 논쟁은 국가 이익에 반하기는 하지만, 이념과 조화될 수 있는 상대적 영향력보다는 오히려 이란의 정치·경제적 파트너를 선택하는 일에 더 초점을 두게 되었다. 자원의 한계·외부저항·경제 개발·이란 시아 혁명사상의 수용 거부 등 그 이념적 목표를 장기적인 열망으로 바꾸어 놓은 것이다.[199)]

요약하자면, 이란은 혁명의 목표를 포기하지 않았고 단지 대내외적 압력 아래 좀 더 조심스럽게 추구해 오고 있는 것이다. 이란의 국가 목표와 이념적 열망 사이의 갈등은 지속되고 있다. 그러나 이념적 목적이 국가의 이익에 종속되어 있는 다른 혁명 국가들을 점점 닮아가고 있는 것은 사실이다. 호메이니의 사망에 따른 과도기적 여파로, 비교적 온건한 경향이 강해지는 듯하다. 라프산자니 및 하타미 대통령을 포함하는 이란의 지도자들은 보다 현실적인 접근을 하고 있으나, 그들의 입장이 전혀 도전 받지 않았던 것은 아니다. 따라서 좀 더 이념적인 입장을 다시 주장할 가능성은 여전히 남아 있으며, 특히 여러 분파들이 호메이니의 정신적 유산을 해석하는 데에 상호 다른 의견을 보이기 때문에 더욱 그러하다.

마침내 2005년 6월 대선에서 이념적으로 강경 이슬람원리주의를 추구하는 마흐무드 아흐마디네자드가 대통령에 당선되었다. 초강경 보수파인 그는 "이란은 1979년 이슬람 혁명 정신으로 되돌아가야 한다. 관리들이 국가의 권위를 위해 멋진 궁전에서 일한다는 주장은 이슬람 정신에는 없는 얘기이다. 부패·빈곤과 싸우겠다"라고 주장하며 서민층의 마음을 사로잡았다.

아흐마디네자드 대통령은 핵개발과 같은 국가안보 이슈에서도 라프산자니보다 훨씬 더 강경하다. 이슬람 보수파 진영에 속하는 그는 이란

---

199) Hunter 1990, 44.

혁명 이후 단교상태인 미국과 교류를 정상화하는 것은 물론 핵문제에 있어서도 서방과의 타협 여지를 거의 두지 않고 있다. 미국과의 관계에 대해 그는 “미국은 이슬람 혁명을 파괴하기 위해 일방적으로 이란과 관계를 단절했지만, 미국과 관계를 회복할지에 대한 결정은 이란이 내릴 것이다”라고 목소리를 높였다. 그는 미국에 대한 양보에 반대하며 유럽연합과의 핵협상에 대해서도 회의적이다. 이 때문에 개혁진영에서는 아흐마디네자드가 한 세대 전 이슬람 혁명 초기의 억압시대로 회귀하지 않을까 우려하고 있다.

제8장 호메이니의 이슬람 원리주의 외교정책

중동의 많은 무슬림들은 서방 세계와 손잡았던 이란의 강력한 팔레비 정권에 대항해 이슬람이 최후 승리를 거두었다고 환호했다. 이러한 사상은 1917년 볼셰비키 혁명시대의 사상과 같이, 순니 무슬림들이 현실에 눈을 뜨게 되면서 1979년 2월 호메이니에게 권력을 가져다주었던 이슬람 혁명 이데올로기를 국내외적으로 빠르게 전파하는 결과를 가져왔다. 페르시아만의 아랍 국가들은 호메이니 자신이 단지 시아 이슬람 국가의 지도자가 아니라 전세계 모든 무슬림의 지도자라는 주장에 충격을 받아 1981년 GCC를 창설했다.

소연방에서 무산계급의 지배가 레닌에 의해 빠르게 공산당의 지배로 바뀌었던 것처럼, 이란에서는 호메이니의 지배로 귀결되었다. 두 경우를 보면 내부적으로 혁명 정권을 강화하기 위하여 사용한 사상은 외교정책에서 정치적 행동주의를 만들고, 다른 나라의 정부를 타도하기 위한 노력의 기초로써 이용되었다. 일찍이 1919년 11월 모스크바에서 열린 두 번째 무슬림 사회주의 회의에서, 레닌은 동양의 다른 나라들에게 혁명 투쟁을 전파하는 것의 중요성을 역설하면서 이란이 이러한 정책을 가장 잘 사용한 모범적 국가라고 강조했다. 여기에서는 호메이니의 혁명 사상과 이슬람 원리주의를 중심으로 그것들이 이란 외교정책에 미친 영향을 생각해 보자.

1 이슬람 혁명 초기의 정세

1979년 1월 샤가 이란에서 떠난 후로 호메이니가 권력의 주요 핵심으로 남았다. 바자르간(Mehdi Bazargan)의 "온건파" 정부와 극단적 성직자들간의 권력투쟁은 미 대사관 점거와 미 외교관들을 인질로 삼은 후에 끝났다. 이 예기치 못했던 사건은 이란이 "외세의 간섭"에서 벗어나야 하고, 외교관의 면책특권은 1928년 이전 시기의 협정과 같다는 호메이니의 믿음을 입증해 준다. 더욱 중요한 것은, 1979년의 인질위기가 온건파-강경파간의 내부 투쟁의 매개체로 작용했다는 것이다. 이란에서 증가하는 정치적 불만뿐만 아니라 혁명적인 사회 대변동 속에서 바자르간 정부는 정치안정을 이룰 수가 없었다. 왜냐하면 실권이 성직자들의 손에 있었기 때문이다. 미 대사관 점거와 인질 감금은 한편으로 호메이니에게 반미감정을 이용하여 국민들을 동원할 기회를 제공했고, 다른 한편으로는 "제국주의자와 타협"하고자 했었던 서구화된 자유주의자들의 입장을 난처하게 만들었다.

국제관계에 있어서는 "거대한 악마"의 논리로 인해서 성직자간의 국내불화 및 이데올로기의 분열이 초래되었고 이란에 대한 이라크의 적대감은 계속해서 증폭되었던 것이다. 결국, 호메이니를 위시한 이슬람 공화국 지도자들은 미국을 "거대한 악마"와 동일시하는 대신, 이란 내부 문제에 직면해야만 했다. 이란과 이라크 양국 사이의 긴장은 1980년 9월 이란-이라크 전쟁으로 비화되었다. 위에 언급한 바와 같이 걸프 지역에 있는 아랍 국가들은 호메이니가 단지 시아 이슬람 국가의 지도자가 아니라 전세계 모든 무슬림의 지도자라는 주장에 충격을 받아 1981년

GCC를 창설했다. GCC는 이란-이라크 전쟁에 대비하고 그들의 정권을 전복하려는 이란 이슬람 공화국의 전략에 대응하려는데 목적을 가지고 있었다. 이란의 혁명사상은 걸프지역의 아랍국가 뿐만 아니라 강대국에게도 영향을 주었다.

이슬람 혁명 전에 대부분의 분석가들은 만일 중동 어느 곳이 불안하게 된다면, 소련이 주요한 이익자가 될 것이라고 생각했다. 장기적으로 보면 이것은 올바른 판단일지도 모르나 단기적으로 보면 소련의 무신론 사상은 전통적인 이슬람 세계관과 충돌한 것이다. 모스크바 정부는 혁명국가로써 이란 이슬람 공화국이 소련을 동맹국으로 인정해 주길 바랬다. 하지만 이란은 매우 유감스럽게도 소련을 미국과 같은 이교도 국가로 취급했다.

미국에 대한 이란 이슬람 혁명의 영향은 더욱더 컸다. 1972년 닉슨 대통령이 걸프 지역 안보를 유지하기 위해 이란과 사우디아라비아와 같은 두 지역 강국에 의존하는 '양 기둥정책(twin pillar's policy)'을 발표했다. 이 강국들 중의 하나인 이란은 이제 폐허로 남았다. 이슬람 혁명은 미국과 동맹관계를 맺고 있었던 샤 정권에 반대하여 일어났기 때문에, 호메이니 정권의 외교정책은 강하게 반미를 추구할 수밖에 없었다. 1979년 3월 이슬람 공화국은 CENTO로부터 군대를 철수시켰는데 그것은 친서방 외교정책 노선을 반대한다는 상징적 행동이었다. 이집트의 나세르와 리비아의 카다피에게 있었던 것처럼 서구 열강에 대한 저항은 호메이니를 향한 국민의 주요 지지 기반이 되었다. 비록, 그의 부정적이고 과장된 언행들이 이란 국내 문제를 해결하는 데는 실패했다 해도, 그것은 확실히 호메이니를 향한 지지를 강화시켰다.

호메이니는 또한 리비아 · 시리아 · PLO의 對서방 대결적 외교정책을 지지하였다. 게다가, 그는 전세계적으로 시아파 이슬람 운동을 지지했는데 이것은 그가 레바논의 시아파 아말 운동을 지지하는 것을 의미한다. 그러나 여기서조차 이란 외교정책은 모순적이다. 이란은 이스라엘의 공인된 적으로서 PLO를 지지하고 공개적으로 예루살렘 해방을 주장했지만, 이란 지도자들은 1980년 8월까지 이스라엘로부터 무기를 사들였다.

2 이슬람 혁명정치 과정

국내 정치와 외교정책간의 상호작용은 이란 혁명정치의 3단계에 걸쳐 긴밀하게 이루어졌다. 놀랍게도 혁명 발발 자체가 상호작용의 영향을 크게 반영한 것이다. 그것은 이중혁명이었다. 국내 정치의 실정과 함께 샤 정권의 외교정책, 특히 대미 외교정책은 수십여 년에 걸쳐 혁명의 원인이 되었다. 혁명세력은 팔레비 정권이 미국의 국익을 위한 대리정권이라는 확신으로 그 정권을 타도하였다. 이란 혁명정치는 아래와 같이 3단계로 나누어 설명할 수 있다.

이란 혁명정치의 제1 단계는 샤 정권(1979. 2. 11)의 반대 세력에 의한 정권 장악으로 시작되어 임시 바자르간 정부(1979. 11. 6)의 몰락과 함께 막을 내렸다. 그 시기는 바자르간 정부와 강경 시아파 성직자들 사이의 권력을 향한 끊임없는 투쟁이었다는 것이 특징이다. 초기에는 1978년 11월 5일 파리에서 도출된 주요 협약이 새로운 정치질서에 기초가 될 것처럼 보였다. 당시 바자르간은 국무총리로, 산자비는 외무장관으로 임명되었다. 바자르간과 호메이니의 외교정책상 서로 다른 접근법은 국내 정치의 분열을 낳았다. 바자르간은 호메이니가 공공연히 '거대한 악마'라고 비난했던 미국과의 관계를 수립하려고 주력했다. 그에 반해 호메이니는 이란이 왜 미국과 관계를 가져야 하는지를 알지 못했다. 그는 미-이란 관계를 곧 학대받는 국민과 포악한 전제 군주 사이로 비유하며, 약탈당한 희생자와 약탈자 사이라고 비난했다. 또한 그는 "우리는 미국이 필요 없다. 우리를 필요로 하는 것은 바로 미국이다. 그들은 우리의 석유를 원한다"라고 공언하였다.

그러나 1980년 당시 카터 독트린으로 발표된 걸프 지역에서의 미국의 '사활이 걸린' 국익은 사실상 경제적인 것이라기보다는 지정학적인 것이었다. 1983년까지 미국은 중동의 원유가 주요한 관심사가 아니라고 주장했는데, 그 이유 중 하나는 미국의 총 원유 수입 중에서 중동으로부터의 원유 수입량은 단지 8%에 불과했기 때문이다. 사실 1983년에는 영국이 사우디아라비아보다 미국에 더 많은 원유를 수출했다. 미국의 우방국인 일본이 중동으로부터 자국 원유의 56%를 수입했지만, 미국은 일본 정부에 걸프 지역을 통과하는 유조선의 자유로운 운송을 보장하는 군사・경제적 비용을 분담하라고 강요하지도 않았다.200)

걸프 지역에서의 미국의 주요한 지정학적인 관심은 이스라엘에 대한 지속적인 지지와 걸프 지역에서 소련의 패권을 용납하지 않으며 그 지역에서 우호적인 아랍 국가들과의 안보를 공고히 하고, 유럽과 중동 우방 및 자국의 선박에 대하여 안전한 해상 루트를 확보하는 것이었다. 한편 국무총리였던 바자르간뿐만 아니라 외무장관 야즈디 역시 친미 성향의 인물이라고 과격주의자들로부터 의심을 받게 되었다. 야즈디는 좌익세력뿐만 아니라 우익세력으로부터도 당시 이란 주재 미국 대사 설리반(William H. Sullivan) 대신에, 신임 미국 대사로 쿠틀러(Walter Cutler)를 임명하기로 결정한 미 행정부에 항의하라는 압력을 받았다. 미 국가안보 보좌관 브레진스키와 함께 회담을 했던 바자르간 및 야즈디는 이란 의회외교위원회 의원장인 호에니하(Hojatulislam Kho'eniha)가 이끄는 급진 무슬림 학생들의 계략에 빠지게 되었다. 그들은 바자르간 정권을 축출함과 동시에 미 대사관을 점거하였다. 바자르간 정부의 몰락으로 인해서 이란-미국간의 관계 정상화 노력은 종지부를 찍었다.

---

200) Savory 1990, 54.

이란 혁명정치의 제2 단계는 바자르간 정부의 몰락 및 미 대사관 인질 사건 발생과 더불어 1980년 1월에 공화국 제1대 대통령으로 당선된 바니사드르의 퇴진 때까지 지속되었다. 대부분의 기간 동안 혁명정치는 바니사드르 대통령과 대법원장이자 이슬람 공화당(IRP) 총재 아야톨라 베헤쉬티 사이의 권력 다툼으로 비화되었다. 바자르간 정부의 몰락에 따라서 혁명위원회가 중앙 핵심세력으로 등장했다. 바니사드르가 이 위원회에서 의장직을 수행하고 있음에도 불구하고 의회의 결정에 아무런 영향력을 행사할 수 없었다. 이는 위원회가 호메이니의 지지자인 강경파에 의해 장악되었기 때문이었다. 특히 바니사드르에 반대하는 세력인 무슬림 급진파에 관심을 두고 라프산자니 및 라자이와 함께 강력한 3인 집권체제를 형성했던 베헤쉬티가 실권을 잡고 있었다.[201)]

바니사드르는 베헤쉬티-라프산자니-라자이로 이어지는 3인방과의 권력 투쟁으로 이슬람 원리주의자들과 멀어지게 되었다. 바니사드르는 라자이 총리와 이란-이라크 전후 처리 · 인질 사태 · 외무장관 임명 등을 포함하는 다양한 문제에 대해 공공연하게 충돌했다. 1981년 5월 5일 테헤란 대학의 소요 사태는 바니사드르의 실각을 알리는 신호탄이었다. 바니사드르-라자이 양측 지지자들 사이의 난투극 · 폭행 · 구타와 같은 충돌 사태는 이슬람 급진주의자들의 계략이었다. 그들은 바니사드르를 비난하고 호메이니에게 그를 사임시키라는 압력을 가하였다. 호메이니는 바니사드르를 신임하였지만, 3인 위원회에 바니사드르의 행위를 평가하도록 하였다. 그러는 동안 그의 반대세력들은 바니사드르 대통령에 대한 탄핵에 대해서 일제히 언급하기 시작했다. 또한 할할리(Ayatollah Sadeq Khalkhali)는 그가 헌법에 대한 모반을 꾀했다는 이유로 그의 사임을 국회에 촉구했다. 그리고 이란 전역에 걸쳐 130명의 판사와 검찰이 호메이니에게 보낸 서한에서 바니사드르의 행위가 민족간의 화합을

201) Ramazani 1983, 11.

저해한다고 주장하며, 그에 대한 판결을 내리도록 요구했다. 수많은 비난 글들이 벽에 나붙으면서, 그 역시 바자르간의 전철을 밟은 셈이었다. 1981년 6월 10일 은둔 생활 중에 바니사드르는 이란 국군 총사령관직을 박탈당하고, 6월 22일에는 대통령직에서도 물러나게 되었다.

첫 번째 단계에서처럼 두 번째 단계에서도 국내 세력간의 분쟁과 그 결과는 우익 무슬림 급진주의자들에게 유리하도록 공화국의 전반적 외교정책 방향에 반영되었다. 바자르간 정권을 붕괴시키고 미국과의 관계 정상화를 위한 정책에 제동을 건, 미 대사관 인질 사건은 무슬림 급진주의자들에 의해 온건파의 권력을 약화시키는 데 이용되었다. 오래 지속된 인질 사건 위기는 미-이란과의 관계 정상화에 대한 가능성을 무산시켰다. 이 사건은 이란을 고립시켰으며, 특히 서방세계와는 더욱더 멀어지는 결과를 낳았다.

이란의 고립은 미국의 경제 · 외교적 제재의 결과로 더욱 심화되었다. 1979년 11월 12일 카터 대통령의 이란산 석유수입 금지와 미국 내 이란 자산 동결 등에 뒤이어 미국은 이란과의 외교관계 단절에 따른 봉쇄정책을 발표했다. 미국은 식량과 의약품을 제외하고 이란에 대한 모든 수출 및 수입 금지를 단행했다. 1980년 4월 22일 유럽 국가들은 미국과 함께 이란에 대한 경제 · 외교적 고립화 정책에 참여했지만, 적극적으로 지지한 것은 아니었다. 프랑스와 독일 등 유럽 여러 국가들은 미국에 비해 이란과 다소간의 이해관계가 있었다. 4월 24일 미국의 인질구출 작전이 실패하자 대부분의 국가들이 이를 비난했다. 그러나 같은 해 이라크의 이란 침공 이후 유엔과 세계 각 국은 이라크에 대해 어떠한 제재조치도 취하려고 하지 않았다.

이란 혁명정치의 제3 단계의 시작을 암시하는 것은 바니사드르 정권의 몰락과 함께, 베헤쉬티를 선두로 하여 1981년 6월 70명의 IRP 지도자들과 8월 라자이 국무총리에 대한 암살 등이었다. 프랑스 망명 중에 있었던 바니사드르와 무자헤딘의 지도자 라자비 사이의 동맹관계는 호메이니에 대항해 계속되는 테러 활동과 그 맥을 같이 하는 것이었다. 이처럼 이란 혁명에서 가장 극단적인 단계인 이 시기는 국내정치와 외교정책에 대해 광범위한 영향을 미칠 것이라는 것을 암시하고 있었다.

국내적 차원에서 위와 관련된 2가지 함축적 의미에 대해 간단하게 언급해보자.

첫째, 반정부 세력에 의한 암살활동은 다소 온건한 IRP 지도자들 사이에서 수많은 희생자를 내었다. 결과적으로 새로운 지도층은 반 서방적일 것으로 보인다. 1981년 10월 이후 하메네이는 테헤란 금요 기도회의 공식적 지도자로서 이란의 대통령이 되었다. 세평에 의하면 그는 IRP에 속하건 아니건 간에 강경파로부터 지지를 받는 터키어에 능통한 보수파 성직자였다.

둘째, 상당히 많은 IRP 지도자들이 암살당했음에도 불구하고 호메이니를 지지하는 사람들은 계속해서 권력을 규합하고 있었다. 사실 IRP 본부 폭파 이후 1년이 지난 그 당시까지 IRP 지도자에 대한 또 다른 테러가 이어졌음에도 불구하고 호메이니 정권은 강압정치로 그들의 지배권을 강화하여 왔다.[202]

국제적 차원에서 이란 외교정책을 이행하는 이슬람 정권은 미 외교관 인질 사건에 뒤따른 국제정치에서의 고립으로부터 벗어나려고 노력했다. 이란은 시리아 · 터키 · 파키스탄 · 북한 · 인도 등과 같은 제3세계 국가들과 대부분 석유 교역을 통해 광범위한 유대관계를 쌓아갔다. 또한 정치 · 이념적 기타 다른 분야에서의 상이성에도 불구하고 소련과의

202) Ramazani, 1983, 14.

무역·경제적 면에서 유대관계를 확대시켰다. 이라크에 대항하여 방어전을 치르는 동안 이란군 병사들은 호메이니의 이슬람 사상에 정신적으로 의지했다.

이제껏 논한 이란 외교정책 이슈 중에서 아프가니스탄의 경우만큼 호메이니의 이슬람 사상이 깊게 자리 잡은 것도 없다. 소련의 침공은 이란 혁명 지도자들의 비난을 받아왔다. 이란은 카불의 공산주의 정권을 경멸하며 아프간 무자헤딘을 지원해주고 수십만 명의 아프간 피난민을 보호해 주었다. 아프가니스탄에 대한 이란의 정책 방향은 호메이니의 이념적 입장과 함께 인접한 지리적 상황, 역사적 경험, 문화·종교적 유사성에 의해 결정되었다. 호메이니는 카불에 있는 마르크스주의 정권을 이란 정부와 매우 유사한 이슬람 정부로 대체하려고 시도했다.

아프가니스탄 문제 해결을 위한 이란의 제안이 이를 명확히 보여준다. 1981년 11월 10일에 이란 외무부 차관 아흐마드는 이란의 혁명 경험을 바탕으로 한, 이슬람식 해결방안을 내놓았다. 이란의 제안을 통과시키기 위해서 그는 다른 제안들을 모두 비난했다. 그는 "이란 정부는 이런 제안들이 유럽과 미국 세력의 침투를 허용하기 위한 것으로 간주하고 있다"라고 주장하면서, 두 가지 원칙을 바탕으로 하나의 제안을 내놓았다.

첫째, 소련군의 무조건 철수

둘째, 아프가니스탄 국민 스스로 정치적 운명을 결정할 권리의 인정

다섯 가지 주요 요점으로 간추릴 수 있는 이 계획은 결국 이슬람 국가와 정부의 설립을 위한 계획으로까지 확장되었다. 이로써 이슬람 성직자에 의해 지배되는 정부와 의회가 수립된다는 것이다. 그 계획안에서 이란·파키스탄과 또 하나의 이슬람 국가로 구성된 평화유지군의 창설이 제안되었다. 이 평화유지군은 아프가니스탄이 이란처럼 이론상으로

이슬람 국가가 될 때까지 과도기에 소련군을 대신하도록 하는 것이다.

호메이니의 이슬람 사상은 혁명정권이 당면한 병참술과 실용주의 정책을 취하는데 저해 요인이 되었다. 실용주의자들이건 강경파들이건 모든 이란의 이슬람주의자 세력들이 호메이니로부터 그들의 영감을 얻거나 지도를 받고자 했기 때문에, 국제정치체제나 국제관계의 역동성에 관한 그의 세계관은 주의 깊게 분석될 필요가 있다.

3 호메이니의 세계관과 국제관계

실제로, 호메이니는 대체로 "선과 악" · "제국주의" · "시온주의" · "강대국의 내정간섭주의" · "착취"라는 세계관을 가지고 있다. 의심할 여지없이, 호메이니의 전 생애에 걸친 샤 정권에 대항한 투쟁과 이라크에서의 고독한 망명생활, 그리고 이란 및 이라크의 가난한 시아파 대중들과의 동질감은 그의 세계관에 영원한 인상을 남겼다. 그러나 이란 국내외 정책의 추진력으로써 그러한 세계관은 심각한 문제들을 유발한다. 이슬람 공화국의 외교정책이 호메이니의 개인적 세계관뿐만 아니라, 페르시아 애국심과 함께 시아 종말론에도 바탕을 둔 강력한 도덕주의적 성향을 가지고 있으므로, 이란의 적대국들은 악을 의인화한 악마로 간주된다.

호메이니의 양극화된 세계관은 세계를 평화의 지역과 전쟁의 지역으로 나누는 전통적 이슬람 세계관을 반영한 것이다. 그의 세계관은 동서와 남북 진영으로 분극화된 지난 수십 년간의 국제질서의 현실뿐만 아니라 이란의 역사 · 문화의 영향을 반영한 것이다. 양극화된 세계관은 또한 초기 이슬람 이란의 사상과 부합된다. 그의 고유한 이원론적 사상도 알고 보면 조로아스터교의 영향을 받은 것이다.[203] 조로아스터교에

203) 장병옥 1997, 276.

서 마니교에 이르기까지 많은 고대 이란의 예언자들은 모든 창조물과 인간의 운명을 선악 사이에서 벌어지는 우주적 전쟁의 장(場)으로 간주하고, 인간은 이 싸움에서 무력한 방관자가 아닌 '악에 대한 선'과 '거짓에 대한 정의'의 승리에 결정적인 역할을 한다.

게다가 이슬람 이전 이란의 철학적 · 정신적 이념은 시아 이슬람 사상 특히 시아 철학과 신비주의에 영향을 끼쳐 왔다. 일부 이란인들이 말하는 것처럼, "시아 사상은 이슬람 이전 이란의 정신적 개념을 재해석하여 이슬람 체계 안으로 밀어 넣은 것에 불과하다"라는 것은 지나친 과장임에 틀림없다. 그러나 일부 울라마가 이란의 철학이 시아 철학과 신비주의에 미친 영향을 인정하기를 꺼리는 것 또한 정당화 될 수 없다. 학자 · 철학자 · 신비주의자로서 호메이니는 이란 시아 사상의 이러한 철학적 전통의 산물이었다. 지난 200년간 이란은 역사적 경험을 통해, 강자와 약자 · 지배자와 피지배자로 양분하면서 양극화된 세계관을 형성시켜왔다. 호메이니와 그의 추종자들의 사상은 이러한 경험의 산물임을 보여준다. 1988년 7월 당시 이란의 대통령 하메네이는 서독 외무장관에게 다음과 같이 말했다.

> "지난 일세기 반 동안 강대국들의 손에서 이란이 겪었던 역사적 치욕이 어떠했는지에 관해 알고 있는 이란 국민은 '동구도 서구도 아니다'라는 비동비서(非東非西) 사상과 독립의 구호를 받아들이게 되었다".204)

호메이니의 정치사상에 비해서 그의 세계관은 지난 수십 년 간 일관되게 표명되어 왔다. 일부 연구자는 호메이니가 보는 바람직한 정치질서 상에 자신들의 견해를 넣는 경우도 있다. 그 예로 1960년대 후반과 1970년대 초반에 호메이니가 군주정치를 거부한 것은 이미 초기에 레자

---

204) Ramazani, 1983, 28.

샤의 통치를 비판한데서 엿볼 수 있다. 그러나 제2차 세계대전 당시 호메이니의 정치사상과 1970년대 당시 이슬람 정부에 관한 그의 견해를 비추어 볼 때, 초기에 그는 어느 정도 제한된 군주제를 인정하다가 이라크에서의 오랜 망명생활 끝에 군주제 일체를 배격하게 된 것임을 알 수 있다. 그는 처음부터 군주제의 확립을 명시한 1906년 입헌헌법을 거부한 것은 아니다. 그는 오히려 1944년에 발간된 그의 저서 '비밀의 폭로(Kashf-e Assarar)'에서 의회가 제정한 모든 법에 대한 성직자의 감독을 명시한 헌법 규정의 실행을 요구했다.

어쨌든 그의 정치사상에 비해 국제정치체제에 관한 생각에는 거의 변함이 없었다. 여기서 우리는 그의 사상을 더 자세히 살펴 볼 필요가 있으나, 한정된 지면 공간으로 인해 호메이니의 세계관을 크게 네 가지 측면에서 살펴보도록 한다. 또한 이와 관련하여 호메이니의 사상이 이란의 다른 지도자들의 사상에 어떤 영향을 미치고 어떻게 작용하는지 짚고 넘어갈 것이다.

첫째, 호메이니는 현대 국제정치체제 즉, 국제사회시스템을 계속 배격해 왔다. 그의 세계관으로 본다면 민족국가에 대한 웨스트팔리아 개념과 국제사회시스템 자체에 허점이 있다는 것이다. 호메이니의 이런 확고한 사상의 첫 징조는 그의 저서 '비밀의 폭로'에 나타나 있다. 이미 1944년, 그는 자신의 저서에서 현대 국가는 '인간의 한정된 아이디어의 산물'이고 세계는 '신의 지배 하에 대중이 사는 곳'이라고 규정지었다. 민중주의 · 지복천년설 · 시아주의 · 혁명주의가 호메이니의 세계관에 담겨져 있다. 예를 들어 해외 유학중인 이란 학생들에게 그는 다음과 같은 성명서를 냈다.

"자비로운 신의 손길 아래 이란 이슬람 혁명은 전세계에 퍼지고 있으며, 이로 인하여 악의 세력은 고립되고 선한 자의 정부가 세워질 것이다. 제12대 이맘 마흐디의 세계정부가 들어서도록 길이 열릴 것이다. 전능한 신께서 그의 영광된 도래를 서두르시어, 우리의 생이 그를 위해 쓰일 수 있게 되길 기원한다."

혁명적 이란 외교정책에 의하면 여기서 '악의 세력'은 이란의 적이며, '선한 자의 정부'가 진정한 우방이다. 또 다른 예를 들자면, 레바논 시아파 아말(Shi'i Amal)의 사절단과 회견에서 그는 아래와 같이 말했다.

> "아무리 미국과 이스라엘이 하느님 이외에는 신이 없다고 외쳐도, 그들이 우리를 속이려 한다는 사실을 잘 알고 있기 때문에 그것을 받아들이지 않는다. 이 지역을 지배하려는 미국 및 이스라엘 등의 강대 세력에게 무관심하기만을 바라는가? 우리는 결코 미국이나 소련의 지배는 받지 않을 것이다. 우리는 무슬림이며 우리식대로 살기를 원한다. 우리는 다른 나라에게도 원조를 줄 수 있을 만큼의 발전과 문명화를 원하며 신의와 인류애를 바탕으로 하는 평화를 존속시킬 문명화를 원한다. 강대국은 인간을 지배하려고 한다. 우리 무슬림은 그들에 맞서 굳게 대항해야 하며, 그들과 타협해서도 안되며, 친미주의자 사다트나 파흐드의 계획 같은 것을 거부해야 할 의무가 있다. 피억압자에게 혜택이 돌아오지 않는 정책을 우리는 마땅히 배격해야 할 책임이 있다."

둘째, 호메이니의 세계관은 결국 이슬람 세계주의를 지향하고 있다. 이것은 위에서 언급했으나 더 엄밀히 말하자면 호메이니는 범 시아주의나 범 이슬람주의를 주장하는 것이 아니다. 그는 세계적으로 이슬람의 국교화를 주장한다. 미르 하사인 무사비 총리는 이란 외교정책의 궁극적 목표는 '인류의 해방'에 있다고 말했다. 그의 성명서의 내용은 다음과 같다.

> "오늘날 사실상 이란의 가치체계는 많이 변했으며 새로운 가치체계가 도입되었다. 그 가치체계를 올바르게 이해한다면, 이란은 최근에

> 일어난 일련의 사건들을 유익한 것으로 보고 있으며, 많은 사람이 치른 희생은 헛된 것이 아니라는 사실을 알 수 있다. 그들은 오히려 그 희생을 민중의 해방을 위해서 치러야 했던 전제조건으로 보고 있으며, 이 지역뿐만 아니라 전세계가 새로운 기반 위에 다시 세워질 때까지 분쟁은 계속 일어날 것이다. 오늘날 전세계에서 이슬람은 다시 고개를 들고 있다. 이슬람 세계는 정체성을 되찾기 시작했으며 이란의 이슬람 혁명은 전세계의 변화를 향한 준비단계인 것이다."

호메이니의 추종자들은 그의 이슬람 세계주의가 바로 무슬림들이 이란에 요구하는 것이라고 주장하기도 한다. 한 연구자는 "순례 의식이 진행되면서 내가 만난 다양한 정치·종교적 사상을 지닌 세계 각국의 사람들은 마지막 희망을 이란에 걸고 있다. 이슬람 국가 이란은 모든 전제정치를 없애기 위해 일어섰으며 세계적인 이슬람 정부가 수립될 때까지 투쟁을 계속할 것이다"라고 말했다.

셋째, 앞서 호메이니의 세계관이나 그의 추종자들의 견해에서 볼 수 있듯이 그들은 세계적 이슬람체제의 수립은 이란만이 할 수 있다고 인식하고 있다. 호메이니는 다음과 같이 말했다. "이슬람은 신께서 우리에게 내려주신 신성한 책임이며, 이란은 세계에 이슬람이 뿌리내리도록 힘을 길러야 한다." 호메이니의 추종자들은 이란의 지도력을 신성한 의무로 보고 있으며, 현재 이란의 정부형태는 특별한 지도력을 필요로 하며 전세계 어디에서도 찾아 볼 수 없다고 강조한다. 또한 그들은 이란에만 고유한 국가 지도자인 파키(Faqih)가 있어 타 이슬람 국가들 역시 같은 형태의 이슬람 정부를 세울 것을 주장하고 있다. 호메이니의 한 추종자가 다음과 같이 말했다.

> "오늘날 예언자 무함마드의 이슬람 제국이 성립되기를 원한다면, 국가의 정치 지도자는 종교 지도자 또한 되어야 한다. 이러한 영광은

유일하게 이란 이슬람 공화국에서만 이루어졌다. 무슬림의 종교 지도자이며, 종교적 마르자(Marj'a)로서 70년간 이슬람을 연구해온 이맘 호메이니는 정치 지도자, 이슬람 정부의 설립, 그리고 군 최고 사령관직의 책임을 받아들였다."

넷째, 호메이니 세계관의 민중주의 · 세계주의 · 지복천년설 측면에서 보면 전세계의 이슬람 혁명 전파에 있어서 이란의 주도적 역할은 명백해 진다. 1980년 이란 신년 축사에서 그는 진지하게 다음과 같이 주장했다.[205)]

"우리는 전세계를 향한 혁명 전파에 힘써야만 한다. 우리는 혁명 전파에 주저해서는 안 된다. 왜냐하면 이슬람은 모든 이슬람 국가를 평등하게 보며 세계의 억압받는 모든 사람들의 편에 서있다. 한편, 강대국을 비롯한 다른 세력들은 우리의 길을 막으려 한다. 우리가 계속 폐쇄된 환경에 안주한다면, 우리는 분명히 패하게 될 것이다."

이러한 주장과 관련하여 제기되는 의문은 '이슬람 혁명 전파가 과연 어떤 형식으로 이루어질 것인가?'이다. 이 문제는 중동, 특히 걸프 국가 지도자들의 관심의 초점이 되고 있다. 그러나 여기서 이슬람 혁명 전파를 위해 이란 지도자들이 과연 어떤 정책 가이드라인을 제시했는가를 검토해야한다. 먼저 호메이니의 정책 가이드라인을 보자. 그는 해외로 가는 한 젊은 이란인 무리에게 다음과 같이 일러주었다.

"오늘날 우리는 이슬람 사상을 강화해야 하며 세계에 전파시켜야 한다. 여러분은 현재 우리나라의 이슬람을 다른 나라에 전파시켜야 한다. 여행을 가면 여러분이 이슬람 전파의 주체가 된다. 여러분은 다

205) Ramazani, 1983, 18.

른 사람들이 여러분을 보고 이슬람을 믿도록 해야 한다. 여러분의 업적 · 행동 · 태도 등은 모범이 돼야 한다. 여러분을 통해서 이슬람 공화국이 세계 곳곳에 퍼진다는 것을 명심해야 한다."

이슬람 혁명 전파 메시지 다음으로, 호메이니의 관점 가운데 또 하나의 원칙이 이란에게 매우 중요하다 하겠다. 그것은 바로 능동적 외교정책에 초점을 맞추고 있는 것이 분명한, 이슬람 세계의 정치 · 경제 · 문화적 통일을 위한 작업이다. 그러나 이란 혁명의 이슬람적 차원은 이란이 능동적 행동주의를 취해야 하는 유일한 이유는 아니다. 그것은 또한 대부분의 혁명적 운동이 갖는, 우주적 차원과 개종을 유도하는 저항할 수 없는 충동 등의 성격에 일부 기인한다. 때문에 일부 비성직자들과 심지어 준(準)민족주의자까지도 이란이 이슬람주의와 다양한 비특권계층의 권익을 위해 소리를 높여야 한다고 생각한다.

4 호메이니의 이슬람 외교정책 기조

호메이니의 외교정책 기조는 아직까지 실현되지 않은 인류의 해방과 이상주의적인 이맘 마흐디(Mahdi)의 세계정부를 세우며, 무슬림 신앙의 원리에 기초한 국제정치체제를 만드는 것이다. 이러한 이데올로기와 목표는 호메이니의 외교정책 노선을 분명히 암시하고 있다. 모든 여타의 이데올로기에 대한 도전에도 불구하고 호메이니의 이슬람에 대한 해석은 아주 우세하였다. 호메이니의 이데올로기에 있어서 여러 다양한 요소들이 복합적으로 작용하겠지만, 그 중에서 가장 중요한 요소는 다음과 같다.

첫 번째는 12 이맘 시아주의(Shiism)의 천년 왕국을 믿는 이슬람 원리주의이다. 이 이데올로기 없이는 호메이니가 대중을 움직여서 팔레비 정권을 타도하는 것에 성공할 수 없었을 뿐만 아니라, 1979년 2월 혁명 후 그렇게 빠른 시간 안에 그의 경쟁자들을 제거하는 것도 불가능했을 것이다. 이 천년왕국을 믿는 이데올로기만이 시아파 이슬람 세계의 최고위 성직자인 무즈타히드(mujtahid)들이 은폐한 이맘 마흐디의 대리인으로서 그의 재림까지 이란에서의 유일한 통치자로서의 정통성을 주장할 수 있는 것이다. 이러한 시아파 이데올로기는 호메이니가 벨러야테 파키(Velayate faqih) 즉, 이슬람 법학자에 의해 통치되는 정부의 기초이다. 이 정책은 이란 이슬람 공화국의 헌법으로 보호된다.

> *세상의 주인이 자취를 감추고 있는 동안(신이여 그의 재림을 서두르소서!) 국가의 통치권과 지도력은 공정하고 경건한 파키(faqih)에 귀속되어야 한다.*

이 정책은 몇몇 사람들에게 이단과 같은 혁신적인 것이라고 생각하게 했지만, 이것은 분명히 12 이맘 시아파의 전통에서 항상 존재하고 있던 잠재력의 논리적이고 교묘한 현실화이다. 많은 사람들은 무즈타히드가 마흐디의 은폐기 동안 세상에서 유일한 정통성을 입증 받은 대리인이라는 주장을 중요시 여겨 왔다.

근대 이란의 정치에서 울라마의 정치개입은 이맘의 정통성을 결여한 통치자가 이슬람 원리와 교리에서 이탈함으로써 전제정치와 부정부패를 초래한 데 연유한다. 물론 세속적 권력을 행사한 전제군주 역시 무슬림이었지만, 울라마 계층보다 이슬람법이나 신학에서 뒤떨어졌으며 이슬람 원리에 의거하여 통치하지 않았으므로 국가가 폭정에 빠지게 된 것이다. 그 결과 부정부패하기 쉬운 세속적인 통치자에게 이슬람 공동체를 맡겨서는 안 된다는 사상이 팽배한 가운데, 울라마에게 세속적인 권력을 부여하게 된다. 이는 철인이 다스리는 플라톤의 이상국가론에서

처럼 이슬람 국가가 바로 “벨러야테 파키” 즉, “이슬람 법학자에 의한 통치”인 것이다.[206]

이러한 울라마의 이상적인 이슬람 국가 창설의 목표는 1979년 이란 이슬람 혁명에서 구체화되었고, 그 때 탄생된 이란 이슬람 공동체의 이념은 이슬람 법률 전문가인 파키(faqih)에 의한 정부수립을 강조하는 것이었다. 이란 이슬람 공화국의 파키를 대표하는 초대 최고 통수권자인 아야톨라 호메이니는 최고위 무즈타히드로서 신헌법 제1조에 “마르자예 타클리드(marja'e taqlid)”라고 칭하여 그의 성명이 함께 명기되어 있다. 사실 이란이 타 국가와 달리 국호에 “이슬람”을 채택한 것은 울라마에 의해 이상적인 현대 이슬람 국가가 실현되었다는 좋은 예가 될 수 있다.

이란인들은 호메이니의 벨러야테 파키 사상을 이란에만 국한된 것이 아니라 다른 무슬림 세계에서도 적용될 수 있다고 여긴다. 이맘과 호메이니의 이데올로기는 국경선이 없고 호메이니를 지도자로서 부인하는 모든 이슬람 국가에까지 전파되어야 한다는 것이다. 그의 지도력을 인정하지 않고 국민을 억압하는 형태의 세속적 무슬림 정부는 전복되어야 한다. 그리고 이란 이슬람 공화국의 이데올로기를 따르는 정통성을 가진 이슬람 정부가 이들 국가에 설립되어야 한다. 이란이 다른 무슬림 국가에 영향을 끼치기 때문에, 벨러야테 파키 사상의 범 세계적인 성격은 이슬람 공화국의 외교정책의 수립에 필수 요소가 되었다.

두 번째는 주요한 이데올로기적인 발전으로써 이란 이슬람 공화국의 창설 즉, ‘타우히드(tawhid)’[207]라는 사상의 전개이다. 호메이니의 이 새로운 사상은 전통적인 12 이맘 시아파 메시아니즘을 능가했다.[208] 규범

206) 장병옥 1991, 116.

207) 코란에는 이 용어가 언급되어 있지 않다.

208) Savory 1990, 56.

적인 이슬람 전통에서 '타우히드'라는 말은 신의 유일성이라는 뜻이다. 그러나 이란에서의 이슬람 혁명의 이데올로기는 타우히드에서 광범위하게 포괄하는 정치 · 사회적인 것을 함축한 세계관으로 발전되었다.

이러한 정치 · 사회적인 함축성을 가지고 있는 세계관의 대부분은 이란 국내정치와 관련이 있다. 예를 들면, 당시 이란 대통령인 하메네이에 의한 '타우히드' 교리는 국가에서 종교 지도자의 위치를 강화하기 위해 우선적으로 쓰였다. 호메이니에 의하면 지도권은 단지 신에게만 있고 이 지도권은 단지 '파키' 즉, 신에 의해 지명된 자신과 같은 인물만이 사용할 수 있다. 정치적 용어로 말하면, 이 교리는 알리 샤리아티가 말하는 무책임하고 방향성 없는 해방이 아니라 명확하고 혁명적인 지도력을 만들어 낸다. 외교정책적 용어로 말하면, 타우히드는 모든 다른 정치체제를 부정하는 것이다.

국제관계가 선과 악의 투쟁의 형태로 간주되면서 협상의 여지는 없어져 버렸다. 이런 이유로 실용주의적인 외교정책으로의 움직임은 매우 중요하다. 사실상 호메이니가 결코 스스로 마흐디라고 주장한 적은 없지만, 그는 자신이 이맘으로 불려지거나 또는 최소한 '나이비 이맘(Na'ib'i Imam) 즉, '이맘의 대리인'으로 호칭되는 것에 반대하지 않았다. 호메이니는 '악의 화신'인 사담 후세인에게 승리할 때까지는 전쟁을 계속하겠다고 선언했지만, 결국 이란-이라크 전의 종전을 위한 협상을 하지 않을 수 없었다. 이것은 '독약보다도 더 쓴' 결정이었고 또한 이맘이라는 절대 무오류성에 최초의 오점이 되었지만, 실용주의적인 외교정책과 국제사회에서 나머지 국가로부터 자초한 고립을 끝낼 수 있었던 기회가 되었다.

이슬람 혁명 이데올로기의 부산물인 정치적인 고립은 필수적으로 이란 경제정책에도 영향을 주었다. 외국회사에 대한 이란의 반감으로 인해서 혁명기에 실행 중이던 대부분의 계획은 중단되었다.

혁명 후, 이란의 경제정책은 바니사드르 대통령의 사회주의 이데올로기에 의해서 많은 영향을 받았다. 이 정책은 민족주의적이고 비동맹적이며 '이슬람 사회주의'라는 성격으로 비쳐졌고 국가가 경제를 관장하는 형태가 되었다. 은행 · 보험회사 · 주요 산업체를 포함한 많은 산업들이 국유화되었다. 1000평방 미터가 넘는 미개발 시골 사유지도 역시 국유화되었다. 팔레비 정권 아래에서 번성했던 산업들은 착취적이고 가치가 없다고 간주되었는데, 그 이유는 외국 소유의 기업이 다수를 차지했기 때문이다. 모든 외국경제와의 연계, 특히 미국과 유럽의 경제적 연계는 의심을 받았다. 바니사드르가 계획한 이란 경제의 획기적인 재구성에 따라 생산품 · 자원 배분 · 무역 등을 국가차원에서 조정했다.

이러한 정책으로 인해서 생산성이 급속히 저하되었고 민간 부문의 역할 역시 축소되었다. 많은 기업가 및 전문직 계층이 이란을 떠났다. 1984년까지 100만 명 이상이 이란을 떠나 해외로 나갔는데 이들 중 대부분이 이란 경제의 중심축을 이루고 있었던 전문 경영과 기술을 가진 중상류층이었다. 이슬람 혁명 당시 자금조달에 중요한 역할을 했던 시장 상인들도 폭리를 금지하는 보수파 이슬람 정권의 경제개혁에 불만을 품게 되었다.

이란-이라크 전쟁 발발 후, 이란의 경제침체는 가속화되었다. 1984년까지 전쟁비용이 하루에 1천만 달러를 넘어섰다. 이는 모두 합하면 정부의 예산지출의 30%에 해당하는 금액이다. 1983년까지 GNP가 혁명 전보다 25%나 감소했고 더 악화되었다. 1983년 배럴당 34달러하던 유가가 29달러로 하락했다. 이것은 1960년 창설된 이래 OPEC이 처음으로 발표한 공식 가격 인하였다. 이란과 이라크가 전쟁 비용충당에 전적으로 의존해 왔었던 원유 가격이 1985년 11월과 1986년 3월 사이에 배럴당 28~30달러 하던 것이 배럴당 11~13달러대로 급격하게 내려갔다. 사실상 당시 OPEC의 가격 담합은 실패했다고 할 수 있다.[209]

---

209) Savory 1990, 58.

이러한 어려운 상황에서 이란이 1984년 10월부터 외국과의 교역에서 실용주의적인 접근을 시작하게 할 것이라는 징조가 나타났다. 호메이니는 미국 · 이스라엘 · 남아프리카공화국을 제외하고 다른 나라와 관계를 맺지 않은 것은 '부당하고 비이슬람적'이라고 말했다. 1985년 초 민영부문과 공공부문의 상대적인 중요성에 대한 논쟁이 있었고, 1985년 1월 마즐레스가 토지사용 및 신용대출을 더 쉽게 하여 개인사업을 장려하는 법안을 통과시켰다. 이것은 분명히 시장친화 정책이었다. 1986년 가을까지 경제를 회생시키기 위해서 이란은 중간계층의 전문적인 기술이 필요했고 또한 이 계층에 대한 비난도 사라졌다.

더욱 실용주의적인 라프산자니 정부는 1986년 프랑스와의 외교관계를 개선하였고, 중국과 '석유와 무기의 교환' 거래도 시작하였다. 이에 반발하여 1988년 9월 6일에 국무총리 후세인 모사비가 외국 원조를 받느니 차라리 사임하겠다고 발표하자, 그 다음 날 호메이니는 모사비에게 한탄은 그만 거두고 국사(國事)에 전념하라고 하면서 그의 사표를 반려했다. 이것은 국제관계에서 초기의 고립주의로부터 후기에는 개방주의 노선으로 나가는 호메이니의 외교정책 기조에서의 변화를 읽을 수 있다.

5 호메이니의 이슬람 외교정책과 주변국과의 관계

1) 호메이니의 이슬람 외교정책

어떤 나라이건 외교정책에 이데올로기가 미치는 영향은 지적이고 방법론적인 도전을 가져오는데, 혁명의 진통을 겪고 있는 이란 역시 그랬다. 이란 외교정책에서 호메이니의 이슬람 세계질서의 역할을 규명하는 데 몇 가지 어려움이 있다. 먼저 두 가지를 언급하면 다음과 같다.

첫째, 외무부 정책의 특정 선언·결정·행동 등이 혁명 정부의 공식 정책노선에 따른 것인지 명확히 가려내기 어렵다. 실례로, 1979년에 바레인에 대한 주권을 울라마가 재주장한 것은 바레인뿐만 아니라 걸프 주변 아랍 국가 사이에서도 깊은 분노를 일으켰다. 반면에 이에 대해 외무장관 야즈디와 다른 이란 관료들은 일제히 그렇지 않다고 부인했다. 그들을 바레인 국가가 이슬람 정치체제를 받아들이지 않으면 병합하겠다는 아야톨라 루하니의 위협이 이란 정부의 공식 입장을 대변하는 것은 아니라고 주장했다.

둘째, 공식과 비공식 입장 차이를 갈라놓는 혁명의 혼란은 이란 정부의 외교정책에 있어서 또 하나의 복잡한 문제를 가져온다. 이란의 외교정책은 군대를 비롯한 여러 기관들과 마찬가지로 과거 샤 정권의 외무부 관료들에 대한 연이은 숙청·사임·망명으로 대대적인 변화를 겪었다. 전 외무장관 미르 후세인 무사비는 "이란 외무부가 무질서하고... 여러 부서들이 각자 다른 방향으로 나가고 있다"라고 비판했다. 그러므로 혁명의 주체세력과 전문가를 잘 활용함으로써 외무부를 동일한 목표로 향해 나가는 조직화되고 단결력 있는 단체로 만들어야만 한다는 것이다. 이런 조직적 변화 이외에도 이데올로기의 측면에서 외교정책의 원칙과 신정정치의 기본 원리를 결정짓는 위원회의 설립이 이루어졌다.

이란의 이슬람 외교정책에 있어서 변화의 본질에 관한 많은 일반적인 언급에도 불구하고 정책이 실현될 때 어떤 결과를 가져올지 확실히 말하기는 이르다. 예를 들어, 벨러야티를 포함한 많은 이란의 외무장관들은 다른 국가들과 교류를 함에 있어서 이슬람 국가, 제3세계 국가, 그리고 그밖에 다른 국가들 순으로 중요성을 둔다고 말하고 있다. 하메네이는 "우리는 전세계 국가들을 형제국·우방국·중립국·적대국 4종류로 분류했다. 우리에게 강경한 反이란적 입장을 취하는 정부가 적국이

다. 그 외의 나라들은 형제나 친구나 중립이다"라고 밝혔다.[210]

앞서 논한 이란 지도자들의 이념적 입장 등을 살펴보면 이슬람 외교정책의 주요 가이드라인을 다음과 같이 정리할 수 있다.

1) 반제국주의
2) 서구와 동구에의 의존 거부
3) 강대국과 시오니즘 세력에 대한 투쟁
4) 미국을 이슬람 혁명의 제1의 주적으로 규정
5) 예루살렘의 해방과 親이스라엘 국가에 대한 반대
6) 세계의 모든 피억압자들에 대한 지지
7) 모든 피억압국가, 특히 무슬림 국가들과의 우호관계 유지

이러한 기본원리는 과거 샤 정권에서의 외교정책 가이드라인에서 크게 벗어난 것이다. 샤 정권은 이란의 정치적 독립을 유지하는 수단으로써 미국을 위시한 서방 국가에 의존하고, 위협 세력으로 소련과 공산주의를 동일시하였다.

혁명 지도자들은 샤의 친서방 외교정책 노선뿐만 아니라 과거 민족주의 지도자 모사데그의 사상과도 다른 노선을 택했다는 사실을 누차 강조했다. 그들은 '소극적 균형정책'이라는 모사데그의 외교정책의 주요 기본 원칙을 받아들이지 않았다. 무사비는 비동비서(非東非西) 표어에 '이슬람 공화국'이라는 표현을 삽입하여 어떠한 경우에도 이란은 "서방이나 동방으로" 기울지 않을 것이라는 사실을 명백히 해야 한다고 주장한다. 게다가, 그들은 동서 양 진영으로부터 독립된 이란에서 이슬람을 바탕으로 새로운 가치체계를 세워 보급시킨다는 것이다. 그들은 이 새로운 가치체계 위에서 자신들의 삶을 계획하며, 다른 나라 및 다른 민족과의 관계를 정립하고 해방운동을 추진하기를 원한다.

이란의 혁명적 외교정책의 입안과 실행에 이슬람이 미치는 영향 정도

---

210) Ramazani, 1983, 21.

를 파악하기 위해 국내정책이나 지도자의 정치적 발언을 분석하는 것은 큰 도움이 되지 않는다. 그 이유를 크게 두 가지로 든다면 다음과 같다.

첫째, 현재 있는 자료는 매우 빈약하고 모순점이 많다.
둘째, 호메이니의 이슬람 이념의 영향을 전적으로 받은 어떤 공약·결정 사항·정책집행은 거의 없다.

이란 정책 입안자 자신들마저 '비동비서'의 지배적 주요 원리는 이슬람 이데올로기를 일부만 반영한다는 것을 인정하고 있다. 그것은 강대국의 강압적인 통치를 직접 경험한 이란의 슬픈 역사에서 비롯된다. 연구자들은 외교정책의 행위에 있어서 이데올로기와 비이데올로기가 혼재하기 때문에, 상황에 따라 이란 외교정책을 수행하는데 실용주의적이거나 이데올로기적인 영향력을 강조한다.

2) 이란-이라크 전쟁

호메이니의 이슬람 혁명 수출 외교정책은 주변 아랍 국가들과의 긴장을 고조시키며, 결국 전쟁 발발의 큰 원인을 제공한 요인이었다. 특히 이란-이라크 전쟁은 정치·경제·역사적 요인 등을 고려한다 할지라도, 호메이니의 이슬람주의 외교정책의 영향을 가장 많이 받은 것이 명백하다.

첫째, 세계주의·신정주의·정통주의·민중주의적인 이슬람 혁명은 이미 전쟁 전부터 바그다드의 세속적인 사담 후세인 정권에 큰 위협으로 인식되어 있었다. 이란인들이 주장하길 이라크 혁명은 이란 혁명에 필적할 만큼 민중의 전폭적 지지도 없었다. 게다가, 바아스 이념은 중동의 토착사상인 이슬람 사상과 같은 정통성도 지니지 않았다는 것이다. 이슬람은 외부에서 수입된 민족주의와 사회주의가 중심축을 이루고 있는 바아스 이념에 도전함으로써 이라크 정권을 자극시켰다. 사담 후세인은 바아스 이념이 외국에서 유입된 사상이라는 주장을 부인했다. 그는 이어 "아랍 혁명은 사회의 모든 면에서 질적인 변화를 꾀하는데 목적이 있다"라고 주장했다. 또 혁명을 통해서 아랍 민족이 스스로 방어하고 재건하며 정의를 실현시킨다는 것이다. 그는 아랍 혁명은 종교적인 혁명과는 다르고 주요 가치체계는 역사에서 터득한 것이므로, 이슬람 혁명뿐만 아니라 다른 혁명들도 아랍 혁명을 받아들여야한다고 주장한다. 또한 그의 논리에 의하면 이슬람의 이름으로 행하는 혁명이 아랍 혁명을 비난하게 되면 그건 더 이상 이슬람이 아니다.

둘째, 호메이니의 이슬람주의는 전쟁 발발의 큰 원인을 제공한 요인이다. 이라크가 1980년 9월 22일 이란에 전면전을 선포한 이래로 전쟁 수행에 있어서 이슬람 이념은 군대 동원에 크게 작용했다. 거의 전멸되고 사기가 저하된 이란군은 독재자 '야지드'[211]와 같은 세속적인 사담 후세인에 대항하여 이슬람을 수호하도록 명령받았다. 이슬람은 또한 무슬림 대중 동원에 큰 역할을 하며 정규군과 특히 비정규군의 주축이 되

211) 661년 하와리지파에 의해 제1대 이맘 알리(Ali)가 암살당한 후 대부분 이슬람 공동체는 시리아의 통치자인 무아위야를 칼리프로 생각했다. 무아위야는 4명의 정통 칼리프를 세습군주제로 변형시켜서 이슬람 원리주의자들로부터 강한 비난을 받았다. 순니파의 종교사에서는 그를 비교적 중요하지 않는 인물로 평가하는 반면에 시아파 이슬람 원리주의에 있어서는 대단히 중요한 인물로 간주된다. 왜냐하면 그가 이맘 알리에게 반발하며, 알리의 장남인 제2대 이맘 하산을 이단으로 몰아 독살하고, 그의 아들 야지드(Yazid)는 시아파의 가장 추앙 받는 알리의 둘째 아들 제3대 이맘 후세인을 박해하였기 때문이다. 이러한 이유로 인해서 시아파에서 무아위야보다도 악의 상징인 그의 아들 야지드를 더 비난한다. 그것은 바로 시아파에서 선의 상징인 이맘 후세인을 야지드가 살해했기 때문이다(장병옥 236, 2004).

어왔다. 혁명수비대(Pasdaran)와 동원군(Basij)은 가장 나이가 어리고 충성스러운 호메이니의 추종자들로 알려져 있다. 일부 동원군 신병은 이라크군과 맞서기 위해 진격하는 이란군의 앞길에 이라크군이 매설해 놓은 지뢰밭에 몸을 던져 스스로를 희생했다. 1982년 3월 이란의 성공적 침투 후, 호메이니는 혁명 수비대와 정규군에게 다음과 같은 말을 했다.

> "우리의 혁명수비대와 동원군은 제대로 갖춰진 무기도 없이 군사훈련 교육을 전혀 받지 않은 사람들로 구성되어 있으나 신에 대한 믿음, 이슬람을 향한 순교정신, 희생정신은 군사력이 한쪽으로 치우친 이 전쟁에서 유일하게 그들이 버틸 수 있는 힘이 되어 주었다... 군과 같은 국가방위 세력이 이 신성한 정신적 믿음의 도움을 받지 못하였다면 우리는 승리할 수 없었을 것이다."212)

셋째, 전쟁 중에 이란의 강경노선 협상 자세는 유엔 헌장이 아닌 호메이니의 이슬람적 측면에서 끊임없이 정당화 되어왔다. 평화협상의 전제조건으로 이란 영토에서 이라크군의 철수를 요구함에 있어서 이란 지도자들은 코란의 가르침에 의존했다. 호메이니는 교전국 사이의 휴전을 위해 노력하는 이슬람회의기구 대표단에게 다음과 같이 훈시했다.

> "코란을 신봉하는 다른 모든 이슬람 국가들은 자국의 대표단을 파견하여 여기에 모여야 한다. 교전 중인 이슬람 부족이 어떤 자세를 가져야 하는지에 관해서 코란에 나와 있다. '한 부족이 다른 부족을 침략하면, 나머지 부족들은 공격한 부족이 신의 뜻에 따를 때까지 침입당한 부족을 도와야하며, 먼저 침략한 부족이 신에게 복종하면 그들과 화해하라'는 내용이다."

넷째, 이슬람 이념은 또한 역설적으로 이라크에 대한 방어뿐만 아니

212) Ramazani 1983, 24.

라 이라크를 공격할 때에도 사상적 바탕으로 이용된다. 호메이니 이념은 국경의 개념이 없는 세계적 이슬람 공동체를 지향했기 때문에, 이슬람에 대한 공격이 가해진다면 이란군이 반격하는데 있어서 영토적 국가의 국경은 아무런 문제가 안 된다. 1982년 3월에 처음으로 이란군의 성공적인 반격이 있은 후, 호메이니는 다음과 같이 이라크 영내로 전투를 확대하지 않겠다고 선언했음에도 불구하고 결국 지키지 않았다.

> "오늘날 이란은 처음에 말한 것은 지킨다. 우리는 이슬람 국가이건 비이슬람 국가이건 간에, 어느 국가와도 전쟁을 할 의도가 없다. 우리는 모든 국가간의 평화와 친목을 희망한다. 지금껏 우리는 신이 주신 것과 인간의 권리를 방어하기 위한 자기 방어에만 치중하여 왔다. 그것은 신성한 의무이며 우리의 인권 보호이다. 우리는 다른 국가에 대해 침략할 의도를 결코 가져본 적이 없다."

그러나 이란-이라크 전쟁에 대해 호메이니는 그것은 분명한 침략 행위며 침략자는 응징되어야 한다고 주장하였다. 그는 다음과 같이 기술하였다. "그 문제는 두 정부간의 문제가 아니다. 그것은 비무슬림인 바아스 정권의 침략인 것이다. 그것은 이슬람에 대한 다신교의 폭동이며 모든 무슬림은 침략자에 대항하여 싸워야 한다."

그렇다면 호메이니는 이 문제를 다른 방식으로 보고자 했는가의 문제가 생긴다. 그 대답은 '아니다'처럼 보인다. 왜냐하면 그에 의하면 진정한 신도는 신을 위해서 싸워야 하며 신도들 상호간에 싸워서는 안 된다는 입장을 표명해왔기 때문이다. 호메이니의 생각에 이라크 정권은 신을 위해서 싸우는 것도 아니며 이슬람 국가도 아니라는 것이다. 호메이니는 바아스 정권을 비이슬람 정권으로 규정하며 다음과 같이 말했다.

"이라크 정권은 그들 자신이 무슬림이라고 주장한다... 그리고 그들은 내가 왜 그들을 비이슬람 정권으로 보는가를 내게 묻는다. 나는 이에 대해서 답하길 과거에 이미 아야톨라 하킴(Hakim: 1970년 사망)이 그들을 비무슬림 신도로 규정하였다. 이라크 국민은 무슬림이다. 그러나 바아스 정권의 이념은 이슬람 이념이 아닌 것이다."[213)]

바아스 이념 對 이슬람 이념으로 나누는 이분법은 매우 분명하다. 그럼에도 불구하고 호메이니가 점차 이라크의 바아스 정권을 무슬림으로 인정하는 쪽으로 선회하는 경우가 나타났다. 그러나 이란-이라크 전쟁을 정치적 문제나 군사적 문제로 취급하려 하지 않았다. 이 경우에는 두 무슬림 국가간에 충돌이 발생하게 되었고, 이것은 샤리아에 의해 해결되어야 한다는 견해를 내놓은 것이다.

호메이니의 순교를 위한 종교적 호소에 호응하여 수많은 이란 젊은이가 희생당하자, 원로 울라마 세력 특히 아야톨라 골파거니 및 마라쉬 나자피가 전쟁의 종결을 호소하기도 했다. 1988년 5월 바자르간은 다음과 같은 공개서한에서 자살 전쟁 정책을 추구하는 호메이니를 비난했다. "만약 당신(호메이니)이 전쟁에 의해서 이슬람을 전파할 목적으로 우리의 생명과 권리를 희생시켜야 한다고 생각한다면... 그것은 자유입니다만... 그러나 그렇게 생각하지 않는, 그리고 자신들의 생명과 가정을 희생시키길 원치 않는 사람들을 희생시켜서는 안 됩니다."[214)]

이라크와 8년간의 장기 소모전에서 이란은 '거대한 악마(Great Satan)'라고 불렀던 미국과 '작은 악마(Lesser Satan)'라고 칭했던 이스라엘로부터 무기를 비밀리에 밀수입 할 수밖에 없는 처지에 있었다. 이러한 상황에서 미-이란 양국간의 인질협상은 원만히 진행되지 못하다가, 대통령 후보 레이건-부시 진영과 이란 정부간의 무기거래 비밀협상으로 인질들은 1981년 1월 20일 석방되었다. 이 날은 현직 대통령 카터가 의외로 재선에 실패하고 레이건이 대통령으로 취임하는 날이었다. 이란과의 비밀 무기거래라는 정치공작 음모에 의해서 레이건이 대선에서 승리했다

213) Rajaee 1983, 91.

214) Sayeed 1999, 223.

는 설이 있다.[215)]

1981년 7월 테헤란 주재 이스라엘 대사관의 전 무관이었던 야코프 님로디는 이란과 1358만 달러 상당의 무기 수출 계약에 서명했다. 울라마 지도부는 이 '성스럽지 못한 거래'를 이슬람 세계의 확장을 위한 대의에 비추어 합리화했던 것이다. 레바논에서 납치된 미국인들 역시 무기와 교환하는 조건으로 석방되기도 했다. 미제 무기를 비밀리에 이스라엘을 통하여 이란으로 선적한 사건이었던' 이란-콘트라 문제도 이러한 맥락에서 일어났다고 할 수 있다.

다른 한편 이란-이라크 전의 발발, 전개 및 전쟁에 대한 외부세력들의 입장의 방식은 이란의 내적인 발전과 대외적 관계의 행동에 깊은 영향을 주었다.[216)]

첫째, 이란-이라크 전은 이란 민족주의의 재확인을 이끌어 내며 이란 이슬람 정부의 반민족주의 정책을 완화시켰고, 이는 불가피하게 이슬람 요인을 약화시키도록 만들었다. 이슬람 정권은 민족적 감정에 호소해 이란 국민의 지지를 얻으려 노력했다. 이란 정부는 총체적 정체성을 형성함에 있어서 이슬람 외적인 민족주의 및 애국심과 같은 요인들의 역할을 마지못해 무언적으로 승인하는 것이었다. 유사한 이유로, 비록 이란 혁명의 범 세계적 명분을 해칠지언정, 이란 정부는 국민의 시아 이슬람 감정에 호소하고 시아파의 상징들을 교묘히 이용해야만 했다.

둘째, 이란-이라크 전은 다른 무슬림 국가의 인종 중심적인 민족주의와 분파주의의 힘을 증명했다. 비록 이슬람 공화국의 지도자들이 이란

---

215) 자세한 내용은 다음 책을 참고할 것. Sick, Gary, 1991, *October Surprise; America's Hostages in Iran and the Election of Ronald Reagan*, Times Books: New York.

216) Hunter 1998, 141.

민족주의와 이슬람 이전의 문화를 비난하고 시아 이슬람 특성을 강조하지 않았을지라도, 외부 세계는 이란을 페르시아 시아 무슬림 단일체로 여겼으며 이란의 이슬람 정체성을 의심했다. 전쟁 동안 이란 이슬람 정권이 상당히 기대했었던 대중적 시아파 봉기가 이라크 내에서 발생하지 않았던 점은 아랍 세계에서의 아랍 중심적인 민족주의의 힘이 종교보다 우선한다는 사실을 보여준다. 이슬람보다 인종 중심주의의 우월성은 아랍 국가들의 태도에 의해 분명히 밝혀졌다. 대다수의 아랍 국가들은 이란이 아니라 침략국인 이라크를 지지했던 것이다. 이슬람주의자들을 탄압했던 극단적인 아랍 민족주의자들이 집권하고 있는 시리아와 리비아만이 이란을 지지한 유일한 국가였다는 점은 흥미롭다. 이들 양국 정부가 이슬람을 보편적으로 신봉하지는 않았을지라도 서구, 이스라엘 및 보수적인 아랍 정권에 대한 그들의 공통된 적대감으로 인해서 이란을 지지했던 것이다. 이란-이라크 전에 대한 다양한 무슬림 국가들의 반응에서 나타난 바와 같이 무슬림의 정체성을 결정하고 그들의 행동을 동기화 시키는데 비이슬람 요인의 힘이 강하게 작용하고 있을 뿐만 아니라 또한 이슬람 세계의 국가들이 분열되어 있음을 알 수 있다.

셋째, 이라크의 침공이 분명했음에도 국제사회가 바그다드를 지지한 것은 이란의 이슬람 외교정책에 기인한다. 페르시아만에서 미국 빈센(Vincennes)호의 이란 여객기 격추 사건으로 인한 미-이란간의 1988년 위기 이후, 당시 이란 국회의장 라프산자니는 이란의 과도한 혁명적 열정이 불필요한 적을 만들어 냈다고 인정했다. 이슬람 정권이 국제관계의 현실에 맞추어 외교정책을 수행했음에도 불구하고, 이란 외교정책의 중요 영역은 이슬람 이념적 동기에 의해 지속적으로 영향을 받았다.

6 결 론

1979년 이래 이란 외교정책 기조에 의하면 보수적 아랍 국가의 지도자들은 "타락자", 미-소는 "거대한 악마", 그리고 서구 유럽인들은 "신식민주의자" 또는 제3세계 민중들의 "노동력 착취자"로 간주되었다. 이 부정적이며 과장된 용어들은 호메이니 정부에게 중동 및 서구 대부분 나라들과의 우호관계의 여지를 남겨놓지 않았다.

1991년 소연방이 붕괴되기 전까지 이란에 우호적으로 남아있는 국가들은 단지 북한 · 쿠바 · 시리아 · 리비아 · 남예멘 · 소련 · 바르샤바 조약국가 · 소수 비동맹의 혁명적인 제3세계 국가들뿐이었다. 호메이니는 팔레스타인 민족을 이스라엘 "영토확장주의자"의 정책으로부터 수십 년 동안 고통을 받아온 자유를 위해 싸우는 독립투사들로 본다. 성직자들의 시각은 팔레비 정권의 이스라엘 · 남아프리카공화국 · 서구에 대한 정책뿐만 아니라 강대국들의 패권경쟁으로부터 많은 영향을 받았다. 따라서 팔레비 왕조의 붕괴에 따른 이슬람 공화국의 수립은 과거 샤 정부의 對미국-이스라엘-남아프리카공화국 정책에 대한 비난을 수반했다.

이란 혁명의 복잡하고 혼란스러운 상태에서 호메이니의 이슬람 외교정책에 대한 어떤 결론을 내린다는 것은 거의 불가능하다. 하지만 앞서 논의했던 내용을 정리해보면 다음과 같다.

첫째, 장기화된 혁명으로 인한 사회 불안정과 국내 결속력 약화는 이란 외교정책에 큰 영향을 미쳤다. 인질문제 해결과 바니사드르 추방 이후 혁명 초기단계에 비해서 외교적 활동이 활발해졌지만 여전히 이슬람 외교정책은 불안정하기만 하다.

둘째, 세속적 이념과 여러 다양한 종교의 유입으로 국내 정치는 흔들리고 있으나 호메이니의 이슬람 사상은 여전히 국내외 정책에 큰 영향을 미치고 있다. 이란은 시아 이슬람과는 다른 세속적 및 종교적 이념을 배척한다.

셋째, 호메이니의 세계관은 오늘날의 국제정치체제 자체를 배격하고 있다. 널리 알려진 것과는 달리, 호메이니의 이데올로기는 범 시아주의도 범 이슬람주의도 아니다. 오히려 '이슬람적 세계질서'를 추구하고 있는 것이다. 그는 그것을 달성하기 위해서 이슬람 생활의 모범을 보이는 등 평화적인 방법으로 전세계에 전파하려고 노력했고 적어도 이론상으로는 정치적 압력이나 무력을 통한 이슬람 외교정책을 인정하지 않았다.

넷째, 과거 팔레비 왕조의 세속적 외교정책으로부터 완전 분리를 주장하는 혁명 지도자들로 인해, 이슬람 외교정책에 특히 두 가지의 불안정 요소가 있다. 그것은 ① 외교정책 입안과정에서 합리주의 결여 ② 능력 있는 전문외교관과 외무부 내의 조직적인 체계의 부재라 할 수 있다. 이란 혁명 정권의 최악의 외교정책 결정의 한 가지 예는 미국 인질 사건이었다.

다섯째, 호메이니의 이슬람 사상은 여러 측면에서 이란의 외교정책에 영향을 미쳤다. 이슬람 사상은 그의 추종자들의 외교정책 선언 · 결정 · 전략에 대한 기반이 될 뿐만 아니라 정당화의 역할도 한다. 게다가 그것은 외교상의 움직임에 대한 국민의 지지 여론 형성 또는 전쟁의 발발 시, 국민동원에 큰 역할을 한다. 이슬람 깃발 아래 행해진 전쟁의 경우, 방어 의미에서의 전쟁과 영토침공 전쟁의 구분은 더 이상 의미가 없다.

여섯째, 이란 혁명에서 가장 기본적인 목표는 동서 양 진영으로부터의 완전한 독립을 유지하기 위하여 정치적으로 뿐만 아니라 경제 · 문화 · 정신적으로 양 세력의 지배로부터 벗어나는 것이다. 이것을 달성하기 위해서 이란은 두 가지 정책을 펼친다. 하나는 독자적인 비동맹 노선이다. 또 다른 하나는 무슬림 국가에 최우선 순위, 그밖에 다른 제3세계 국가에 두 번째 우선순위를 두는 제3세계 우선정책이다. 제3세계 국가와의 관계 확장의 증거로 이란은 시리아 · 터키 · 파키스탄과 같은 무슬림 국가들 이외에, 북한 · 아르헨티나 · 브라질 · 니카라과 · 인도와 같은 다양한 국가들과도 새로운 관계를 수립했다.[217]

마지막으로 이란 외교정책의 이러한 목표, 수단 그리고 행동노선이 얼마나 오래갈지는 알 수 없다. 그래도 누가 나라를 다스리건 어떤 이데올로기가 지배하건, 변함없이 이란 외교정책에 영향을 미쳐온 정치문화가 여전히 존재하고 있어 어느 정도는 예측해 볼 수도 있다. 여기서 한 가지만 짚고 넘어가자면 이란 이슬람 공화국이 탈피하지 못한 정치문화가 하나있다. 그것은 고대부터 이루기 불가능한 목표를 설정하고 국내 정책이든 외교정책이든 부적절한 수단을 사용해온 이란 지도자들의 정치문화이다.

---

217) Ramazani 1983, 30.

제 9 장 라프산자니의 실용주의 외교정책

1979년 발발한 이슬람 혁명은 이란 외교정책에 상당히 많은 영향을 끼쳤다. 혁명의 이상과 이념은 이란 외교정책의 틀을 상당히 바꾸어 놓았다. 이란 외교정책은 이슬람 혁명을 분수령으로 해서 현격한 변화를 겪는다. 이란의 외교정책상 실리주의 측면이 강화된 계기는 라프산자니가 1989년 대통령으로 당선됨에 따라 마련되었다. 이 정권교체로 새로운 외교정책의 변화가 가능해 졌지만, 장기화된 이란-이라크 전쟁 여파가 걸림돌로 남아 있었다. 이란 정부는 8년간의 전쟁으로 황폐해진 국가를 재건하며 경제를 살리는데 총력을 기울였다. 라프산자니 대통령은 실리주의자로 경제발전에 주안점을 두었다. 그는 이를 "재건의 시대"라 칭하며 이란 외교정책 노선을 수정하려고 노력하였다.

특히 호메이니 사후 이란 외교정책의 발전에 있어서 가장 중요한 점은 실리주의와 현실주의 경향이 강화됐다는 것이다. 또한 이란 외교정책에서 점차적으로 국가 통제주의와 민족주의 특성이 강화되었다. 어떤 의미로는 급진주의적인 이슬람 이데올로기 원칙보다는 실용주의적인 이란 국익이 중심이 된 것이다. 이러한 현상에서 보듯이 이란의 국익이 이슬람 원리주의 이데올로기적 목표보다 우위에 있다는 관점에서 민족주의자들이 이란의 외교정책에 영향을 점차 미치게 되었다.

1 혁명과 외교정책

혁명 후 외교정책은 실리주의적 성격을 띠기 시작하였다. 이란 정부는 이란-이라크 전쟁 중에도 그 당시 걸프 주변 국가가 이라크를 지지하는 분위기에도 불구하고 아랍에미리트 정부와 좋은 관계를 유지하였다.

실리주의 외교정책의 흔적은 쉽게 찾아 볼 수 있다. 1984년 외교정책을 추진해 나가는데 있어서 중요한 역할을 수행하게 된 당시 국회의장 라프산자니가 해외순방을 나서자 비난이 쏟아졌다. 이러한 순방은 이란의 안보 및 이라크와의 전쟁에서 필요한 국제사회의 지지를 이끌어내기 위한 것이었지만, 혁명의 계승자들은 이러한 순방은 이란을 지옥으로 몰고 가는 뚜쟁이들의 짓이라고 비난하였다.

그러나 호메이니는 이러한 해외 방문을 옹호하며, 예언자 무함마드도 세계 곳곳에 외교 사절단을 파견했었다고 말했다. 이것은 바로 호메이니의 "열린" 개방정책이었다. 이 정책은 곧 많은 논쟁을 일으켰으며 호메이니는 무함마드의 예를 들면서 이를 정당화 시켜야만 했다. 1984년 10월에 행한 연설에서 호메이니는 무함마드의 예를 따라 다른 국가와 외교관계를 맺지 않는 것은 이슬람의 이념에 위배되는 것이므로 국가간의 관계 설립은 필요한 것이라고 주장했다. 그는 이스라엘 · 미국 · 남아프리카공화국 등 일부 국가들을 제외하고 모든 국가와 이란이 관계를 맺어야 한다고 말했다.

호메이니는 또한 외교관계에서 국민과 국민간의 접근을 지지하는 자들을 공격했고, "이란이 정부간의 외교관계 보다는 국민간의 민간 외교관계를 확립해야 한다"는 관점을 비합리적이라고 규정했다. 그는 이란의 새로운 관계가 주종관계가 아닌 반드시 우호적인 관계가 되어야 한다고 주장했다. 현재의 국제기구를 초강대국들이 통제하고 있기는 하지만, 이란은 그들과 관계를 맺고 그들의 잠재된 유용성을 이용할 필요성을 인식하고 있다. 그러나 한 가지 조건이 있다. 즉 '국가와 국가' 관계가 이란 국내 혹은 국제적으로 이슬람을 희생의 대가로 추구되어서는 안 된다는 것이다.[218)]

호메이니를 포함한 이란의 지도부는 결국 국제적 고립을 종식시키고 국제사회에 대한 위협적 자세를 포기해야 한다는 것을 인식했다. 1984년 10월 29일 호메이니는 "다른 정부와 관계를 갖지 않는 것은 패배주의를 의미하며 상식에서 벗어난다"라고 말했다. 더 나아가서 1985년 11월 2일 그는 "우리는 나머지 세계로부터 고립되어 살기를 원치 않는다. 오늘날의 이란은 그렇게 될 수도 없다. 오늘날 세계는 한 가족, 한 도시와 같다. 현재의 세계환경에서 우리는 고립되어서는 안 된다"라고 강조했다.

이것은 이란에서 '신 사고'였고, 라프산자니는 그것을 '상호의존'이라고 불렀다. 그러면 이 화해적인 개방정책은 이슬람 외교정책의 비동비서(非東非西)라는 기본 원리와 모순되지 않는가? 1988년 10월 3일 호메이니는 그러한 원리에 대해서 명백한 설명 없이 "이 기본 원리에서 벗어나면 이슬람과 무슬림들에게 반역이 될 것이다"라고 말했다. 이 원리는 원래 동서 양 진영의 지배를 거부하고 독립과 혁명의 목표를 달성하는 것이다. 당시 라프산자니 국회의장도 "그 원리는 외세의 속박에서 벗어나 독립을 추구하며 이슬람 혁명의 목표에 충실히 하는 것을 의미한다"라고 부연 설명했다.[219)]

이와 같이 그들은 국제적 고립에서 벗어나고자 하였지만 이 "열린" 개방정책은 이란의 공관, 정부 그리고 호메이니 그 자신의 언행에 의해 성공하지 못했다. 이란 외교정책은 몇몇 요인으로 인해 그 노선을 바꾸

218) Hunter 1990, 45.

219) Ramazani 1990, 60.

게 된다. 이란의 새로운 통치자들은 그들의 혁명이 지역 전반에 걸친 이슬람 혁명의 본보기이자 자극제가 된다고 생각하고 서한 · 성명서 · 즉각적인 행동 등을 통해 혁명을 전파하고자 했다. 걸프 지역과 아랍 중동 지역에서의 혁명 전파가 와해됐음에도 불구하고, 그들은 이슬람을 세계 전역의 핍박받는 민중들이 열강에 대항하기 위한 무기로 탈바꿈 시켰다. 이란의 시각에서 서구 열강은 무슬림들의 자원을 강탈하며 문화를 오염시키고 있는 위험한 대상이었기 때문이다.

게다가 이란의 지도자들은 호메이니와 같은 혁명 최고 지도자를 전세계의 무슬림들에게 내세웠다. 호메이니는 자신이 무슬림 세계에서 누렸던 지위와 명성을 각인시키며 이란 국내에서의 자신의 입지를 확고히 하려 하였다. 그는 무슬림 세계를 대변하는 정신적 지도자의 역할을 수행해 나아갔다. 그의 연설과 행동은 이슬람 국가로 전파되었다. 예를 들어 1989년 1월에 그는 고르바초프에게 서신을 보내어 사회주의라는 허상을 뿌리친 것에 대해 칭송한 후, 자본주의에 대한 경계심을 늦추지 말 것이며 코란을 읽을 것을 권유하였다. 이렇게 호메이니는 세계의 적들로부터 이슬람 공동체를 수호하는 역할을 수행하였으며 이슬람에 대한 모욕적인 내용들을 담은 "악마의 시"의 저자인 루시디에게 사형선고를 내렸다. 호메이니는 이란뿐만 아니라 "모든 무슬림 국가와 세계 각 지역에서 억압받고 있는 민중"을 대상으로 그의 마지막 유언을 남겼다. 그의 유언은 후계자들을 올바른 길로 인도하는 지침서나 다름없었다.

호메이니는 다른 무슬림 국가의 지도자들에게 이슬람의 의무는 이슬람 노선을 이탈하는 부패한 지도자들을 비판하는 것이라고 했다. 그는 요르단의 왕 후세인을 "범죄를 퍼뜨리는 자", 모로코의 왕 하산 및 이집트의 대통령 무바라크를 "미국의 추종자", 사우디아라비아 지도자들을 "신에 대한 배반자"라고 비난했다. 한 성직자는 바레인의 왕족에게 그들이 만약 악정(惡政)을 계속 이어나간다면 바레인 국민들로 하여금 민중봉기를 일으키게 할 것이라고 위협하였다. 한때 호메이니의 후계자로 추대되었던 몬타제리는 "사우디아라비아의 왕족들은 향락만을 추구하는 수전노들이다. 언제까지 이러한 악의 세력들이 사우디아라비아를 지배해야 하는가?"라며 우려를 표했다.

호메이니의 후계자인 하메네이 또한 세계 이슬람 공동체의 대변인으로서 호메이니와 비슷한 역할을 수행하였다. 그는 보스니아, 요르단강 서안지구, 소말리아, 그리고 레바논에 있는 무슬림들의 활동을 적극 지지하였다. 그는 팔레스타인 문제와 예루살렘의 궁극적인 회복은 팔레스타인 민중뿐만 아니라 모든 무슬림이 해결해야 할 "이슬람 문제"라고 주장했다. 그는 서구의 착취와 위협에 대항하기 위해서는 이슬람 국가들이 단합해야 한다고 호소했다.

혁명 이후의 이념에 있어서 이러한 보편적 추세는 혁명 후, 첫 10년 동안 강력했으며 1990년대까지 이란 외교정책에 영향을 끼쳤다. 이란의 지도자들은 국경 너머의 이슬람 운동을 조건 없이 지지하였다. 이슬람 운동에 대한 지지는 이란 내 정권을 유지시킬 수 있는 바탕이 되기도 하였다. 또한 이것은 이란 이슬람 혁명을 해외로 수출할 수 있는 수단으로써 작용하였으며, 아랍-이스라엘간의 분쟁에 있어서 레바논 · 보스니아와 같은 국가들에게 정치적 영향력을 미치게 하는 핵심적인 요소로 작용하였다. 더구나 이것은 미국과 이스라엘 같은 이란의 적대국들로부터 중요한 방파제 역할을 하였다. 예를 들어 이란은 시아파 헤즈볼라 당을 이용하여 레바논에 주둔하고 있는 미 해병대를 철수시키도록 했으며 미국인을 인질로 잡아 미국의 對이란 정책에 영향을 미치도록 하였다.

서구문화 패권에 대항하며 서구 국가들의 우호적인 제스처를 무시한 것 또한 이슬람 혁명이 이란 외교정책에 영향을 끼친 또 하나의 요소이기도 하다. 결국 이슬람 혁명은 샤가 취했던 과도한 서구화 정책과는 전혀 다른 것으로써 이슬람 정체성을 강조하였다. 또한 혁명 후 이란은 서구문화 침투에 대항하였다.

이란은 이러한 "혁명적" 유산을 계승하며 친미 아랍 국가 · 유럽 · 미국과 적대적인 관계를 형성해 왔다. 혁명 직후 성직자들은 걸프 지역으로의 이슬람 혁명 전파를 주장하였다. 이란은 매년 메카 성지순례에서 이스라엘 · 미국 · 유럽 열강에 대항하는 집회를 통해 "이교도를 부인하라"라는 호메이니의 지침을 수행해 나아갔다. 이러한 집회들은 결국 사우디아라비아 당국과의 마찰을 유발했다. 1987년 사우디아라비아 경찰은 400명 이상의 순례자들을 폭도로 몰아 살해하였는데 그중 270명이 이란인이었다. 이 사건 이후 양국간의 외교관계는 3년 동안 진전을 이루지 못했다.

1990년 이후 이란은 유럽연합과 우호적인 관계를 맺으려 부단히 노력했다. 그러나 이 기간 동안에도 이슬람 정부는 파리 · 베를린 · 비엔나 같은 유럽의 도시와 수도에 거주하는 이란 해외 망명자들을 살해하기 위해 암살단을 지속적으로 파견하였다. 혁명 후 20년이 지나도, 이러한 테러 활동이 과연 이슬람 정부 내의 어느 파벌에 의해서 주도되었는지 분간하기 힘들 정도였다.

이스라엘이 레바논을 침공하였던 바로 다음해인 1982년 몬타제리는 이란 내에서 자원 입대자들을 모집하여 레바논 주둔 이스라엘군에 대항하기 위해 파견하였다. 테헤란 정부는 이와 같은 그의 행동에 반대했지만 그는 계속해서 파병을 추진해 나아갔다. 전 국무총리이자 반정부 인사였던 박흐티아르는 프랑스 대통령 미테랑이 테헤란 방문 바로 전날 파리에서 이란 비밀 요원에 의해 살해되었다. 유럽의 지도자 중 최초로 이슬람 공화국을 방문하기로 했던 미테랑 대통령의 방문은 곧 취소되었다.

영국 맨체스터에서 이란 영사가 절도혐의로 구속되자, 그 보복으로 1987년 5월 테헤란 주재 영국 대사관의 2등 서기관이 자가용에서 끌려나와 구타를 당하기도 하였다. 같은 해 6월에는 프랑스 경찰이 1년 전 파리에서 발생했던 폭탄 테러사건 수사 중 이란 대사관 직원을 심문하려 하자, 이란 주재 프랑스 대사관이 군중들에 의해 포위되기도 했다.

이러한 사건들은 이란 정부와 영국 · 프랑스 정부 사이의 외교관계에 커다란 장애물이 되었다. 1996년 독일 연방 검사는 1992년 베를린에서 일어났었던 이란 쿠르드 민주당 대표와 다른 3명의 암살 사건과 관련된 이란 정보부 부장에게 체포장을 발부하기도 하였다.[220)]

이러한 과격한 이란 정부의 외교정책은 루시디 사건에서도 계속된다.[221)] 루시디 사건은 이란과 유럽 국가들과의 관계를 더욱 악화시켰다. 비록 호메이니가 1989년에 사망했음에도 불구하고 루시디에 대한 그의 "사형 선고" 파트와를 무효화하는 것은 상상할 수 없는 일이었다. 1990년대 초반에는 라프산자니 대통령이 이 파트와에 대해서 취소 방안을 모색하려 노력했다. 그러나 그 시도는 국내 정치를 장악하고 있었던 보수파 이슬람 성직자들에 의해 좌절되었으며, 심지어 호메이니와 이슬람 혁명을 배반하는 것이라는 비난을 받기까지 했다.

유럽공동체는 1992년 유럽연합으로 바뀌게 되었고, 외교정책에 있어서 상호 협조체제를 더욱더 공고히 하게 되었다. 1992년 12월, 유럽회의에서 이란과의 관계 개선을 위해 소위 '비판적 대화'라는 외교정책을 구상한 것은 이를 잘 말해주고 있다. 그 대화는 유럽공동체 고위 공직자 3명과 이란 외무부 차관들간의 대화로 대신하자는 취지로 시작되었다. 비판적 대화는 이란에 있어서 인권, 국제 테러와 이란과의 연루 가능성,

---

220) Bakhash 2001, 250.

221) 1988년 호메이니는 1989-1990년 예산서에 배서하고 해외자본과 투자를 유치하는 5개년 발전 계획을 내놓았다. 이 두 가지 안은 혁명 당시는 꿈꾸지도 못할 금기와 같은 것들이었다. 이 발전 계획은 신 경제회복의 시대를 열며, 유럽과의 관계를 정상화시키는데 그 목적을 두었다. 외무부는 영국 · 프랑스 · 독일과 같은 6개 국가들과의 관계를 회복시키려 부단히 노력했다. 그러나 이러한 노력은 1989년 2월 호메이니가 이슬람을 모독한 '악마의 시'의 저자인 루시디에게 "사형 선고"를 선언함으로써 좌절되고 만다. 유럽연합 국가들은 이란 주재 자국 대사들을 소환하여 귀국시켰으며 무역 및 산업 프로젝트들도 보류되었다.

루시디 사건을 포함하는 중동의 평화 분위기 진전과 발칸반도에 있어서 대치 상황 같은 문제를 주 내용으로 담고 있다. 이런 내용들의 일면을 들여다보면 이들 지역에 경제 협력관계를 증진시키고, 긴장완화를 위해 노력하려는 의도를 함축하고 있는 것을 알 수 있다. 그러한 비판적 대화는 이란에서 유럽과의 관계를 통해 이익을 도모하고 그들과 정치적 관계를 공고히 하려는 온건파들의 지지를 얻게 되었다.

1991년과 1992년 상반기 유럽 국가들은 이란에 부정적인 시각을 버리고 청색신호를 보내려고 노력했으며, 이에 루시디 사건에 따른 살벌한 분위기는 전체적으로 완화되었다. 이를 보면, 단지 루시디 사건이 표현의 자유 · 작가의 신변보호 · 유럽 문화의 근본적 원리 · 국제법의 수호 같은 문제로만 바라볼 수 없다는 것이다. 비록 그러한 사항들이 중요한 역할을 한다지만, 이러한 것들은 경제적 혹은 안보적 손실을 일으키지만 않는다면 허용할 수 있는 것이다. 서방의 이란에 대한 태도는 1979년 2월 14일 이후로 1998년까지 일관된 입장을 유지한 것처럼 보였다. 이 기간 동안 이란 정부로부터 두 종류의 목소리가 흘러나왔는데 한 목소리는 개방 · 개혁과 실용주의 노선을 추구하였고 또 다른 목소리는 호메이니 시절의 공격적 이슬람 혁명노선을 고수하였다.

이란-이라크 전후 복구사업과 경제난을 우선 타개하기 위해서 실용주의 노선을 추구했던 라프산자니는 1992년 유럽연합과의 대화를 통해 "이란은 국제법을 존중하며 루시디를 암살하지 않겠다"라고 선언하였다. 이와 동시에 국회에서는 의원 270명 중 180명이 호메이니의 파트와를 파기시키는 서신에 서명하고, 1994년 이란 정부는 유럽 국가들에게 루시디를 암살하지 않겠다고 약속하였다. 마침내 1997년 8월 하타미가 대통령에 당선되고 나서야 비로소 이란 외무장관이 호메이니의 파트와를 따르지 않겠다고 확언하자, 유럽 국가들은 자국의 대사들을 테헤란으로 다시 복귀시켰다.[222)]

혁명 이후 이란 외교정책은 전통적인 이란의 지리 · 전략적 이해관계뿐만 아니라 이슬람 세계관이 반영된 산물이었다. 이는 세계 평화의 유지에 근본을 둔 것이며 특히 이슬람 혁명에 영향을 받은 무슬림에게 적용된 것이다.

1) 혁명의 수출, 걸프 지역의 정권 교체, 지역의 세력균형 유지
2) 이란 문화와 민족 정체성에 대한 서구 문화의 위협
3) 반서구주의, 특히 반미주의
4) 외교정책상 비인도적인 암살, 인질과 같은 비정상적인 수단들을 이용하려는 의지

이란 외교정책은 국내 정치의 큰 영향을 받기도 하였다. 이란 정부는 거듭하여 그들이 목표로 세운 우선순위들간에 일치점을 찾지 못하고 있다. 예를 들어 중동 지역의 보수 정권들과의 화합과 동시에 이들 정권을 붕괴시키려는 이슬람 급진주의자들을 끌어안는 정책, 그리고 황폐화된 석유산업을 재건하기 위한 외국 투자자본을 유치해야만 한다고 주장하는 기술 관료들과 혁명을 수출하려는 국내 이슬람주의자들을 동시에 포용하는 정책들이 그 예이다.

그러므로 이슬람 혁명 후, 외교정책은 이란의 전통적인 외교정책 성향과 혁명에 의해 유발된 세계관 사이의 실용주의 및 이데올로기에 의해서 설명될 수 있다. 실용주의와 이데올로기간의 상대적 힘에 따라 이란 외교정책은 개혁파와 보수파 이 두 세력간의 이익을 분기점으로 이데올로기적인 동시에 실용주의적이었다. 외교정책상 실용주의와 이데올로기의 갈등은 이란의 외교관계에 있어서 역기능적으로 작용했던 것이다. 그러나 걸프전 기간 동안 온건한 정책을 취했던 벨러야티 외무장관은 "외교정책과 관련해서 국내 세력간에 큰 의견의 차이는 없다"라고 말했다.[223]

---

222) Bakhash 2001, 251.

2 호메이니 사후의 실용주의

이란-이라크 전쟁의 종식으로 이란과 걸프 아랍 국가 및 서구 국가들 사이의 외교관계에 중대한 변화가 일어나기 시작하였다. 8년간의 전쟁으로 이란은 물질적으로나 정신적으로나 매우 황폐해졌으며 혁명의 열기는 식어만 갔다. 1989년 호메이니가 서거하자 그의 강력한 권력과 카리스마적인 영향력은 수그러들었으며, 그의 추종자들은 국내외 정책에서 유연한 태도를 취하게 되었다. 대통령으로 당선된 라프산자니는 실리주의자로 평가받으며 엔지니어 출신의 고급 관료들과 합심하여 경제 발전에 주안점을 두었다. 그는 이를 "재건의 시대"라 칭하며 이란 외교정책 노선을 수정하려고 노력하였다.

라프산자니의 시장정신(bazzar mentality)이 호메이니 같은 이슬람 성직자뿐만 아니라 다양한 양상의 마르크스주의 단체와 과거 모사데그 지지자들의 경직된 이데올로기적 자세를 마침내 극복하고 더욱 실용주의 노선을 걷도록 했던 것이다.[224]

호메이니 사후 라프산자니 정권은 황폐화된 경제를 재건하고 현대 기술 및 외국자본을 도입하며 석유 수출을 늘리지 않을 수 없었다. 새로운 라프산자니 정부의 해결책은 경제를 재구성하기 위해 필요한 도구로서 자유화 및 규제 철폐를 요구하는 IMF형태의 경제개혁과 유사했다.[225]

따라서 이란 외교정책 노선의 근본적인 변화 없이는 라프산자니의 경제계획이 순조롭게 추진될 수 없기 때문에 실패할 것은 분명했다. 그는 이란의 이웃 국가들과 관계를 개선하고 서구와 신중한 화해를 모색해 나갔다. 이러한 외교정책의 새로운 지표는 즉시 페르시아만에서 나타났

223) Moslem 2002, 225.

224) Savory 1990, 57.

225) Ehteshami 2002, 290.

다. 라프산자니는 이슬람 이데올로기의 수출과 반외세 정책을 이란의 뒤떨어진 구시대적 산물이며 개방화 정책의 장애물이라고 간주했다. 이란 혁명의 잠정적 수출은 명확히 1990년에 중단되고 그 대신에 실용주의 정책으로 전환되었다고 볼 수 있다. 라프산자니 정부의 세 가지 새로운 정책은 다음과 같다.[226)]

첫째, 그는 지역안정을 위한 공약을 강조하며 "이란이 적을 만드는 것을 그만 두어야 한다"라고 말했다. 그는 혁명수출이 더 이상 이슬람 공화국의 목표가 아니라며 이웃 국가에 대한 내정불간섭 원칙을 선언했다.

둘째, 이란은 이라크의 호전적인 전략을 다른 국가들에게 인식시킴으로써 이라크를 견제하도록 노력했다.

셋째, 이란은 걸프 6개 산유국과의 긴장을 해소하고 우호적인 관계를 증진하기 시작했다. 특히 사우디아라비아의 협조 없이는 이란 경제재건의 자금줄인 석유 생산 및 수출에 어려움이 있었기 때문이다.

사담 후세인의 쿠웨이트 침공 이후 걸프국들과 새로운 지역질서에 대한 협상은 이란 외교정책에 있어서 최우선 순위에 속하는 문제였다. 아무튼 이란은 GCC의 협력을 얻는 것이 우선적으로 필요했다. 이란은 이러한 목적을 위해서 "자립"과 "걸프화"에 대한 GCC의 새로운 인식이 필요하다고 역설했다. 이러한 상황 속에서 이란과 GCC의 관계는 점차 우호적으로 발전하였다. 이란의 전략은 외세, 특히 미국에 대한 의존심을 감소시키고 페르시아만의 맏형으로서의 전통을 회복하려는 것으로 보인다.

---

226) Milani 1994, 338～39.

이와 같이 이란은 외교문제에 있어서 이라크의 쿠웨이트 아랍 동족에 대한 침공 이래로 인접 아랍 각국과 외교수립을 위해 역사상 전례 없는 호기를 맞이했다. 1991년 걸프전의 결과는 이란에 있어서 경제 및 외교적으로 긍정적인 환경을 조성해주었던 것이다. 이란-이라크 전쟁 때, 이라크를 지원했던 걸프 왕정국가들은 이란과의 외교관계를 개선하기 시작한다. 이란인을 포함한 순례객들이 메카에서 폭동을 일으킨 후, 1987년 7월부터 단절되었던 사우디-이란의 외교관계는 1993년 3월에 회복되었다.

이와 같이 1990년부터 1991년까지 미국이 주도한 걸프전 기간 동안 라프산자니는 실용주의 노선을 택한다. 이란은 이라크의 쿠웨이트 합병을 인정하지 않고, 국익 차원에서 미국이 주도하는 동맹체제에 동조함으로써 국제적인 환영을 받았다. 그는 국내에서 자신의 위치를 공고히 하고 미국에 대항하는 이라크를 지지해야 한다고 주장하는 의회 내의 당파를 제압하는 가운데 온건한 분위기를 주도해 나갔다.

라프산자니는 대결적인 발상을 거부하고 바그다드나 워싱턴 둘 중 어느 하나에도 적대감을 두지 않는 방관자적 입장과 같은 적극적 중립노선을 선택하여 그의 실용주의 외교정책을 지속함으로써 이란의 국익을 최우선시 하였다. 또한 그는 페르시아만에 미군이 주둔함으로써 얻는 반사 이익 즉, 미국이 對이라크 봉쇄정책의 일환으로 이라크의 군사활동과 재무장을 감시하며 견제하는 동안 경제재건 등 실용주의 정책을 자유롭게 펼쳐나갈 수 있음을 간파하고 있었던 것이다. 그는 이란과 동일한 이슬람 종파인 이라크의 시아파를 동정했음에도 불구하고, 후세인 정권에 반기를 든 그들이 참혹하게 살상되는 것을 지켜보면서도 직접개입을 삼가고 현저하게 수동적으로 일관했다. 테헤란은 적극적 중립노선의 외교정책을 통하여 그동안 얻었던 것을 손상시키고 싶지 않았다. 이란의 국익이 국경 넘어 이라크인 시아파 무슬림 형제와의 결속보다 더 중요했던 것이다.[227]

라프산자니는 걸프전을 통해 이집트 · 사우디아라비아 · 요르단 · 모로코와의 관계를 재수립하려고 했다. 전쟁 후 그는 레바논의 헤즈볼라와 같은 친 이란 과격단체에 인질로 잡혀있는 미국인들을 풀어주는데 일조하며, 걸프 지역 국가 및 서구 열강들과의 관계를 회복하려고 노력하였다.[228)]

이러한 노력은 곧 좋은 결과를 가져왔다. 비록 이집트와의 관계가 회복되진 않았어도 걸프 아랍 국가들 · 모로코 · 요르단과의 관계가 눈에 띄는 회복세를 보였다. 독일을 포함한 유럽연합 국가들은 이란과 중요한 무역관계를 맺기 시작했다. 이란이 1993년부터 1994년까지 외채 문제로 곤란을 겪을 때, 일본과 독일을 위시한 다른 유럽연합 국가들이 협조해 주기도 하였다. 또한 중국과 러시아에 의한 이란의 무기산업과 기술 이전을 막으려는 미국의 압력에도 불구하고, 1995년 미국 석유회사 코노코(Conoco)는 이란 앞 바다의 원유 채굴을 지원하는 10억 달러 계약을 맺기도 했다. 이 계약은 이란에 투자를 금지하는 클린턴 대통령의 명령으로 체결되지는 못했지만, 이러한 움직임은 이란이 미국 기업들과 손잡으려는 의지를 보여준 계기가 되었다. 게다가 코노코가 취소한 계약을 프랑스 기업인 토탈(Total)사가 인수하면서, 혁명 후 이란은 서방 국가와 최초로 사업상 계약을 맺게 된다. 이란은 석유와 가스자원의 개발을 위해 프랑스 · 러시아 등 다른 여러 나라들과 잇따른 계약을 맺게 되었다.

그러나 라프산자니의 정책은 국내의 반발과 미국과의 불화로 성과를 거두지 못했다. 강경파 이슬람 성직자 및 국회의원들은 라프산자니의 정책에 반대 입장을 취했다. 유럽에서 활동하고 있던 이란 망명자들에 대한 여러 암살 사건은 유럽 국가들과의 관계를 악화시켰다. 아르헨티나 정부는 "1992년 부에노스아이레스 주재 이스라엘 대사관의 폭파로

227) Milani 1994, 340.

228) Bakhash 2001, 253.

29명의 사상자를 내는 등 잇따른 사건은 이란이 지원하는 레바논의 헤즈볼라 단체에 의한 것이다"라는 증거를 제시하기도 했다. 그 후 1994년 아르헨티나 유대인 센터에서 일어난 폭발로 86명의 사상자가 생긴 사건 역시 이란이 주도했다는 의혹이 제기되었다. 1996년 사우디 다란 인근의 호바르 타워(Khobar Towers) 폭발로 19명의 미국인이 사망한 사건 또한 이란이 훈련시킨 요원들에 의한 것이라는 의혹도 피할 수 없게 되었다. 이 사건들은 라프산자니가 정권을 잡은 지 7년이 되던 해에 일어났다. 그러나 이 사건의 배후 조종자였던 알 자와히리가 아랍어로 쓴 그의 회상록[229]에 따르면 이것은 사실이 아니다.

더욱이 미국은 아랍-이스라엘 평화협정을 깨뜨리는 헤즈볼라 및 하마스와 같은 테러단체에 대한 이란의 지원을 우려했다. 미국은 이란에 대출되는 세계은행의 차관 지급을 중지시켰을 뿐만 아니라 세계시장으로 나가는 중앙아시아 및 아제르바이잔의 송유관 건설 프로젝트에서 이란을 배제시켰다. 게다가 미국은 유럽연합과 일본에 압력을 넣어 이란에 대한 차관의 공여 또는 무역상의 특혜를 금지시켰다. 이러한 끊임없는 압력으로 이란에 대한 국제사회의 경제적 지원은 줄어들기 시작했다.

클린턴 정부는 이란에 대한 자국의 경제제재를 강화시켰으며 1995년 3월에 미국 회사들로 하여금 이란 석유사업에 참여하지 못하도록 법령을 선포하였다. 또한 클린턴 정부는 같은 해 4월에 이란과의 모든 무역관계를 철폐시키고, 1996년 4월에는 이란의 석유·가스 산업에 4천만 달러 이상 투자하는 외국기업들에 대한 경제제재 법안을 가결시켰다. 라프산자니 정권이 들어선지 2년이 지난 후 미국과의 외교관계 재수립을 위한 노력은 수포로 돌아가는 듯하였다. 그럼에도 불구하고 그는 실리주의 정책을 꾸준히 추진해 나아갔으며 그의 후임자인 하타미가 그 뒤를 이어받았다.

---

229) al-Zawahiri, 2001, *Knights under the Prophet's Banner*.

아야톨라 후세인 알리 몬타제리를 중심으로 하는 좌익 급진파는 라프산자니의 친 서구지향 정책을 공격하며 '사탄적인' IMF의 지원에 의한 경제개혁은 또다시 이란을 서구에 종속된 세속국가로 빠뜨릴 위험성이 있다고 비난했다. 라프산자니는 국회 내의 경제적 민족주의자 당파에 다음과 같은 소신을 재차 밝혔다.

> "어떠한 외국인도 지금까지 우리나라에 한 푼이라도 투자하겠다고 제의한 적이 없었다. 본인은 외국투자를 무조건적으로 받아들이지 않을 것을 약속한다."

이것은 경제적 민족주의자들을 진정시켰지만, 그에 대한 불만은 아야톨라 자나티에 의해서 다음과 같이 표출된다.

> "이란의 무슬림들은 빵과 물 또는 더 나은 풍족한 생활을 위해서 혁명을 하지 않았고, 오직 이슬람을 위해서 혁명을 일으켰다. 이것은 우리가 소중히 간직해야만 하는 것이다... 그러나 현 정부는 부패를 부추기고 있다. 우리가 추방했던 서구화된 이란인들이 다시 돌아와서 (국민을 위한) 더 나은 생활을 만들기 위해서 돕고 있다. 이것은 확실히 하나의 범죄이다."[230)]

이슬람을 위해 혁명을 한 이란인들에 대한 이러한 언급은 급진적 좌익 국회의원들이 라프산자니의 경제개혁을 일찍이 공격했었던 것과 같은 맥락이라는 것은 주목할만한 가치가 있다.

1992년 4월 마즐레스 총선에서 라프산자니 온건파 진영이 강경파 진영에 압승했다. 호메이니 사후에도 혁명과 전쟁 열기에 고무되어 있던 강경파는 이란-이라크 8년 전쟁으로 황폐화된 이란 경제의 회복이라는

230) Hiro 2001, 199.

민심의 향방을 읽지 못했던 것이다. 선거에서의 승리로 권력을 공고히 한 라프산자니 대통령은 정책의 최우선 순위를 정치문제보다는 경제난의 해결에 두고, 이데올로기보다는 실용주의에 중점을 두었다. 그래서 그는 고립주의보다는 외교적 행동주의 노선을 택하고 혁명 수출보다는 지역 경제협력을 우선시 했다. 기술 관료가 성직자 물라를 대체하고 국가의 경제 통제주의가 민영화 방향으로 선회하며 외국 투자와 차관을 끌어들이게 되었다. 개혁과 변화의 물결이 사회 각 분야에서 일어나면서, 라프산자니 정책이 성공한다면 이란은 산업발전과 경제부흥을 맞이하게 될 것이라고 일부 분석가들은 예측했다.[231]

그러나 이러한 기대는 고립주의적 국내 강경파와 문화적 경직성으로 인해 한계에 부딪혔다. 이러한 상황에서 1992년 마즐레스 선거에 의해서 보수파와 연합한 실용주의적 이슬람 세력은 강경파 세력을 축출하는데 성공했다. 라프산자니는 혁명의 열기를 완화시키며 특히 경제적 측면에서 이란 인접국 및 서구 국가와의 관계를 개선시키는데 노력했다. 그는 수입 재분배 · 국가 통제경제 · 소비제한 등을 요구하는 급진주의적인 이슬람 경제의 개념을 포기하고 서구 기술 및 투자를 선호했다. 그는 국제통화기금 및 세계은행으로부터 경제개혁을 위한 차관을 도입하여 경제발전에 집중했다. 그 결과 그의 집권 1기(1989-1992)에 국민 소득은 20%나 증가했다.

혁명 열기에 싸여있던 이란의 페르시아 민족주의라는 도전적인 브랜드는 반서구 적대감의 성향을 띠고 인접국들과의 평화 공존을 위한 정상적 관계에도 걸림돌로 작용했다. 지역 주변국과 비교하여 이란의 국방예산이 가장 낮게 책정되어 있고 군사력 강화에 대한 야망이 없다고 말하는 라프산자니의 주장은 거의 설득력이 없었다. 이란이 5개년 계획기간(1988-1993)에 중국과 소련으로부터 100억 달러의 무기 구입을 추

231) Sayeed 1999, 226.

진한 것으로 판단하면, 군사 강국에 대한 야망은 여전히 남아있다고 할 수 있다. 이란의 경제난에도 불구하고 비록 방어용이라고는 하지만 이란군을 신무기로 무장하려는 도발적인 태도는 주변국들을 긴장하게 만든다.[232)]

라프산자니의 경제발전을 위한 실용주의 노선에도 불구하고 이러한 호전적 자세는 인접국과 미국에 불신감을 주고 긴장상태를 지속시키는 요인이 되었다. 그가 국제적 차원에서 온건정책으로 신뢰를 회복하고 이란의 고립주의에서 부분적으로 벗어나는 데는 성공했다. 그러나 국내에서의 그의 개혁정책은 많은 문제점을 노출하며 여전히 큰 성과를 거두지 못했다는 평이다.

지역문제에 있어서 걸프전 후, 이라크 남부에서 발생한 시아파의 봉기에 이란이 개입한 것은 이라크와의 관계를 악화시켰다. 테헤란에 기지를 둔 '이라크 이슬람 최고회의 SAIRI'[233)]가 이 반란을 사주했기 때문에, 사담 후세인은 이란의 반체제 단체 '무자헤디네 할크 MKO'[234)]를 지원함으로써 이란에 대응하려고 결심했다. 사담 후세인은 걸프전 후 이란 국경 근처에 그들의 훈련 캠프의 설치를 허용했다. MKO가 이란 정권에 대항하여 무장투쟁을 전개하자, 이란은 1992년 4월 이라크의 영토에 있는 그들의 기지에 공습을 가했다.

회고해 보면 1992년의 핵무기를 포함한 대량살상무기 WMD 확산방지는 클린턴 행정부가 밝힌 對이란-이라크 이중 봉쇄정책의 서곡으로 간주될 수 있다. 1993년 5월 18일에 근동·남아시아 문제담당 대통령

---

232) Sayeed 1999, 230.

233) 1980년대 후반 이란은 이라크 지하 반체제 단체 al-Dawa와 연계된 SAIRI(the Supreme Assembly of the Islamic Revolution in Iraq)와 거리를 두려고 노력했다(Ramazani 1990, 62).

234) 라자비가 이끄는 MKO는 1981년 6월 이슬람 정권에 의해 탄압을 받고 그 본부를 테헤란에서 파리로 옮겼으나, 프랑스에 대한 이란 정부의 압력으로 1986년 추방되어 다시 바그다드로 옮겼다.

특별 보좌관인 인다이크(Martin Indyk)는 중동정책연구소에서 행한 연설에서 이란과 이라크를 '부랑자 국가들(pariah states)'이라고 묘사했다. 그는 이라크가 여전히 미국과 그 지역 안보에 위협이 된다고 말하면서 이란으로 화살을 돌렸다.

> "이란으로부터의 위협을 봉쇄하는 것은 더 어렵다. 우리가 이란의 의도와 능력을 평가한다면, 이란은 서구 국가의 이익에 위협이 되는 존재이다. 이란은 전세계에 걸쳐 테러 및 암살을 지원하는 최악의 국가이다. 우리는 이란의 행위를 변화시키고 테러를 억제하기 위해 적극적인 봉쇄노력을 추구해야 한다... 만약 이란의 행위를 교정시키는 우리의 노력이 실패한다면, 5년 후 이란은 중동에서 서구 이익에 훨씬 더 현실적인 위협을 가할 수 있는 능력을 갖추게 될 것이다. 국제사회가 이라크를 봉쇄하는 데는 성공하고 이란을 봉쇄하는 데는 실패한다면, 이란에 유리한 환경을 조성하여 페르시아만에서 세력균형의 파괴를 초래할 것이다."[235]

그러나 런던에 있는 국제문제 왕립연구소의 홀리스(Rosemary Hollis)는 "미국이 허풍을 떤 과장된 이란의 위협은 아라비아 반도에 더 많은 방어용 무기를 판매하는데 이용되어 왔다"라고 말했다.

이란은 1990년 이래로 변화의 신호를 보이기 시작했다. 당시 라프산자니 대통령은 1993년 타임지와의 회견에서 서구와의 관계 · 걸프만 안보 · 테러리즘 · 루시디 문제 등 주요한 이슈를 언급했다. 그는 혁명의 가치를 손상시키지 않는 범위에서 서구와의 평화 공존을 원한다고 조심스럽게 피력했다. 미국의 정책에도 의구심을 가지고 있으면서, 이란은 레바논에서의 인질 석방 문제에 협조했다. 그는 이웃 아랍 국가와 우호 관계를 원하는 가운데, 이 지역에서의 군사 강국을 추구하지 않고 그 비

235) Hiro 2001, 201.

용으로 현실적인 경제 재건에 관심을 가지고 있었다. 이란의 군사력 강화를 위한 국방예산은 걸프 지역 다른 아랍 국가들에 비교하면 현저히 낮은 수준으로 자국의 방위에 필요한 최소한의 것이다.

이러한 상황에서 라프산자니 정권은 주변의 핵무기 보유 국가들이 이란을 위협할 것에 상당히 우려하고 있다. 특히 이스라엘이 그러한 국가들 중에 최우선 순위에 있고, 이것은 미국에 책임이 있다는 것이다. 그는 개방의 필요성을 절감하고 서구와의 평화 공존의 가능성을 타진하고 있는 것이다. 그는 더 이상의 혁명 수출이나 이데올로기 팽창주의는 바람직하지 않다는 사실을 인식하고 이란 영토 방위에 관심을 갖는다. 그러나 그는 국내에서 문화의 자유화의 요구에도 불구하고 과거 혁명적인 수사에 의존해야만 한다. 그는 다음과 같이 고백한다. "만약 내가 혁명으로부터 등을 돌리면, 국민이 나를 더 이상 지지하지 않을 것이다."[236)]

그는 강경 보수파인 최고 지도자 하메네이의 뜻에 벗어나지 않는 선에서 현상유지 정책을 취하고 있다. 그가 정치적 근대성으로의 변화를 시도하기에는 아직 때가 이르다고 판단한 것 같다. 이에 비하여 하타미는 그보다 훨씬 더 유리한 입장에 있다. 라프산자니의 실용적이며 온건한 정책은 다음과 같은 3가지 조건에 그 기초를 두었다;

1) 이란은 지역 정치적 구도를 바꿀 수 없다.
2) 이란은 현재 이 지역 내 새로운 세력균형을 잡는데 큰 기여를 한 미국을 인정하고 이에 적응하여야 한다.
3) 이란은 걸프협력회의기구 GCC에 큰 영향력을 행사하는 사우디아라비아와의 원만한 관계를 구축하여야 한다.

이러한 라프산자니의 정책을 추진하는 주요 목표는 8년간 치른 이란-이라크 장기 소모전에서 추락했던 국제적 위상을 되찾고, 이 지역 내에

236) Sayeed 1999. 293.

서 이란의 영향력을 확고히 하는 것이었다. 다카에서 열렸던 제6차 OIC 정상회담에서 라프산자니는 그의 연설을 통해 "사회주의의 붕괴에 즈음해서 남북간의 대화를 호소합니다. 이는 대량살상무기의 철폐와 여성의 국제정치 · 경제 · 사회부문에서 뿐만 아니라 과학 · 문화영역에서도 적극적인 참여를 지원하는 것이 됩니다"라고 말했다.

하타미는 1997년부터 '문명 간의 대화' 정책이 라프산자니 외교정책의 연장노선을 따르고 있다고 표현했다. 하지만 라프산자니가 조심스럽게 은밀하며 자신 없이 이 정책을 내세웠던 반면 하타미는 이를 자신있고 공공연하게 공표했다는 점에서 차이가 있다.[237)]

당시 이란은 고립에서 벗어나 OIC 정상회담에서 무슬림 세계뿐만 아니라 전세계에 국제적 위상을 높이는데 성공했다. 또한 이란은 주변 아랍 국가는 물론 아프가니스탄과 중앙아시아에서 타협적이고 긍정적인 자세를 보여 주었다. 이란은 EU 국가와도 점진적인 관계 개선으로 에너지 분야에서 투자를 유치하고 있다. 이러한 분위기 속에서 국내 경제가 급속히 회복됨으로써 정치개혁의 필요성도 제기되기 시작했다. 1997년 하타미의 대선 승리는 이러한 국민의 변화와 개혁에 대한 열망을 반영한 것이라 할 수 있다. 이슬람 혁명 이후의 새로운 젊은 세대는 변화의 욕구가 더 강하다. 이데올로기와 혁명 구호는 대부분 국민의 마음 속에서 퇴색되고 역사적 유산으로 남아 있을 뿐이다.

2000년 2월 25일 라프산자니 전 이란 대통령은 테헤란 금요기도회에서 "미국은 이란에 대한 과거의 잘못을 인정하고, 정당한 우리의 자산을 이란에 돌려주어야 하며, 테헤란과 대화를 갖기 원한다면 선의를 증명해야 한다"라고 말했다. 같은 해 3월 13일, 클린턴은 '1995년의 이란 제재' 대통령 명령을 갱신했다. 그것은 "이란의 국제 테러지원 · 중동평화과정 방해 · 미국의 국가안보와 경제에 위협이 되는 대량살상 무기 획

---

237) Alam 2001.

득” 등이다.

라프산자니는 “2000년 제6대 국회 선거에서 승리한 개혁파가 추구하는 이란의 이슬람 외교정책은 안정적이며 불변할 것이다”라고 평가했다. 외교정책에서 이란의 수뇌부는 미국과의 교섭에 대해서 매우 회의적인 태도를 취하고 있다. 클린턴 대통령은 상하 양원 의원들에게 보내는 서한에서 “이란 정부가 주도하는 테러지원 · 중동평화과정에 대한 방해 · 대량살상 무기의 획득 등, 이 모든 것들은 미국의 국가안보, 외교정책, 그리고 경제를 위협한다”라고 또다시 밝혔다.

이란은 헤즈볼라 · 하마스 · 이슬람 지하드 등 테러단체를 지원해오고 있다. 2006년 5월 현 이란 대통령 아흐마디네자드가 이란 외교정책을 좌지우지하지는 않더라도, 그의 이념적 성향으로 인해서 재정난을 겪고 있는 하마스 팔레스타인 정부에 아랍 국가들보다 훨씬 더 많은 자금을 지원할 것으로 보인다.[238] 또한 7월 그는 이스라엘의 對레바논 침공을 비난하며, 만약 이스라엘이 레바논의 헤즈볼라를 지원하고 있는 시리아를 공격하면 이는 모든 이슬람 세계에 대한 공격으로 간주해 강력하게 응징할 것이라고 경고했다.

---

238) International Herald Tribune, May 12, 2006.

제 10 장 하타미의 문명 간 대화 외교정책

라프산자니 대통령은 국제사회의 정치적 고립에서 벗어나, 이란-이라크 8년 전쟁으로 잿더미가 된 이란 경제를 복구하기 위해 실용주의 노선을 취하였다. 따라서 라프산자니 통치기의 주요 외교정책 슬로건이 '건설'이었기 때문에 모든 외교관계는 경제적인 것에 집중되었다. 개혁적이고 개방적인 하타미 정권의 주요한 슬로건은 '발전'이었다. 하타미의 정책은 라프산자니 정책 노선의 연장이었지만 보다 더 발전적이고 화해적인 성격을 띠었다.

2001년은 유엔에 의해 "문명 간의 대화를 위한 해"로 지정되었다. 이 개념은 하타미 대통령에 의해 주창되었으며 이는 십자군 원정 이후 단절된 서구와 비서구 문명 간의 차이를 극복하고자 하는 시도였다. 하타미 정권 하의 이란은 경제뿐만 아니라 정치·문화의 관점에서 외교정책을 바라보게 되었다. 하타미는 과거 피탈 민족으로서의 반제국주의의 역사적 또는 경제적 관점을 벗어나 '문명 간의 대화'라는 새로운 외교정책의 비전을 제시한 것이다. 따라서 그동안 국내외에서 이슬람 혁명을 영속화시킨다는 호메이니의 이데올로기는 거의 잊혀져 왔으며 1997년부터 2005년까지 2기에 걸친 8년간의 하타미 정권의 통치기는 여러 면에서 문명 간의 대화라는 새로운 외교정책의 발전을 가져온 시대로 평가된다.

1 하타미의 데탕트 외교

이란 외교정책은 1979년 이슬람 혁명 후 급격한 변화를 맞이하였다. 이 외교정책은 對미국-서방국가 정책으로부터 비동맹국가, 제3세계, 그리고 반 군주주의 전략으로 바뀌기 시작하였다. 이란 외교정책에 있어 핵심 요소인 이슬람은 이란 이슬람 공화국의 근본이다. 이 시기의 주요 관심사는 자본주의 및 사회주의와 정치적으로 관계를 끊는 것이었으며 민중주의의 경제정책을 추구하는 것이었다. 독립을 부르짖는 혁명의 슬로건은 공화국의 근본사상으로 자리 잡게 되었다. 혁명 초기에 이란은 다음과 같은 5가지 전략적 슬로건을 모토로 삼았다.

1) 승리할 때까지 싸우자
2) 전쟁은 축복이다
3) 사탄의 세력들에게 죽음을 선사하자
4) 세계에 이슬람 혁명을 전파하자
5) 서구도 동구도 아니다

다시 말해서 이 슬로건들은 반 군주주의적이며 반 세속주의적이었다. "서구도 동구도 아니다"라는 반 제국주의적 '비동비서(非東非西)' 정책을 통해 이란은 하나의 무슬림 국제 공동체를 형성하려고 했다. 이란의 이러한 비동맹정책은 결국 동서 양 진영으로부터 적대감을 유발하였다. 8년간 지속되었던 이란-이라크 전쟁으로 인해서 이란 경제는 파탄의 지경에 이르렀고 주변국가들과 우호관계의 수립 노력은 좌절되었다. 호메이니 사후 이란은 외교정책의 슬로건이었던 '이슬람 혁명 수출' 정책을 포기하고 주변국가와 친선을 도모하려 했다. 이 '이슬람 혁명 수출'이라는 슬로건은 독재정권에 대항한 심한 반정부 시위가 일어났었던 사우디아라비아나 이라크 같은 걸프 지역 국가들에 불안을 야기시키기만 했다. 결론적으로 이 슬로건은 걸프 국가들의 독재정권에 위협을 가하였고, 미국과 그 동맹 국가들에게는 석유의 안정적 공급과 같은 경제적 측면에서 불안감을 고조시켰다.

1997년 테헤란의 보수파가 내리막길에 들어서자, 국내외 정책에도 많은 변화가 일어났다. 결국 사회의 침체된 분위기는 이러한 변화로 서서히 호전되기 시작했다. 하타미 정부는 대외적인 면에서 활발하고 적극적인 정책을 취했다. 대외관계 개선정책은 전 대통령 라프산자니에 의해서도 채택되었지만, 하타미 정부에 의해 더 확고히 진행되었다. 긴장완화 및 친교정책은 이란 외교정책의 근간을 이루게 되었다.

파탄의 경지에 이른 경제를 살리기 위해 이란은 주변 국가들과의 우호관계를 유지하고자 노력해왔다. 이 과정에서 이란의 남부 국경선과 북부 국경선 지역에 안정을 유지하려는 두 가지 목적이 있었다. 첫째는 아랍 지역 국가들과의 우호관계 수립이고, 둘째는 소연방의 붕괴로 중앙아시아 및 카프카스 지역의 정치·경제적 기반을 구축하는 것이다. 하지만 그 지역에서 미군의 주둔과 미국 및 그 동맹국의 이익을 지키려는 워싱턴의 결의로 인해서, 이란 정부의 최선의 정책은 위 두 지역들의 현상유지를 수용하는 것이었다. 이러한 모든 사건은 이란의 정책 결정자들에게 큰 충격을 주었다.

1997년 5월 대선에서 하타미는 대내적으로는 정치적 자유화 정책, 대외적으로는 긴장완화 정책을 공약으로 내세웠다. 그의 목소리는 이란 전역으로 퍼져 나가기 시작하였고, 유권자의 약 80% 가운데 70%가 하타미를 지지하였다. 그는 대중의 강력한 지지를 바탕으로 대통령의 자리에 올랐다. 다소 정치적으로 권모술수를 부렸던 라프산자니와는 달리, 하타미는 국내외 정책에 있어서 분명하고 일관된 신념을 지녔으며 국내 및 국제무대에서 보다 나은 신뢰성을 줄 것이라고 평가받았다.

이와 같이 1997년 실시한 대선에서 아무도 예측치 못한 일이 일어났다. 하타미가 그의 강력한 경쟁자인 보수파 진영의 나테크 누리(Nateq-Nuri)에 압도적인 표 차이로 대승을 거둔 것이다. 그에 대한 이란 국민들의 적극적인 지지는 현재 이란이 겪고 있는 정치 · 사회적 침체에서 벗어나고자 하는 의지의 표출이었다. 하타미 대통령은 그의 재임 처음 몇 달간 미국과 3개 이상의 중요 안건을 해결해 나가기 시작하였다. 하타미는 1997년 12월 테헤란에서 열렸던 이슬람 정상회담에 참석한 아라파트(Yasser Arafat)에게 "이란은 중동평화과정을 팔레스타인 국민들이 용인하는 경우 이스라엘과의 협정체결에 적극적으로 협조하겠다"라고 밝혔다. 이란은 자국이 이스라엘과 싸우기를 원하는 최후의 팔레스타인이라는 인상을 주지 않으려고 했다. 최고 지도자 하메네이 조차도 팔레스타인은 "이란의 지하드가 아니다"라는 것을 공식적으로 인정하였다.[239)]

하타미의 신 정책들은 걸프 지역의 안정, 국제정치 · 경제 · 사회로의 조기복귀, 그리고 UN · OIC · ECO와 같은 국제 · 지역 기구들에 적극 참여하는 것을 기초로 하고 있었다. 이와 관련해서 이란은 중동 지역에서의 미국의 존재를 묵인하려고 노력하며 걸프 지역의 평화를 유지하려 하였다.

전세계적으로 주목을 받았던 하타미 대통령은 1998년 1월 CNN과의 인터뷰를 통해서 테러리즘 및 무고한 시민들의 살해를 규탄하며 미국인들과의 "사려 깊은 대화"를 나누고 싶다는 의사를 밝혔다. 그 결과 미-이란 사이에서 학자 · 영화감독 · 예술가 · 운동선수들의 문화교류가 활발해졌으며, 정부간의 교류 또한 자연스럽게 이루어지지 않겠느냐는 추측이 조심스레 나오기 시작하였다. 같은 해 9월 UN 총회에서 하타미는 "문명 간의 대화"를 제창하였다. 또한 그는 "루시디 사건이 완벽히 해결

239) 차문석 2005, 139.

되었다"라고 말했다. 이란 외무장관은 유럽 국가들에게 이란 정부가 루시디에 대한 호메이니의 사형 포고령을 시행하지 않겠다는 서신까지 보냈다. 테헤란의 과격주의자들은 혁명의 원칙에서 벗어나는 이러한 행위에 항의했지만, 정부는 이에 확고한 입장을 표명하였다. 곧 이 호메이니의 사형 선고 '파트와'에 대한 하타미 정부의 온건한 정책에 반발하는 항의운동은 시들해져갔다.[240)]

하타미 대통령의 긴장완화 정책은 모든 주변국가와의 관계를 정상화하는 것이다. 2000년 3월 5일 하타미는 "이란의 긴장완화 정책은 이란과 주변지역 그리고 세계에 이득이 되는 전략이라 할 수 있다"라고 말하였다. 이란 외교정책의 주요 원리는 긴장완화, 신뢰구축, 정치 · 경제 발전, 그리고 중동지역 및 국제 평화와 안정을 도모하는 것이다. 하타미 정권은 국익을 충족시키기 위한 목적에서 이러한 정책을 채택하고 다음과 같이 밝혔다.

> "우리는 긴장완화 정책과 관련하여 몇몇 긍정적인 조치를 취해왔다. 더 나아가 신뢰를 바탕으로 꾸준한 지역적 협력관계를 맺을 수 있도록 노력해야 한다. 이란은 실리주의에 바탕을 둔 긴장완화 정책을 고수하고 있다."

그러나 이러한 외교정책에 대해 보수파는 미국과 이스라엘을 제외한 다른 모든 국가들과의 관계를 정상화하는 정책을 지지하는 입장을 취하고 있다. 보수파는 미국 및 이스라엘과 유대관계 맺기를 항상 꺼려하기 때문이다. 하타미가 문명 간의 대화의 필요성을 느꼈을 때, 그는 미국과 이스라엘을 그의 대화 상대 국가목록에서 제외했다. 그는 미국에 대해서는 패권주의를, 이스라엘에 대해서는 테러리즘을 비난했는데, 이것은 보수파 울라마의 압력을 반영한 것이다.

---

240) Bakhash 2001, 254.

2000년 2월 및 5월 시행된 지방의회 및 국회의원 선거에서 개혁파가 보수파에 승리를 거두었으며, 이는 1997년 대선에서의 승리의 연장선이자 국내외 정책을 바꿀 수 있는 중요한 발판을 마련해 주었다. 1997년 더 온건한 하타미 정권이 탄생하고 2000년에는 압도적인 지지로 재선에 성공했지만, 대부분의 울라마가 여전히 입법권에 대한 거부권을 행사하며 사법부를 계속 장악하고 있었다.[241)]

탈레반 정권을 붕괴시키기 위한 미국의 對아프가니스탄 공격 직후까지만 해도 이란은 온건한 이슬람 국가로 인식되었다. 그러나 이러한 인식은 2002년 1월 부시의 연두교서에서 이란을 '악의 축'의 한 국가로 지목하면서 변화되었다. 부시는 이라크 · 이란 · 북한을 대량살상무기 및 테러지원국가로 분류한 것이다. 이것은 이란 국내에서 개혁주의자 진영의 입지를 좁게 만들며, 강경파의 목소리를 크게 할 수 있는 계기가 되었다. 이란의 최고 지도자 하메네이는 부시를 "인간의 피에 굶주린 사람이다"라고 비난했다. 하타미 역시 악의 축이란 말을 "모욕적이고 호전적인 것이다"라고 비난했다. 그 후에도 파월 미 국무장관은 여전히 이들 국가들과 대화할 준비가 되어있다고 반복해서 말했다.

그러나 부시의 발언은 미-이란 외교관계에 이미 큰 손상을 주었기 때문에, 화해의 가능성은 희박해졌다. 이란 정부 내의 개혁주의자는 부시의 '악의 축' 발언으로 인하여 그들의 입지가 약화됨으로써 이란의 민주화 및 외교정책 결정과정에서 제 목소리를 내기가 힘들어졌다. 개혁주의자는 미국의 행위를 비난하면서 동시에 테러지원에 대한 이란 정부의 해명을 요구함은 물론 보수파 진영의 정치 지도자들을 비난하는데 주저하지 않았다.[242)]

9 · 11사태에 대해 이란은 미국에 동정적인 반응을 보이며 그러한 테러에 대해 비난했다. 그러나 테러에 대응한 미국의 어떤 형태의 보복도

---

241) Zepezauer 2003, 11.

242) Downes 2002, 161.

인정하기를 이란 정부가 거부하는 것은 그들 사상의 독립성을 보여준다. 이란은 국내외 정치에서 국제사회에 통일된 이미지를 거의 보여주지 못하고 있다. 그 실례로 이란은 미국의 對아프가니스탄 전쟁을 비난하면서도 자국의 영토에 추락한 미군 비행사의 구출 노력에 지원할 것을 제의했다.

2 문명 간 대화 외교정책

이란은 국제적 고립의 수준을 낮추기 위해서 미 국민과의 대화도 요청했다. 놀랍게도 클린턴 정부는 하타미의 대화 제의에 고무되어 이란과 현안 문제에 관해서 논의하기를 바란다고 화답했다. 이것은 미-이란 양국 간 20년 동안의 해묵은 적대감을 종식시킬 수 있는 새로운 호기였다. 양국 사이의 국교관계 정상화로까지는 이란 내의 보수파의 입김이 강하기 때문에 상당히 어려운 장기간의 과정이 필요할 것이고, 다만 대화의 물꼬를 트는 시작에 불과할 뿐이다.

CNN 방송을 통해 하타미가 미 국민에 행한 역사적인 연설에 대해서 테헤란과 워싱턴에서 상반된 감정이 교차되기는 했지만, 대체로 환영하는 분위기였다. 하타미의 이란 외교정책 결정권에 회의적인 시각을 견지하고 있는 백악관의 신중한 반응에도 불구하고 낙관적 시각을 유지하려 노력했다. 사실 하타미 대통령은 이란에서 계급 서열이 최고 지도자 하메네이와 국가 원로자문회의 의장인 라프산자니에 이어 3위에 있고 게다가 보수파 진영과 개혁파 진영 사이에는 모든 국가정책을 두고 주도권 싸움으로 갈등상태에 있었다.

1997년 12월 14일 하타미는 테헤란의 기자 회견에서 "위대한 미 국민에게 존경심을 표하고 가까운 미래에 미 국민과 대화를 갖기를 희망한다"라고 선언했다. 물론 그 다음날 클린턴 대통령 역시 호의적인 반응을 보였다. 또한 1998년 1월 7일 하타미는 CNN 뉴스와 45분간의 인터뷰에서 안보와 평화에 좀 더 가까이 다가가기 위한 사려 깊은 대화가 필요하다고 주장했다. 이러한 그의 말은 이란 이슬람 혁명 이래로 그 어느 때보다도 미국과의 화해의 길로 나가고자 하는 의미였다.

유엔 사무총장 코피 아난은 하타미의 기자 회견을 평하는 자리에서 "하타미는 이 시대의 위대한 인물이다. 미-이란 양국이 상호 이해하는데 그가 다리 역할을 하게 될 것이다. 이제 그 화답은 미국의 몫이다"라고 말했다. 즉, 미국이 국제 테러리즘 지원과 군사력 증강 등의 이유로 중동평화에 있어서 훼방꾼이라고 간주해온 이란에 대한 나쁜 이미지를 지우고 대화에 나서야 한다는 것이다. 이러한 이란의 유화적인 태도에 기인하여 사우디 황태자 압둘라가 미-이란간의 화해를 중재하는데 나서기도 했다. 그는 미-이란간의 모든 견해 차이를 해소하고 사우디-이란간의 화해도 원했던 것이다.[243)]

이에 반응하여 하타미는 기자회견에서 '위대한 미국인'이라는 표현을 처음으로 사용하며 가까운 장래에 미국과 대화를 원한다고 말했다. 또한 하타미는 1998년 1월 7일 CNN과 생방송에서 "우선 불신의 장벽에 균열이 있어야 한다. 만약 협상이 상호존중의 바탕에 기초하지 않는다면, 긍정적인 결과를 얻을 수 없다"라고 말했다. 그러고 나서 그는 문화·학문·스포츠 대표단의 상호 교류를 증진시켜 나가자고 제안했다. 미국 측도 이란의 공식적인 대화 제의에 화답하여 제임스 루빈 국무부 대변인은 "우리는 이란과의 대화를 갖기를 원한다. 그러한 대화에는 정부의 책임 있는 당국자 사이에 이루어지는 것이 바람직하다"라고 논평했다. 미국도 일방적인 對이란 제재조치가 실효성이 없음을 인식하고 전략을 재조정할 필요성을 느끼고 있었던 한편, 이란도 더 이상 세계경제 및 정치무대에서 고립된 상태로 남아 있을 수 없다는 자각에서 미-

243) Sayeed 1999, 275.

이란 사이의 이해관계가 서로 일치했다고 볼 수 있다.

다른 한편 하타미 대통령은 이란 태생 아만포르 CNN 기자의 질문에 대한 답변에서 "이란은 주로 유럽 등 다른 곳에서 재정적 지원을 얻을 수 있기 때문에 미국과의 관계개선에 특별한 필요성을 느끼고 있지는 않다"라고 말하기도 했다. 그는 그녀에게 이란 국내정치에서의 다른 의견도 민주주의체제에서 자연스런 현상이라고 말했다. CNN에 이러한 견해를 밝히면서 그는 이란 텔레비전에서 "외교정책에 있어서 혁명적 전통은 계속될 것이다"라고 선언했다.[244] 그 후에 아만포르와 결혼한 미 국무부 대변인 제임스 루빈은 다음과 같이 말했다.

> "하타미 대통령의 미국 문명 및 가치와 관련한 폭넓은 언급은 흥미롭다. 1979년의 미 대사관 인질 사건에 유감을 표하고 이제 이란 역사에서 그런 시대는 지나가고 법의 지배가 국내외적으로 존중된다는 것을 우리는 환영한다. 특히 테러리즘에 대해서 무고한 시민에 대한 모든 형태의 테러를 거부한다는 그의 선언은 주목할만한 가치가 있다. 우리는 하타미 대통령의 국민과 국민간의 대화 및 교류에 관한 급을 주시하겠지만, 가장 좋은 방법은 정부 대 정부간의 대화를 통한 양국 사이의 상이점을 논의하는 것이다. 워싱턴은 3가지 주요 현안 문제 즉, 이란의 국제테러 지원 · 핵무기 프로그램 · 중동평화과정에 대한 입장 등을 협의하기 원한다."[245]

미-이란 관계가 우호적으로 시작되면서 1998년 이란 정부는 테헤란에서 개최되는 국제대회 참석을 위해 미국 레슬링 팀에게 비자를 발급해주었고 레슬링 선수들이 성조기를 거는 것도 허용했다. 대회 폐막식에 반미 강경파 나테크 누리 국회의장이 참석한 것은 이란 땅에 미국인을 초청한 하타미의 외교노선을 묵시적으로 승인함을 의미했다.

---

244) Hiro 2001, 231.

245) Hiro 2001, 233.

1998년 3월 21일의 이란 신년인 노루즈를 맞아 클린턴 대통령은 "미국이 다시 한번 이란과 우호관계를 갖는 그 날이 곧 오기를 기대한다"라고 희망하면서 축하 메세지를 하타미에게 보냈다. 그에 대한 답례로 하타미는 국영 이란 방송을 통해 클린턴의 메시지를 내보냈다. 그러나 4월에 10여명의 이란 레슬링 선수들이 오클라호마에서 개최되는 국제대회에 참석차 미국에 입국했을 때, 그들은 시카고 공항에서 손지문과 사진을 찍어야만 했다.[246)]

6월 17일 올브라이트는 뉴욕 소재의 '아시아 사회' 단체의 모임에서 미-이란 외교관계 증진을 선언하며, 워싱턴은 관계 정상화를 위한 로드맵을 준비할 자세가 되어 있다고 말했다. 그 다음날 클린턴도 변화된 하타미 정권과의 진정한 화해를 추구한다고 밝혔다. 6월 21일 프랑스에서 열린 미-이란 팀간의 월드컵 축구 대회에서 이란이 승리하고 선수들이 테헤란으로 귀국했을 때, '거대한 악마'에 승리했다는 도취감에 수만 명의 남녀 이란인들이 이른 새벽부터 환호했다.

1998년 9월 하타미는 유엔에서 가진 20여명의 미국 기자와의 대담에서 이란의 입장을 다음과 같이 분명히 밝혔다.

> "내가 말하려고 하는 것에 대한 오해가 있는 것 같다. 그것은 국민 및 문화간의 대화이지 정치적 대화가 아니다. 테헤란은 미 행정부가 이란에 대한 미국의 정책을 변화시킬 구체적 조치를 취하기전까지는 워싱턴과 정치적 대화를 열 의도가 없다."

---

246) 1997년 7월에 발간된 미 국무부 연례 보고서에 이란은 '1997년 국가 테러리즘이 가장 활동적인 지원국'으로 분류되어 있었다. 미 이민국의 1991년 규정에 따라 미 국무부가 국제테러 지원국 명단에 들어있는 이란 · 이라크 · 리비아 · 수단 출신 첫 방문객들은 지문을 찍도록 의무화되어 있었다. 1998년 7월 중순, 미국의 레노 검찰총장이 '외교정책 또는 국가안보의 이익에 따라' 미 이민국의 1991년 규정의 면제를 허락하는 문서에 서명했으나 때는 이미 너무 늦었던 것이다.

이슬람 보수파가 실권을 잡고 있는 분위기에서 혁명의 유산 및 정치 쟁점이 실용주의 정책에 따라 차츰 퇴색되어 갔으나 다시 부각되기 시작하였다. 예를 들어 호메이니의 후계자인 하메네이는 이란 내의 "친서구 세력"에 대항하는 운동을 벌였다. 1996년 의회선거와 1997년 대선에서 하메네이는 "친미세력" 개혁파에게 투표하지 않도록 하는 여론을 조성하려 노력했다. 보수파는 "미 제국주의"나 "서구세력"이라는 단어를 써가며 개혁파를 제압하려 했다. 결국 이러한 조치는 미국을 위시한 서방 국가와의 관계를 악화시키며 적대적인 분위기만 조성해 놓았다

하메네이는 처음에 이란과 미 국민들과의 "대화"를 지지하였으나 갑작스레 미국을 맹렬히 공격하며 워싱턴과의 협상이나 외교관계를 단호히 배제시켰다. 또한 그는 아라파트가 팔레스타인 국민들의 뜻을 제대로 대변해주지 못한다고 비난하며, 1999년 시리아와 이스라엘 사이의 협상 재개에 대해서도 격렬히 비난하였다. 이는 1999년 말, 이슬람 공화국 시절의 그 어느 때보다 실용주의 경향이 강한 가운데 이데올로기적 갈등은 가장 약했던 때였음에도 불구하고, 이 사실들은 외교정책상 미해결된 긴장감을 가장 잘 나타낸 것이라 할 수 있다.[247] 하메네이는 11월초 미 대사관 점거 19주년 기념일 전야에, 수천 명의 학생들 앞에서 행한 연설에서 더 강경한 어조로 다음과 같이 말했다.

> "미-이란간의 관계단절은 100% 이란 국민에게 유익하다. 미국인들은 혁명 이전에 누렸던 지위를 회복하고자 원할 뿐이다... 우리를 둘러싼 세계의 이목에서 중요한 것은 우리가 미국에 맞서는 것이다."

그는 또한 이란이 직면한 경제문제를 언급하면서 "이란은 유가 하락으로 기인한 경제 위기를 극복하기 위해서 미국을 필요로 하지 않는다. 이란 경제의 회복과 개혁은 미국과의 관계 개선이 아니라 이란 국민의

247) Bakhash 2001, 254.

의지와 결의를 요구하는 것이다"라고 말했다.[248]

3 문명 간의 화해와 공존

미국의 긍정적 반응에도 불구하고 보수파 이슬람 정권은 공식적인 대화 준비가 되어 있지 않았다. 그러나 하타미의 연설은 국내외의 낙관적인 분위기를 조성했다. 특히, 미국은 공식적 대화 이전이라도 문화 및 학술 교류를 기대했다. 그들은 '국민과 국민'간의 외교가 국가간의 화해 분위기로 이어진다고 믿고 있다. 1979년 테헤란 주재 미 대사관의 외교관으로 근무하고 있다가 444일 동안 인질로 잡혀 있었던 경험을 한, 브루스 라인겐(B. Laingen)은 "이제는 화해하고 대화를 하며 앞으로 나아갈 때다. 우리는 불신의 장벽을 무너뜨려야 한다"라고 말했다.

하타미는 미국 내 동결된 이란 자산, 걸프만의 미군 철수, 반이란 단체와 미국과의 관계 등 민감한 이슈를 직접 언급하지 않는 노련한 정치가이다. 그러나 워싱턴은 미국의 외교정책이 근본적으로 잘못되어 있다는 하타미의 시각에는 동의하지 않는다. 또한 미 국민도 이스라엘이 인종차별주의적이며 테러리스트 정권이라는 그의 견해에는 동의하지 않는다.

하타미의 연설에 대해서 이란 국내에서도 상반된 견해를 보인다. 일부 사람은 그의 연설이 역사적인 미-이란 외교관계를 주도할 수 있는 환경을 조성했다고 하는 반면, 또 다른 사람은 그동안 미국이 이란에서 저지른 잘못을 부각시키지 않았다고 아쉬움을 토로하기도 했다. 일부 분석가들은 서구 문화가 부패한 해악이라는 이슬람 혁명 이데올로기에 반하여 하타미가 미국 문화에 찬사를 보낸 것은 매우 놀라운 이례적인

248) Hiro 2001, 235.

일이라고 평했다. 하타미의 거의 조건 없는 성급한 대화 제의는 높은 위험성을 내포하고 있으며, 미국으로부터 미리 어떤 정치적 양보를 받아내지 않고 대화에 임하는 것은 정치적 자살행위라는 주장도 이란인들 사이에는 있다. 미-이란 양국간에 불신의 골이 깊어 관계정상화에 대한 전망은 그리 밝지만은 않다.

그러나 정치 분석가들은 이란 국내 보수파의 반미 감정이 팽배해 있지만, 하타미는 그것에 도전하여 미국과의 대화의 장으로 나아갈 것으로 내다봤다. 하타미는 1979년 당시의 혁명의 열정과 반미 감정이 오늘날은 식고, 인구의 절반을 차지하는 이란 젊은이들이 혁명의 구호나 미 외교관 인질 사건에 별 관심이 없다는 사실을 알고 있다. 그래서 그는 혁명 당시 무정부 상태에서 일어난 인질 사건에 대하여, "인질 사태 과정에서 미 외교관들이 당한 어떤 고통이나 마음의 상처에 깊은 유감을 표한다"라고 언급했다. 그 당시 인질 중의 한 사람이었던 M. 케네디는 그의 이러한 유감 표시에 대해 감사하게 생각했다.[249)]

미 외교정책은 제3세계에서 신뢰성을 상실하고 의심스러운 상태로 남아있다. 하라지 이란 외무장관도 동일한 시각을 가지고 있다. 그는 미국이 이란에 대해 혐의를 두고 있는 국제 테러리즘 · 대량 살상무기 · 중동평화과정 방해라는 3가지 문제와 그로 인한 적대감을 버리지 않는다면 대화는 어렵다고 말한다. 이에 대해 사무엘 버그 미 안보보좌관은 "이란의 테러지원은 여전하고 대화에 부정적이다"라고 말했다. 하타미 대통령의 CNN과의 역사적인 회견 후, 하메네이는 이란의 대원수 미국과의 관계를 트기 위한 어떠한 대화에도 반대한다고 말했다. 그는 하타미의 회견을 칭찬하면서도 이슬람 공화국의 원리, 미국 · 이스라엘 관계, 이슬람 정권에 대한 적대정책 등을 이유로 워싱턴과의 관계 개선을 부인한다. 이러한 미-이란 양측의 외교적 수사에도 불구하고 점진적인

249) Sayeed 1999, 289.

대화의 길로 나가고 있다.

이슬람 이란 참여연대의 대표이며 하타미 대통령의 형제인 무함마드 레자 하타미는 "과거에 미국은 역사상 가장 억압적인 샤 정권을 지원했었다"라고 말했다. 외무부 관료들과의 좌담에서 하타미 대통령은 다음과 같이 말했다.

> "국민투표는 1979년 이슬람 혁명의 역동적인 일부분이 되어왔으며 끊임없는 자기 개혁 그 자체였다. 개혁은 우리의 원칙을 포기하는 것을 의미하는 것이 아니다. 서방 국가들은 제6대 국회의원 선거에서 우리 개혁파가 승리하자, 많은 기대를 걸었으며 혁명초기 이란의 많은 정책을 바꿔주리라 믿었다. 만일 세계열강이 평화를 원한다면 그들은 우리 이란 민족의 뜻에 따라야 할 것이다."

이렇게 하타미 대통령은 세계와의 협력을 주장하는 반면에 "우리의 독립에 의문을 제기하는 국가에 대해서는 즉각적인 대응을 할 것이다"라고 으름장을 놓기도 했다. 이렇듯 하타미 대통령이 갖고 있는 평화·안정·안보·발전·번영에 대한 세계관은 '문명 간의 대화' 정책에서 잘 드러난다.

이란 급진주의를 대표하는 신문인 '좀후리에 에슬러미'는 1998년 1월 26일자 기사에 이런 논설을 싣기도 했다. "미국과의 싸움은 이슬람 혁명 문화의 중요한 요소가 되므로 '미국에게 죽음을'이라는 슬로건은 단순한 슬로건이 아니다." 이란의 보수세력을 대표하는 하메네이 측에서는 이란인들이 대중의 인기로 당선된 모사데그 민족주의 정권을 붕괴시킨 CIA의 공작, 특히 클린턴 대통령이 실시한 미국의 對이란 봉쇄정책에 따른 굴욕감, 1995년 3월 14일의 對이란 무역규제, 1996년 뉴욕 상원의 원인 알퐁세 다마토에 의해 통과된 경제제재 등의 사건을 아직도 잊지 않고 있다고 전했다. 이와 같은 일련의 사건들로 인해서 이란의 정책 결정자들로 하여금 미국과의 관계개선에 있어 신중한 태도를 견지하고 있다. 이란에 대한 미국의 경제제재는 이란이 경제적으로 파탄의 경지에 이르게끔 하였다.

미국은 이란을 '악마화' 하기 위한 노력의 일환으로 1996년 7월 17일 미국 동부해안 롱아일랜드 근처에서 230명의 인명손실을 내며 추락한 TWA에 대한 혐의를 이란의 소행이라고 비난했으나, 그 후 4년 뒤에 기체 결함으로 밝혀졌다. 같은 해 8월 5일 클린턴은 이란-리비아 제재법안인 다마토 법안에 서명하며, "이란과 리비아는 세계에서 가장 위험한 테러지원 국가이다"라고 말했다. 이 법안은 5년간 유효하며, 그 후는 미 의회가 연장할 수 있는 것이다.[250)]

워싱턴이 이란을 악마시해 왔으나 미국의 대부분 동맹국은 이란을 '사탄의 국가'로 매도하지는 않았다. 미국의 이러한 정책은 더 강력한 이란 민족주의를 고조시켰을 뿐이다. 미국이 이란의 주권과 영토 통합에 위협적인 자세를 취한다면, 민주주의체제로의 변화를 추구하는 개혁파의 입지를 약화시키고 반면에 신정통치를 시행하고 있는 보수파의 입지를 강화시키는 결과를 초래하는 것이다. 특히 2002년 미국이 이란을 '악의 축'에 이라크 및 북한과 한 부류로 취급하면서 테헤란의 개혁주의자의 노력을 거의 10년간 후퇴시켰다고 할 수 있다.[251)]

4 이슬람 보수파와 문명 간 대화 외교정책의 한계

하타미의 주요 과제는 경제안정과 발전이다. 높은 인플레이션과 실업률은 정치안정과 개혁에 걸림돌로 작용한다. 비록 석유가 이란 경제를 떠받치고 있지만 세계 석유시장의 계절적 요인이나 세계 경제의 침체에

250) Hiro 2001, 218.

251) Washington Post, Feb. 4, 2002.

의해서 많은 영향을 받는다. 또한 이란 경제는 미국의 이중 봉쇄정책에 의해서도 큰 영향은 아닐지라도 압력을 받고 있는 것은 사실이다. 국제 테러리즘을 지원하는 이란의 경제적 능력을 마비시켜 군사력을 더 이상 증강하지 못하도록 하는 것이 미국의 전략이다. 그러나 놀랍게도 그러한 미국의 경제제재 조치에도 불구하고 이란 경제는 안정을 되찾고 군사적으로도 1989년 이전과 비교하여 더욱 강력해 지고 있다. 이란을 지역 및 국제정치 무대로부터 고립시키려는 미국의 정책은 실효성이 없다는 사실이 증명된 것이다.

하메네이는 미국의 제재조치를 오히려 하나의 "은혜"로 환영하며 민중동원의 근거로 이용하고 있다. 이란 경제지표는 1990년대보다도 더 건실해지고 있는 가운데, 1996-7년의 원유생산은 1993-4보다도 더 많은 편이다. 그렇지만 미국의 압력으로 인해서 다른 외국인의 투자는 위축되어있고 국제금융기구로부터의 정상적인 외자 도입마저도 지체되거나 취소되곤 한다. 민감한 분야의 기술지원과 외국과의 무역 거래도 활성화하는 데에는 한계가 있다.

걸프만 지역의 평화와 원유 수송의 안전을 보장하기 위한 이 지역 미군의 주둔은 연간 300억-500억 달러의 비용이 소요된다. 약 300억 달러 가치의 원유를 미국으로 수입하는 것을 보호하기 위한 비용으로써의 부담은 너무 크다고 할 수 있다. 물론 이것은 중동 지역을 불안정하게 할 수 있는 걸프만에서의 패권주의 세력의 등장을 막는데 전략적으로 더 주요하다고 할 수 있다.[252)]

미국-사우디의 밀착관계로 인한 성지의 미군 주둔은 이슬람 원리주의자들의 반감을 사며 테러의 원인이 되고 있다. 미국의 전략가들은 반미감정과 정치폭력을 예방하기 위하여 이 지역 국가들의 자유화를 추진하여 이란 혁명과 같은 선례를 남기고 싶어하지 않는다. 걸프만의 안보

---

252) Sayeed 1999, 271.

와 독립은 미 국익에 매우 중요하기 때문이다.

미국이 對이란 경제제재로 입은 직접적인 손실은 크다. 1995년에 수출 150억-170억 달러 및 25만 개 일자리의 상실로 큰 경제적 부담을 안고 있는 미국도 對이란 정책에 일련의 변화의 필요성을 느끼게 된 것이다. 이란은 미국의 지원 없이도 건재하고 있다는 자신감에서 관계 개선의 필요성을 그렇게 느끼지 못하고 있다. 이것이 바로 이란이 의미있는 대화에 느긋하게 임하고 있는 이유이다.

미국의 對이란 봉쇄정책은 비생산적인 것으로 판명되었고 또한 이란을 국제사회에서 고립시키지도 못했다. 1980년대에 친 이란 우호국가는 거의 전무하다시피 했으나, 1990년대 중반에는 많은 국가가 문화교류 및 경제협력과 무역거래를 통하여 이란과 우호관계를 맺고 있다. 1997년 12월의 OIC 정상회담이 테헤란에서 개최된 것은 이란이 국제사회의 일원으로 고립을 벗어났다는 확실한 예가 된다. 이것은 국익을 최우선으로 하는 타 국가들이 일방적인 미 패권주의에 동조하지 않음으로써 미국의 對이란 봉쇄정책은 실패했다는 증거이기도 하다.

물론 전체적으로 보면 미국의 정책이 실패했다하더라도 이란 경제성장과 안정은 미국의 지원 없이는 번창하기 힘든 상황이다. 개혁과 변화의 큰 사명감을 갖고 있는 하타미는 이러한 사실을 잘 알고 있다. 반미정책은 민족주의를 강화하고 혁명의 열기를 다시 불러 일으킬 것이다. 하타미와 클린턴 제2기 행정부는 문명 간 대화의 일환으로 미-이란 간 화해분위기를 조성한 바 있다. 미국은 과거의 정책을 더 이상 고수해서도 안 된다는 사실을 인식하고 있지만 이중 봉쇄정책을 여전히 해제하지 않고 있는 상태이다.[253)]

미국 측에서도 동결된 이란 자산을 해제하고 경제제재 조치를 풀며 중동에 평화를 정착시키는 과정에서, 테헤란 정부가 주요한 역할을 할

---

253) Hiro 2001, 268.

수 있도록 상당한 인센티브를 주어야 할 필요성이 있다. 또한 미국이 터키를 앞세워 이란의 對중앙아시아 경제협력 및 진출에 대한 봉쇄도 바람직하지 않다. 이란 역시 과거 서구 제국주의에 대한 적대감을 완화하고 중동의 핵확산 문제, 중동평화과정에 대한 반대, 국제테러리즘 지원에 대한 혐의를 벗어나야 비로소 미국의 적대국으로서의 이미지도 지울 수 있고 봉쇄정책에서도 완전히 빠져 나올 수 있다.

이러한 상황에서 1999년 4월 백악관은 "이란 구매자들이 미국산 식품·의료품·의료기구·곡류 등을 구입할 경우, 이에 대한 세금을 공제한다"라고 발표하였다. 또한 클린턴 정부는 학자와 예술가들을 미국에 초청하여 이란과의 문화적인 교류를 촉진시켰다. 1999년 4월에 있었던 백악관 초청 만찬에서 클린턴 대통령은 "이란은 오랜 세월동안 지리·정치학적으로 어마어마한 중요성을 내포하고 있었기 때문에 많은 서구 국가들의 공격 대상이 되었었다"라고 밝혔다. 결국 미국은 이란이 많은 결점을 지니고 있음에도 불구하고 이러한 경제 교류를 통해 이란과의 지속적인 관계를 유지하려고 했다.

1999년 8월 하순, 미국무성 관리 존 림베르트는 '어떤 전제조건 없이' 미국은 이란과 협상에 들어갈 준비가 되어 있다고 발표했다. 그러나 이란은 이에 만족하지 않고 직접 협상의 전제조건으로써 적대감을 줄이기를 원하며 다음과 같은 관심사를 제시했다.

1) 1996년 이란-리비아 제제 법안
2) 미국 내 동결된 이란 자산
3) 對이란 적대방송 투사
4) 이란-중앙아시아 경제교류에 대한 미국의 방해 공작

동시에 미국에 대한 하메네이의 강경한 입장은 변함이 없다고 천명하며, "미국과의 관계 재 설립은 결코 실현되지 않을 미국인의 꿈이다"라

고 선언했다.

10월 말, 프랑스를 방문 중에 하타미 대통령은 하메네이보다는 조금 부드럽게 "억압자였던 사람이 억압을 거두고 정책을 변화시키려고 하는 것이 필요하다"라고 파리에 있는 기자단에게 말했다. 11월에 미국은 '국민과 국민간의 교류'의 일환으로써 미국인 영사가 이러한 교류 사업을 지원하기 위해서 이란을 정기적으로 방문해야할 것이라는 제안을 했다. 하메네이는 "이란에 관리를 파견하고자 하는 미국의 관심은 정보 및 정치활동을 위한 사무소를 개설하고 그들의 용병과 관계를 맺고자 하는 것이다"라고 말했다.254) 그는 "이란이 세계 무슬림 국민들의 모델이기 때문에, 미국은 우리를 향한 적대감을 결코 포기하지 않을 것이다"라고 말했다. 1999년 12월 5일 워싱턴포스트지는 다음과 같이 보도하고 있다.

> '미국은 한편 이란 정부와 대화를 추구하고 학문 및 스포츠와 같은 분야에서 국민과 국민간의 교류를 증진시키려고 하면서, 다른 한편으로는 경제제재를 통한 이란 봉쇄정책을 변화시킬 의도가 없는 것 같다.'

같은 해 12월 4일 존. F. 케네디 공항의 이민국 관리가 조지타운 대학에서 '이슬람과 세속주의' 세미나에 초청된 이란 성직자에게 사진 및 지문을 찍자, 그는 항의를 하고 본국으로 되돌아 가버렸다. 이란을 방문하는 미국인들의 경우에는 지문을 채취하거나 사진을 찍지 않도록 하고 있기 때문에, 테헤란 정부는 워싱턴 정부의 관행에 반대했다.

하타미가 정권을 잡으며 개혁파가 2000년 2월-5월 국회 및 지방의회 선거에서도 승리를 거두자, 이란에 대한 미국의 태도는 변화하기 시작했으며 클린턴 정부는 경제·무역제재를 완화하기 시작하였다.

하지만 이란은 과거의 경험 때문에 미국과의 관계가 우호적으로 변하

254) Hiro 2001, 251.

는 것에 매우 신중했다. 하타미 대통령은 테헤란 대학생을 대상으로 한 강연에서 "미-이란 사이에 불신의 벽이 있다. 이것은 단순한 구호가 아니다"라고 말하기도 하였다. 그러나 동시에 그는 "이란은 미국 국민의 적이 아니며 이란 국민은 미국의 그 어떤 지배도 허용치 않을 것이다. 미-이란은 서로 존중해야 하고 불신의 벽을 부숴야 한다"라고 말했다. 하타미 대통령은 이란이 제시한 요구 사항이 충분히 충족되어야 이러한 우호관계가 성립된다고 거듭 주장하였다.

"우리의 이런 요구 사항이 충족되지 못하고 미-이란 사이에 불신의 장벽이 허물어지지 않으면, 두 국가간의 우호적인 관계는 회복되기 힘들 것이다"라고 밝혔다. 이렇듯 미-이란 사이에는 의혹과 불신이 팽배해 있기 때문에 상호 신뢰적인 관계를 구축하기까지는 오랜 시간이 필요할 것이다.

이러한 의심과 불신의 분위기에도 불구하고 하타미 대통령은 미국 및 서구 국가들과의 친근한 분위기를 조성하는데 성공하였다. 하타미 대통령의 형제인 무함마드 레자 하타미는 미-이란과의 관계를 다음과 같이 표현하였다. "비록 우리가 미국과 외교관계를 맺지 못하더라도 우리는 서로간의 원한을 줄일 수 있다." 그는 미-이란 문화교류 정책에 큰 역할을 수행한 인물 중 한 명이었다.[255)]

클린턴과 올브라이트는 개혁파의 승리를 환영하며 양국간의 상호 직접 회담을 촉구했으나 미 의회는 반 이란적인 자세를 고수했다. 2000년 2월 24일 하원에서 5개월 전 419 대 0으로 통과되었던 이란에 대한 비핵확산 조약을 이번 상원에서 98 대 0으로 재차 채택한 것이다. 그것은 이란에 미사일이나 무기를 개발할 수 있는 물자를 제공하는 국가들의 목록을 1년에 두 차례 대통령이 미 의회에 보고할 것을 규정하고 있다. 그러한 국가로는 러시아 · 중국 · 북한 등이 있는데 대통령의 판단에 따

255) Alam 2001.

라 제재를 가할 수 있도록 하고 있다.

2000년 9월 6일 유엔총회 새 천년회의 연설에서 하타미는 "어떤 특정한 민주형태가 유일하고 최종적인 것으로 규정될 수는 없는 것이다"라고 말했다. 이것은 2개월 전 독일 방문시 행한 연설 즉, '모든 사람은 자신의 문화 및 역사에 기초해서 인권을 이해할 권리를 가진다'라고 말한 것과 같은 맥락이다. 9월 7일 하타미는 뉴욕 언론회의에서 미국이 1953년 쿠데타 및 그 이래로 이란에서 자행한 물질적 · 정신적 상처를 치유하기 위해서 과거의 잘못을 인정하고 사과해야할 것이라고 말했다. 이것은 상호 오해를 불식하는데 큰 진전을 이룩할 것이라고 그는 덧붙였다.[256)]

2004년 이란의 2월 총선에서 강경 이슬람 보수파가 득세하는 상황에서, 이란 문화부는 스위스 · 스페인 · 이탈리아 등 유럽 국가 대사관들이 기획한 일련의 콘서트를 전격 취소했다. 보수파는 국제적 비난에 개의치 않고 이 같은 콘서트가 타락한 서구문화를 퍼뜨리고 젊은이들에게 비윤리적 행동을 유발한다고 주장해 왔다. 보수파는 하타미 정부에 대해서도 기업의 민영화 계획을 수정토록 하는 등 번번이 제동을 걸었다. 이들이 강경 기조를 밀고 나갈 수 있었던 것은 이라크에 이어 자신들이 미국의 새로운 목표물이 될 수 있다는 위기의식이 작용했고, 또 국영방송을 사실상 장악해 여론을 통제할 수 있다는 사실에 기인한다.

이란의 정치제도는 1979년 이슬람 혁명 이래로 이슬람 신정주의와 선거 민주주의라는 두 요소의 결합으로 구성돼 있다. 대통령은 국민의 직접 선거로 선출되지만, 헌법상 권력서열은 두 번째다. 국가 주요 정책의 결정권도 12인의 울라마로 구성된 혁명수호위원회와 이 위원회가 선출한 서열 1위의 최고 지도자가 사실상 가지고 있어 대통령의 권한은 상당히 제한되어 있다. 최고 지도자인 하메네이가 이란 정치에서 모든 결

---

256) Hiro 2001, 276.

정의 최종 재가 · 거부 권한을 갖고 있는 것이다. 대통령은 정부를 구성할 권한이 있지만, 국방 · 외교 · 안보 분야에는 최고 지도자가 실권을 가지고 있다. 혁명수비대와 일반 정규군으로 구성된 이란군의 통수권도 대통령이 아닌, 최고 지도자가 행사한다. 혁명수호위원회는 이슬람 교리에 어긋나는 법령에 대한 거부권과 대통령과 국회의원 후보에 대한 거부권을 갖고 있다. 하타미 대통령은 2000년 이래로 여러 차례 개혁을 추진하려 했으나, 혁명수호위원회의 거부권 행사로 번번이 좌절됐다.

한편 2005년 6월 12일 이란에서 25년 만에 최악의 폭탄테러가 발생했다. 이란 남서부 후지스탄의 주요 도시 아바즈 시에서 4건의 연쇄 폭탄테러가 발생해 최소 8명이 숨지고 75명이 다쳤다. 이번 공격이 어떤 세력에 의한 것인지는 확인되지 않는 가운데 샤리아티 후지스탄 부지사는 "다가오는 6월 17일 대선을 방해하고 국가의 결속력을 해칠 목적으로 저질러진 소행"이라고 비난했다. 10월 14일에도 아바즈에 있는 쇼핑센터에서 두 차례 폭탄테러가 일어나 6명이 숨지고 102명이 부상했다. 이란 정부는 후지스탄의 분리독립을 주장해온 아랍 극단주의자들의 소행으로 보고 있다.

사건이 발생한 아바즈 시는 이라크 접경의 석유생산지로, 2005년 4월에 이란 정부가 이 지역의 다수를 차지하는 아랍계 주민 비율을 줄이려 한다는 의혹이 제기되면서 격렬한 항의시위가 벌어진 바 있다. 당시 시위를 촉발시킨 문서는 7년 전 당시 부통령이던 무함마드 알리 압타히가 아바즈 지역을 페르시아계가 다수인 도시로 바꾸려고 했다는 내용을 다루고 있다. 이란 정부는 관련 문서가 위조된 것이라면서 외국계 반혁명분자들이 이란 내 종족갈등을 획책하고 있다고 비난했다. 여타 중동 아랍 국가와는 달리, 이란은 7천만 인구 중 페르시아계가 다수를 차지하고, 아랍계는 겨우 3%에 불과한 소수민족의 위치에 있다.

한편 이란의 하메네이와 혁명수호위원회가 최고 권력 중심부로서, 그들의 추종자들이 2004년 2월 총선에서 승리하여 의회를 장악한 이래로,

2005년 6월 대선에서 대통령직마저 강경 보수진영이 차지함으로써 이슬람 신정체제가 더욱 강화될 것은 자명하다. 무명의 마흐무드 아흐마디네자드가 새로운 이란 대통령으로 당선된 데에는 보수파인 하메네이와 12명의 성직자들로 이뤄진 혁명수호위원회 · 혁명수비대 · 민병대 · 군대 등 보수세력의 총력지원이 있었다. 테헤란 시장 재직 시절 개혁세력이 건립한 문화시설과 서구식 패스트푸드점을 폐쇄해 악명이 높았고 이 때문에 개혁파 진영은 "그가 당선되면 국민은 자유를 빼앗기게 될 것이다"라고 공격했다.

5 결 론

1997년 5월 대선 이후 이란의 국내외 정책은 질적 · 양적으로 많은 변화를 겪었다. 이 대선은 이란의 정치문화를 바꾸게 된 하나의 전환점으로, 개혁파가 보수파에게 대승을 거두고 제도적으로 권력을 장악했다. 국내의 '시민 사회' 도래와 외교정책에서 '문명 간 대화'의 추구는 국내외 정책상의 커다란 변화를 가져왔다. 하타미 대통령이 제안한 '문명 간의 충돌'이 아닌 문명 간의 대화가 시사하듯이, 이는 이념에 바탕을 둔 것이 아니라 국익에 바탕을 둔 실용주의적 외교정책이 채택되었다는 것을 시사한다.

물론 이슬람 문화는 이란의 국내외 정책의 근간을 이루고 있기는 하지만, 점차 자유주의적 색채를 띠어가고 있다. 미-이란간의 관계에 관한 한, 상호간의 불신과 의심은 계속되어 갈 것이다. 비록 양국간의 관계개선 의지는 분명하나 과거 일련의 사건들이 아직 그들의 마음 속에 생생히 남아있는 한, 서로간의 불신을 종식시키지는 못할 것이다. 이란과 같은 "불량국가"에 대응하기 위한 미국의 국가미사일 방어체제(NMD) 프로그램으로 양국간의 불신은 증폭되었다. 그러므로 비록 이란의 '문명 간 대화' 외교정책에 따라, 미국 측이 '경제제재를 일부 해제하고 과거의 내정간섭에 대한 사과'를 했다 할지라도, 양국 관계는 깊은 불신과 의심에 의해 결국 정상화되지 않고 있다. 다른 한편 하타미의 3차례에 걸친 유럽 방문은 이란 정부의 서구와의 관계개선 의지를 입증하고 있다.

이란-아랍 국가간의 관계는 점점 더 개선되고 있으며 이에 대한 증거로 1997년 테헤란에서 열렸던 제8차 OIC 정상회담에서 거의 모든 무슬림 국가, 특히 대부분 아랍 지역 국가들이 참여했다는 점이다. 이란 정부가 '이슬람 혁명 수출'을 포기하자 아랍 국가뿐만 아니라 미국 또한 이란을 바라보는 시각의 변화를 가져왔다. 이 슬로건은 사우디와 같은 군주국가를 위협하였으며 다른 한편 중동 지역에서 미국의 국익 즉, 안정된 원유공급과 이스라엘의 안보를 저해하였기 때문이다.

하타미의 긴장완화 정책은 2000년 총선 승리를 기폭제로 하여 더욱 박차를 가하고 있다. 그의 정책노선은 외부세계로 하여금 이란에 대한 인식을 뚜렷하게 바꿔주었다. 이러한 인식변화의 산물로 서구 선진 국가들이 이란과의 관계개선 의지를 표명하고 있다.

2006년 9월 미국을 방문한 하타미 전 대통령은 이란이 미국을 '거대한 악마'라고 칭한 것과 미국이 이란을 '악의 축'의 한 축으로 칭한 것 역시 '문명 간의 화해'가 아니라 '문명 간의 충돌'론적 시각이라고 비판했다. 이러한 상황에서도 베네수엘라 대통령 차베스가 9월 20일 유엔총회라는 국제무대에서 부시 대통령을 '악마'라고 지칭한 것은 큰 문제다.

그러나 이란의 온건 개혁파와 국제사회는 2005년 8월 출범한 아흐마디네자드 정부가 전통적 이슬람 가치를 중시하는 인물인 만큼, 이란이 이슬람 혁명 직후의 억압시대로 돌아가지나 않을까 우려하고 있다. 그가 이슬람 혁명 원칙과 신정체제를 신봉하며 그의 최대 지지세력이 혁명 수비대와 종교계 지도자들이라는 점은 향후 이란 외교정책의 방향을 예측할 수 있게 한다. 그는 대미 관계에 대해선 "이란은 자립에 기반을 두고 진보를 향해 계속 나아가고 있으며, 이 길에서 미국은 그다지 필요하지 않다"라고 말했다. 아흐마디네자드 정부는 대내적으로 이란 사회의 보수적인 색채를 강화해 나갈 것이고, 대외적으로 이란 핵문제를 포함한 국제문제에서도 보다 더 대결주의 · 고립주의적인 외교정책 노선을 취할 것으로 전망된다.

제11장 이란 중동국제관계

현재 이란은 이슬람 혁명 후 채택했던 반미 외교정책의 연장선상에서 석유를 하나의 무기로 활용하여 주변국가에 대해 영향력을 행사하고 있다. 미국의 일방주의에 대항하여 이란의 에너지 자원과 경제협력을 바탕으로 이란-러시아-중국간의 3자 관계는 더욱더 강화되고 있다. 러시아-중국 양국은 모두 이란에 무기와 군수장비를 수출하고 있으며 또한 미국 국가미사일 방어체제에 반대하면서, 러시아-중국, 러시아-이란, 이란-중국으로 이뤄진 3각 동맹으로 그들의 정치 · 군사적 협력을 강화하고 있다. 중동-중앙아시아 지역에 주둔하고 있는 미군의 존재는 그들의 국가안보에 위협이 되기 때문에 이들 3국은 더욱더 결속하려고 한다.

하타미 정부의 통치기에 "문명 간 대화" 외교정책을 통하여 서구 및 아랍 국가들과의 관계는 점점 더 개선되는 듯 했으나, 아흐마디네자드 정부의 대결주의 외교정책 노선으로 인해서 이란은 국제사회에 위기를 조성하고 있다. 이러한 상황에서 이란 정부는 인접 중동 무슬림 국가들과 이슬람 세계의 지지를 얻기 위해 순방 외교에 열중하고 있다. 라프산자니 전 대통령의 쿠웨이트 방문에 이어, 2006년 5월 초에 알리 라리자니가 아랍에미리트와 터키, 그리고 6월 중순에는 이집트와 알제리를 방문하여 핵문제를 논의했다. 또한 아흐마디네자드 대통령이 5월 11일부터 인도네시아를 순방하기도 했다.

1 서구 국가들과의 관계

1) 이란-미국 관계

미국은 1979년 호메이니의 추종자들이 팔레비 정권을 무너뜨리고 테헤란 주재 미 대사관을 점거하며 이슬람 혁명의 전파를 역설했었던 이래로 이란과 적대관계에 있다. 미국을 향한 증오심은 이슬람 혁명이 발발한 주요한 요인 중의 하나였다.

그러나 1997년 5월에 실시된 대선과 2000년 2월-5월의 지방의회 선거 및 총선에서 개혁파의 압승을 계기로 미국과 서방 국가들은 "이란이 더 이상 적국이 아니다"라는 사실을 깨닫게 되었다. 사실 2000년 총선의 결과는 미국과 서구 국가들에게 또 다른 가능성을 안겨주었던 것이다. 클린턴 정부는 선거 결과에 흡족하였으며 이란 내 자유의 확산과 타국간의 우호적인 관계를 성립해 나갈 수 있는 단계로 해석했다. 미 국무성 대변인 제임스 루빈은 "이란 국민들의 모든 요구 사항들이 집권당에 의해 모두 충족되었으면 좋겠다. 이러한 분위기에서 이란이 외부 세계와의 관계를 맺는데 초석을 다져 주었으면 한다"라고 말하였다.

사실 이란과 미국의 관계에 있어서 개혁파조차 미국과 너무 가까워지는 것을 두려워하며 "이란이 이슬람의 교리를 위배하면서까지 서방세계, 특히 미국에 맞춰 나가는 것은 결코 아니다"라고 밝혔다. 개혁파 출신의 하타미 대통령은 선거에서 압승을 거두었던 사실이 왜곡되어서는 안 되며 이란은 이란만의 길을 개척해 나가야 한다고 주장하였다. 이란 국영방송에서 그는 "이란은 결코 다른 국가의 이익에 맞춰주지 않을 것이다. 우리는 이란 국민이 중요하다고 여기는 것이 가장 최우선순위 관심사다"라고 강조했다.

이란과의 외교 정상화 관계의 수립단계에서 클린턴 정부는 보다 새롭고 유연한 對이란 정책을 채택하였다. 미국은 對이란 정책으로 "개입정책"을 구사하였는데, 이는 미국 측에서는 개입정책이 고립시키는 것보다 더 좋다고 판단되었기 때문이다. 올브라이트 미 국무장관은 미국에 있는 이란인 단체에 참석하여 연설하는 가운데 이란과 미국과의 관계에 있어서 "새로운 도약"을 제시하며 캐비어 · 카페트 · 페스타치오 등의 수입금지 정책을 철회하기로 했다고 발표하였다. 이 모임에는 이란과 관련된 미국 및 이란 외교관들이 참석했다. 또한 그녀는 미국 정부가 미-이란간의 학자 · 전문가 · 예술가 · 운동선수 · NGO 단체의 왕성한 교류활동을 촉진시키기 위해 불필요한 몇몇 장애물을 제거하겠다고 약속하며, "우리 두 나라간의 국제적인 안정과 우호관계의 증진을 위해 많은 노력을 경주하고 있습니다"라고 전했다.

사실 이란은 이슬람 혁명 이래로 미국 국내 은행들에 동결되어 있는 수십억 달러를 반환해 줄 것을 요구해 왔다. 올브라이트는 미국이 1953년 모사데그 정권을 붕괴시킴으로써 '이란의 정치발전에 악영향을 끼친 점'과 1980년대의 이란-이라크 전쟁에서 이라크를 지원한 것을 '근시안적'이라고 의미심장하게 시인했다. 또한 그녀는 "미국이 과거에 이란의 내정 문제에 간섭했던 점에 대하여, 매우 유감스럽게 생각합니다. 미국 국민을 대신해서 미 정부는 이란인들의 어떠한 요구사항이라도 적극적으로 수용하겠습니다. 또한 칠레 · 니카라과 · 쿠바 같은 나라에게도 유감을 표하는 바입니다"라고 밝혔다.

이와 같은 클린턴 정부의 새롭고 유연한 對이란 정책은 2000년 제6대 국회선거에서 승리를 거둔 개혁파의 입지를 넓히고, 패배한 보수파의 분노를 가라앉히기 위한 의도적인 대응이었다. 클린턴 정부의 의도는 개혁파, 특히 하타미 대통령에게 더 많은 힘을 실어주기 위함이었다.

더욱이 올브라이트는 처음 미국을 방문하는 이란인들에게 사진을 찍고 지문을 채취하지 않도록 조치하겠다고 발표하며 "우리가 공동의 역사에 새 장을 쓰는데 이란이 함께 참여하기를 요구한다"라고 끝맺었다. 이란의 반응은 다양한 형태로 나타났다. 외무성 대변인 아세피는 "그녀의 연설을 긍정적으로 받아들이며 환영한다"라고 논평했지만, 아야톨라 로우하니는 이란 내정에 새로운 개입을 위한 움직임이라고 말했다. 최종적으로 균형된 반응은 온건한 하라지 외무장관으로부터 나왔다. 그는 올브라이트 연설의 어떤 요소는 환영하지만 이란에 대한 미국의 계속된 내정간섭으로 인해서 그녀의 제안이 탈색되고 있다고 덧붙였다.[257)]

하메네이는 이러한 올브라이트 장관의 연설에 "이 따위 고해성사는 미국이 이란에게 안겨준 수모를 덮지 못한다. 이란의 안보와 통합을 깨기 위한 것이 바로 오늘날 적들이 노리고 있는 것이다"라고 경고하였다. 또한 그는 "올브라이트의 연설은 오늘날 이란 국민들에게 마이동풍이며 또 다른 속셈... 그들만의 악행 자서전을 채워나가려는 음모이다"라고 주장했다. 2000년 3월 25일 그는 마샤드 이맘 모스크에 모인 군중을 향해 다음과 같이 연설했다.

> "우리가 살고 있는 현재는 2000년인데, 1953년 8월 19일 쿠데타가 일어난 지 벌써 47년, 거의 50년이 다 되어간다. 그들은 비로소 지금에 와서야 우리에게 사죄를 하고 있다. 그러면서 그들은 25년 동안 독재적이며 무자비하고 부패한 샤 정권을 지원했다고 시인하고 있다. 그리고 또한 그들은 이란-이라크 전쟁 동안 사담 후세인을 지원했다고 인정하였다. 이런 파렴치한 과거사를 듣고 이란 국민들은 과연 어떻게 생각해야 하는가?... "

이란은 인구가 많고 15개 이웃 국가와 국경을 접하고 있는 중동에서

---

257) Hiro 2001, 258.

2번째로 큰 국가이다. 또한 이란은 OPEC 내의 주요한 에너지 대국이며 중앙아시아로의 통로이기도 하다. 이와 같은 이란의 지정학적 위치는 이란 국내에서 어떤 정권이 통치를 하던지 간에 항상 세계 열강들의 군사적 요충지로 이용되곤 하였다.

동서 양극체제의 붕괴 후, 현재 미국은 세계 최강의 국가이다. 왜 미국은 과거 25년간의 외교단절에도 불구하고 이란과의 관계 정상화를 갈구하는 것일까? 세계적 추세로 미루어 볼 때, 서아시아와 중앙아시아의 5개 신생 공화국들과 외교관계를 맺고 전략적·경제적 이익을 얻으려면 안전하고 안정된 유일한 루트인 이란을 이용해야 하기 때문이다. 이것이 미국이 이란을 끌어들이는 이유이다. 처음에 아프가니스탄이 중앙아시아로 통하는 전략적 육로를 제공해주는 대안으로 간주되었지만, 아프가니스탄의 불안정한 정세로 인해서 미국의 정책 결정자들은 이 아프간 통로를 포기했다. 결국 미국은 이란을 중앙아시아로 통하는 대체 통로로 여긴 것이다. 그래서 클린턴 정부는 1979년 이슬람 혁명 후, 서먹해진 미-이란 관계를 개선해 보려고 애를 썼다.

그러나 국제사회는 2005년 강경 보수파 정권의 출현에 '조심스럽지만 분명한' 우려의 시선을 보냈다. 특히 서구 각 국가들은 아흐마디네자드 개인보다는 우선 이란 대통령 선거과정 전반의 문제점을 지적했다. 미국은 조앤 무어 국무부 대변인을 통해 "이번 선거는 선출되지 않은 소수가 후보 1000여명의 출마를 거부함으로써 시작부터 결함이 있었다"라고 논평했다. 마리아 탐베리 백악관 대변인은 "우리는 이란 국민을 위해 더 큰 자유를 촉구하는 사람들 편에 서 있다. 우리는 이란 국민이 자기들의 뜻을 정확히 표현할 수 있도록 하는 자유롭고 공정한 선거를 강력히 지지한다"라고 말했다. 럼스펠드 미 국방장관은 아흐마디네자드 당선자에 대해 "그는 민주주의의 친구가 아니다. 그는 자유의 친구도 아니다. 시간이 지나면 젊은이들과 여성들은 그를 받아들일 수 없는 인물임을 알게 될 것이다"라고 비판했다.

영국 외무장관 잭 스트로는 "국제적 기준에서 중대한 결함이 있어 유감이다"라고 말했다. 독일 외무장관 요슈카 피셔 역시 "많은 후보들이 국회의원 선거에서 배제된 것은 문제이다"라는 반응을 나타냈다.

2) 이란-서유럽 관계

이란 정부는 이웃 아랍 국가들과의 관계를 증진시키고 긴장을 완화시키려고 노력하면서 EU 국가들과도 우호관계를 추구하고 있다. 그러나 이슬람 정권의 최우선 순위 외교정책은 이란의 군사력 강화, 국제 테러리즘과의 관련성, 중동평화의 위협 등을 이유로 이란을 고립시키려는 미국의 전략을 좌절시키는데 있다. 유럽 국가들도 이란과의 관계 정상화를 모색하는 가운데 영국 외무장관 로빈 쿤은 EU 국가들에게 "비판적 대화"를 대안으로 제시했다. 동시에 그는 이란의 핵무기 개발 능력을 억제하고 테러리즘의 지원을 중단시키기를 원한다.[258)]

이란은 프랑스·독일과의 가스 및 유전 개발이라는 경제협력을 통하여 미국의 경제제재에 맞서며 EU 국가들과의 관계를 강화하는 외교전략을 펴왔다. 하메네이가 독일 외교관을 추방하라고 개인적으로 내린 명령에도 불구하고, 하라지 외무장관이 이를 원만히 중재함으로써 유럽 국가 대사들이 1997년 11월 4일 테헤란으로 복귀하도록 한 것은 의미있는 외교정책이다.

이란과 서구 국가들간의 관계는 점차 개선되고 있어서 1999년과 2000년도에 이란의 하타미 대통령이 유럽 국가들을 방문하기까지 하였다. 서구 국가들과의 관계를 다시 구축하려는 이란의 열망은 하타미의 서유럽 방문으로 표출되었다. 그는 1999년 3월 9일부터 11일 동안 이탈리아를 방문했다. 이슬람 혁명 후, 이란 대통령으로서는 처음으로 서부

258) Sayeed 1999, 290.

유럽 국가를 방문한 것이다. 이탈리아의 국무총리 및 경제 단체장간의 대화로 하타미는 그들에게 온건하며 민주적인 모더니스트의 이미지를 심어주었다. 또한 그는 3월 11일 교황인 요한 바오로 2세를 접견하여 바티칸 시에서 '문명 간 대화'를 거듭 주장하기도 했다. 테헤란에서 열렸던 외무부 관료들을 대상으로 행한 연설에서 하타미는 "상호 존중과 이해를 바탕으로 한 모든 국가들과의 우호관계 수립"을 거듭 강조하였다.

하타미 대통령은 1999년 10월 27일부터 29일까지 프랑스 파리에서 시라크 대통령과 죠세핀 총리와 회담했고, 2000년 7월에는 독일을 방문하였다. 이 방문은 이슬람 혁명 이후 이란 대통령이 최초로 한 해에 두 번이나 서부 유럽 국가를 방문한 사례가 되었다. 이러한 사례들은 이란이 서부 유럽 국가와의 우호관계를 얼마나 갈망했는지를 잘 나타내주고 있다. 또한 이탈리아의 국무총리 람베르토 디니가 2000년 3월에 이란을 방문함으로써 서부 유럽 국가들 또한 이란과의 우호관계를 맺는데 관심이 있었음을 보여주었다. 하타미는 람베르토 디니 총리에게 다음과 같이 밝혔다

> "이란 국민은 모든 국가 사이의 상호이익 · 윤리 · 역사 · 문화 등 다양한 측면에서 교류를 환영한다. 우리는 역사적 정체성에 대한 공격은 물론이고 민족적 자긍심과 안보를 해치는 행위에 적극 대응하겠다... 이란 국민과 정부는 역사적 유산과 힘 그리고 존엄성을 수호하기 위해 온 힘을 쏟아 부을 것이다."[259]

하타미 대통령의 연설문과 성명서에서도 유럽 국가들과의 정상화를 위한 노력이 엿보인다. 그는 이란을 방문한 독일 외무장관 피셔에게 "다른 문명들간의 대화의 주요 목적은 독재 · 압정 · 인종차별 · 기아 · 살인 · 불법적인 통치가 없는 이상적인 세계를 건설할 수 있도록 하는데

---

259) Alam 2001.

기초를 둔다"라고 하였다. 이에 대한 응답으로 피셔는 "독일은 이미 이란과 협력할 준비태세를 갖추고 있으며 경제 · 문화 교류를 이루도록 최선을 다하겠다"라고 밝혔다. 미국의 對이란 일방적 제재조치나 EU의 비판적 대화정책이 큰 효과가 없고 또한 이란에 대한 각국의 정책상의 불협화음은 미국과 유럽 국가의 이익에 도움이 되지 않으므로 새로운 접근 방식이 필요한 때이다.

미국-이란 핵위기에 대한 유럽연합의 중재 역할은 크지만 핵개발을 둘러싼 이란과 국제사회의 갈등은 증폭될 것으로 보인다. 2004년 11월 EU-3으로 알려진 영국 · 프랑스 · 독일과 이란이 체결한 소위 파리 협약을 무시하고, 테헤란 정부가 핵활동을 재개하겠다고 나서자, 2005년 대미 강경파 아흐마디네자드 대통령의 탄생을 바라보는 유럽연합 국가들의 우려는 미국 못지않게 크다. 미-이란을 상대로 이란 핵문제 해결을 위한 '중재자' 역할을 해 온 이들 국가의 역할이 더욱 커질 수도, 아니면 아예 설자리를 잃을 수도 있다.[260)]

아흐마디네자드는 그동안 핵기술 보유가 이란의 권리임에도 불구하고 핵협상단이 '겁에 질려' EU에 지나치게 양보한다고 불평해왔다. 그는 유럽연합과 협상 중인 핵개발 문제에 대해서도 "에너지 · 의료 · 농업 · 과학 발전을 위해 핵기술이 필요하다. 이란 협상가들이 미국 압력 아래 있는 EU에 지나치게 저자세이다"라고 비판해왔던 것으로 미뤄, 이

---

260) 이들 EU 3국은 그동안 미-이란 사이를 오가며 합의점을 찾으려 노력하고, 줄곧 "이란에 보상은 없다"며 강경 입장을 고수해 온 미국을 설득해 2005년 3월 이란이 세계무역기구(WTO)에 가입할 수 있도록 물꼬를 트기도 했다. 특히 영국은 이미 리비아 협상을 성공시킨 경험을 갖고 있다. 리비아가 2003년 말 핵 프로그램을 완전 포기한 데에는 그해 3월부터 진행된 리비아 · 미국 · 영국의 3자 협상, 특히 영국의 중재가 결정적 역할을 했다. 당시 강경파 존 볼턴 미 국무부 차관이 리비아에 대해 비타협적 태도를 보이자, 영국은 백악관에 항의해 그를 협상에서 배제시키기도 했다는 후문이다.

란과 국제사회의 핵협상은 험로가 예상된다.

부시 대통령은 2005년 2월 23일 독일에서 슈뢰더 총리와 회담을 마친 뒤 공동 기자회견에서 다음과 같이 강조해 군사 공격 가능성을 완전히 배제하지는 않았다.

> "이란 핵문제를 대화를 통해 풀려고 한다. 이란은 이라크가 아니며 이란 핵문제에 대한 대화와 외교가 막 시작되었다. 이란은 핵무기를 개발하지 말아야한다는 세계 지도자들의 지적을 경청해야한다. 이란의 강경대응으로 인내심을 잃어가고 있으며 모든 선택 방안이 열려 있다."

슈뢰더 독일 총리는 "우리는 이란이 우라늄 농축을 전면 중단해야 한다는 요구를 거부해서는 안 된다는 데 미국과 합의했다. 이란은 핵물질 생산 권리를 포기해야 한다"라고 말했다. 이란의 핵문제에 대해 이란의 입장에서 외교적 타결을 강조했던 독일마저 미국의 정책을 지지하고 나섰다. 자크 시라크 프랑스 대통령은 "지금 이란의 태도는 중동 지역은 물론 국제사회에 문제를 일으키는 원천이므로 국제사회는 '핵 무장한 이란'을 받아들일 수 없다"라고 강조했다. 프랑스와 독일이 3년전 미국의 對이라크 침공을 반대하는데 앞장섰었지만, 이란 핵문제와 관련해서는 미국이 이란을 공격한다고 하더라도 이라크 전쟁 때처럼 전쟁 후폭풍에 시달릴 가능성도 그만큼 줄어들었다.

2 이란-아랍 국가 관계

1997년 하타미가 경쟁자인 나테크 누리를 누르고 대선에 승리하자, 국제사회 특히 아랍 국가들은 이제 이란이 국내외 문제에 대해 화해적으로 접근하리라 믿었다. 이란의 對아랍 국가정책은 팔레비 정권의 그것과 동일하지만 미국이 이란의 동맹국이 아니라는 점에서 차이가 난다.

외교적으로도 이란은 아랍-이스라엘의 평화과정에 과거보다는 온건한 자세를 보이며 1997년 12월 9일 테헤란에서 '이슬람회의기구(OIC)' 정상회담을 유치하는데 성공했다. 하타미 대통령은 우선 이웃 아랍 국가들과의 관계정상화 필요성을 느끼고 OIC 정상회담을 그 기회로 이용하였다. OIC의 55개국 회원국 지도자들이 참석한 자리에서 유엔 사무총장 코피 아난이, "이란은 그동안의 국제적 고립 및 미국의 제재를 벗어날 수 있고 아울러 국제적 위상을 높이는 외교적 성과를 이룩했다."라고 연설했다. 하타미는 미 의회 연설에서 이슬람 문명과 서구문명은 갈등상태에 있을 필요가 없다고 선언했다.

이 정상회담은 테헤란 선언서를 채택한 후 끝났다. 이 선언서는 이스라엘의 아랍 영토 점령과 팽창정책 및 국가테러를 비난하고, 알 아크사 모스크를 포함한 예루살렘과 팔레스타인 민중의 권리 회복을 결의하며, 미국의 일방주의 및 다마토 법안 거부 및 이라크의 영토 보전을 존중한다고 밝히고 있다. 마지막으로 선언서는 '식민주의, 외세의 지배 및 점령에 대항한 민중투쟁에 의한 테러와 구별되는' 테러를 비난한다. 또한 선언서는 이슬람에서 무고한 시민을 죽이는 것을 금지하며 국제사회에 테러리스트에게 은신처를 허용하지 말 것을 촉구한다.

테헤란에서 열렸던 1997년 제8차 OIC 정상회담에 참석한 많은 고위급 지도자들이 하타미 대통령의 화해성 메시지에 적극적인 지지를 보냈다. 특히 이는 이란의 주변 국가들을 향한 메시지였으므로, 이란 이슬람 정권이 아랍 국가들과의 관계를 정상화 할 수 있는 좋은 기반을 마련해 주었다.

경제 성장과 번영을 위해 하타미 정권은 아랍 국가들과의 지속적인 경제발전과 양자 및 다자 국가간의 협력을 최우선 순위로 하였다. 외교정책을 수립하는 정부 관계자들은 이 사실을 재빨리 파악하여 보다 실용주의적인 계획을 추진해 나아갔다. 이념과 정치적 견해를 배제한 채, 그들은 주변 국가들과의 상호 협력을 도모하며 조화와 번영을 중요시하였다. 이란은 사우디아라비아를 경쟁 국가로 여기면서도 복잡한 분쟁을 평화적인 방법으로 풀어 나가려고 노력했다.

아랍 국가들은 하타미의 정책에 긍정적인 반응을 보였고, 또한 OIC 정상회담에 참석했던 GCC 국가들도 이란의 온건한 외교노선에 만족감을 표시했다. 특히 바레인은 이란과 외교관계를 정상화하고 영사관 개설에 이어 대사관 수준으로 격상하기로 하타미 정권과 합의했다. GCC 지도자들은 테헤란 정부가 이란-아랍에미리트 양국간의 분쟁을 평화적으로 해결하기로 한 방침을 환영했다. 1997년 12월 24일 쿠웨이트에서 끝난 제18차 연례 GCC 정상회담에 참석한 6개국 지도자들은 "처음으로 이란에 대한 새로운 호감을 갖게 되었다"라고 말했다. 그동안 이란과 GCC 아랍 국가들은 영토분쟁 및 이데올로기의 차이로 인해서 상호 적대적이었으나, 이제부터는 화해의 새로운 장으로 들어서게 된 것이다.[261)]

이란의 정책 수립자들은 이 복잡한 지역의 정치적 문제를 해결하기 위해 실용주의 정책을 채택하고 아랍 국가들과의 우호관계를 수립해야 하는 정당성을 내세웠다. 하타미 정권의 가장 큰 안건은 주변 국가들과 우호관계를 맺는 것이며 불신과 적의를 불식시키는 것이다. 이란의 이러한 노력은 사우디아라비아 · 터키 · 쿠웨이트 · 카타르 같은 국가들과 정치 · 경제적 교류를 시작함으로써 그 초석을 마련하였다.

2005년 6월 강경 보수파가 대통령 선거에서 승리하자, 이란과 이웃한 쿠웨이트와 같은 중동 국가들은 표면적으로는 "이란 국민들의 어떤 선택도 환영한다"라는 입장이지만, 긴장하는 빛이 뚜렷하다. 카타르의 정치학자 모하메드 알 미스페르는 "이란의 강경 보수화 흐름은 시아파 급

261) Sayeed 1999, 284.

진주의를 수반하고, 나아가 이라크와 중동의 순니파 급진주의까지 자극할 수 있다"라고 말했다. 반면 아흐마디네자드는 자신의 정부가 "평화롭고 온건한 정책 노선을 걸으며, 어떤 극단주의도 허용하지 않을 것이다"라고 강조했다. 그는 국제사회에 "우정의 손"을 내밀 것이라고 약속하며 이란에 적대감을 보이지 않는 어떤 국가와도 같이 일할 준비가 되어있다고 말했다.262)

1990년 이라크의 쿠웨이트 점령 이래로, 특히 2006년 7월의 헤즈볼라와 이스라엘간의 유혈분쟁은 많은 아랍권 국가들을 분열시켰다. 이집트・요르단・사우디아라비아 등 아랍 국가들은 이라크에서 시아파의 집권과 이란의 핵개발 문제로 긴장감을 감추지 못하는 가운데 이란에서 이라크, 그리고 다시 레바논으로 이어지는 '시아파 초생달' 지역의 등장에 우려하고 있다.

'시아파 초생달'이란 용어는 요르단의 압둘라 국왕이 2005년 언급한 것으로 시아파가 중동의 세력 판도에서 다시 득세할 시나리오에서 나온 것이다. 이것은 이란을 중심으로 서쪽으로 이라크와 요르단・레바논, 동쪽으로는 파키스탄에 이르는 시아파 밀집지역을 지칭한다. 일부 아랍 순니파 지도자들은 헤즈볼라가 그 지역에서 이란의 영향력 확보를 위한 교두보 역할을 하고 있다고 본다. 시아파 지배에 반대하여 순니파 아랍 국가들이 결집함으로써 중동의 정치적 지도를 다시 그려야할 현상이 나타나고 있다.

1) 이란-사우디아라비아

1993년 5월말 이란 외무장관 벨러야티는 걸프연안 국가들을 순방하며 사우디아라비아 파흐드 국왕과의 회담에서 이란인 메카 순례객을 5

262) International Herald Tribune, August 4, 2005.

만5천 명에서 12만 명으로 상향시키는 외교성과를 거둔다. 그러나 메카 순례에서 이란인들이 정치적 시위를 하지 않겠다는 당초의 약속과는 달리 반미 · 반이스라엘 시위를 벌이자 사우디 경찰이 이를 진압했다. 이란인들은 이러한 항의시위 광경을 비디오로 녹화하여 테헤란으로 보내 이란 텔레비전으로 방영했다. 파흐드 국왕은 이란인 순례객들의 도전에 직면하여 그들을 이슬람 호전주의자라고 공격하자, 라프산자니는 걸프의 통치자들이 이슬람을 억압함으로써 그들도 이란의 팔레비 왕과 같이 멸망할 것이라고 경고했다. 하메네이는 사우디를 비롯한 걸프만 왕정국가 지도자들을 '미국의 꼭두각시'라고 공격했다.[263)]

한편 하타미의 승리는 걸프 왕정국가의 지도자 특히 사우디아라비아의 황태자 압둘라(Abdallah)가 1997년 3월 이슬라마바드에서 라프산자니와 우호적인 회담을 통해서 그를 메카 순례를 하도록 초청했다. 더욱 중요한 점은 4월에 이란인들이 메카 순례를 평화적으로 행하자, 사우디아라비아 정부가 이란 정부를 신뢰하게 되었다는 것이다. 이로 인해 이란-사우디의 관계는 급속히 호전되기 시작하였는데, 이는 1997년 12월 테헤란에서 열린 이슬람 정상회담에서 하타미 대통령과 황태자 압둘라간의 회담을 그 예로 들 수 있다. 압둘라는 하타미가 온건한 외교정책을 펼칠 것이며 그의 태도가 분명하고 진실한 것임을 확인하였다. 전 이란 대통령 라프산자니가 1998년 2월 21일부터 양국의 유대관계를 강화할 목적으로 고위 사절단을 이끌고 10일 동안 사우디의 수도 리야드를 방문한 것은 이들 양국 사이의 우호증진의 상징이었다. 이것은 아랍 세계와의 우호증진을 위한 이란 정부의 의지를 반영한 것이다.

1999년 하타미 대통령은 사우디 · 시리아 · 카타르를 방문하였다. 이란의 국가 원수가 아랍 세계를 방문한 것은 지난 20년 이래 처음이었던 것이다. 그의 방문은 이란과 아랍 지역 국가들간의 관계가 회복되고 있

---

263) Hiro 2001, 203.

다는 점을 시사해 준다. 이란이 이슬람 혁명 전파를 포기함에 따라 이란과 아랍 국가 사이에 상호 신뢰감이 형성되기 시작하면서, 이란-사우디 양국 관계도 점차 개선되기 시작하였다. 하지만 이란과 UAE 사이에 위치한 섬들과 관련된 영토분쟁은 아직도 계속되고 있다.

이란과 사우디아라비아 사이에 증대되는 우호관계는 사우디 정부가 하메네이를 성지순례식으로 초대한 사실에서 명백히 드러난다. 사우디 왕의 칙사인 후와티르(Abd al-Aziz al Khuwaytir)는 성지순례로 사우디를 방문해 줄 것을 공식 요청하는 파흐드 왕의 초청장을 2001년 2월 19일 하메네이에게 전달했다. 하메네이는 사우디 왕에게 감사의 말을 전하였고 초청을 수락하며 "이를 계기로 이란과 사우디아라비아뿐만 아니라 모든 무슬림 국가들에게도 좋은 영향을 끼쳤으면 좋겠습니다"라고 말했다. 또한 사우디 왕의 칙사에게 "이스라엘의 위협은 점점 더해가고만 있습니다. 말로만 평화회담이지, 그들이 레바논에서 했던 짓을 떠올려 보십시오. 그러므로 무슬림 국가들 사이에는 서로 굳건한 동맹체제를 구축하여야 합니다"라고 전했다.[264)]

이란 핵문제로 이란-이스라엘간에 위기가 고조되고 있는 상황에서 2006년 4월 라프산자니는 이스라엘이 '장거리 미사일(longer arms)'을 보유한 이란을 감히 공격하지 못할 것이라고 경고하며 "우리가 대결을 추구하고 있지 않지만, 그러한 상황에 대처하여 만반의 준비를 하고 있다. 쿠웨이트 지도자들은 나에게 쿠웨이트와 걸프 아랍 국가들이 미국의 對이란 공격을 지지하지 않을 것이다"라고 3일간의 쿠웨이트 방문 마지막 날 기자회견에서 밝혔다.

---

264) Alam 2001.

2) 이란-이집트

이란-이집트 양국은 1979년 호메이니의 이슬람 혁명이 성공을 거두고, 이집트가 이스라엘과 평화협정을 체결한 뒤 단교했었다. 하지만 양국은 최근 관계 정상화를 위해 사전 정지작업을 벌여왔으며 2004년 2월에는 관계 재개 원칙에 합의했다. 이집트는 이란 측에 복교의 전제조건으로 故사다트 대통령 암살범 칼리드 이슬람불리의 이름을 딴 테헤란 시내 도로 명칭을 개명해줄 것을 요구했으나 이란은 아직도 변경하지 않고 있다.

이란의 사주로 무바라크 이집트 대통령을 암살하려던 이집트인이 법정에서 혐의를 자백했다고 이집트 언론이 2005년 2월 3일 보도했다. 관영 MENA 통신에 따르면 이란을 위해 간첩활동을 해온 혐의로 구속 기소된 이집트인 마흐무드 이드 모하마드 답부스는 이란으로부터 돈을 받고 무바라크 대통령의 차량행렬이 지나가는 샤름 엘-셰이크 도로에 폭발물을 매설하려 했다고 자백했다. 검찰은 답부스의 자백을 비디오로 녹화해 법원에 증거물로 제출했으나 그를 체포한 경위와 시기를 밝히지 않았다. 검찰이 제출한 비디오 녹화 테이프에 따르면, 답부스는 이란으로부터 건당 1만 달러를 받고 무바라크 대통령이 자주 기거하는 시나이 반도 샤름 엘-셰이크의 호텔 단지와 인근 공항 사이 도로를 정찰한 뒤 이란 측에 정보를 넘겨줬다.

답부스는 또 암살 임무를 수행하는 대가로 이란 측에 100만 달러를 추가로 요구했다고 진술했다. 그는 암살 대상이 무바라크 대통령이냐는 검찰 측 질문에 "그렇다"라고 분명하게 대답했다. 코란 교사인 답부스는 비디오 녹화 테이프에서 장학금을 받기 위해 이란을 방문했을 때 이란 측에 포섭됐으며, 이란인들은 자신을 사우디아라비아로 데려가 공작 임무 당 5만 달러를 지급했다고 말했다. 답부스는 그러나 법정 진술에서 정보기관의 고문과 강압에 의해 허위 자백했다고 주장했다. 검찰이 제시한 비디오 녹화물이 사실로 판명될 경우, 1979년 단교한 이집트-이란 관계가 더욱 악화될 것이다. 하지만 최근 2006년 6월에는 이란최고국가안보회의 의장 알리 라리자니가 알제리 및 이집트를 방문하여 이란 핵 개발의 정당성을 역설하며 무슬림 국가들과의 관계 개선을 통하여 반미 전선을 구축하려는 노력을 보이고 있다.

3) 이란-시리아

하타미 대통령은 시리아의 알-오타리 총리와 회담을 갖고 미국과 이스라엘의 압력에 굴복하지 말고 결연히 맞서자고 결의했다. 이란과 시리아가 상호방위조약 체결을 통해 미국의 압력에 공동 대응키로 했다고 영국 일간 가디언이 보도했다. 이란-시리아 양국은 2005년 2월 16일 미국에 맞서 공동 전선을 구축하겠다고 나섰다. 두 나라는 미국에 의해 '폭정(暴政)의 전초기지'로 지목받고 있다.

미국은 중동에서 이란-시리아를 축으로 한, 반미 공동 전선이 형성될 것을 우려하여 이에 강력히 대응하겠다는 입장이다. 이들 양국과 친시리아 레바논 정권, 그리고 이라크에 들어설 친이란계 정권이 합쳐질 가능성이 있기 때문이다. 라피크 하리리 전 레바논 총리가 암살된 지, 이틀만인 2월 16일 나지 알 우타리 시리아 총리가 이란을 방문했다. 그는 모하마드 레자 아레프 이란 부통령과 만나 "민감한 현 시점에서 이란-시리아 양국은 여러 가지 도전에 대해 공동전선을 구축하는 것이 필요하다"라고 말했다. 아레프 부통령도 "시리아가 직면한 특별한 위협 상황을 고려해, 이란은 제재와 관련된 경험을 시리아에 제공할 것이다"라고 밝혔다. 그러나 이마드 무스타파 주미 시리아 대사는 CNN 방송 인터뷰에서 "우리는 미국의 적이 아니다"라고 애써 '반미 공조'가 아님을 부인했다.

2006년도 3월에 작성된 미국의 새로운 "국가안보전략"[265] 초안은

9 · 11 테러 1년 후인 2002년 9월에 채택된 적대국에 대한 선제공격(pre-emptive attack) 전략을 그대로 유지하고 있다. 이 초안에서 2002년의 내용과 다른 점은 시리아가 테러국가로서 명시되어 있다는 점이다.

2006년 7월 13일 아흐마디네자드 이란 대통령은 레바논의 헤즈볼라에 의한 이스라엘 병사 2명의 납치로 야기된 이스라엘의 대대적인 레바논 침공을 비난하고, 만약 이스라엘이 시리아를 공격하면 이는 모든 이슬람 세계에 대한 공격으로 간주해 강력하게 응징할 것이라고 경고한 바 있다.

이란이 헤즈볼라에 미사일을 공급했다는 이스라엘 측의 주장에 대한 질문을 받은 외무부 대변인 아세피는 "이란은 레바논과 시리아에 정신적이고 인도주의적 지원을 하고 있다"라고 대답했다. 그는 덧붙여 "우리가 미사일을 보냈다는 것은 진실이 아니다. 헤즈볼라는 충분히 능력이 있다"라고 말했다.

심지어 아흐마디네자드는 만약 이스라엘이 시리아를 공격하면, 이란은 시리아를 지원할 것이라고 공언하며 위협을 고조시키고 있다. 그러나 이러한 험악한 분위기에서도 이란은 레바논에서의 위기를 해결하는 데 모종의 어떤 역할을 하려고 노력하는 것처럼 보인다. 7월 17일 이란 외무장관 모타키는 휴전과 포로교환은 앞으로 가능한 하나의 방법이 될 것이라고 말했다. 그는 시리아 부통령 알-샤라(Farouk al- Sharaa)와 회담한 후 "수긍할 수 있고 공정한 해결책이 있어야 한다"고 말하며 "사실상 포로를 상호 교환함으로써 휴전은 성립될 수 있다"라고 덧붙였다.

부시 대통령은 2006년 9월 11일 9 · 11 테러 5주기를 맞아 對국민 TV 연설에서 "테러와의 전쟁은 문명 간의 충돌이 아니라 문명을 위한 투쟁으로, 21세기의 이념 투쟁이다"라고 말했다. 9 · 11 테러 5주기 바로 다음날인 9월 12일, 이슬람 테러단체인 '타크피르'소속 무장괴한 4명이 시

265) National Security Strategy of the United States.

리아의 수도 다마스쿠스 주재 미국 대사관에 테러 공격을 감행했으나, 시리아 경비원들에 의해 3명이 사살되고 1명이 생포되었다. 이 사건은 테러와의 전쟁이 아직도 끝나지 않았음을 보여준다.

3 이란-이스라엘

이란은 이스라엘을 국가로 공식적으로 인정한 적이 한 번도 없으며, 이스라엘이 그 지역을 강탈하고 팔레스타인 민중의 인권을 박탈했다고 생각한다. 이란의 이러한 태도는 미-이란간에 많은 갈등을 야기하는 주요한 요인이다.

1997년 테헤란에서 열렸던 제8차 OIC 정상회담에서 하타미 대통령은 "평화는 모든 팔레스타인 민중의 합법적 권리가 보장되어야 그 진정한 의미를 부여할 수 있다. 이스라엘은 팔레스타인 난민의 귀환, 양도할 수 없는 민족자결권, 점령당한 영토 중, 특히 예루살렘을 반환하여야 한다"고 주장하였다. 하타미 대통령은 이스라엘의 시온 정권은 "패권주의 · 인종 차별 · 침략 · 폭력적이다"라고 표현했다. 그의 관점에서 볼 때 이스라엘의 시온 정권은 아시아의 평화와 안전에 심각한 위협을 야기하고 있으며 "국제법 위반, 국가 테러리즘의 조장, 대량 살상 무기를 개발하게끔 한다"는 것이다. 이렇듯 하타미 대통령은 이전 대통령들 못지않게 이스라엘을 적대국가로 평가하고 있다.

'국제 예루살렘의 날' 집회에 하타미 대통령과 각부 장관들이 참석했다는 사실은 이란 정부가 팔레스타인 독립국가 수립과 성지의 해방을 지지한다는 것을 뜻한다. 하타미 대통령은 이 집회에서 "팔레스타인 민중의 권리를 완전히 회복시켜주는 것만이 이 지역에 평화를 가져다주는 유일한 방법이다"라고 주장하였다. 이란의 중동평화과정에 대한 정책은 항상 부정적이었는데, 이는 이 평화과정을 "부당하며 오만하고 불법"이라고 표현한 점에서 잘 드러난다. 또한 이란 국가 안보의 시각으로 보면 중동에서 이스라엘의 존재는 아랍 세력에 대한 힘의 균형추가 되었으며, 그래서 이란의 전략적 이익으로 작용했다.

이스라엘은 2005년 1월 24일 이란의 핵개발 프로그램이 '돌이킬 수 없는 단계(point of no-return)'에 거의 도달했으며, 핵무기 제조에 필요한 우라늄을 농축하는데, 더 이상 외부의 지원이 필요 없게 될 것이라고 경고했다. 시몬 페레스 이스라엘 부총리도 이스라엘의 안보를 가장 크게 위협하는 나라로 이란을 지목했다. 그는 "외교 · 경제적인 압력으로 이란을 저지하지 못할 경우 누구라도 나서서 군사행동을 취해야 할 것이다. 이란의 핵개발 문제는 중동의 핵심 현안이다. 이는 이스라엘 혼자의 문제가 아니라 전세계의 관심사항이다"라고 말했다.

이스라엘 대외정보기관인 모사드의 메이어 다간 국장은 국제사회가 이란의 핵 프로그램을 억제하기 위해 적극 노력하지 않고, 오히려 러시아와 같은 나라는 아직도 이란의 부세르에 원자력 발전소 건설을 지원하고 있다고 밝혔다. 그는 또 "중동의 이집트 · 시리아 · 사우디아라비아도 핵개발을 추진하고 있다"라고 주장했다. 그는 현 단계에서 이란에 대한 조치가 이뤄지지 않는다면 이들 중동국가도 뒤를 이을 것이라고 경고했다. 또한 이스라엘 국가안보위원회의 기오라 에일란드 위원장은 이란이 레바논의 헤즈볼라 게릴라 단체 안에 별도의 조직을 심어 對이스라엘 공격 지원을 강화하고 있다고 밝혔다. 부시 대통령 취임 이후부터 미국-이스라엘 양국 정부는 이란의 핵 프로그램에 대한 경고 수위를 높이고 있다.

마흐무드 아흐마디네자드 이란 대통령은 2005년 10월 26일 '시온주의 없는 세계(The World Without Zionism)'를 주제로 한 테헤란 회의에서 "이맘[266]이 말씀하신 바와 같이 이스라엘을 지도상에서 지워버려야

266) 1979년 이슬람 혁명을 주도하여 현 이슬람 공화국을 창건한 호메이니를 지칭한다.

한다"라고 주장했다. 그는 이에 덧붙여 "이스라엘을 인정하는 자는 누구나 이슬람 민족의 분노의 불길에 타버릴 것이다. 시오니스트 정권을 인정하는 어떠한 자도 이슬람 세계의 패배를 자인하는 것이나 다름없다"라고 말하면서, 그는 이스라엘을 인정하거나 외교관계를 정상화하려는 시도를 비난했다. 그는 또한 "최근 가자 지구로부터 이스라엘의 철수를 하나의 '속임수'라고 주장하며, 원래 '가자'는 팔레스타인 영토의 일부이고 그러한 철수는 이슬람 국가들로 하여금 이스라엘을 인정하도록 하려는 술책이다. 팔레스타인 공격의 새로운 물결은 유대인 국가를 파괴할 것이다. 팔레스타인 민중들에 의한 공격의 새로운 물결이 이슬람 세계의 얼굴로부터 이러한 낙인을 없애버릴 것은 의심의 여지가 없다"라고 말했다.

"지도상에서 이스라엘을 없애버려야 한다"는 그의 충격적 발언은 국내외적으로 긴장을 야기하고 있다. 아랍 국가들은 침묵하고 있으나, 팔레스타인 측 협상자인 에레카트(Saeb Erekat)는 아흐마디네자드의 주장에 반대하며 "우리는 이스라엘을 국가로 인정해왔고, 이스라엘과 평화를 추구해오고 있다. 우리는 이란 대통령의 그러한 언급을 받아들이지 않는다"라고 말했다. 유엔 주재 이스라엘 대사 길러먼(Dan Gillerman)은 "유엔 회원국가의 지도자가 다른 회원국가의 파괴를 주장한 것은 섬뜩한 일이다"라고 불쾌한 심기를 드러냈다. 미국과 유럽뿐만 아니라 러시아도 이란의 이 도발적인 행위를 비난하고 있다. 이란의 핵무기 개발 프로그램과 맞물려 있는 미묘한 시점에 아흐마디네자드의 이러한 발언은 국제사회로부터 더욱 고립을 자초하고 있다.

더구나 아흐마디네자드 대통령은 2006년 4월 14일 이스라엘을 "폭풍으로 제거될 썩어빠진 나무"에 비유했는데, 이것은 이스라엘에 대한 핵공격 가능성을 뜻하는 것이다. 이에 대해 시몬 페레스 이스라엘 부총리는 아흐마디네자드를 '사탄'에 비유하며 사담 후세인과 똑같은 운명을 맞을 것이라고 비난했다. 아흐마디네자드가 5월 11일에도 "이스라엘이 어느 날 파괴될 극악무도한 정권"이라고 공격하자, 시몬 페레스는 이스라엘을 파괴하겠다는 맹세를 계속한다면 이란은 멸망의 위협에 직면할 수도 있다고 경고했다.267)

또한 7월 13일 헤즈볼라에 의한 이스라엘군 납치 사건을 이란이 직접 사주했거나 적어도 승인했다고 확신하는 미국과 많은 유럽 국가 그리고 아랍 국가들에게 주요한 단서가 되고 있는 것은, 이란이 헤즈볼라를 무조건 옹호하고 있다는 점이다. 7월 18일에도 이란은 이스라엘을 향해 새로운 위협을 가하며 헤즈볼라를 계속 찬양했다. 심지어 대통령 재임 시 온건한 외교정책을 추구했던 하타미는 헤즈볼라를 "세계의 모든 무슬림과 자유를 지지하는 사람들의 가슴에 광명을 비추고 온기를 불어넣는 빛나는 태양"에 비유했다. 이란 최고 지도자 하메네이는 레바논과 팔레스타인 영토에 대한 이스라엘의 공습이 "그 지역에 시온주의자들의 존재가 얼마나 악마적이고 암적인 존재이며 전 이슬람 세계의 악성 종양인가를 증명한다"라고 목소리를 높였다.268)

테헤란에서 열린 반이스라엘 관제 데모에서 국회의장 압델(Gholam Ali Haddad Adel)은 "이스라엘의 북부 도시는 헤즈볼라의 미사일 사정권 하에 있다. 이스라엘의 어떤 지역도 안전하지 않을 것이다"라고 경고했다. 약 2천명의 시위 군중은 "미국에게 죽음을! 이스라엘에게 죽음을!" 외치며 그의 연설에 화답했다. 이스라엘과 미국을 위시한 서방세계는 헤즈볼라가 이란으로부터 무기류를 공급받고 있다고 그동안 계속 주장해 왔다. 최근에 가장 중요한 변화는 이란이 헤즈볼라에게 이스라엘의 전 지역이 사정권에 들어가는 장거리 로켓을 공급하고 있다는 것이다. 그러나 이란은 공식적으로는 헤즈볼라에 대한 무기류 공급을 부인하고 있다. 그러나 이스라엘에 대항한 헤즈볼라의 행위를 지지하는 이란은 다음과 같은 두 가지 전략적 목적을 가지고 있다.

---

267) International Herald Tribune, May 12, 2006.

268) New York Times, July 20, 2006.

첫째, 이란 핵문제에 대한 국제적 이목의 분산
둘째, 강력한 지역 역할자로서의 이란의 위상 강화

헤즈볼라에 대한 이란의 영향이 절대적이기 때문에 이란을 무시할 수는 없다. 실제로 프랑스는 이란을 끌어들일 목적으로 협의에 들어갔다. 필리프 투스트블라지 장관이 7월 31일 모타키 이란 외무장관을 만나 "사태 해결을 위해 이란의 역할이 필요하다"라고 말한 것으로 알려졌다. 프랑스 국제관계연구소의 도미니크 무아지는 "프랑스 정부가 이란에 핵문제를 좀 더 유연하게 다루겠다는 점을 반대급부로 제시했을 것이다"라고 추측하기도 했다. 익명을 요구한 유럽의 한 고위관리는 "이란이 '나 없이는 어떤 것도 가능하지 않다'라고 말하려고 노력하고 있다. 그리고 잠시 동안 핵 이슈는 잊혀진다"라고 말했다. 실제로 이란 핵문제에 대한 유엔 안보리의 결의안은 중동의 이 긴급한 레바논 사태로 인해서 보류되어 있는 상황이다.

한편 이란은 이라크 북부 쿠르드 지역에 이스라엘의 개입이 늘어나고 이라크 정부가 이스라엘을 인정하게 되는 상황을 우려하고 있다. 그러나 이번 레바논 사태에서 보인 이라크의 對이스라엘 비난으로 판단해보면 그러한 염려는 기우일 것으로 보인다.

이라크의 말리키 총리는 7월 19일 기자회견에서 "이스라엘의 공격과 공습으로 레바논의 산업 인프라가 완전히 파괴되고 있다. 나는 이러한 침략을 비난하며 그것을 멈추기 위한 즉각적인 행동을 취하기 위해 카이로에서 아랍 연맹 외무장관 회의 개최를 요구한다. 우리는 전 세계에 이스라엘의 침략을 멈추기 위한 빠른 입장 표명을 요구한다"라고 말했다.[269] 이란과 밀접한 관련을 맺고 있는 시아파 아랍 국가인 이라크 총리의 이러한 언급이 최근 순니파 아랍 국가들이 표명한 입장보다 더 강

269) New York Times, July 21, 2006.

경하다는 것은 주목할 만하다. 이것은 이라크를 미국의 對중동 민주주의 확산의 교두보로 생각해 왔던 부시 행정부의 외교전략이 실패하지 않았나 하는 점을 시사한다.

4 이란-중앙아시아, 러시아, 중국

이란은 지리적으로 인접하고 있는 중앙아시아 및 카프카스 지역 국민들과의 영적 결속감과 공동 관심사를 갖고 있다. 이러한 결속감과 같은 공통된 이슬람 종교 · 문화유산 · 언어(페르시아어) · 수천 년에 걸친 역사로 이란과 이 나라들은 더 가까워지고 있다.[270] 지난 1997년에 이란은 러시아와 함께 타지키스탄에서 세속적 정부와 반정부 이슬람 세력간에 평화조약을 체결하도록 하는데 공헌했다. 이 조약으로 5년간의 피비린내 나는 타지키스탄 내전이 종식되었다.

이란-러시아 관계 또한 발전하고 있다. 사실 1979년 이슬람 혁명이 가져다준 혼란으로 이란-러시아 관계는 우여곡절을 겪었다. 물론 이념적인 차이점도 있었다. 비록 예전에는 이란인들이 러시아에 대해 과거에 얽힌 안 좋은 감정을 갖고 있었지만, 소연방의 붕괴 후 그것들은 이미 찾아보기 힘들어졌다. 이러한 문제들은 더 이상 존재하지도 않을 뿐더러 세계의 추세가 바뀜에 따라 러시아는 경제 · 전략 · 군사적 목적상 이란과 우호관계를 맺고 싶어한다. 양국의 우정을 돈독히 하기 위해서 그들은 서로 자주 방문하곤 한다.

이란 외무차관 하라지(Sadeq Kharazi)는 2000년 2월 러시아를 방문하여 "이란-러시아간의 우호적인 분위기는 지금 최고조에 달해있다. 오늘날 이 두 국가 사이의 관계는 좋은 이웃관계와 지역 · 세계의 문제들에

270) 자세한 내용은 다음 책 14-25 페이지를 참조할 것. 장병옥, 2001, 중앙아시아 국제정치의 이해, 서울: 한국외국어대학교 출판부.

관한 상호 이해를 그 바탕으로 하고 있다"라고 말하였다. 이란-러시아 양국은 지역적인 공동 관심사를 갖고 있으며 국가 안보관은 물론이고 외부세력에 대한 경계심 또한 동일하기 때문에 밀접한 협력관계를 이루게 되었다. 하라지는 러시아 방문 도중 "이란-러시아 양국은 지리정치적 측면에서 많은 이해관계를 공유하고 있으며 자주 발생하는 지역적·국제적 문제점에 대한 매우 흡사한 입장을 보이고 있다"라고 전했다.

미국은 러시아의 부세르 핵발전소 프로젝트뿐만 아니라, 이란이 러시아의 급성장하는 수출의존성 무기산업의 주요 고객이 되어간다는 점에서 불안을 감추지 못하고 있다. 러시아는 "향후 몇 년간 이란군에 40억 달러 규모의 러시아제 전차·군용 수송기·디젤 엔진 잠수함·방공 시스템을 지원해 주기로 동의했다"라고 밝혔다.[271)]

이란-러시아 양국의 공동 이익을 도모하는 또 다른 요소는 바로 석유와 가스이다. 러시아는 이란에 기술과 장비를 판매할 석유 시장을 은근히 기대했었다. 이 양국이 급속도로 가까워지며 협력 상태를 유지하고 있는데, 이것은 지리정치적 인접성 때문이다. 미국의 걸프와 카스피해 지역에 대한 영향력을 차단하기 위해 양국은 돈독한 무역 동맹으로 맞섰다.

다른 한편 이란과 중국은 정치·경제·군사·안보문제에서 협력적인 관계를 유지해 왔다. 경제대국으로 급부상하고 있는 중국은 막대한 석유를 보유하고 있는 이란을 특별한 경제협력 파트너로 대우해 주었다. 걸프 지역과 중앙아시아는 매우 중요한 지정학적 위치로 중국은 이를 결코 간과하지 않았다. 미국을 포함한 서구 국가는 이란에 적대적이었는데 이는 오히려 중국에게 절호의 기회였다. 중국은 이러한 틈새시장을 노리고 '특히 이란을 주요 고객으로 한 군사 기술 및 장비공급' 사업을 벌였다.

---

271) 2000년 1월 이란은 비용이 저렴하며 유연성 있고 효율적인 고성능 무기인 러시아제 Konkurs 대전차 미사일의 대량 생산에 착수하였다.

하라지 이란 외무차관이 탕지아쉔(Tang Jiaxuan) 중국 외무장관과의 면담시 이란에게 있어서 "이번 기회로 두 국가간의 정치 · 경제 · 문화적 관계와 더불어 다양한 지역 및 국제적 문제점들에 대해 합의를 보았으면 한다. 이란-중국 양국 모두 아시아에 있는 개발도상국이며 국제관계는 물론이고 아시아와 제3세계에서 중요한 역할을 수행할 수 있을 것이다"라고 밝혔다. 양국간의 회의에서 그들은 오래된 역사를 자랑하는 이란과 중국의 문명을 언급하며 "공동협력을 통해서 장기적이며 안정적인 관계를 구축하여 양국 상호간의 국익을 위한 방파제가 되는 것이 중요하다. 중국은 외교정책상 이란을 매우 중요한 국가로 여기며 이란 이슬람 공화국은 그 지역 내에서 평화와 안정을 가져다 줄 중요한 역할을 할 것이라고 굳게 믿는다"라고 덧붙였다.

2000년 6월 베이징을 방문한 하타미 이란 대통령은 중국과 외교관계를 더욱 강화하기를 원했다. 현재 이란과 중국은 미국이 중앙아시아 지역으로까지 그 세력을 뻗치지 못하게끔 봉쇄하면서 반미 성향을 보여주고 있다. 이제 더 이상 지리정치학적 중요성은 무시할 수 없게 되었다. 이란은 페르시아만과 카스피해 중간에 위치해 있는 지정학적 중요성으로 인해 이제부터는 새로운 힘의 중심축이 될 수 있기 때문이다.[272]

미국은 2004년부터 지금까지 유엔 안보리를 통해 이란의 핵무기 개발을 억제할 수 있는 제재를 가하려 노력해 왔지만, 안보리 상임이사국인 중국은 이를 저지하겠다는 자세를 보이고 있다. 이란이 사우디아라비아에 이어 중국의 '제2의 주요한 석유공급처'라는 것이 가장 큰 이유다. 이슬람 혁명 이후 미국은 1984년부터 이란에 대한 경제제재를 실시해 왔으나 이란의 중국 및 유럽과의 경제 관계가 강화되면서 점점 효력이 약화되고 있다. 이란-중국 관계의 강화는 미국의 경제제재를 어렵게 만들뿐만 아니라 이란의 핵활동을 안보리로 가져가려는 미국의 노력을 실

272) Sayeed 1999, 282.

패하게 했다"라고 분석했다.

2000년 6월 하타미 대통령의 중국 방문, 2004년 9월 중국 원자바오 총리의 러시아 방문, 푸틴 대통령의 2004-5년 중국 방문, 미-일의 동맹과 일본의 강화되는 군국주의화에 대응한 2005년 8월 중-러 대규모 합동군사훈련 실시, 중국-러시아의 강력한 반발을 불러 일으켰던 미국의 국가미사일 방어체제 등, 이 모든 것들로 인해서 미국-중국, 미국-러시아와의 갈등관계로 들어가면서 미국의 일방주의 외교정책에 맞서기 위한 러-중-이란 3국간의 전략적 동맹구도가 형성되는 현상이 일어났다.

이 새로운 3각 동맹관계는 중동에서부터 중앙아시아를 걸쳐 동북아까지 지배하려는 미국의 세계전략을 견제하기 위한 것으로 판단된다. 러-중 양국은 이러한 자국의 이해관계 지역에서 미국의 영향력을 최소화하고, 이란은 핵문제를 구실로 미국이 자국을 공격할 가능성에 직면하여 인접 양 강국의 보호가 필요함에 따라 3국간의 공조체제가 이루어졌다고 할 수 있다. 미국은 세계 大전략의 일환으로써 그동안 이란-러시아, 중국-러시아, 그리고 이란-중국 3국간 각각의 외교 · 경제 · 군사적 동맹관계를 저지하려고 시도하면서 중동에서부터 동북아로의 '동진(東進)정책'을 추구해 왔던 것이다.

5 이란-인도, 파키스탄, 아프가니스탄

최근 이란-아프가니스탄 관계는 매우 불안정한 상태를 유지하고 있다. 이란-아프간 반정부 단체와의 연계는 카불-테헤란 사이에 긴장감을 낳게 했다. 이란의 對아프간 정책은 아프가니스탄의 시아파에 대한 형제애와 결속을 중심으로 미국의 경제제재에 대한 전략적 관심, 중앙아시아로의 접근, 사우디아라비아와의 경쟁관계로 이루어졌다. 탈레반이 북부 아프가니스탄의 침공을 위해 움직이고 있었을 때, 1998년 8월 탈레반 급진주의자들의 총격에 의해 이란인 9명이 사망한 마자레 샤리프(Mazar-e-Sharif) 사건으로 인해서 양국 관계는 악화되기 시작하였다.

이 사건으로 이란-아프간 양국은 한때 적대적인 관계를 유지했다. 이란은 아프가니스탄 국경지역에 군부대를 전진 배치하여 무력 조치를 취하려 했으며, 이는 이란 민족주의자들의 열렬한 지지를 받았다. 하지만 이 긴장은 UN 특사 브라히미(Lakhdar Brahimi)에 의해 완화되었다. UN의 중재에 의해 파키스탄과 다른 나라들은 일시적인 위험 상황을 가라앉혔지만, 하타미 정부는 아프가니스탄 내의 탈레반 정권을 명백한 '급진적 원리주의자'라고 규정하였으며 전 지역의 안정과 안보를 위협할 수 있는 세력으로 판단하였다. 몇몇 이란 극단주의 단체들은 아프가니스탄과의 전쟁을 주장하였지만, 하타미 대통령은 무력분쟁으로 비화되는 것에 반대했다.

이라크와의 8년간의 전쟁은 이란인들로 하여금 아프가니스탄과의 전쟁을 기피하게 하였다. 하지만 이러한 조치는 곧 심각한 양상을 낳게 되었다.

소련의 붕괴와 아프가니스탄 내의 탈레반의 등장으로 이란은 예전에 시아파 정권을 지원해주는 것과는 별도로 아프가니스탄의 주요 반군세력에게 경제 · 군사적 지원을 하기 시작했다. 나지불라 정권의 몰락 후, 이란은 미국 · 사우디아라비아 · 파키스탄의 지원을 받는 세력을 견제하기 위해서 '북부 동맹' 단체들을 돕기 시작하였다. 사우디의 對아프간 정책은 2가지 주요 목적 즉, 이란과의 이념적 대립과 전략적 대립을 기반으로 하고 있다. 이러한 정책은 탈레반처럼 경쟁국인 이란과 대항하며 장기적인 전략적 동맹국인 파키스탄을 염두에 둔 것이다. 이념적인 측면에서 볼 때 사우디아라비아는 이란의 '시아파의 호전적 이슬람'에 대응하여 '순니파의 호전적 이슬람'을 공식 · 비공식적으로 지원하였다.

전략적으로 중앙아시아 · 카스피해 · 카프카스 산맥 지역은 이란과 아프가니스탄의 중요성을 부각시켜 주었다. 이란과 카스피해가 맞닿는 국경은 물론 신생 독립국가인 아제르바이잔-투르크메니스탄과의 국경 접점은 이란의 위상을 높여주었는데, 이는 터키처럼 석유 운반에 있어서 바다와 가장 근접한 육로를 지니게 되었기 때문이다. 카스피해-페르시아만의 중간 지대에 위치한 이러한 이란의 독특한 지리 전략적 위치는 국제적인 관심을 끌기에 충분했다.

아프가니스탄-파키스탄 양국을 가로지르는 석유와 가스 수송관은 남쪽으로 향하는 유일한 통로이다. 이러한 수송관의 건설목적은 미국으로 하여금 그들의 전략 즉, 중앙아시아를 국제 에너지 시장으로 부상시켜 러시아나 이란이 침범치 못하도록 하게 하는 것이다. 이란은 미국의 사주를 받는 파키스탄과 사우디의 아프간 정권에 대한 지원을 정치·경제적으로 이란을 고립시키려는 책략이라고 분석했다. 탈레반이 수송관에 대한 안전을 보장한다면, 그동안 이란이 누렸던 지정학적 중요성은 약화되기 때문이다. 그러므로 이란은 전략적이며 이념적인 면을 고려하여 탈레반 정권을 약화시키기 위해 노력했다.

아프가니스탄은 그동안 너무나 많은 복잡한 문제들을 겪어 왔기 때문에 주변 국가의 안보에도 악영향을 미쳤다. 하타미 대통령은 다음과 같이 주장했다.

> "아프간 분쟁은 가장 크고 풀리지 않는 세기의 비극 중 하나이다. 아프가니스탄에서의 혼란은 이란과 중동 지역, 더 나아가서 세계의 평화를 해치고 있다. 아프가니스탄 내의 모든 파당들이 그들의 조국 재건을 위해 협력해야 한다."

이란-파키스탄 양국이 아프가니스탄에 대한 주도권을 잡기 위한 경쟁의 결과로 아프가니스탄 내에서는 각자 두 나라가 조종하는 두개의 세력들로 나뉘게 되었다. 아프가니스탄에 얽힌 각국의 전략·정치적 이해관계는 결국 아프가니스탄의 분쟁을 더욱 심화시켰다. 파키스탄 정부는 그들이 탈레반 정권을 공식 또는 비공식적으로 지원했다는 의혹을 내내 부인하였다. 이란은 이를 파키스탄이 중앙아시아로 향하는 무역 루트를 개발함으로써 이란과 경쟁하려는 의지로 분석했다. 부토 총리는 "우리는 이란을 친구 · 이웃 · 이슬람교의 형제로 생각한다... 우리는 결코 서로 경쟁하는 사이가 되지 않을 것이다"라고 주장했다.[273)]

이란-파키스탄은 아프가니스탄을 둘러싸고 경쟁상태에 있지만, 양국간의 상호 방문을 통하여 폭 넓은 회담을 열고 핵과 미사일 기술을 교류하였다. 두 국가는 동시에 중국으로부터 미사일 기술과 군사 기술을 수입해 오는데, 이는 또 하나의 잠재적 3각 군사 협력체제를 이루게 되었다. 이란-파키스탄 양국은 아프가니스탄에서 파생될지도 모르는 위험에 대비하여 상호간의 관계를 지속시켰다. 이란은 1998년 5월에 파키스탄이 실시한 핵실험에 대한 그들의 입장을 옹호했다. 이란과의 우호관계를 맺기 위해 파키스탄 국무총리인 무샤라프(Pervez Musharraf) 장군은 1999년 12월 이란을 방문하였다. 하타미 대통령은 환영사에서 "이란-파키스탄 양국간의 동맹은 매우 굳건하며 두 국가 사이의 공통된 문화와 이슬람이 그 근본을 같이 한다는 점에서 매우 만족스럽다"라고 말하고 두 국가 사이의 동맹을 강조하면서 다음과 같이 밝혔다.

> "이란과 파키스탄은 상호 하나로 이어져 있으며 우리의 이익을 보호하는데 함께 최선을 다해야 한다. 아프가니스탄 내의 민중 정부의 탄생과 아프간 사회 모든 계층이 힘을 합하면 평화와 안정을 회복할 수 있을 것이다. 이는 이란-파키스탄 양국이 앞장서서 불신과 의혹을 없애야 하며 국제사회를 불안으로 떨게 했던 테러리스트와도 당당히 맞서야 한다."

무샤라프가 이란을 방문했다는 것은 바로 파키스탄이 아프가니스탄

---

273) Alam 2001.

에서 발생했던 폭력 유혈사태를 정리하고 이란과의 관계를 다시 시작하고자 하는 것을 의미한다.

1979년 이슬람 혁명 후 인도-이란 외교관계는 거의 없었다. 인도-이란 관계는 몇 십 년 동안 별다른 진전을 보이지 않았으며, 이슬람 혁명 전후로 고위급 관료들이 여러 차례 상호 방문을 했었으나 아직까지도 상호 의심과 불신을 지우지 못했다. 그러나 두 국가는 우호관계를 맺기를 희망하고 경제협정들을 체결했으며 최근 인도의 외무장관 싱(Jaswant Singh)이 이란을 방문함에 따라 두 국가는 갈수록 가까워지고 있다. 이에 두 가지 중요한 사안 즉, 에너지와 아프가니스탄 문제가 그들의 관계를 더 밀접하게 하고 있다. 인도-이란 양국은 아프가니스탄에 있는 탈레반 정권이 전 지역에 영향을 끼칠까 두려워했다.

최근 몇 년 동안 아프가니스탄 내 탈레반 세력의 강화는 이 지역 안보에 심각한 위협을 초래할지도 모르는 상황이었기 때문에, 이란과 인도 양국 관계는 더욱 가깝게 되었다. 이것은 단지 아프간 주변 지역에만 해당하는 것이 아니라 전세계적으로 위협에 처해질지도 모르는 상황이어서, 국제사회가 많은 노력을 기울이고 있다. 이 과정에서 인도와 이란은 카불에 "아프가니스탄의 인종 · 문화적 다양성을 충분히 나타내는" 정부를 설립하려는 국제사회의 노력에 공헌하고 있다.

제11차 인도-이란 합동경제위원회에서 양국 외무장관들 사이에 체결된 협정은 상호 관심과 협력을 나타낸다. 쌍방은 다양한 분야에서 6개의 위원회를 설립하여 이란에서 인도로 운송해야 할 가스 수송관 건설 문제 · 농수산 협력분야 · 수출상품 등에 대한 자문 위원회를 구성하기로 했다. 인도-이란 합동 실무단체는 싱 외무장관의 '에너지 외교'의 일부분이었으며 산유국과의 관계를 강화하기 위한 것이다. 에너지의 소비가 점차 늘어나자 싱은 에너지 안보가 21세기의 인도 외교정책에 중요한 영향을 미칠 거라 예상하고 이란과 같은 산유국들과의 우호관계를 유지하려 힘쓰는 것이다.[274)]

이란은 거대한 천연 가스 자원지대들을 보유하고 있는데, 이 자원은 인도의 경제발전에 상당한 도움을 줄 수 있다. 인도는 급증하는 에너지 수요로 산유국과의 우호관계가 무엇보다 중요하다. 천연 가스 이외에도 이란은 중앙아시아-걸프-인도로 이어지는 수송로의 중앙 허브로서의 역할을 수행할 수 도 있다. 인도가 중앙아시아에 접근하는 것은 파키스탄과 아프가니스탄이 가로막고 있기 때문에 불가능하다. 그러므로 인도로서는 오로지 이란만이 중앙아시아 국가들에 접근할 수 있는 유일한 통로이다. 미래에 인도-이란 관계에서 에너지 안보문제는 매우 중요한 요소로 작용할 것이다.

인도와 이란 사이에 수송관을 건설하는 프로젝트는 이미 1990년대 초반부터 준비해 오던 것이었다. 하지만 수송관 프로젝트는 인도-파키스탄간의 적대감과 의심으로 무산되었다. 비록 파키스탄이 자국의 육로를 통한 수송관의 안전성에 대해 거듭 강조했지만, 인도는 안전문제에서는 아직도 미심쩍어 하는 부분이 많이 있다. 만약 정치적 긴장으로 인해서 인도-파키스탄 양국이 제한전 또는 전면전에 돌입할 경우 에너지 공급에 차질을 빚게 될 것이다.

파키스탄 영토를 통과해야 하는 수송관 프로젝트는 매우 까다로우며 위험한 계획이다. 혹자는 "석유의 공급자인 이란이 경제발전에 필요한 석유를 수요자인 인도에 공급할 것이며, 파키스탄은 이를 저지하지 않을 것이다"라고 분석한다. 어느 견해든 새롭게 부상하는 세계의 에너지 자원 지대인 이란은 보다 더 세밀한 검토 후에 송유관의 건설을 착수해야 할 것이다.

다른 한편 이란 핵문제의 유엔 안보리 회부와 관련하여, IAEA 이사회는 2005년 9월 열린 정기 이사회에서 찬성 22표, 반대 1표, 기권 12표로 결의안을 통과시켰다. 이 결의안 통과에 반대했던 중국과 러시아는

274) Alam 2001.

기권, 베네수엘라는 유일하게 반대, 인도가 막판에 찬성으로 돌아섰다. 이란-인도간의 220억 달러에 달하는 천연가스 파이프라인 에너지 경제 협력 계획에도 불구하고, 인도가 미국의 압력에 굴복했다는 비난에 대해서 인도 외무장관 사란(Shyam Saran)은 이를 부인하면서 "인도의 국익과 오랜 동맹국 이란을 사실상 지원하는 심사숙고된 결정이었다"라고 말했다. 2006년 2월 2일 만모한 싱 인도 총리는 이란 문제에 대해 인도의 국익을 중시할 것이고, 이 문제가 IAEA 내에서 외교와 대화를 통해 해결되기를 희망한다며 중립적인 자세를 유지함에도 불구하고, 결국 이란 핵문제의 유엔 안보리 회부에 찬성으로 돌아섰다.

2006년 4월 말, "러시아는 이란-파키스탄-인도를 잇는 파이프라인(IPI)" 사업을 지지했다. 러시아의 빅토르 흐리스텐코 산업에너지부 장관은 IPI 프로젝트는 세계적 에너지 안보의 위험성을 줄이는데 큰 도움이 될 것이라고 말했다. 그의 발언은 미국이 이란 핵문제로 인하여 이 가스관 건설에 강하게 반대하고 있다는 사실을 염두에 둔 것이다. 이란에서 파키스탄을 거쳐 인도까지 2600㎞를 잇는 이 가스관 사업에는 74억 달러가 투입되고 2007년 착공돼 2009년에 완공될 예정이다. 이 가스관이 완공되면 파키스탄은 하루 25억t, 인도는 31억t의 가스를 공급받게 되지만 아직은 가격 문제에 대한 합의는 이뤄지지 않았다.

6 포스트 사담 후세인 이란-이라크 국제관계

워싱턴의 이중 봉쇄정책의 또 다른 대상이었던 이라크에 대해서 라프산자니는 사담 후세인에게 양국의 관계회복을 원하는 친서를 이라크 외무차관 자리프를 통해 전달했다. 반제국주의의 신봉자로서, 이란은 이라크의 과거 침략과 관계없이 화해의 첫 걸음을 시작할 의무를 가지고 있다고 테헤란 타임스는 논평했다.

또한 이란 외무장관이 유엔본부에서 이라크 대표와 만나 이란-이라크 전 당시의 전쟁포로 3만 명 및 걸프전을 피해 이란으로 들어온 135대의 이라크 항공기에 관한 협상을 시작했다. 이라크는 자국 영토 내에 있는 이란 반체제 단체 MKO 군사캠프에 대한 이란 공군의 폭격을 용인하였다. 이란-이라크 양국은 각각 자국에 있는 반체제 단체와 관련한 정보도 비밀리에 상호 교환한 것으로 추측된다.275)

하타미는 1997년 12월 9일 테헤란 OIC 정상회담에 사담 후세인을 대신하여 참석한 라마단 이라크 부통령과 회담을 가진 후, "만약 과거의 쓰라린 경험으로부터 교훈을 얻는다면, 우리는 유익한 미래를 가질 수 있다"라고 말했다. 이것은 1980-88년까지의 이란-이라크 전쟁 이후 최초로 양국간의 최고위급 회담이었다. 하타미는 양국의 역사적 관계를 언급하며 "양국의 형제는 서로 부드러운 언어를 사용해야 합니다. 열강의 침략으로부터 오는 여러분의 고통과 문제는 곧 우리의 고통이며 문제인 것입니다"라고 덧붙여 말했다. 1998년 2월 이라크-유엔 위기시 이란은 이라크에 동정심을 보내며 "미국은 이라크에 대한 군사 공격의 구실을 찾고 있다"라고 아야톨라 하산 로우하니가 경고했다.276)

같은 해 4월 이란-이라크 양국은 8년 전쟁 당시 남아 있는 포로 송환 문제 및 실종된 국군의 시신 발굴 합동조사단을 처음으로 구성했다. 8월에 이라크 정부는 시아 이슬람 성지인 이맘 알리 사당을 포함한 쿠파·나자프·카르발라를 포함하여 12대 이맘이 사라진 사마라, 그리고 두 이맘의 사당에 있는 바그다드 교외 카드히미야 지역에 대한 순례를 원하는 3000명의 이란인들을 받아들이기로 합의했다. 10월에는 양국이 유엔의 식량과 석유의 교환 계획 아래 테헤란 정부가 의약품 및 식량을 증가시키기로 하면서 상업적 거래를 확대하는 협정서에 서명했다.

미-이란 화해 분위기에서 2000년 3월 23일, 이라크 정부는 올브라이

---

275) Hiro 2001, 229.

276) Hiro 2001, 230.

트가 "미국이 이란-이라크 전쟁 당시 바그다드를 지원한 것이 실수였다"라고 말한데 대해서 분개하고, 그런 거짓말에 이란이 현혹되지 말 것을 테헤란에 경고했다. 이라크는 미국이 비밀리에 우리 양국에 해를 가하기 위해서 그 전쟁을 연장시키려고 음모를 꾸몄었다고 덧붙였다. 이란-이라크 양국은 걸프 지역 미군의 주둔을 원하지 않을 뿐만 아니라 걸프 왕정 국가들에 대한 미국의 군사적 침투를 반대해 온 것이다. 당시 코헨 미 국방장관이 4월 초 그 지역을 순방하자, 이란은 국영 라디오 방송을 통해 "미국이 걸프 국가들의 지역안보체제 결성을 방해하며, 걸프에서의 불법적인 미군 주둔을 영속화하려고 획책한다"라고 비난했다.

2003년 사담 후세인 정권 붕괴 이후의 중동 국제관계를 살펴보면, 페르시아만의 패권 경쟁국인 이란-이라크 양국의 앙숙관계는 호전되고 있다. 양국 간 긴장관계는 해빙무드의 기운 속에 우호관계로 변하고 있다. 전쟁과 대립의 역사로 점철된 영원한 라이벌인 양국의 적대관계는 사담 후세인 정권의 붕괴 후 급속히 개선되기 시작했다.

이란의 정신적 지도자 하메네이는 2003년 11월 26일 對국민 연설을 통해 미국이 이라크에 민주주의를 뿌리내리기 위해 주둔하고 있다는 주장은 새빨간 거짓말이라고 비난했다. 그는 라마단 종료를 축하하는 이드-알-피트르 축제 첫날인 이날 이슬람 성원에서의 설교를 통하여 미국이 이라크에서 가능한 한 빨리 철수하는 것 외에는 다른 방안이 없다며 이같이 비난했다.

이란은 2004년 초 이라크 과도통치위원회가 출범했을 때 진심으로 축하해준 극소수 국가들 가운데 하나이다. 같은 해 6월 말 이야드 알라위 총리의 이라크 임시 정부가 출범했을 때도, 이란은 공식적으로 인정을 하지는 않았지만 완전한 주권 국가 수립을 향한 긍정적 조치라며 환영했다. 이란은 이라크 임시정부 각료를 포함해 정계와 종교계 주요 인사들 가운데 상당수가 과거 사담 후세인의 철권통치를 피해 이란에서 망명생활을 했던 사실을 들어 양국관계를 낙관하는 분위기였다. 그러나 한때 이라크 임시정부는 출범 후 줄곧 이란에 대해 곱지 않은 시선을 보내었다. 이라크 무장세력의 저항공격 배후에 이란이 개입돼 있다는 의심을 거두지 않았기 때문이다. 이라크는 시리아와 이란에 대해 국경 통제를 강화해 무장세력의 이라크 침투를 차단해 달라고 요청했었다. 알라위 총리가 아랍 순방을 통해 아랍 이슬람 군대 파병을 요청했을 때도, 이란과 같은 인접 국가들로부터의 파병에는 부정적이었다.

2004년 7월 이란인 2명이 이라크에서 폭탄 테러 미수범으로 체포되면서 이라크에 대한 이란의 정책이 다시 주목을 받고 있다. 호시야르 제바리 이라크 외무장관은 이란을 포함한 몇몇 나라들이 이라크에 대한 영향력 확보를 위해, 이라크 테러리스트들을 재정 지원뿐만 아니라 훈련까지 시키고 있다고 말했다. 이라크 정부의 이란인 체포 발표는 바로 이 같은 발언에 뒤이어 나왔다. 이란인들이 이라크에서 체포된 적은 있지만 특정한 폭력 사태와 결부된 적은 이번이 처음이다. 이 두 명이 이란 요원이라는 증거가 없으므로, 정부와 무관하게 독자적으로 행동했을 가능성이 크다.

이란인들은 미군과 이라크 저항세력의 교전에서 시아파 성지들이 파괴되는 데 분노해왔다. 이란 관리들은 이를 우려, 극단 종교세력들이 이라크로 들어가는 것을 허용하지 않았다. 테헤란 정부는 이란이 이라크에서 단지 안정과 치안만을 원한다고 강조했다. 이란 정부가 우려하는 것이 있다면 미국이 이라크에서 확고한 영향력을 굳히는 일 정도이나, 미국과의 충돌 가능성을 감수하면서까지 이라크 저항세력을 지원할 형편은 아니다. 바그다드의 한 서방 외교관도 이란이 이라크의 순니파 저항세력에 대한 병력과 자금 지원통로의 역할을 하지 않고 있다고 말했다. 그는 다만 이란이 이라크에서 시아파 정당에 대한 영향력 확보를 위한 자금 지원과 정보 수집을 하고 있는 것으로 보인다고 밝혔다.

이란 정치분석가 다부드 헤르미다스는 "이란으로서는 조용한 권력 중개자가 되기를 원하며, 이라크가 미국의 대리 정권이 되는 것을 막을 필요가 있다"라고 분석한다. 이란 정부가 이라크의 강경파 이슬람 원리주의자 무크타다 알-사드르 및 온건파 최고위 성직자인 알-시스타니 두 사람 모두에 대한 영향력 확보에 노력하고 있는 것으로 비춰지고 있는 것도 이 같은 맥락으로 해석된다.

가지 알-야와르 임시 정부 대통령은 2004년 8월 7일 이란에 대해 이라크 내정에 개입하지 말도록 재차 경고했다. 그보다 앞서 8월 초, 하젬 알-샤알란 이라크 국방장관이 "이란이 이라크 문제에 명백하게 개입하고 있고 이라크의 민주주의를 죽이고 있다"라고 비난했다. 샤알란 장관은 이어 쿠웨이트 신문과의 회견에서는 후세인 정권 시절 이란에 대피시켰던 이라크 항공기 130대를 당장 반환하라고 요구했다. 후세인 전 정권은 1991년 걸프전 직전과 전쟁 도중 다국적군의 보복에 대비해 이란·요르단·시리아 등에 민항기와 군용기를 대피시켰다. 이란은 자국이 보관하고 있는 이라크 항공기는 22대 뿐이며 그것도 유엔이 요청해올 경우 반환하겠다고 밝혔다.

같은 날 이라크 내무부는 이라크에서 간첩활동과 파괴행위에 가담해온 이란 정보 요원 4명을 체포했다고 발표했다. 이란 외무부는 이라크 당국의 간첩 체포 발표와 관련, 분명한 증거를 요구하기 위해 이란 주재 이라크 대리대사를 소환한다고 밝혔다. 이란 외무부의 아세피 대변인은 "이라크와 논의할 더 중대한 사안들이 있다. 그러나 임시 정부와는 이 문제를 논의하지 않고, 장차 선거로 구성될 정부와 논의하겠다"라고 말했다. 설상가상으로 카르발라 주재 이란 영사가 이라크 무장세력에 납치됐다고 알-아라비야 방송이 보도했다.

또한 양국은 사담 후세인 전 대통령 재판을 둘러싸고도 마찰을 빚고 있다. 이라크는 후세인을 재판할 특별재판소를 이미 구성했다. 이란은 후세인 전 정권이 1980-88년 이란-이라크 전쟁 중, 이란에 화학무기 공격을 가한 죄도 기소 대상에 포함시킬 것과 전쟁배상금 문제를 해결하라고 요구하고 있다. 이란 최고 지도자 하메네이는 이라크 임시 정부를 미국의 하수인이라고 말하고 있다. 이란으로선 이라크 임시 정부가 미국식 민주주의를 정착시키는데 성공할 경우, 상당한 정치적 부담을 느끼지 않을 수 없기 때문이다. 이라크의 민주주의에 고무된 이란 내 반정부 세력이 민주주의와 세속주의 정권 수립을 외치며 공세를 강화할 가능성도 그만큼 커지기 때문이다. 테헤란의 이슬람 정권은 이란-이라크 8년 전쟁을 치른 상대인 후세인의 몰락은 환영하지만, 미군의 점령과 장기 주둔은 원하지 않는다.

마침내 2005년 5월 17일 '중동의 앙숙' 이란-이라크 양국 역시 1980년 이라크의 이란 침공 이후 25년간 계속된 반목관계를 청산하고 영구적인 평화조약을 체결하는 데 합의했다. 두 나라의 관계 개선은 미국의 중동 전략에 어떤 형태로든 영향을 미칠 전망이다. 이 두 나라가 시아파라는 종교적 공통분모를 매개로 가까워질 경우, 미국의 대중동 전략에 차질이 생길 가능성이 크기 때문이다. 그러나 미국 정부가 양국 관계 개선이 불가피하다고 보면서도 매우 조심스런 입장을 취하고 있다. 민족은 다르지만 종교적으로 시아파 나라인 두 중동 대국이 힘을 합칠 경우, 막강한 세력을 형성할 수도 있기 때문이다. 카말 하라지 이란 외무장관은 사담 후세인 정권 붕괴 후, 이란 고위관리로는 처음으로 이라크를 방문해 호시야르 제바리 이라크 외무장관과 회담을 가졌다.

제바리 장관은 회담 후 "양국의 오랜 반목은 이제 끝났으며 우리는 곧 평화조약에 서명할 것이다"라고 말했다. 양국은 평화조약 초안 마련을 위해 곧 실무회의를 가질 예정이다. 하라지 장관은 "이란에 근거지를 둔 이라크 저항세력이 국경을 넘지 못하도록 단속을 강화하겠다"라고 밝혔다. 이는 이라크 저항세력과 이란이 연계됐다는 그동안의 의혹을 불식시키고, 이라크 정치 안정화에 적극 협조하겠다는 의사를 내비친 셈이다. 이에 대해 제바리 장관은 "이란을 비롯한 인접국들은 이라크군이 자위력을 갖출 때까지 이라크를 보호해 주어야 할 것이다. 하라지 외무장관의 방문으로 양국 관계에 의미있는 새 장이 열릴 것이다"라고 화답했다. 같은 이슬람 국가이지만 시아파가 지배하는 이란과 후세인 정권 시절 순니파가 권력을 잡았던 이라크는 1980년부터 8년에 걸쳐 전쟁을 치렀다. 이 기간에 양국에서 약 100만 명이 사망했다.

2005년 5월 새로운 이라크 정부는 1980년 이란-이라크 전에서 이라크가 침략했음을 공개적으로 처음 시인했다. 이란-이라크 정부의 공동성명서에서 사담 후세인이 이라크 국민의 뜻에 반해서 이란과 쿠웨이트를 무력 침공했었던 전범이라고 밝혔다.[277]

6월 21일 기자회견에서 이라크 총리 이브라힘 알 자파리는 "이란이 이라크에서 학교 · 병원 · 도서관을 건립하기 위한 비용으로 10억 달러를 지원할 것이다"라고 말했다. 또한 이란 정부는 對이라크 경제지원의 일환으로 이라크의 바스라와 이란의 아바단 지역 사이에 송유관을 설치할 계획이다. 이 송유관을 통해서 이란은 원유를 받고, 그 대신에 하르그 섬의 이란 항구에서 같은 양의 이라크 석유를 수출하는 것이다. 이란의 이러한 경제협력을 포함한 다방면의 이라크에 대한 지원은 이라크의 시아파 세력을 강화하기 위한 것이다. 또한 이란은 역사적으로 순니파 아랍에 대항해서 소수 종파 시아파의 수호자 역할을 해왔었다.[278]

2005년 7월 7일 이라크-이란 양국은 이라크군 훈련 지원 등을 포함한 군사협력협정을 체결할 계획이라고 밝혔다. 알리 샴하니 이란 국방장관은 이날 테헤란을 방문한 사둔 알둘레이미 이라크 국방장관과 함께 공동 기자회견을 열고 군사협력협정 체결방침을 발표했다. 이라크 군사대표단이 이란을 방문한 것은 이란-이라크 전쟁 이후 처음이다. 샴하니 국방장관은 협정에 따라 조만간 지뢰제거 · 전쟁실종자 확인 · 훈련지원을 포함한 이라크군 현대화 등에 대한 양국의 위원회를 구성할 것이라고 말했다.

7월 17일 자파리 총리의 이란 방문 역시 1980년 이란-이라크 전 이후

277) International Herald Tribune, May 21, 2005.

278) New York Times, August 1, 2005.

25년 만의 일로서 이라크 최고 지도자로서는 처음이다. 자파리 총리는 모하마드 레자 아레프 이란 부총리 초청으로 방문, 양국관계 정상화 외에 이라크 남부 바스라에서 이란 항구도시 아바단으로 송유관을 건설하는 문제 등을 논의했다. 아레프 부총리는 "이라크를 형제국으로 생각한다"며 환영했고, 자파리는 "양국간 화해는 상호 이익에 부합하는 것"이라고 화답했다. 알리 유네시 이란 정보장관은 이란의 안보는 이라크와 직결돼 있다면서 이라크와 안보협력협정을 체결할 준비가 되어 있다고 밝혔다.

자파리 이라크 총리는 이란의 수도 테헤란에서 하타미 대통령을 만나 "세월이 흘러 우리는 새 시대의 출발선에 와 있다"라고 말했다. 수십 년간 쌓여 온 현안이 많았지만 두 사람은 '테러와 이슬람'에 대한 태도를 표명하지 않을 수 없었다. 서방세계가 두 나라를 테러범의 '온상'인 것처럼 바라보고 있기 때문이다. 자파리 총리는 다음과 같이 말했다.

> "오늘날 우리는 이슬람의 추한 모습과 싸워야 하고, 무고한 생명을 노리는 테러리즘과 싸워야 한다. 우리는 이슬람이 언제나 평화와 인류애의 종교라는 것을 증명해야 한다."

이에 화답하여 하타미 대통령도 "이슬람의 이름 아래 저질러지는 어떠한 테러에도 단호히 반대한다"고 강조했다. 이와 때를 같이하여 알리 유네시 이란 정보장관은 테헤란에서 기자회견을 갖고 "이란은 약 3000명에 이르는 알 카에다 공작원들을 체포, 구금 또는 재판에 회부했으며 일부는 추방했다"라고 밝혔다. 이란 당국이 이렇게 많은 알 카에다 공작원 검거 사실을 발표한 것은 이번이 처음이다. 유네시 장관은 특히 이란 동부의 한 지역에서 공격을 계획하고 있던 알 카에다 공작원들을 일망타진했다고 밝힌 뒤, "이번에 적발된 알 카에다 공작원들은 2001년 인접 아프가니스탄에서 조직이 붕괴된 후 이란에서 '제5의 물결'을 만들려 한 것으로 보인다"고 말했다.

마침내 2005년 11월 21일 이라크 대통령 탈라바니가 이란을 공식 방문하자, 아흐마디네자드 이란 대통령은 "두 몸체 속의 한 마음(one soul in two bodies)"이라고 언급하며 미국을 위시한 서구세력은 이란-이라크 양국간의 우호관계를 원치 않는다고 말했다.

그렇지 않아도 2006년 3월 미국은 이란이 이라크 문제에 간섭하며 저항세력을 돕기 위해 무기와 전사들을 보내고 있다고 테헤란 정부를 비난했다. 6월 22일에도 이라크 주둔 미군 사령부의 케이시(George Casey Jr.) 장군은 "테헤란 정부 고위층의 승인 아래, 이란 비밀 보안군이 직접 또는 우회적으로 레바논 헤즈볼라 테러집단을 통하여, 이라크 과격 시아파 집단에게 도로 차량 폭발물 매설 기술과 군사 훈련을 시키고 있다"고 주장했다.[279)]

그러나 이란은 이라크의 불안정한 국내 상황이 점령군에 원인이 있다고 강조하며 그러한 비난을 일축했다. 이란 역시 최근 이라크의 시아-순니 양 종파간의 폭력 사태에 대해서 큰 우려를 표명해 왔다. 다른 한편 이란 최고국가안보회의 의장 알리 라리자니의 말에 의하면 이라크 주재 미국 대사 칼릴자드가 이라크 문제에 대한 회담을 열자고 제의했다고 한다. 이러한 미-이란간의 직접 회담 제안은 이란과 친밀한 관계를 유지하고 있는 이라크의 시아파 고위 지도자 압둘 아지즈 알-하킴의 요청에 의해서 나온 것이다.[280)]

양국은 석유 등 천연자원 부국이며 역내에서 가장 교육수준이 높고, 가장 막강한 군대를 보유했었다는 공통점이 있다. 이란은 시아 이슬람 신정국가의 종주국 격이며 이라크는 시아파가 국민의 다수를 이루고 있는 국가이다. 후세인 정권 붕괴를 계기로 양국이 과거의 적대감을 풀고 제2차 세계대전 후, 프랑스와 독일처럼 중동평화 및 경제번영을 이끄는

---

279) International Herald Tribune, June 24-25, 2006.

280) International Herald Tribune, March 17, 2006.

쌍두마차가 되어주기를 다수 사람들은 기대하고 있다.

그러나 미국의 對이란 강공책의 이유는 무엇일까. 여기에는 부시 정부가 계획한 세계재편 전략 중에서 중동 재편 계획이 뜻대로 되지 않고 있어서라는 분석도 있다. 부시 대통령이 국내외적으로 비난을 받고 있는 이라크 문제에서 관심을 돌리게 하고, 자신의 최악의 지지율을 만회하기 위해 이란의 핵을 문제삼고 있다는 것이다.281) 이란 핵무기 개발에 의한 대량학살의 위협은 대중들의 관심을 이라크에서 이란으로 돌려놓기에 충분하다. 이란은 이라크에 위기를 조성하는 주된 원인 제공자가 됐으며 미군 주둔 연장을 합리화하는 수단이 되었다. 애초 이라크를 장악함으로써 중동 전체에 대한 지배력을 강화하려했던 미국이 이라크에서의 승리가 불확실해지고, 오히려 이라크 내 시아파 집권세력과 이란 사이의 유대관계가 강화되는 것을 크게 우려하고 있다는 것이다. 이란의 석유 자원도 미국이 이란을 겨냥하는 이유이다. 미국이 이란의 석유까지 통제할 수 있다면 세계 유일 강대국으로서의 자리를 고수할 수 있다. 이는 2001년 5월 부시 대통령이 발표한 '국가 에너지 정책 보고서'에서 "미국의 입장에서 중동 지역은 세계 석유 안보에서 가장 중요한

281) 이집트의 중동 문제 전문 언론인인 아트라크츠는 조지 부시 미 행정부의 중동정책과 이란 문제를 분석한 기사, "이란은 부시의 봉(Iran is Bush's Bogeyman)"에서 부시 대통령에 대한 국내 지지율 추이와 이란에 대한 부시 행정부의 비난의 강도를 시간 순으로 분석하면서, 부시의 지지도가 떨어질수록 이란을 향한 강경한 목소리가 커지고 있다고 분석하고 있다. 미군의 이라크 점령이 수렁으로 빠져들면서 부시의 지지율도 추락을 거듭하자, 이라크 상황이 안정되지 않는 모든 원인을 이란에게 떠넘기면서 반전을 꾀하고 있다는 것이다. 그뿐만 아니라 팔레스타인 무장조직 하마스의 집권, 레바논 무장조직 헤즈볼라의 활동 등도 모두 이란의 탓으로 돌리고 있다는 것이다. 아트라크츠는 결국 미국은 이란의 우라늄 농축을 빌미로 이란에 미운 털을 박아놓고 자신의 중동 패권 장악에 필요한 전략적 요구를 충족시키고 있다고 주장하고 있다. 이 기사의 원문은 http://weekly.ahram.org.eg/2006/792/in2.htm에서 볼 수 있다.

지역"이라고 밝힌 바 있다.

2006년 4월 16일 미군 정보분석관을 지낸 윌리엄 아킨은 미군은 2003년 이라크 침공 이전부터 이란에 대한 지상군 침투 · 미사일 공격 · 호르무즈 해협 장악을 골자로 하는 전면전 계획을 마련해 왔다고 주장했다.[282)]

미국은 이란의 핵무기 개발을 제때 막지 못하면 아랍 테러리스트들의 활동이 더욱 위력적이 될 것이며, 중동 내 힘의 균형이 무너짐으로써 훨씬 더 급진화된 이란 이슬람 정권에 대한 공포로 이집트 · 사우디아라비아 · 터키 등 중동 지역 국가들의 핵개발 경쟁을 촉발할 가능성이 크다고 보고 있다. 또한 미국은 이란이 핵기술을 테러리스트에 이전할 수도 있으며, 이란 · 이라크 · 시리아 · 레바논 · 팔레스타인 등 시아파 이슬람 국가들의 결집을 불러와 중동 민주화 재편 계획이 수포로 돌아갈 수도 있다고 우려하고 있다.

올브라이트 전 미 국무장관은 2006년 5월 21일 이라크 시아파와 순니파 간 갈등의 위험성을 강조하면서, "미국이 주도한 이라크 공격에서 가장 큰 수혜자는 이란이다. 만약 이라크에서 계속되고 있는 폭력으로 인해 이라크가 분단된다면, 이란은 더 많은 이익을 볼 것이다"라고 말했

282) 윌리엄 아킨은 "이 계획이 이라크 주둔 미군의 전후 정보를 참고로 현재도 계속 업데이트되고 있다"고 말했다. 그에 따르면 '가까운 장래 이란에 대한 전쟁'이란 의미의 'TIRANNT'라는 작전명으로 불리는 이 계획은 2002년 존 아비자이드 장군(현 중부사령관)에게 보고됐으며 2003년 5월부터 본격적으로 진행됐다는 것이다. 그는 "아무리 많은 전문가들이 이란 내 군사목표물의 발견이 어렵다거나 전쟁이 초래할 재앙에 대해 지적해도, 군사계획가들은 이미 그 부담을 최소화하기 위한 계획을 해오고 있다는 사실을 알 필요가 있다"고 밝혔다. 부시는 지난 2003년에도 이라크의 대량살상무기 개발 여부와 관계없이 일찌감치 이라크 침공을 결심한 것으로 드러난 바 있다. 예컨대 부시는 이라크 침공 이전, 블레어 영국 총리와의 대화에서 유엔 무기사찰단이 이라크에서 대량살상무기를 발견하든, 못하든 이라크를 공격할 것이라고 밝혔다.

다.[283] 결국 이라크 전쟁에서 최후의 승자는 미국도 아니고 이라크의 시아파도 아닌 제3의 국가 이란이다.

이라크의 말리키 총리가 지난 7월에 이어 2006년 9월 12일 이란을 최초로 공식방문하고 아흐마디네자드 이란 대통령과 양국간의 공식회담을 가졌다. 아흐마디네자드는 말리키와의 회담을 마친 후 가진 합동기자회견에서 "우리는 이라크에서의 안보를 구축하기 위해 이라크 정부를 전적으로 지원할 것이다. 이라크의 안보를 강화하는 것은 곧 이 지역의 안정과 안보를 강화하는 것을 의미한다"라고 말했다. 말리키는 "이번 방문은 이란-이라크 양국 사이의 정치 · 경제 · 안보 분야에서의 협력을 위해 유용할 것이다"라고 말했다.[284]

역사적으로 이란과 오랜 패권 경쟁세력이었던 이라크와 아프간 정권이 이란의 적대국인 미국의 공격으로 2001년과 2003년 각각 패망했다. 그리고 아프가니스탄과 이라크에 이어 부시 미 행정부의 정권교체 제3호의 대상이라 할 수 있는 이란은 오히려 그 힘의 공백을 메우고 석유를 무기로 중동 이슬람권의 강국으로 부상하고 있다. 이는 미국이 對중동 정책에 있어서 이슬람권의 문화와 가치를 무시하고 선제공격으로 일관한 반면, 이란은 같은 문화권인 이 지역 국가들과의 유대관계를 발판으로 경제 지원을 강화하는 전략으로써 미국의 정책을 압도했기 때문이다.

---

283) "Iran has benefitted most from the US-led war in Iraq, and would make further gains if the daily bloodshed ended up dividing the country."

284) Tehran offers Baghdad assistance on security, International Herald Tribune, September 13, 2006.

제12장 이란의 핵무기 개발 의혹과 북핵 위기

핵은 국제정치에 있어서 힘의 상징이며 어느 한 국가의 위상과 자긍심 그 이상의 것이다. 핵무기 개발 문제로 중동뿐만 아니라 한반도에도 긴장감이 고조되고 있다. 소위 '악의 축'을 구성했던 이란-이라크-북한 3국 중, 핵무기 개발 의혹과 관련된 협의를 받아오던 이라크가 제일 먼저 붕괴되면서 북한은 스스로 "핵 억제력", 즉 핵무기를 보유하고 있다고 공언하고 나섰고, 이란도 조만간 핵무기를 보유할 수 있을 정도의 수준에 근접한 것으로 보인다. 현재 부시 행정부의 이슬람 정권에 대한 적대감은 '거대한 악마'라는 미국의 강경한 이미지를 더욱 강화시킴으로써 역설적으로 이란을 핵무기 개발의 길로 더욱더 몰아넣고 있는 형국이다.

이란의 핵위기로 인하여 군사적 대결로 치닫는 것은 이란에게 핵무장을 필연적으로 하게 하는 극히 위험한 선택이다. 최근 미국이 인도의 핵개발을 지원하자 이란인들은 부시 행정부의 핵정책이 공정하지 못한 이중잣대를 적용하고 있다고 분개하고 있다. 리비아의 핵개발 포기 모델을 따를 것을 원하는 부시 행정부의 정책이 이란과 북한 핵문제에 대해서는 어떻게 적용될지 그리고 어떤 전략이 유효할지는 우리 한국의 국가 운명을 좌우하는 중대사이다. 이 양국의 핵사태가 동시에 진행되고 있는 유사한 성격을 가진 한 쌍의 문제로써 상호 직간접적인 영향을 미칠 수밖에 없기 때문이다.

1 핵개발 착수 배경과 이유

> *"이란 이슬람 공화국이 5년 안에 핵무기를 보유할 것이다"라고 1984년에 발간된 영국의 어느 잡지는 예상했다. 그러나 이미 10년 이상 지난 1995년에도 이란은 5년이나 10년 내에 핵무기를 개발할 것이라고 그들은 계속해서 주장하고 있다. 이에 대해 1995년 5월 10일자 이란 신문 ≪캐이허네 하버이≫지는 10년 전에 소동이 있었던 이란 핵문제의 허구성을 꼬집고 있다.*
> *그런데 10년 이상 지난 1995년 현재 전례 없이 중동 이슬람권의 이란 관련 뉴스가 부쩍 늘어난 것은 그만큼 미국이 이곳에 신경을 쓰고 있기 때문이다. 이란과 관련하여 무엇보다도 미국이 촉각을 곤두세우는 것은 당장의 핵무장 여부가 아니라 앞으로의 핵무기 개발 가능성이다. 이러한 가능성을 놓고 미국은 왜 이렇게 국제사회에서 친미 우방국들에게 對이란 무역제재에 동참해 줄 것을 호소하며 야단법석인가. 유럽 등지의 많은 평론가들은 클린턴이 1996년 대선을 앞두고 재선의 기반을 다지기 위한 국내 정치사정 때문에 이란의 핵위협을 실제보다 더 크게 부풀려 부각시키고 있다고 말한 바 있다.*

위에 언급한 이 글은 저자가 1995년 9월호 <전망> 월간 종합정보지[285]에 쓴 글 중의 일부이다. 그렇다면 이란 핵문제가 공교롭게도 또 다른 10년이 지난 2004년부터 북한 핵사태와 함께 언론에 자주 부각되

285) 다음 책을 참조할 것. 장병옥, 1995, 이란의 핵개발 의혹: 그 虛와 實, *전망*, 통권 105호, 서울: 대륙연구소.

었던 것도 조지 부시 대통령의 선거 전략의 하나였을까. 그것도 정치적 시각에서 보면 일부나마 일리가 있다.

이러한 현상은 2006년에 들어와서도 마찬가지로 일어나고 있다. 미국이 이란 핵시설에 대해 전술 핵무기를 동원한 폭격을 계획중이라는 보도가 잇따르고 있는 가운데 <뉴욕타임스>의 칼럼니스트 폴 크루그먼은 4월 10일 "대부분의 전략 분석가들은 이란에 대한 공격이 커다란 재앙을 초래할 실책이 될 것이라고 생각하지만, 현재 부시 행정부가 처한 국내정치 상황이나 이라크 침공 때의 전력을 보면 공격을 감행할 가능성이 매우 높다"라고 주장했다. 부시 대통령이 이란을 공격할 가능성이 큰 첫 번째 이유로 크루그먼이 꼽은 조건은 2006년 11월에 있을 중간선거다. 중간선거 직전의 적절한 시점을 택해 이란에 대한 군사공격을 감행할 경우, 표의 흐름을 공화당으로 바꿔놓을 수 있다는 얘기다.[286)]

그런데 이란의 핵무기 보유와 관련해서 2005년 9월에도 세계적으로 유명한 영국의 국제문제 연구기관인 '국제전략 문제연구소'는 20년 전과 같이 이란은 또다시 적어도 5년 내에 핵무기 한 개를 생산할 수 있는 충분한 물질을 확보할 수 있다고 전망했다. 이 연구소의 소장인 존 치프만(John Chipman)은 이란이 유럽연합 국가들과 2004년 11월의 핵활동

---

286) 폴 크루그먼은 최근 여론조사에 민주당이 중간선거에서 현재 공화당이 장악하고 있는 상하 양원 모두 혹은 적어도 하나는 탈환할 것이라는 결과가 나오면서, 부시는 민주당이 차지할 의회가 법적인 수사권한을 갖고 부시 행정부의 수많은 스캔들을 조사할 수 있는 상황을 두려워하고 있다고 지적했다. 그는 "정치 분석가들은 이란 공격이 부시에게 이런 위험을 피할 수 있는 길을 열어 줄 것이며 적절한 시점의 對이란 군사공격은 미국의 국내 정치 지형을 바꿀 수 있다고 공공연히 전망하고 있다"고 말했다. 크루그먼은 "부시 대통령은 이란에서의 새로운 임무완료하는 '승전(Mission Accomplished !)'을 선언함으로써 현 행정부가 이라크 수렁에 빠져 있다는 평가를 뒤엎을 수 있다고 믿는 것 같다"고 말했다. 부시는 이라크 침공 한 달여만인 2003년 5월초, 미 항공모함 위에서 전투복을 입고 '임무 완료'를 외치면서 최고의 지지율을 누린 바 있다.

동결 약속을 파기하고 2005년 8월 8일 이스파한에 있는 발전소에서 우라늄 변환활동을 재개함으로써 그동안 핵협상을 중재해 온 영국, 독일, 프랑스 3국의 입장을 곤혹스럽게 하고 있는 미묘한 시점에서 이러한 발표를 한 것이다.[287)]

2006년 1월 10일 이란 정부가 나탄즈 핵시설의 핵봉인을 제거하고 4월 11일 우라늄 농축에 성공했다고 발표하며 '핵국가 클럽(nuclear club)' 가입을 전격적으로 선언하자, 향후 핵무기 개발 가능성을 예측하는 목소리가 여기저기서 들린다. 4월 16일 존 네그로폰테 미국 국가정보국장(DNI)은 "이란의 핵무기 보유는 2010년에서 2015년 사이가 될 것으로 본다"고 밝혔다. 그러면 이란이 핵무기 개발에 착수한 동기는 무엇일까? 그것은 적의 침공을 단념시킬 수 있는 핵이 갖는 상징성으로서 생존전략일 것이다.

구체적으로 이란의 핵문제는 일찍이 1970년대 초 팔레비 국왕시절 페르시아만 부세르에 부분적으로 완공된 철근 콘크리트로 된 돔 2기(基)로 시작된다. 지금까지 부세르 핵단지는 가동을 하거나 플루토늄을 생산한 적이 없다. 이란 이슬람 정부는 건설이 중지되었던 이 핵발전소 돔 2기 중 한 곳에 경수로를 설치하고자 계획을 세웠다.

이란 정부의 경제정책 목표는 석유 의존도를 줄이고 대체 에너지 개발과 경제 자립의 달성이다. 석유생산 전문가들은 이란의 미개발 매장량 1308억 배럴은 2040년에는 고갈된다고 말한다. 그래서 국제원자력기구(IAEA) 이란 상주 대표인 모하마드 사데그 아야톨라히는 장기적으로 건실한 에너지 수급 계획을 위해서는 모든 종류의 에너지 자원이 필요하다고 주장한다. 그의 추산에 따르면 이란의 핵에너지 적정비율은 20-25%로 이것은 1000MW 핵발전소 4-5개가 필요하다는 것을 의미한다.

287) New York Times, September 8, 2005.

그러나 미국 정부는 이란의 이러한 평화적 목적의 원자로 건설에 대하여 회의적이며 러시아와 중국에 원자로를 판매하지 말도록 지속적인 압력을 넣고 친미 우방국들에게 무역제재에 동참할 것을 권고하고 있다. 그러나 이미 이란 정부는 기회가 있을 때마다 일관되게 핵무기의 생산과 보유에 반대 의사를 표명해 왔고, 중동의 비핵지대화를 최초로 주창한 바 있다. 위에 언급한 바와 같이 이란은 이미 1970년 2월 핵확산금지조약(NPT)에 서명했고 원자력의 평화적 이용을 천명하며 IAEA의 철저한 감시를 받아 왔다. IAEA의 검사관들은 이란 핵시설을 몇 차례 방문한 뒤 이란은 핵시설을 평화적 목적으로 사용하고 있다고 발표했다.

소련이 붕괴되고 1년만인 1992년 8월 25일 러시아는 페르시아만 부세르 근처 할릴레에 핵발전소를 재건설하고 핵연구소 단지를 지원한다는 협정서에 서명한다. 이란은 이미 중국과도 지난 1992년 300MW급 중국제 원자로 2기를 구매하기로 예비 계약을 체결했으나 많은 경제-기술적인 문제로 인해 아직 실행되지 못하고 있다. 원래 이 핵발전소는 샤 정권시절인 1974년 독일 지멘스(Siemens)사에 의해서 시작된 것이지만 이슬람 혁명 이후 공사가 중지되고 이란-이라크 전 때 이라크의 폭격을 받았다.

1994년 이란원자력기구는 2003년 5월까지 공사를 완료할 목표로 100MW 경수로를 재건설하기로 하고 8억 달러의 계약을 러시아와 체결했다. 러시아는 경수로가 북한에 제공되는 경수로와 비슷한 것으로써 무기급 플루토늄을 제조하는데 사용될 수 없을 것이라고 미국에 확신시켰다. 그러나 미국은 석유가 풍부한 이란이 핵발전소가 필요 없을 것이라 주장하지만, 친미 팔레비 정권이 1970년대 핵발전소 건설을 시작했을 때는 사실 이러한 시비는 없었던 것이다. 러시아가 이란의 핵개발 의혹을 되풀이하여 해명하고 있음에도 불구하고 미국과 이스라엘은 이란이 핵무기를 제조할 가능성을 배제하지 않고 있다.[288]

미국에서는 이러한 이란-러시아 우호관계를 달가워하지 않는다. 양국의 관계가 돈독해 지는 대표적인 예로 러시아가 부세르에서 시공하고 있는 핵발전소를 들 수 있다. 미국은 이 프로젝트를 무산시키기 위해 러시아에 경제제재를 가할 것이라고 위협했지만 러시아는 결코 굴복하지 않았다. 2000년 2월 초에 러시아는 미국으로부터 "부세르 프로젝트를 중단하고 핵발전소 가동을 중지하는 조건으로 1억 달러를 지원해 주겠다"라는 제안 역시 거절해 버렸다.

모스크바 주재 이란 대사 사파리(Mehdi Safari)는 양 국가간에는 협력의 '폭 넓은 가능성'을 갖추고 있다고 명백히 밝힌 바 있다. 러시아 원자력 에너지 장관인 아다모프(Yevgeni Adamov)는 미국이 그들의 부세르 프로젝트가 완성단계까지 이르지 못하도록 저지하려고 하고 있다고 불평했다. 왜 러시아는 미국의 요구대로 부세르 프로젝트를 포기하지 않고 미국의 제안을 수용하지 않았을까? 지난 몇 년 동안 러시아는 성공적인 수출 정책이 그나마 호조를 보여 원자력 산업을 이어나갈 수 있는 가운데 경제난으로 인해서 이란과의 보다 더 깊은 경제협력 관계를 갖게 되었다. 이 부세르 프로젝트는 8억 달러 정도의 가치를 지니고 있으며 향후 원자로 부품들과 연료공급 계약을 더 체결할 가능성이 많은 사업이다. 이것은 러시아에 필요한 외화를 가져다 줄 수 있으며 러시아 산업을 부흥시킬 수 있는 거래이다.[289)]

국제사회에서 이렇게 겉으로 드러난 정황만으로 판단해보아도, 미 국무성과 백악관 고위관리들은 이란의 핵개발 위협은 당면한 문제라고 주장한다. 당시 이란의 최악의 경제상황 및 전문기술의 부족으로 민간 차원의 핵개발 계획이 차질을 빚고 있는 것은 사실이지만, 그건 문제가 아니라는 것이다. 한 미국의 고위 정보관리는 다음과 같이 말한다.

"이란 군부가 핵무기 획득을 목표로 은밀히 노력을 기울이고 있다는

288) Hiro 2001, 208.
289) Alam 2001.

징후가 늘고 있다. 군부의 핵개발 계획은 민간 차원보다 좀 더 진지하고 조직적이며 앞서 있고 철저한 것 같다."

러시아 언론은 옛 소련 핵물리학 과학자들이 이란의 핵개발을 돕는 대가로 그들의 국가에서 받는 기본 월급 67달러보다 무려 80배 가까이 많은 5000달러의 월급을 제의 받았으나 현재까지는 이러한 유혹에 넘어간 사람은 한 명도 없다는 보도를 내보냈다. "중국 신화사 통신에 따르면 소련이 원자핵과 잠수함을 이란에 판매하는데 아무런 문제가 없다고 판단하고, 이미 150명의 러시아 물리학자들을 부세르 지역에 보내 이란 핵시설을 위해 연구하고 있다"고 이란 현지 신문 ≪케이한≫지가 1995년 3월 12일자로 보도한 바 있다.

또한 러시아도 모스크바 물리공학연구소 MPEI에서 이란 핵전문가들을 훈련시키고 있음을 공개적으로 밝히고 있다. 이를 뒷받침이라도 하듯이 망명한 일부 이란 인사들에 의하면, 수백 명의 러시아와 중국 핵전문가들이 현재 이란에서 핵기술을 전수하고 있으며 수백 명의 이란 유학생들이 모스크바와 베이징에 있을 것으로 추산했다. 그러나 이란 정부는 이러한 보도 사실을 부인하며 1995년 당시까지 모스크바로 파견된 두 그룹은 각각 20명 미만이라고 주장한다. 하지만 이러한 모든 근거에 비추어 1995년 당시 미국의 한 전문가는 향후 15년 이내인 21세기 첫 10년 동안에 이란은 틀림없이 핵무기를 보유하게 될 것이라고 내다보고 있다.

그러나 러시아와 친미 우방들은 이란이 핵무기 개발에 얼마나 근접해 있느냐에 관해 미국과는 다른 견해를 갖고 있다. 미국과 이스라엘을 제외한 국가의 대다수 전문가는 이란의 핵개발이 초기 단계라고 믿는다. 아무튼 미국은 우선 이란에 대해서 체질적으로 알레르기 현상을 일으키며 불신하고 있다.

한편 2003년 말 모스크바를 방문 중이었던 이란 측 대표인 하산 로우하니 의장은 크렘린궁에서 블라디미르 푸틴 러시아 대통령과의 회담에 앞서 다음과 같이 말했다.

> "이란은 핵개발 프로그램을 둘러싼 국제사회의 우려를 완전히 불식하기 위해 최선의 방안을 택했으며 앞으로도 국제사회의 승인 아래 투명하게 핵개발을 추진해 나갈 것이다. 국제사회의 신뢰를 회복하기 위해 IAEA와 추가 사찰협정을 체결할 방침이며 당장 오늘부터 우라늄 농축작업을 중단한다. 부셰르 원전이 준공되는 대로 곧이어 두 번째로 제2의 원전을 건설하는 문제를 러시아 측과 협의했으며 긍정적인 답변을 얻었다. 러시아 최고위층에선 이란이 핵의혹 규명에 적극 협조함에 따라 원자력 개발과 관련된 양국의 협력관계가 앞으로 더욱 탄력을 받게 될 것이다."

푸틴 대통령은 "이제 핵개발 부문에서 이란과의 협력을 방해하는 장애물이 사라졌다"라고 말했다. 이란의 핵사찰 수용 방침 결정과 관련, 이바노프 러시아 외무장관은 다음과 같이 강조했다.

> "이란은 핵연료를 사용한 후 러시아에 반환하기 위한 협정 체결을 검토하고 있다. 이란이 IAEA와 추가협정을 맺기로 결정한 것을 환영한다. 러시아는 그동안 핵무기 비확산 필요성을 역설해 왔으며, 이란이 모스크바에서 이 같은 방침을 밝히게 돼 기쁘다. 이 협정은 러시아가 이란에 핵연료를 공급하기 위한 전제 조건이다."

이란의 핵개발 프로그램에 대한 미국의 계속되는 공세에도 불구하고, 러시아가 이란에 핵연료를 공급하는 계약을 맺기로 해 미국의 對이란 정책에 부담을 주고 있다. 러시아는 2005년 2월 26일 이란 남부 부셰르 원자력 발전소에서 사용될 핵연료를 선적하기 위한 계약서에 서명할 예정이라고 이란원자력기구의 아사돌라 사보우리 부의장이 밝혔다. 이를 위해 알렉산더 루미얀체프 러시아원자력기구 의장이 이란을 방문할 것이라고 인테르팍스통신이 보도했다. 러시아는 계약이 체결되면 약 2개월 뒤 첫 연료를 이란에 공급할 것으로 전해졌다.

러시아의 기술지원으로 이란 남부에 건설되고 있는 1000MW급 부세르 원전은 2005년 말 시운전을 한 후 2006년에 완전 가동될 예정이다.[290] 미국은 이란에 핵연료를 공급하지 말라고 러시아에 거듭 요구해왔다. 부시 대통령이 유럽을 방문해 러시아 · 프랑스 · 독일 정상 등을 잇따라 만나서 이란 핵 프로그램을 둘러싼 미국과 유럽, 특히 러시아와의 이견을 좁혀 나아가기 위해 노력했다. 부시 대통령은 "이란 문제는 아직 유엔 안전보장이사회로도 가지 않았으며 외교적으로 해결할 여지가 있다"라고 밝히고 유럽 방문 중 이란 문제를 협의할 것이라고 말한 바 있다.

2 이란의 핵전략과 미국의 정책

클린턴 정부 내 반이란 강경파의 대표적 인물은 크리스토퍼 국무장관이었다. 그는 과거 카터 정부의 국무차관으로서 1981년 테헤란 미 대사관 인질 석방의 교섭을 담당했던 인물이다. 레이건 미국 대통령이 취임하는 바로 그 순간까지 인질을 석방하지 않고 찬물을 끼얹는 이란인들의 냉혹성을 그는 절대로 잊지 않고 있는 것 같다. 그 이후 1994년 그는 중동평화를 깨는 과격 테러단체를 지원하고 서구 민주주의를 거부하는 5대 반동국가[291] 중의 하나로 이란을 지목하고 고립화시키려는 對이란

290) 완공 막바지 단계에 와있는 부세르 원자력발전소와 관련, 아사돌라 사부리 이란원자력기구 부소장은 2006년 2월 26일 "가동이 약간 늦춰질 것이다"라고 말했으나 예정된 가동 날짜는 언급하지 않았다.

291) '5대 반동국가'는 이란, 이라크, 리비아, 쿠바, 북한을 지칭한다(장병옥

이중 봉쇄정책 수립의 주역이라고 알려져 있다.

이에 대응하여 이란의 전 대통령 라프산자니는 1995년 4월 14일 성명서에서 "이란에 대한 미국의 과거 잘못된 행위, 미국 내 이란 자산의 동결, 미국의 사주로 이라크의 이란 침공, 이슬람 정부를 전복시키기 위한 이란 내의 테러리스트 잠입과 쿠데타 음모" 등을 열거하면서 미국을 비난했다. 또한 이란 외무성의 성명서는 미국의 對중동정책이 친시오니즘 일색임을 지적하였다.

1995년 6월 4일 이란 신문 ≪IRAN≫의 보도에 따르면 IAEA의 의장은 이란이 핵무기를 보유할 의사가 전혀 없음을 밝혔다는 기사를 싣고 있다. 한편 미국의 타임지도 같은 해 6월 이란의 핵시설은 계속 IAEA 규정 하에 사용되고 있으며 이란의 핵무기 보유 가능성은 거의 없다고 보도했다. 이와 같은 언론 보도와 IAEA를 비롯하여 이란 정부가 핵무기 개발 의혹에 대해 해명하고, 극구 부인했는데도 미국은 당시 왜 對이란 정책에 강경책을 계속 구사했는가?

단기적인 이유는 클린턴의 1996년 대선용이다. 유대인의 막강한 재력과 조직력을 바탕으로 한 친이스라엘 유권자들의 표를 의식하지 않을 수 없기 때문이다. 장기적 이유로는 만약 전통적인 걸프 지역의 강국 이란이 핵무장을 한다면, 이란의 입김은 중동 아랍권을 벗어나 이슬람권 전체로 확산되어 이스라엘의 생존권과 미국의 국익은 물론 세계평화에 심각한 위협이 된다는 것이다.

따라서 핵의 평화적 이용으로써의 원자력 발전소용이라고 할지라도 미국 측은 핵거래와 관련하여 이란-러시아 우호관계를 달가워 할 리가 없다. 위에서 언급한 바와 같이 1998년 미국의 압력이 강화되었지만 러시아는 이러한 막대한 상업적인 거래를 취소할 여유가 없었고 핵기술을 가장 성공적인 수출품 중의 하나로서 중국과 인도를 포함한 일부 아시

1993, 62).

아 국가와도 거래했다.

다른 한편 독일 · 프랑스 · 영국 EU 3국 외무장관이 2003년 10월 테헤란을 방문하여 이란과 함께 발표한 공동합의문에서, 이란 정부는 IAEA의 고강도 사찰을 허용하는 추가의정서에 서명하고 IAEA에 계속 협력할 것을 약속했다. 또한 이란 정부는 자국의 핵활동을 평화적인 목적에 국한시키고, 국제사회의 의혹을 불러일으키고 있는 재처리와 농축 활동을 자발적으로 중단하겠다고 선언했다.

IAEA 추가의정서란 IAEA의 사찰규정을 대폭 강화한 내용을 담은 협정으로써, NPT 회원국은 모두 이 의정서에 서명해야 한다. 이란 정부의 이런 약속에 부응해서 독일 · 프랑스 · 영국은 이란이 NPT에 입각해서 평화적 목적의 원자력 활동을 수행할 권한이 있음을 인정하고, IAEA 추가의정서가 이란의 주권과 안보를 훼손하는 것은 아니라고 밝혔다.

다른 한편 2003년 11월 4일 IAEA 사무총장 모하메드 엘바라데이가 이란이 국제핵안전협정을 위반했다고 밝혔다. 이에 대해서 IAEA 주재 이란 대사 알리 아크바르 살레히는 "실험실에서 이루어진 몇몇 실험"과 관련된 것으로써 심각한 것이 아니라고 말했다. 한편 미 정부는 이란이 핵사찰을 거부할 경우, 이란 원자로 건설계약을 중단시킬 것이라며 러시아에 외교적 압력을 또다시 가할 것을 시사했다. 미국은 지난 10년 간 러시아에 대해 이란에 핵무기 개발에 필요한 기술을 제공하지 말도록 요구해 왔다. 11월 9일 유엔의 제재 가능성을 우려한 이란 정부가 IAEA의 전면 핵사찰과 농축 우라늄의 생산중단 등 완전한 핵투명성 보장을 하겠다고 이란최고국가안보회의 의장인 하산 로우하니는 약속했다.

11월 10일 로우하니는 종전과 마찬가지로 이란은 핵무기를 개발할 의사가 없으며, IAEA에 모든 것을 공개할 계획이라고 밝혔다. 이란은 이날부터 일시적으로 우라늄 농축 작업을 중단하며 핵개발과 관련된 모든 사항을 공개할 의사가 있다는 서한을 유엔에 전했다. 이에 따라 IAEA 사찰단은 핵무기 전용 의혹 시설로 지목됐던 부세르 원자력발전소 등 이란 내 10여개 핵시설의 전면 사찰을 통해 이란의 핵무기 개발 의혹을 규명할 수 있게 됐다.

2003년 11월의 이사회 보고에서 IAEA 측이 "아직 이란이 핵무기 개발을 시도했다는 증거는 없다"라고 언급하자, 미국은 이러한 언급 자체가 적절치 못하다면서 IAEA를 강하게 비난한 바 있다. 이란 핵사태에 관한 IAEA 결의안 채택도 미국과 IAEA의 입장 차이로 난항을 겪었다. 11월 24일 가까스로 채택된 결의안은 이란이 향후 NPT와 IAEA 협정을 위반했다는 심각한 사례가 추가로 발견된다면 모든 방안을 강구할 수 있다는 내용을 담고 있다.

IAEA는 11월 26일 이란의 과거 핵개발 추진 은폐 사실을 비난했지만 이 문제를 유엔 안전보장이사회에 회부, 제재를 가하지 않기로 하는 결의안을 만장일치로 채택했다. 이 타협안 채택은 미국이 이란 핵문제를 안보리에 회부, 제재를 가해야 한다던 종전의 강경한 입장을 철회함에 따라 극적으로 이뤄진 것이다.

미국은 그동안 이란이 지난 18년간에 걸쳐 비밀리에 핵개발 활동을 추진해 왔다며 이 문제를 유엔 안보리에 회부할 것을 요구해 왔었다. 그러나 결의안은 이란을 적대시할 경우, 이란이 IAEA에 협력하지 않을 것이라는 EU 3국의 우려와 이란 제재를 주장해온 미국간의 타협안이었다. 알리 아크바르 살레히 IAEA 주재 이란 대사는 타협안 채택 후 기자들에게 "이란은 NPT 부속협정에 서명키로 한 약속을 지킬 것이며, 앞으로 이를 이행할 것이다"라고 말했다. 로우하니 의장은 11월 30일 기자회견에서 다음과 같이 말했다.

> "정부는 IAEA 주재 이란 대표에게 NPT 부속협정에 서명할 수 있는 권한을 틀림없이 줄 것이다. 이것이 오래 걸리지는 않을 것이다. 엘바라데이 IAEA 사무총장은 내년 2월 보고서를 제출해야 한다. 우리가 제공한 정보를 IAEA가 확증할 수 있도록 IAEA에 일임할 것이다."

그러나 농축 우라늄 중단이 신뢰를 쌓기 위한 임시적이고 자발적인 것이라고 주장해왔던 그는 우라늄 농축 활동의 무기한 중단은 여전히 거부한다고 밝혔다. 이란이 농축 우라늄 생산을 위한 원심분리기 부품 생산을 재개했다고 오스트리아 빈의 외교 소식통들이 2004년 7월 31일 밝혔다. 이란 외무장관도 "이란이 지난해 10월 국제적 압력 속에서 중단을 약속했으나 EU 3국이 당초 약속을 저버렸기 때문에 원심분리기 생산을 재개하게 됐다"라고 발표했다.

9월 18일 IAEA 이사회는 이란이 우라늄 농축 활동을 즉각 중단하고 IAEA의 사찰에 전면 협력할 것을 요구하는 비난 결의안을 만장일치로 채택하고 폐회했다. 35개 이사국은 이날 11월 25일 4분기 이사회까지 이란이 핵무기 제조에 이용할 수 있는 원심분리기의 제조·부품의 수입·조립 등 모든 우라늄 농축 관련 활동을 중단해야 한다고 촉구했다. 이란이 이를 지키지 않을 경우 유엔 안전보장이사회에 회부하는 방안을 포함한 필요한 추가조치 여부를 결정하기로 했다. 그러나 이란 측 핵협상 대표인 로우하니는 "이란은 이 같은 IAEA의 결의안을 거부한다"라고 밝혔다.

그러나 이란은 한 달간에 걸친 EU와의 협상 끝에 우라늄 농축을 완전 중단키로 동의했다고 IAEA 관계자가 2004년 11월 15일 밝혔다. 이 관계자는 "14일 이란으로부터 원자력 발전용은 물론 핵무기 제조에 쓸 수 있는 우라늄 농축 활동을 완전 중단한다는 편지를 받았다"라고 말했다. 로우하니는 "이란은 EU 협상 대표들과의 회담에서 우라늄 농축과 관련한 거의 모든 활동을 중단하기로 동의했다"라고 밝혔다. 이란-EU 3국 합의서에 따르면 이란은 다음과 같은 주요 사항을 중단키로 결정했다.

1) 원심분리기와 그 부품의 제조·수입
2) 원심분리기 조립·설치·실험·가동

3) 우라늄 변환시설에서의 실험 또는 생산

합의서는 또 이 같은 핵관련 활동 중단은 양측이 장기적 합의에 도달하기 위한 협상 기간 동안 지속될 것이라고 밝혔다.

리비아 역시 지난해 12월 미국 · 영국과 대량살상무기 개발 포기에 합의했으며 IAEA의 감독 하에 핵시설을 철거한 바 있다. 리비아식 해법의 기원은 카다피 대통령이 자진해서 핵개발 프로그램을 공개하고 IAEA 추가의정서에 가입한 뒤 엄격한 사찰을 수용하고 핵시설을 완전히 폐기한 데서 비롯되었다. 일반적으로 리비아식 해법은 대량살상무기를 보유한 국가가 이를 자진 신고한 뒤 폐기절차에 들어가면, 그 대가로 미국이 빠른 시일 내에 다양한 인센티브를 제공하는 방식이다. 사실 이러한 리비아의 갑작스런 행동에는 군사안보적인 요인과 경제적인 요인이 크게 작용했다고 할 수 있다.[292)]

군사안보적인 면에서 리비아는 무엇보다 270명의 생명을 앗아간 지난 1988년 '로커비 사건'에 리비아 정보요원 2명의 관여사실이 미 정보기관의 수사로 밝혀짐에 따라 미국의 무력보복 가능성이 고조되고 있었고, 2003년 9월말 영국 · 독일 · 이탈리아 공동으로 두바이발 리바아행 독일 선적을 검색하여 핵관련 장비를 발견하는 등 대량살상무기 개발 증거를 확보함에 따라 난처한 입장에 처해 있었다.

경제적 요인으로는 이스라엘과의 군비경쟁으로 국가재정이 파탄에 직면한데다가 석유자금으로 번창하던 1986년 이래 20년 가까운 국제경제 제재로 기술낙후 및 석유사업에 대한 투자 중단으로 경제가 황폐화되어 있었다. 따라서 리비아 정부는 대량살상무기를 포기하고 미국과의 관계 개선을 통하여 정권의 안전을 보장받느냐, 아니면 무력공격을 감수하더라도 계속 대량살상무기를 개발하느냐하는 정치적인 결단에서

292) 동북아포럼 2005년 8월 호, 120-21.

전자를 선택한 것으로 볼 수 있다.

이에 따라 리비아의 핵 포기 선언과 더불어 이란도 이처럼 우라늄 농축 중단을 선언했다. 이란은 2003년 10월 EU 3국 외무장관의 중재로 우라늄 농축 중단과 IAEA 핵사찰 수용을 약속했다가 번복하자, 미국이 강경대응 방침을 밝히는 등 그동안 긴장이 고조돼 왔었다. 이란의 결정은 미국의 대통령 선거 직후 나왔다는 점에서 눈길을 끈다. "우라늄 농축 중단은 불가능하다"던 하타미 대통령 등 이란 지도부가 부시 미국 대통령의 재선에 따라 노선을 선회했다는 분석이다.

이란 지도부는 우라늄 농축 등 핵활동을 계속할 경우 유엔 안보리에 회부돼 강력한 제재를 받을 가능성을 우려해왔다. 또 최악의 경우 이라크처럼 미국의 공격대상이 될 수 있다고 판단한 것으로 보인다. 아무튼 이러한 결정으로 이란 핵문제가 완전히 해결된 것은 아니었다. 이란은 "농축 중단 결정은 무기한 계속되는 것이 아니라 협상기간에 한해 적용되는 것이다"라며 여지를 남긴 바 있다.

3 이란 핵개발의 수준과 실체

이란 반정부 망명 단체 '이란저항국민회의 NCRI'[293]가 제기한 의혹의 진상을 확인하기 위한 IAEA의 사찰이 시작되면서 이란의 핵개발 프로그램은 서서히 그 베일을 벗게 되었다. 2003년 2월 나탄즈(Natanz)에 소재한 고농축우라늄(HEU) 생산용 가스원심분리 실험시설을 방문한 IAEA 사찰단은 이 시설의 정교함에 놀라움을 금치 못했다고 한다.

현재 건설중인 실험시설은 연간 10-12kg의 HEU 생산 능력을 갖추고

293) NCRI(National Council of Resistance of Iran)는 MKO를 포함한 반정부 단체로서 미국과 유럽에서 테러활동을 하며 이란 이슬람 정권의 전복을 목표로 하고 있다.

있는데, 2005년 말까지 히로시마급 핵무기 한 개를 만들 수 있는 20kg의 HEU를 생산할 수 있다는 것이 과학계의 판단이었다. 이란은 첨단기술인 레이저를 이용한 우라늄 농축도 시도했다. 우라늄 농축 과정은 농축 정도에 따라서 핵무기 제조와 민간 발전용으로 모두 사용될 수 있다. 우라늄 농축 과정은 IAEA에 공개하고 사찰을 받으면 되나, 이란은 자국 내 우라늄 농축 시설 현황을 그동안 은닉해 왔었다.

나탄즈에는 본격적인 HEU 생산을 위한 상용시설도 건설되고 있다. 앞으로 5-10년 후에 이 시설이 완공되면 연간 15-30개의 핵무기를 만들 수 있는 능력을 갖추게 될 것이라고 한다. 의혹을 받고 있는 또 하나의 시설은 테헤란 인근에 위치한 칼라에(Kalaye) 전력회사인데, 이 회사 내에서 우라늄 농축 활동이 있었다는 증거가 포착되었기 때문이다. 이란 당국은 2003년 10월 소규모의 플루토늄(PU) 추출을 위한 재처리 작업을 실시했다는 사실도 인정했다.

이란 정부의 이 같은 모든 실험은 IAEA 이사회의 결의안을 정면으로 위반하는 것이다. 위에서 언급한 바와 같이, IAEA 이사회는 9월 18일 핵무기 제조에 사용될 수 있는 모든 핵 농축 프로그램을 2004년 11월 25일까지 중단할 것을 이란에 촉구하는 결의안을 만장일치로 채택한 바 있다. IAEA는 또 이 기구의 사찰단이 이란 내 핵 관련 시설에 대해 이른 시일 안에 충분한 사찰을 할 수 있도록 허용할 것을 강력히 촉구했다. 결의안은 또 필요한 모든 정보를 사찰단에 제공할 것과 관련 당사자 및 시설에 대한 무제한 접근도 허용할 것을 이란에 요구했다. 그러나 이란은 일관되게 이 결의안 수용을 거부했다.

1년 뒤인 2004년 9월 21일 이란이 대규모 천연 우라늄을, 우라늄 농축을 위한 원심분리기 원료로 변환하기 시작했다. 이란원자력기구 의장인 레자 아그하자데는 오스트리아 빈에서 기자들에게 다음과 같이 밝혔다.

"이란은 우라늄 원광석을 농축에 필요한 상태로 변환하기 시작했다. 즉 천연 우라늄 37톤 중 일부를 농축 원심분리기에 연료로 주입하는 우라늄 가스로 변환하는 실험에 사용했으며 이 실험은 성공적이었다."

우라늄 원광석이 정련을 거쳐 변환된 뒤에는 원심분리기를 통해 농축이 이뤄진다. 이와 같이 이란 핵문제가 새로운 국면을 맞고 있다. IAEA는 이미 이란의 소규모 변환실험 사실을 확인한 바 있지만, 이란 스스로 대규모 우라늄 변환 사실을 밝힌 것은 이번이 처음이다.

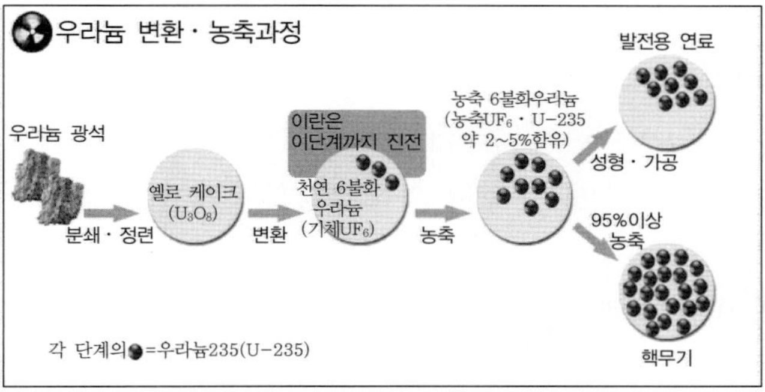

우라늄 '변환'의 의미는 궁극적으로 핵무기 개발에까지 이를 수 있는 우라늄 '농축'의 전단계이다. 구체적으로는 우라늄 광석을 분쇄 · 정련시킨 노란 분말(옐로케이크)을 기체 상태의 천연 6불화우라늄으로 만드는 과정을 의미한다. 이 천연 6불화우라늄 가스를 원심분리기에 넣어 재처리 즉, 여러 단계 농축하면 고농도 우라늄이 얻어진다. 이때 우라늄 235의 농도가 2-5%인 저농축우라늄이면 원전용 연료로 사용할 수 있고, 95% 이상 고농축우라늄이 되면 핵무기 제조용인 것이다. 핵 전문가들에 따르면 이 정도의 우라늄 양이 핵연료 변환을 거쳐 성공적으로 농축되면 핵무기 5개를 만들 수 있다.

하타미 대통령은 이란이 37톤의 천연 우라늄을 농축하기 위해서 원심분리기 연료로 쓰이는 가스로 변환하기 시작한 것과 관련하여 다음과 같이 종전의 주장을 되풀이했다.

> "이란 핵활동의 목적은 평화적으로, 우라늄 농축에 대해선 협상하지 않고 이 길을 갈 것이다. 국제사회는 이란의 합법적인 권리를 인정하고 우리를 이해하려는 노력을 기울여야 한다. 그러면 우리는 포괄적인 국제적 감시를 수용할 수 있을 것이다. 우리는 선택의 권리가 있다. 핵기술을 평화적으로 이용하고 이란의 종교·문화와 배치되는 핵무기를 만들지는 않겠다. 전력생산을 위해 우라늄 농축이 필요하다."

이에 대해 미 국무부의 커티스 쿠퍼 대변인은 "현재 가동 중인 원자력 발전소도 없는 이란이 37톤의 옐로케이크를 서둘러 원심분리기 연료가스로 변환하는 것은 어떠한 평화적 정당성도 지닐 수 없다"라고 반박했다.

하지만 이란 내부 상황은 간단치 않다. 최고 지도자인 하메네이를 정점으로 하는 보수파가 핵무기 개발을 공개적으로 요구하며 핵문제에서 문화와 예술에 이르기까지 강경노선을 취하고 있다. 하메네이의 자문역인 전 이란 외무장관 벨러야티는 2004년 9월 21일 어떤 대가를 치르더라도, 핵무기 개발 계획을 강력히 추진할 것을 정부에 촉구했다. 벨러야티는 "오로지 우리를 무력화하려는 미국의 작업은 이란이 완전히 사라질 때까지 중단되지 않을 것이다. 이란과 IAEA간 협상을 위한 중재를 벌여 온 유럽도 미국에 아첨하기 위한 팽창주의자이다"라고 주장했다.

10월 7일에는 라프산자니 전 대통령 역시 핵기술 개발을 공개적으로 촉구했다. 이란은 대외 압력에 굴하지 않고 핵기술 보유를 위해 모든 노력을 다할 것이라고 강조했다. 그는 "미국과 유럽이 우리의 핵기술 보유를 바라지 않고 있지만 우리는 그것을 보유하기 위해 어떠한 대가도 치를 각오가 돼 있다"라고 밝혔다.

IAEA · 미국 · EU 등이 건설 중단을 요구하고 있는 이란 중부 이스파한의 우라늄 전환시설이 70% 정도 진척을 보이고 있다고 이란원자력기구의 모하메드 가나디 부의장이 2004년 10월 25일 밝혔다. 가나디는 국영 라디오 방송 연설을 통해 "이스파한 시설은 지금 당장 전체의 70%를 운영할 수 있다. 24개 작업실 중 21개가 완공 상태이고 4년 내 완료될 것이다. 이스파한 시설의 거의 모든 장비는 이란 과학자들이 만들었다"라고 말했다. 이스파한 우라늄 전환시설은 옐로케이크를 원심분리기에 투입하기 위한 기체 상태의 우라늄으로 바꾸는 시설이다. 이 시설이 완공될 경우 원자력 발전이나 핵무기의 원료가 되는 농축우라늄을 얻기 위한 사전 준비가 사실상 끝나게 된다.

이란 최고 지도자 하메네이는 10월 27일 장기간에 걸친 우라늄 농축 작업 중단을 거부하는 가운데 EU 3국과 협상을 중단하겠다고 위협했다. 하메네이가 하타미 대통령을 비롯한 최고위 관계자들과 가진 모임에서 다음과 같이 말했는데, 이 같은 발언은 이란 외교관들이 오스트리아 빈에서 영국 · 프랑스 · 독일과 두 번째 협상을 성과 없이 마친 것과 때를 같이 해 나왔다.

> "장기간의 우라늄 농축 중단은 논리를 결여한 것이며 상대측이 어떤 형태로든 우리를 위협할 경우 이란은 협상과 협력의 근본을 재검토할 것이다. 그들은 부정확하고 비논리적인 언사로 이란 국민으로 하여금 협상 상대가 논리에 대한 믿음이 없다는 결론을 내리도록 해서는 안 될 것이다. 왜냐하면 그럴 경우 이란은 대화에서 떠날 것이기 때문이다."

이들 3국은 10월 21일 이란이 무기급 원료 생산이 가능한 우라늄 농축작업 및 이스파한 전환시설 건설을 중단하는 대가로 이란에 연구용 경수 원자로를 비롯한 평화적인 핵기술 제공과 무역 확대를 제의했다. 외교관들은 EU의 제안이 '마지막 기회'라고 보았다. 이에 앞서 이란 외무부의 아세피 대변인은 영국 · 프랑스 · 독일의 평화적 핵개발 기술 지원 제안에 대해 다음과 같이 거부의 뜻을 나타냈다.

> "이란은 조건 없이 이란 핵문제에 관한 회담을 가질 준비는 되어있다. 그러나 협상 결과는 양측의 접근 방식에 달려 있다. 정부는 이란의 국가 이익과 핵기술의 평화적 이용에 관한 이란의 합법적인 권리를 인정하는 제안만 받아들일 것이다. 유럽 측 제안은 균형을 잃은 것이다."

아가자데(Gholamreza Aghazadeh) 이란원자력기구 의장 겸 부통령은 "끝까지 고수할 원칙들이 있다"며 우라늄 농축 프로그램 고수 의사를 내비친 뒤, "유럽 3국이 제시할 타협안이 주권을 침해하는 것이라면 이를 거부할 것이다"라고 거듭 강조했다.

IAEA는 이란에 지난 18년간 비밀리에 이루어진 핵계획의 상세한 내용을 자세히 공개하라고 요구했다. IAEA는 이란이 거부할 경우 유엔 안보리에 회부할 수 있으며 안보리는 제재를 부과할 권한을 갖고 있다. 하타미 대통령은 이란의 핵활동이 평화적 목적을 위한 것이라며 이를 정치문제화하지 말라고 촉구했다. 한편 콜린 파월 미 국무장관은 이란이 핵무기를 향해 움직이고 있다며 다음과 같이 말했다.

> "이란은 핵무기 생산이 가능한 계획을 추진하고 있다. 이는 하룻밤, 또는 몇 달 새에 할 수 있는 일이 아니고 긴 시간을 요하는 일이다. 이 문제는 이제 안보리에서 다뤄야 할 사안이다. 이란이 이와 같은 움직임을 보이는 것은 이 지역, 또는 전세계의 이익에 부합하지 않는다."

이란은 “안보리 회부가 이뤄진다면 NPT 추가의정서를 이행하지 않는 것은 물론 우라늄 농축 실험 중단과 관련된 일체의 의무를 이행하지 않을 것이다”라고 반발하면서 과거 1993년 북한의 벼랑 끝(dead end) 전술의 전례와 같이 NPT 탈퇴 가능성까지 시사하고 있다.[294] 미국 역시 “이란이 IAEA 결의안을 존중하지 않으면 11월 이전에 조치를 취할 선택권이 있다”라고 강경책을 구사할 것임을 경고했다.

미국의 동맹국 가운데 이란 공격에 나설 수 있는 국가는 이스라엘이 유일하다. 샤론 전 이스라엘 총리는 국제사회가 이란의 핵개발을 저지하지 못한다면, 이스라엘 파괴를 공공연히 선언해 온 이란에 대해 자위권 차원에서 행동할 것이라고 공언해왔다. 2004년 10월 독일≪슈피겔≫은 이란 핵시설에 대한 이스라엘군의 선제공격 계획을 끝마쳤다고 폭로한 바 있다. 딕 체니 미 부통령은 2005년 1월 20일 이란의 핵 프로그램을 제거하기 위해 이스라엘이 무장공격을 감행할 수도 있다고 경고하는 등 이란 핵문제를 둘러싼 위기감이 부쩍 높아지고 있다. 체니는 다음과 같이 말했다.

> “이스라엘 파괴를 정책목표의 하나라고 밝히고 있는 이란이 상당한 능력의 핵을 보유했다고 판단할 경우, 이스라엘은 이란에 대한 선제공격을 감행할 수도 있을 것이다. 세계의 잠재적 분쟁지역의 후보군을 살펴보면, 이란은 그 맨 윗자리를 차지하고 있다. 이란의 핵개발 프로그램은 상당한 수준이며, 이스라엘이 미국과 상의 없이 이에 대한 독자적 행동에 나설 가능성에 대해 우려하고 있다.”

이와 관련해 ≪예루살렘 포스트≫는 이스라엘 정부 고위 당국자의

---

294) 2년이 지난 2006년 4월 24일에도 이란의 새로운 대통령 아흐마디네자드는 “이란은 핵을 평화적으로 이용할 권리가 있다면서 서방 국가들이 핵기술을 보유하지 못하도록 막을 경우 NPT 탈퇴를 검토할 것이다”라고 경고했다.

말을 따 "체니 부통령의 발언은 이란이 핵무장 하는 것을 막기 위해 유럽연합과 국제사회가 보다 강력한 행동을 취해야 함을 강조한 것이지, 이스라엘 쪽에 이란을 겨냥한 행동에 나서지 말라고 경고한 것은 아니다"라고 전했다. 이스라엘의 對이란 선제공격 가능성을 언급한 것은, 너무 늦기 전에 국제사회가 이란에 대해 조치를 취하도록 촉구하기 위한 것으로 평가된다. 이에 대해 이란은 이스라엘이 미국 내 시온주의 로비단체들을 동원해 미국의 對이란 강경정책을 유도하고 있다고 반박했다.

이란의 핵개발 계획을 둘러싸고 이란과 이스라엘-미국은 서로 "선제공격" 위협을 주고받으며 중동 지역의 불안을 고조시키고 있다. 2004년 7월 이스라엘과 영국 언론들은 이스라엘군이 이란 남부 부세르의 원자력 발전소를 선제공격하기 위한 군사훈련을 마쳤다고 일제히 보도했다. 이스라엘 일간 ≪예루살렘 포스트≫와 영국 ≪선데이 타임스≫ 등은 이스라엘의 F-15 장거리 전폭기들이 터키 영공을 통과해 이란을 기습공격할 것이라고 보도한 바 있다.

이에 대해 이란 군부의 강경파도 이스라엘이 이란 원자력 발전소를 공격하면 보복으로 이스라엘 네게브 사막의 디모나 핵시설을 폭격할 것이라고 목소리를 높였다. 무함마드 바키르 졸카드르 이란 혁명수비대 사령관은 2004년 8월 18일 "이스라엘이 부세르 원자력 발전소를 향해 한 발의 미사일이라도 발사하면, 이스라엘은 디모나 핵센터를 영원히 잃어버리게 될 것이다"라고 경고했다. 디모나는 무기급 플루토늄을 생산하는 곳으로 알려져 있으며, 전문가들은 이스라엘이 최소 200기의 핵미사일을 보유하고 있는 것으로 추정하고 있다. 한편, 알리 샴카니 이란 국방장관은 아랍 위성방송 <알 자지라>와의 인터뷰에서 자국의 핵시설에 대한 미군의 공격을 막기 위해 중동 주둔 미군에 대한 선제공격도 고려할 것이라고 밝힌 바 있다.

이란-이라크 전쟁 당시 이라크가 1984년 5월, 1985년 2월, 1988년 7월 등 3차례 부세르 핵시설을 폭격한 것처럼, 미국은 이란 핵시설에 대한 기습적인 공격을 가하기 위해 모의 군사훈련까지 실시했는데, 이 공격에는 이스라엘이 참여할 것으로 보인다.[295] 이스라엘은 지난 1981년에도 사담 후세인 정권의 핵무기 개발 의혹이 일자, 전폭기를 동원해 이라크의 오시라크 원자로를 파괴한 바 있다.

4 부시 미 행정부의 對이란-북한 정책

이스라엘과 이란은 2004년에 들어와서부터 더욱 자주 이란의 부세르 원전 공사와 핵개발 의혹을 둘러싸고 선제공격과 보복 가능성으로 서로를 위협하는 등 치열한 신경전을 벌여왔다. 이란은 최근 이스라엘 전역을 사정권에 둘 수 있는 샤합-3 미사일 시험발사에 성공했으며, 사정 2,000km 이상의 샤합-4 미사일의 개발을 서두르고 있다. 미-이란-이스라엘이 상호 벼랑 끝 전술로 대치하고 있는 한편, 북한과 미국 양국도 이러한 벼랑 끝 전술을 구사하며 위기를 고조시켜 가고 있는 것은 우연의 일치가 아니다. 제임스 메트레이는 9·11테러 후 더욱 강화되는 일방주의적 부시 행정부의 외교정책을 다음과 같이 설명하고 있다.

295) 이스라엘은 작전반경 2,225㎞의 F-15기 25대와 2,100㎞의 개량된 F-16기를 보유하고 있고, 2m가 넘는 강화콘크리트도 깨뜨릴 수 있는 항공투하용 벙커버스터인 BLU-109 구입에 3억1900만 달러를 쏟아 부었다. 군사안보관련 웹사이트인 <글로벌시큐리티>는 이란에 대한 미국의 공습은 2003년 이라크 개전 초기 공습과 같은 양상이 될 것으로 전망했다. 오시라크 공습은 6대의 F-15의 엄호를 받는 8대의 F-16기가 감행한 공습이었다. 그러나 이라크와 아프가니스탄의 미군 주둔에도 불구하고 이란의 보복을 두려워하는 중동국가들의 태도 때문에, 미국은 본토에서 직접 날아오거나 디에고가르시아 기지에서 발진하는 B-2 스텔스 폭격기와 F-117 전폭기, 그리고 해상 발진 전폭기 및 해상발사 토마호크를 활용해야 할 형편이다.

"최근 미국의 한 기자는 제2차 세계대전 이후 미국이 '공세적 현실주의'라는 세계전략을 펴왔다고 지적했다. 공세적 현실주의란 '경쟁자'를 제거하는 압도적 힘을 축적하고 자신의 이념과 가치, 선호도를 반영하는 세계질서를 창출하는 것을 의미한다. 부시 대통령의 공세적 현실주의는 그가 '악의 축'으로 규정한 이란·이라크·북한 등 3개국을 붕괴시키는 데 목표를 두고 있다. 부시 행정부는 유엔의 승인을 받지 않은 채 기민하게 이라크를 점령함으로써 '미국의 뜻'대로 세계질서를 재편할 힘을 갖췄다고 믿게 됐다. 미국의 강경파 존 볼턴 국무부 차관보는 '북한의 종말'이라는 책을 서가에서 꺼내 책상에 쾅 내리치며 "이게 우리의 정책이오"라고 말했다. 미국이 공세적 현실주의 전략에 계속 집착하는 한 회담을 통해 북한의 핵위기를 종식시킬 가능성은 거의 없다. 벼랑 끝만 있을 뿐이다. 그러나 바로 이것이 부시 행정부의 목표다."296)

미국의 정책 담당자들은 이란도 북한처럼 비밀 핵시설에서 핵연료봉을 재처리하는 등 합의를 위반하거나 편법을 동원해 빠져나갈 수 있고, IAEA가 이란의 준수 여부를 제대로 감시할 것인지에 대해서도 의구심을 가지고 있다. 미국이 엘바라데이 IAEA 사무총장을 축출하려는 움직

296) 제임스 메트레이가 캘리포니아 치코 칼스테이트대 역사학부 학장으로서 2003년 12월 3일자 동아일보에 기고한 글이다. 한반도의 사태 전개도 진정한 국제 공조를 거부한 데 따른 곤경과 위험을 드러냈다. 2003년 8월 북한과 미국 대표가 러시아 · 중국 · 일본 · 한국 대표들과 함께 만났지만, 평양은 핵무기 프로그램 폐기를 계속 거부했다. 2003년 8월, 미-북-중-러-한-일 6자회담 이전 워싱턴은 만약 평양이 국제사찰을 용인한다면 북한을 공격할 의도가 없음을 보장하는 문서를 내겠다고 제안했다. 그러나 미국은 선제공격(preemptive strike)은 없을 것이라고 보장하는 어떤 표현도 하지 않고 있는 가운데, 대치국면을 해소할 핵폐기와 불가침조약의 '동시병행조치'를 거부했다. 부시 대통령은 이러한 교착상태를 군사 · 경제적 조치까지를 포함한 대북 압박을 정당화하기 위한 카드로 활용하고 있다는 것이다.

임을 보였던 것도 이와 무관하지 않다. 신보수주의(NEOCON)의 핵심 인물로 꼽히는 더글러스 페이스 미 국방부 정책담당관은 "미국은 이란이 리비아의 선례를 따라 핵 프로그램을 포기하기 바라지만, 그렇지 않다면 이란 핵시설에 대한 군사작전 가능성을 배제할 수 없다"라고 밝혔다.

이라크 바쿠바 군사대학의 칼리드 만수르 박사는 "이스라엘은 1981년 이라크의 오시라크 원자로를 공습해 완전 파괴했지만 이란은 다르다"라고 지적했다. 이란의 핵시설은 여러 곳에 분산돼 있기 때문에 이를 파괴하려는 군사작전은 전면전으로 확대될 수 있다. 이란의 핵관련 시설은 1981년 이스라엘 공군이 감행했던 이라크 오시라크 원전에 대한 정밀폭격 때와는 비교할 수 없는 난점을 안고 있다. 당시 오시라크 원전 폭격은 다음과 같은 여러 성공 요인들이 있었다.

1) 당시 이라크가 이란과 전쟁 중이었다는 점
2) 프랑스 첩보원의 정밀 지원이 있었다는 점
3) 식별이 가능한 취약한 원전 한 곳이 목표물이었다는 점

미 국방부의 전략기획 분석가들은 단기간의 공격으로 이란 핵 프로그램을 파괴할 효과적인 군사적 방안이 없다고 지적하고 있다. 현재 이란의 경우 주요 핵관련 시설들이 인구가 조밀한 도시지역 등 여러 곳에 분산, 은폐돼 있기 때문에 일부 시설은 전혀 접근이 어려워 관련 정보가 부재한 상황이어서 정확한 첩보수집과 목표물 선정이 어렵다. 또 이란의 방공능력과 이라크 주둔 미군 및 중동 주둔 미군에 대한 이란의 군사적 보복능력, 중동 석유의 통행로인 호르무즈 해협에 대한 봉쇄 가능성, 이란과 연계한 알 카에다와 헤즈볼라에 의한 대미 테러 가능성 등 후폭풍이 만만치 않을 것으로 보인다. 이란 관련 전문가들은 군사적 행동으로 핵개발을 지연시킬 수는 있어도, 그 뒤 이란이 핵무기를 보유하려는

명분과 의지가 더욱 강해질 것이라며 군사행동의 효용성에 의문을 표시했다.

그러나 국방부의 신보수주의 진영은 핵위협을 풀기 위한 최선의 방안은 공습이나 특수부대 투입을 통해 핵시설을 파괴하는 것이라고 믿고 있다. 2005년 1월 18일 영국≪가디언≫은 "미 국방부는 최근 바그다드 외곽 캠프 아쉬라프에 머물고 있는 이란 반군세력 무자헤디네 할크(MEK)를 동원해 이란 국경을 침입하는 방안에 대해 검토한 바 있다. 이들은 과거 후세인 정권의 지원을 받아왔으며, 현재 미군의 관리 아래 있다"라고 밝혔다. 미 국무부는 이 단체를 테러조직으로 분류해 놓고 있다. 신문은 전직 CIA 고위 인사의 말을 인용하여 "국방부 내 신보수주의자들이 이란-이라크 국경을 넘나드는 첩보작전에 이들을 동원하려 했다. 그들은 이란에 침투해 핵시설을 파괴하면 정정불안이 야기돼 소수 강경파 성직자들이 권력을 잃게 될 것이라고 판단하지만, 이는 환상에 불과하다"라고 전했다.

한편 하타미 대통령은 2005년 3월 30일 수도 테헤란에서 남쪽으로 270㎞ 가량 떨어진 나탄즈 핵단지를 방문하고 취재진에 핵시설을 전격 공개, 우라늄 농축 프로그램을 계속 진행시키겠다는 의지를 내비쳤다. 나탄즈 핵단지는 우라늄 농축용 지하시설이 있다고 알려진 곳으로 이란의 핵무기 개발 의혹이 불거질 때마다 국제사회의 주목을 받아왔다. 하타미는 핵문제를 빌미삼아 미국이 이란을 침공할 경우 혹독한 대가를 치르게 될 것임을 경고한다고 밝혔다. 부시 행정부가 이란 핵제재라는 강공 카드를 꺼낼 경우, 미국을 상대로 '성전(jihad)'을 결행할 태세다. 미국이 이란 핵시설 공습을 감행하는 것은 부담이 너무 크다. 전 중동지역을 상대로 싸워야하고 기독교와 이슬람교간의 종교전쟁으로 비화될 가능성도 배제할 수 없기 때문이다.

다른 한편 이란의 핵 프로그램 포기를 유도하기 위해서는 이란 내의 강경파와 온건파의 분열을 이용해야 한다.[297] 이란의 강경파들은 자국

안보를 위해 핵개발을 추진하고 있으며 온건 실리파도 궁극적으로 핵개발에 반대하지 않는다. 그러나 실리파들은 심각한 고용난과 인플레 때문에 경제가 먼저라고 생각한다. 따라서 핵개발을 무리하게 강행하면 국제사회로부터 고립될 수 있다며 '자제론'을 주장한다. 이란과 경제교류를 하는 유럽 · 일본 · 중국을 움직여 압박을 가하되, 핵개발을 계속하지 않는다면 당근을 제공하여 온건 실리파의 입지를 키워 주자는 것이다.

이란 의회는 정부에 우라늄 농축 활동을 재개하도록 강제하는 법률을 추진해 왔다. 알라에딘 보루예르디 의회 국가안보외교정책 위원장은 "전체 의원 290명 가운데 238명이 이미 이 같은 내용의 법안에 서명했다"라고 밝혔다. 그는 이란이 우라늄 채굴에서 농축에 이르는 전 과정을 실행하는 기술을 보유하고 있다면서, 국제사회는 이란을 고립시키려 하는 대신 핵보유국으로 인정하라고 촉구했다. 이란 의회는 이 법안을 2005년 5월 15일 통과시켰으나, 법적 효력이 발생하려면 혁명수호위원회의 검토를 거쳐야 한다.

이에 따라 이란 혁명수호위원회는 5월 28일 이란에 우라늄 농축을 포함한 핵기술을 개발하도록 하는 법안을 승인했다. 이 법은 정부에 우라늄 농축을 즉각 재개하도록 하지는 않지만, 핵활동에 대한 국제적 압력에도 불구하고 핵 프로그램을 추진하도록 권고하는 내용이다. 이 법은 또한 이란 정부에 우라늄 농축 재개를 포함한 핵연료 사이클의 개발을 요구하고 있다. 이란은 최근 동결된 핵활동을 재개하기로 결정했으나,

---

297) 미국의 진보 성향 싱크탱크인 브루킹스연구소의 캔 폴락 연구원은 외교 전문지 'Foreign Affairs' 2005년 3 · 4월호 기고문에서 이란의 강온 양파의 분열을 이용해야 한다고 주장했다. 그는 이란에 대한 군사공격은 최후 수단이라고 강조했다. 이란은 세계 최고 수준의 테러리스트 조직을 갖고 있기 때문에 보복테러에 대한 완벽한 준비 없이 군사 공격을 해서는 안 된다는 것이다.

5월 25일 제네바에서 EU 3개국과 협상을 가진 후 우라늄 농축의 재개를 일단 중단하고 오는 8월말까지 이들과 궁극적인 해결책을 모색한다는데 합의했다.

그러나 2005년 6월 24일 대통령 선거에서 당선된 마흐무드 아흐마디네자드는 다음과 같이 선언했다.

> "이란은 전력 생산 등을 위해 원자력 기술이 필요하며, 핵개발은 이란이 선택한 마지막 길이므로 포기하지 않을 것이다. 국가 이익을 수호하고 이란이 평화적 핵기술을 추구할 권리가 있으며 EU와 핵협상을 계속할 것이다. 미국이 계속 이란에 대해 적대정책을 견지하는 한 관계개선을 고려하지 않겠다."

이슬람 정권의 많은 성직자들은 미국의 위협에 대항할 수 있는 궁극적인 방어 수단은 핵무기 개발뿐이라고 생각한다. 최고위 성직자 하메네이는 "이란은 어떤 종류의 위협에도 굴하지 않고 굳건히 대응할 것이다"라고 말했다. 지금까지 이란의 어떤 대통령도 이란을 지배하고 있는 최고위 성직자 아야톨라들의 정책에 도전할 수 없었던 것처럼 새로 출범한 아흐마디네자드 정부 역시 그들의 핵개발 강행의 뜻에 따를 수밖에 없다. 아흐마디네자드 대통령은 취임 후 2005년 9월 24일 유엔총회에 처음으로 참석하여 행한 연설에서 미국과 그 동맹국을 비난하고 이란 정부가 NPT 하에서 핵연료를 추출할 권리를 가지고 있다고 지적하면서 이란의 핵 프로그램을 계속 추진해 나아가겠다고 선언했다.[298)]

IAEA 이사회는 2005년 9월 24일 35개 이사국 대표들이 참석한 가운데 오스트리아 빈에서 열린 정기 이사회에서 찬성 22표, 반대 1표, 기권 12표로 이란 핵문제의 유엔 안보리 회부에 관한 결의안을 통과시켰다. 이 결의안 통과에 반대했던 중국과 러시아는 예상대로 기권한 가운데,

298) International Herald Tribune, Sept. 22, 2005.

베네수엘라는 유일하게 반대표를 던졌고 인도가 막판에 찬성으로 돌아섰다. 인도의 찬성은 부시 미국 대통령이 지난 7월 16일 인도에 민간 핵기술 공유를 제안한 것과 관련 있어 보인다. 그동안 수십 년간 미국은 인도의 평화적 핵이용에 대해 반대를 해왔으나, 이번 정상회담에서 인도에 원자로와 핵연료의 판매를 허용하겠다는 입장을 밝혔다.[299)]

이 기구가 결의안을 만장일치가 아닌 다수결로 채택한 것은 2003년 북한 핵문제를 유엔 안보리에 회부할 것을 요구하는 결의안을 채택한 이후 처음이다. 결의안 내용이 이란 핵문제의 즉각적인 안보리 회부를 요구했던 초안에서 후퇴한 데다 IAEA 결의안이 통상 표결 절차 없이 만장일치로 채택돼 온 점을 고려하면, 이란-중국-러시아와 미국-유럽연합 양측간의 파국을 막기 위한 절충안으로 보인다.

EU가 발의하고 미국이 지원한 이 결의안은 이란 핵문제를 유엔 안전보장이사회에 회부하는 것을 IAEA 사무총장이 검토하도록 요구하는 내용인 것이다. 결의안은 이란 정부가 평화적 목적의 핵 프로그램을 추구하고 있다는 믿음을 주지 못함으로써 NPT 당사국으로서 지켜야 할 핵안전협정을 위반했다고 지적했다. 또한 이 결의안은 "이란이 우라늄 변환을 포함해 농축과 관련된 모든 활동을 전면 중단하라는 IAEA의 요구를 수용하지 않은데 우려"를 표명하고, "핵 프로그램에 대한 국제감시단의 완벽한 접근 허용 등 투명성 확보 조치"를 요구했다. 그렉 슐트 미

299) 이란과 북한의 문제는 미국이 인도에 핵기술과 원자로를 팔기로 약속함에 따라 더 복잡해졌다. 수십 년 간 미국을 위시한 서구 세계는 인도가 핵무기를 추구하는 한, 핵기술을 취득하는 것은 불가능하다는 자세를 견지해왔다. 그렇지만 수십 년을 버틴 덕에 인도는 이제 곧 미국으로부터 원자로 기술을 받는 혜택까지 누리게 됐다. 이것은 이란과 북한 같은 나라들에 오랜 시간을 견디고 기다리면, 미국이 종국적으로 입장을 바꾸고 승복하게 될 것이라는 메시지를 던져준다. 이것은 미국의 對북한 및 이란 정책과 비교하여 더욱 불공평한 것으로 보인다(존 울프스털 / 카네기 국제평화硏 비확산담당 부국장).

국 대표는 "이번 결의안은 이란이 투명해지지 않으면 그에 상응한 대가를 치를 것을 상기시키는 경고장"이라고 말했다.

이에 대해 마누체르 모타키(Manouchehr Mottaki) 이란 외무장관은 "그 결의안은 불법적이며 정치적 의도가 숨겨진 미국의 각본에 영국·프랑스·독일이 놀아난 정치극"이라고 비난했다. 이란 부통령 아가자데 역시 "이란을 안보리에 회부하려는 것은 중동에서 긴장을 증폭시키게 될 것이다"라고 말했다. 보수파가 지배하고 있는 이란 의회의 290명 의원 중 약 170명이 IAEA 불시 사찰을 허용하는 추가의정서의 실행을 중단하도록 촉구하는 탄원서를 정부에 제출했다. 이란은 2003년 추가의정서에 서명했으나, 이란 국회가 아직까지 비준하지 않고 있다. 호세인 모자파르 의원은 "의회는 이런 환경 하에서는 추가의정서를 비준하지 않을 것이다"라고 말했다.[300)]

이란 핵문제의 유엔 안보리 회부 가능성을 열어 놓은 IAEA 결의안을 주도한 영국에 항의하여 9월 28일 이란 대학생 수 백 명은 반영(反英) 시위를 벌이며 테헤란 주재 영국 대사관 진입을 시도했다. 대사관 진입 시도가 무산된 뒤 해산하지 않고 영국 대사관 앞에서 1시간여 동안 영국 대사 추방을 촉구하며 연좌시위를 벌였다. 일부 학생들은 영국 대사관을 '첩보의 소굴'이라고 부르며 폐쇄를 요구했다. 대학생들은 당초 이슬람 신학생 단체가 주도한 IAEA 결의안 규탄 시위에 참가한 뒤 영국 대사관 앞까지 평화적으로 행진하다가 폭력시위로 돌변한 것이다. 이란 대학생들의 영국 대사관 앞 시위는 이슬람 혁명 후인 1979년 11월 당시 테헤란 주재 미국 대사관 점거농성을 연상시키고 있다. 그들의 행위는 미국의 외교시설이 없는 이란에서 미국 이익을 대변하는 것으로 인식되는 영국에 대한 반발감정에 기인한 것이다.

또한 이란 측은 결의안이 통과된 직후 찬성표를 던진 국가들에 대한

300) New York Times, Sept. 27, 2005.

경제보복을 시사한 후 2005년 10월 17일부터 한국 상품을 수입 금지시킴으로써 불쾌감을 나타내었다.

이와 관련하여 유명환 외교통상부 제1차관은 2006년 1월 11일 외교부 청사에서 마디 사파리 이란 외무차관과 회담을 갖고 한국 상품 수입 금지 및 이란의 핵개발 프로그램 재개 움직임에 대해 우려를 표명했다. 유 차관은 이란 핵문제가 유엔 안전보장이사회에 회부되지 않고 협상을 통해 평화적, 외교적으로 해결되기를 기대한다는 정부 입장을 사파리 차관에게 전했다. 한편 반기문 외교부 장관이 내외신 주례 브리핑에서 핵 비확산을 위한 국제사회의 노력을 지지하는 우리 정부의 확고한 입장을 밝혔다. 사파리 차관은 원자력 연구개발 시설의 봉인 제거를 비롯한 이란의 핵개발 관련 조치가 평화적 핵이용을 위한 것임을 강조하며 향후 IAEA 이사회 등에서 이란의 입장을 지지해 줄 것을 요청했다. 이제 지구 반대편에 있는 한국에까지 이란 핵위기의 충격파가 감지되기 시작한 것이다.

미국은 지금까지 공을 들여온 중동 민주화 구상은 물론이고 핵을 비롯한 대량살상무기(WMD) 확산방지 노력에 '역풍'을 불러올 수 있다는 사실을 우려하고 있다. 이란 대선 결과로 이란과 북한의 핵문제가 '강력한 핵 연쇄반응'을 만들어 낼지 모른다는 관측까지 나오고 있다. 이런 상황에서 2006년 4월 6일 존 볼턴 유엔 주재 미국대사는 "안보리가 이란 핵문제에 대한 대응에 실패할 경우 미국은 안보 · 금융 · 경제 · 관광 제재 등의 다른 대안을 추진할 것이다. 우리가 택할 수 있는 다른 방어적 조치들은 우리가 북한의 경우에 취한 것들과 비슷하며, 이란의 불법 금융거래를 추적하는 것이다"라고 말했다.

5 리비아식 해법과 이란-북한 핵문제의 전망

마지막으로 이란-북한의 핵문제와 관련한 양측의 공통점 및 차이점을 간략하게 살펴보기로 한다. 우선 이와 관련한 미국의 다음과 같은 관점부터 살펴보는 것이 중요하다. 미 국무부는 2004년 10월 20일 "이란과 북한의 핵문제는 비슷한 점도 있지만 서로 다른 점이 많기 때문에 달리 다뤄져야 한다"라고 입장을 밝혔다.

그동안 이란은 표면적으로 원자력 발전소 건설 프로그램을 시작했지만, 극비리에 핵무기 연구개발에도 착수한 것으로 보인다. 초기에 원자력의 평화적 이용으로 시작해서 나중에 핵무기 개발을 시도했다는 점에서 이란과 북한 핵문제의 유사성을 읽을 수 있다. 그러나 북한의 해외 기술협력선이 러시아 · 중국 · 파키스탄 정도였다면, 이란은 이들 세 나라 외에 독일 · 프랑스 · 스페인 · 남아프리카공화국 · 아르헨티나 · 파키스탄 등 다양한 협력 루트를 확보하고 관련 기술을 도입했다.

또한 이란은 핵개발의 핵심물질인 불소를 북한으로부터 수입한 것으로 밝혀졌다.[301] 이 같은 사실은 북한이 이란의 핵개발에 주요 역할을 하고 있음을 보여 주는 것이다. 이란 중부의 한 우라늄 전환시설 내 6불화우라늄 생성시설이 불소 부족에 시달리고 있으나 불소에 관한 국제적 거래규제로 수입이 어렵게 되자, 북한과 수입 계약을 체결했다는 것이

301) 이러한 사실은 산케이(産經)신문의 2004년 11월 7일자에 보도되었다. 소식통에 따르면 지난 5월 20일 북한의 불소 수십kg이 이란의 특별기편에 실려 이란으로 공수됐다. 핵개발에 필요한 농축 우라늄의 원료인 '6불화우라늄(UF_6)' 1톤을 제조하는 데는 110kg의 불소가 필요한 반면 당시 공수된 양은 이에 못 미쳤던 것으로 관측된다. 우라늄을 6개의 불소와 화합하면 '6불화우라늄'이라는 휘발성 액체가 만들어진다. 6불화우라늄은 농축 우라늄의 원료로, 이란은 우라늄 농축을 통한 핵개발을 추진 중이라는 의혹을 받고 있다.

다. 이란이 위험을 무릅쓰고 핵개발 의혹을 받고 있는 북한으로부터 불소를 수입한 배경은 "국제사회에 핵개발을 기정사실로 인정토록 함으로써 우라늄 전환 등의 작업을 서두를 필요가 있기 때문"이다.

북한에서는 플루토늄(PU)을 이용한 핵개발 계획이 고농축우라늄(HEU)프로그램보다 훨씬 앞서 있다. 영변의 핵 단지는 PU 추출을 주요 목적으로 하는 거대한 핵시설들로 구성되어 있는 반면에, 2002년 10월에 불거진 우라늄 농축 프로그램은 아직 HEU를 양산할 수 있는 규모의 생산단지를 갖추지 못한 것으로 보인다. 또한 북한 당국도 HEU 생산사실을 부인하고 있고, 대규모 HEU 생산시설이 확인되었다는 정보도 없는 상태다.

반면 이란의 경우에는 HEU 프로그램이 PU에 비해 훨씬 더 진전되어 있다. 이란이 HEU 프로그램을 진행하고 있는 사실이 외부에 알려진 것은 2002년 8월 이란의 반정부단체인 이란저항국민회의(NCRI)에 의해서였다. NCRI의 고발로 인해 NPT 회원국인 이란이 IAEA에 관련 시설의 존재와 활동 상황을 소상히 알릴 의무를 이행하지 않았음이 밝혀진 것이다. 이 고발을 계기로 지난 1984년 원자력 활동을 재개한 이란이 18년 동안 국제사회와 IAEA를 속여왔다는 비판이 제기되고 있다. 이란 정부는 핵개발 프로그램을 급기야 20년만인 2004년 9월에야 자인하는 가운데, 강경파는 이란이 서둘러 핵무기를 보유해야 한다고 공개적으로 주장한 바 있다.

2004년 11월 17일, NCRI는 오스트리아 빈에서 기자회견을 갖고 "이란이 2001년 파키스탄의 압둘 카디르 칸 박사의 핵 밀매 조직으로부터 HEU를 제공받았다"라고 주장했다. NCRI의 파리드 솔레이마니는 "칸 박사가 리비아에 제공한 것과 같은 무기 설계도를 이란에도 줬다"라고 덧붙였다. NCRI는 프랑스 파리에서 이란 정부가 아직까지 공개되지 않은 테헤란의 국방부 비밀 핵시설 '현대국방준비기술센터'에서 우라늄 농축 활동을 계속하고 있다고 주장했다. 이란은 유엔핵사찰단이 이란을 방문하기 전에 파괴한 국방부 시설물에서 장비와 인력을 센터로 이전했다는 것이다.

기밀정보 보고서에 밝은 미 의회의 한 관계자는 “우리는 미 정보당국이 현재 북한보다 아주 많은 對이란 접근통로를 확보하고 있다”라고 말하면서 상당수 이란인들이 해외여행을 하고 북한보다 외부 방문객에 더 개방적임을 강조했다. 신문은 또 실제로 CIA의 LA분실도 과거 몇 년 캘리포니아 남부 이란인들과 접촉, 핵개발을 포함한 이란관련 정보를 수집해왔다고 전했다.

북한은, 이란과 달리 핵개발과 관련해서는 아직까지 구체적인 정보를 제공한 내부 고발자가 없는 상태에 있다. 황장엽 씨를 비롯한 일부 망명 인사와 탈북자들이 북한의 핵개발에 대해 나름대로 정보를 제공했지만 이란의 NCRI와 같은 결정적인 정보는 없다. 앞으로 북한의 핵개발 현황을 정확하게 검증하고 핵문제를 완전히 해결하기 위해서는 핵개발 프로그램에 직접 참여했던 북한 기술자들의 고발과 증언이 필수적이다. 내부 고발자의 정보제공은 제한된 검증자원을 효율적으로 활용할 수 있는 열쇠이다.[302)]

양국 핵개발 계획의 또 다른 공통점은 정권 핵심부의 관심과 주도 하에 진행한 것이다. 이란원자력기구의 소장이 현직 부통령이라는 사실은 이란 정부가 핵개발에 쏟는 관심이 어느 정도인지를 잘 보여준다. 북한 역시 핵개발과 같이 한 정권의 운명이 걸려 있는 문제를 김일성과 김정일의 승인 없이 추진했을 리는 만무하다.

또한 양국이 핵개발의 명분으로 전력생산과 같은 핵의 평화적 이용을 내세우고 있다는 점도 같다. 이란 정부는 향후 20년 동안 7,000MW의 전력을 생산하는데 원자력을 이용하겠다는 논리를 제시하고 있다. 북한 역시 영변 핵 단지의 5MW 원자로를 비롯한 핵시설들이 전력생산용이

302) 전성훈 2004, 400-409.

라고 주장하고 있다. 하지만 5MW 원자로의 기술적 특성상 주된 목적은 플루토늄 생산이라는 것이 과학계의 판단이다. 이란의 경우에는 석유자원이 풍부한 나라가 굳이 원자력에 관심을 가질 이유가 없다는 것이 미국의 반박논리다.

2004년 11월 1일 엘바라데이 사무총장은 유엔총회에 제출한 연례보고서에서 이란에 신뢰구축 조치로 우라늄 농축을 중단할 것을 촉구하고, 북한에는 핵무기 프로그램 중단 또는 최소한 평화적 목적을 입증할 수 있는 사찰을 허용할 것을 요구했다. 그는 또 북핵 6자회담이 교착상태에 빠진데 실망감을 표하고 "국제사회는 북한의 안보 우려와 함께 경제적 어려움을 인도주의 차원에서 살펴볼 준비가 돼 있다. 이것의 필요조건은 핵무기 프로그램을 완전히 증명 가능하도록 폐기하는 것이다"라고 말했다. 유엔총회는 이날 원자력 에너지의 평화적 이용 증진과 핵안전 및 증명, 보안에서 IAEA의 역할을 지지하는 결의안을 표결에 붙여 찬성 123, 반대 1로 가결했으며 북한만이 반대표를 던졌다.

북한은 핵 프로그램의 평화적 목적을 증명해야 한다는 IAEA의 요구에 대해 거부 입장을 밝혔다. 김창국 북한 유엔주재 차석대사는 IAEA의 요구에 대해 "강대국의 정치적 도구"라며 미국이 대북 적대정책을 끝내면 핵 억제력을 폐기할 것이라고 말했다. 그는 또 일본이 자국 영토에 미국 핵무기를 배치하도록 허용하고 한국이 핵 야심을 품고 있다고 비난했다. 반면에 메흐디 다네시-야즈디 이란 유엔주재 부대사는 "이란은 평화적 목적의 핵에너지 개발은 양도할 수 없는 권리이며 이를 계속 추구할 것이다"라고 주장했다.

다른 한편, 6자회담이 실패하고 북한이 핵을 보유하게 되면 동북아의 핵균형을 유지하기 위해 차선책으로 한국과 일본의 핵무장도 허용해야 한다는 주장이 제기되었다.[303)] 한-일 양국의 핵개발은 오히려 북한에

303) 케이토 연구소의 카펜터 부소장과 밴도우 연구원들은 2004년 12월 초 발간된 '한국의 난제: 골치 아픈 미국의 남북한 정책'이라는 책에서 한

부담을 주어 김정일의 핵개발 의사를 재고하게 할 가능성도 있다는 것이다.

≪뉴욕 타임스≫에 의하면, 북한이 미사일 실험을 하지 않고 있다는 주장과 달리 이란의 미사일 실험을 훈수하고 그 결과를 제공받는 방식으로 미사일 개발을 계속하고 있다는 징후가 있다.

타임지는 인터넷에 올린 2005년 2월 28일자 기사에서 북한과 이란이 그동안 알려진 것 보다 훨씬 더 밀접한 협력관계를 유지하고 있다면서 이같이 밝혔다. 6년 전 미국의 경제제재를 경감받는 대신 장거리 미사일 실험발사를 중단하는데 동의한 북한은 여전히 그 협상을 지키고 있다고 주장했다. 하지만 부시 행정부 일부 관리들은 북한이 이란을 대리자로 활용함으로써 자신들을 속이고 있을 수 있다고 생각하고 있다. 미국의 한 고위 관리는 "이란이 지난해 여름 북한의 로동 미사일에 근거를 두고 있는 샤합-3 미사일을 실험 발사한 이후 북한에 실험과 관련한 원격측정자료 등 각종 데이터를 제공하고 있으며, 북한은 이를 자체 미사일 체계 개선을 위한 자료로 활용하고 있다는 징후가 있다"라고 밝혔다. 테헤란으로부터 샤합 미사일 실험에 관한 각종 자료를 제공받는 대신, 평양은 이란에 더 진전된 실험을 위한 기술적 훈수를 두고 있을 가능성이 있다는 것이다.

CIA 포터 고스 국장은 의회에서 북한의 대포동-2 미사일은 핵탄두를 적재하고 미국에 도달할 능력이 있다면서 더욱 불길한 것은 북한이 경화를 벌어들이기 위해 이란 이외의 다른 고객들에게 미사일 기술을 팔

국과 일본의 핵무장 주장을 펼치며, 북한이 핵기술을 판매하는 슈퍼마켓이 되지 않는 한, 대북 선제 군사공격은 한반도의 전쟁으로 이어질 가능성이 있어 위험 부담이 너무 크기 때문에 피해야 한다고 지적했다. 카펜터는 북한이 핵을 포기하지 않는 상황에서 주한 미군은 '핵인질'이 된다면서, 미군을 이러한 위험에 노출시킬 필요가 없다고 주장했다. 1977년 설립된 워싱턴 소재 케이토 연구소는 초당파적 정책 연구기관이다.

수도 있다는 점이라고 지적했다. 존 볼튼 국무부 부장관이 의회에서 이란의 샤합-3 미사일을 방치한다면 이란은 곧 서유럽과 미국까지 도달할 수 있는 미사일을 가질 수도 있다고 경고한 바 있다. 북한은 2006년 7월에도 대포동 미사일을 위시한 수발의 미사일 실험 발사를 강행함으로써 국제사회를 긴장시킨 바 있다.

이란이 핵무기 프로젝트 은폐용 지하 벙커망을 구축하기 위해 비밀리에 북한과 협상중이다. 2005년 6월 12일 영국 선데이텔레그래프 신문 보도에 따르면 북한의 무기저장 벙커 설계를 맡았던 지하 건축물 전문가 등 북한 기술진이 테헤란에 도착, 이란 측 요구사항에 대한 사전 조사를 실시한 것으로 알려졌다. 북한은 과거 이라크 · 시리아 · 리비아에도 군사용 터널 굴착장비를 공급한 바 있다.

다른 한편 ≪이코노미스트≫는 6월 24일 치러진 이란 대선에서 강경 보수파 아흐마디네자드가 당선된 것에 대하여 다음과 같이 전망했다.

> "비관적인 이란 개혁파와 국민들은 이란 이슬람 정권이 '국민을 궁핍으로 내몰면서 세계에 핵무기를 과시하는' 제2의 북한이 될까 두려워하고 있다. 아흐마디네자드의 당선으로 성직자들이 권력을 재장악한 만큼 이 같은 가능성은 증대될 것이다."

부시 미 대통령이 '악의 축'으로 지명했던 북한과 이란은 핵문제를 계기로 '핵의 축'으로 떠오르고 있다. 당장 선진 8개국 G8 정상들은 2005년 7월 6~8일간 영국에서 열린 회의에서 북한 핵의 완전 폐기문제 및 이란 핵문제에 있어서 우라늄 농축과 재처리 전면 중단을 촉구했다.

결론적으로 리비아, 이란의 핵문제와 북한의 핵문제를 비교하면 공통점과 함께 일정부분 차이점이 드러난다. 일단 리비아가 원심분리기를 보유하기는 했으나 재처리시설도 없이 저농축 추출단계에 머물러 있었던 반면, 이란은 농축 · 재처리를 포함하여 매우 포괄적인 원자력 프로그램과 체제를 보유 · 운용하고 있으며 테러집단과의 연계 가능성이 높고 지역안보 구도에 잠재적 영향력도 크다고 할 수 있다. 한편 북한의 경우는 이란보다 기술수준은 앞서 있으나, 상대적으로 핵연료싸이클의 완성도가 덜 포괄적이며 기반이 협소하고 테러집단과의 연계가능성이 비교적 낮아 파급력이 미약하다고 할 수 있다.

핵문제가 불거지게 된 과정을 보면, 리비아가 비밀리에 추진하던 HEU 핵개발이 영미 정보당국의 물증제시로 포착되었으며, 이란도 반정부단체의 폭로와 IAEA 사찰로 드러났다. 그러나 북한의 경우는 2002년 10월 강석주 부외상의 '시인발언'과 '고강도 알루미늄강'의 수입 사실뿐으로 HEU 개발의 객관적 증거가 불충분한 상황이다. 이어 리비아는 운반수단도 갖지 못한 상태일 뿐만 아니라, 핵무기의 개발수준도 아직 초기단계에 불과하여 미국 등의 보복에 취약할 수밖에 없었던 반면, 이란은 아직 무기급 우라늄 생산능력은 부족하나 샤합 탄도미사일을 보유하고 있고, 북한은 일정량의 플루토늄과 운반수단인 로동 미사일을 가지고 있다.

리비아의 핵포기는 미국 등 서방국가들이 공동으로 지속적인 제재와 압력을 가한 결과로 나타난 성과이다. 이란은 핵 프로그램과 관련하여 벼랑끝 전술과 지연전술로 일관하고 있다. 북한의 경우는 6자회담의 틀이 존재하나 IAEA 등 국제기구의 참여가 제한되어 있어 외교협상에 한계가 존재한다. 또한 리비아의 핵포기 선언은 리비아가 '로커비 사건'의 배후로서 국제적인 무력제재에 직면할 처지에서 궁여지책으로 이뤄진 측면이 있는 반면, 이란이나 북한의 경우는 대미 테러와 무관하다는 점에서 WMD 개발을 제외하고는 미국 등 국제사회로부터 국제제재를 받을 이유가 없어 리비아와 차이가 존재한다.

현재 북미간의 타협이 이루어지지 못하고 있는 것은 어느 한쪽도 양보하지 않고 있기 때문이다. 북한에게 리비아 해법을 요구하지만, 북한으로서는 對미 테러에 개입한 적이 없고 경제보상도 확실히 보장되어 있지 않은 상황에서 선 핵포기만 원하는 미국을 믿지 않고 있다. 또한 리비아와 같이 이란 및 북한과는 비밀접촉도 제대로 이루어지지 않았던 것이다.

미-이란, 미-북한과의 관계를 반추해보면 북한은 '일종의 우군인 중국과 한국 정부'를 배후 세력 삼아 미국을 상대로 '핵게임'에서 성과를 올리고 있는 셈이다. 특히 핵문제와 관련해 미 · 중 · 일 · 러 등 한반도 주변 4강은 북한에게 당근을 제시해야한다는 온건론에서부터 북한을 그냥 두면 안 된다는 강경론까지 다양한 해결책이 제시되곤 한다. 그렇다면 북한은 언제까지 핵무기 개발 프로그램을 수단으로 하여 김정일 정권체제 보장과 경제개발 원조라는 일석이조의 효과를 누릴 수가 있을까?

부시 행정부도 그렇고 한국 정부와 중국 정부, 한국 국민들조차도 지금은 대화를 통해 해결해야 한다고 주장하고 있지만 북한이 핵개발과 관련해 추가 조치를 취할 경우 여론이 북한에 대해 강공책을 요구할지 모른다. 그러나 북한 핵시설을 미국이 폭격한다는 것은 군사기술적인 측면에서도 사실상 불가능하다. 북한은 오래전부터 미국의 핵공격에 대비하여 중요 핵심시설을 매우 깊은 지하에 건설했다.

북한은 주가를 최대한 높이고 있는 지금, 한반도 주변 5개 나라의 손짓을 끝까지 뿌리친다면 체제 안보조차 위태로워질 수 있다. 북한 김정일 정권도 이를 잘 알고 있기 때문에 노무현 정부의 외교 안보 관계자들과 미국 내의 대북 온건론자, 그리고 중국 정부는 북한이 언젠가는 6자회담에서 핵위기를 해결할 것으로 추정하고 있다. 반면에 이란의 경우는 미국을 위시한 서방측과의 핵게임에서 중국 · 러시아 · 시리아에 의존하고자 하는 정도이다. 전문가들은 리비아의 핵문제 해결은 이란과 북한 핵문제를 푸는 데에도 시사점이 많다고 분석한다.

핵문제를 둘러싼 미-이란의 관계는 쉽게 회복될 기미가 별로 없지만 미국과 북한의 그것은 한국과 중국이라는 북한 체제의 유지를 지지하는 국가가 있는 관계로, 더욱이 한국 내에 북한 김정일 체제 연착륙을 바라는 세력이 많기 때문에 다소 낙관적이라고 하겠다. 아무튼 이란이나 북한의 경우에서와 같이 시간을 끌면 끌수록 그들의 핵무기 개발 기술 능력이 축적되면서 중동평화와 한반도 안보가 위기 상황으로 빠져들어 갈 가능성은 그만큼 더 커진다.

북핵문제가 2005년 7월 26일부터 시작된 4차 6자회담이 9월에 타결되고 11월에 5차 6자회담으로 어느 정도 가닥은 잡아가고 있지만 아직까지 북한과 이란 핵문제는 전혀 타결의 기미가 보이지 않고 긴장을 고조시켜 가고 있다. 북한이 핵무기 원료인 플루토늄을 이란에 판매할 수도 있다는 우려가 있다고 영국 ≪선데이 타임스≫가 2006년 1월 29일 보도했다. 이 신문은 북한과 이란이 플루토늄과 석유를 맞바꾸려는 협상을 진행 중인 것으로 믿고 있다. 북한과 이란이 플루토늄에 대해 협의하고 있다는 믿음은 이란이 핵기술 이전을 조건으로 석유와 천연가스 공급을 제의했다는 최근 보도에 바탕을 두고 있다.[304)]

미 하원국제관계위원회는 이란의 에너지 분야에 투자하는 어떤 국가도 미국의 경제원조를 받을 수 없도록 하는 법안을 37대 3으로 통과시켰다.[305)] 국제에너지기구(IEA)에 의하면 이란은 에너지 수출을 확대하기 위해서는 향후 25년간 적어도 1600억 달러의 외국 자본과 기술을 필요로 한다.[306)]

---

304) 북한과 이란은 고(故) 김일성 주석의 94회 생일(4.15)을 맞아 양국간 친선협력을 더욱 강화할 것을 다짐했다. 양형섭 북한 최고인민회의상임위원회 부위원장은 2006년 4월 11일 잘랄렛딘 나미니 미안지 북한 주재 이란 대사가 김일성의 생일을 맞아 "김 주석은 이란과 조선 사이의 친선협조관계 발전과 반제반식민지투쟁, 불럭불가담(비동맹)운동 발전에 큰 공헌을 했다. 이란 정부와 인민은 나라의 통일을 위한 조선 인민의 투쟁을 적극 지지하고 조선 반도에 평화와 안정이 이룩되기를 바란다"고 말했다.

305) International Herald Tribune, March 17, 2006.

부시 미 행정부가 2006년 5월 15일 국교단절 26년 만에 리비아를 테러지원국 명단에서 제외하고 외교관계를 전면 정상화하겠다는 발표에서 나타난 미국 외교정책 노선의 변화는 이란과 북한 양국에 시사하는 바가 크다. 리비아와의 외교관계 복원은 리비아가 2003년 12월 미국과 대량살상무기 프로그램의 완전 폐기에 합의하고, 핵 관련 시설을 자진 해체한 데 대한 반대급부로 볼 수 있다. 카다피 리비아 대통령은 미국에 자신의 체제를 보장해 줄 것을 요구했던 것이다. 그는 2006년 7월 24일 리비아 관영통신과의 회견에서 "우리는 핵폭탄 제조의 일보직전에 중단했다는 주장은 더 이상 비밀이 아니다. 이 사실을 미국과 IAEA가 잘 알고 있다"라고 처음으로 시인한 바 있다. 그는 서방과의 복원 이유에 대해 "많은 돈을 들여 아랍민족주의 등 해외 정치운동을 지원하는 시대는 이제 끝나고 새로운 시대가 시작됐다"라고 말했다.

지난 해 1월 카다피 대통령이 "북한도 리비아를 본받아 핵무기를 포기해야 한다"라고 말한 것처럼, 미국은 리비아에 이어 북한과 이란 핵문제에 대해서도 리비아식 해법이 적용되기를 기대한다. 부시 미 행정부는 교착상태에 빠진 6자회담 재개를 위해 북한의 체제안전 보장을 공식적으로 선언하는 문제를 적극 고려해야 될 것이다. 유럽의 한 외교소식통은 "미국은 리비아의 핵개발 포기를 위해 체제 보장과 양자 직접 회담 전략을 취했다. 이란에 대해서도 같은 방식을 취할 수밖에 없을 것이다"라고 밝혔다.

하지만 미국 외교정책 변화 주장에 대해 신중한 입장을 보이는 아메리칸 프로그레스 센터의 조지프 치린시온 분석가는 "최근 일련의 미국 외교정책에서 강경파 네오콘을 포함한 원칙주의자들보다 실용주의자들이 더 큰 영향력을 행사하고 있다는 점은 인정한다"면서도 "북한에 대한 정책 변화가 분명히 나타나기 전까지는 미국 외교정책의 방향전환을

---

306) International Herald Tribune, June 21, 2006.

얘기하기는 힘들다"고 말했다.

아무튼 이란과 북한은 '제2의 이라크'가 아니라 '제2의 리비아' 모델을 따르는 것이 바람직해 보인다.

제13장 아흐마디네자드의 강경 외교정책과 미국의 핵전략

2004년 총선으로 이란의 강경 보수파가 의회를 장악하고 그 대세를 몰아 이슬람 혁명 정신을 충실히 따르는 아흐마디네자드가 2005년 대선에서마저 승리했다. 그 결과 하타미 정부의 개혁파가 그동안 추진해오던 개방적인 외교노선이 후퇴할 가능성이 높아졌다. 대미관계 등 외교정책의 변화도 불가피할 것으로 보인다. 미국과의 대화를 지지하고 있는 개혁파가 몰락할 경우 이라크 전후 처리 문제와 이란 핵개발 의혹 등 중동정세의 불확실성이 한층 더 증폭될 수 있다.

이란은 석유를 무기화 하여 핵주권을 확보하면서 자국의 안보는 물론 중동의 강국으로 부상하겠다는 강한 의지를 보이고 있다. '이란의 민주화 촉진 및 이슬람 신정체제의 정권 교체'를 위한 미국의 압력에 맞서, 이란은 북한과는 달리 핵 프로그램의 강행의 목적이 어떤 경제적 보상을 위한 것이라기보다는 정치 · 군사적 필요성뿐만 아니라 자신들의 이슬람 정권 안보에 있음을 숨기지 않는다. 최근 하메네이는 실용주의자였던 하산 로우하니 대신에 전 혁명수비대 사령관 알리 라리자니를 이란최고국가안보회의 의장 겸 핵협상 대표로 임명함으로써 더욱더 강경한 입장을 취할 것으로 보인다.

1 아흐마디네자드 정부의 출범과 강경 외교정책 기조

2005년 6월 17일 치러진 이란 대통령 선거는 예상을 깨고 '실용 보수파'와 '강경 보수파'간의 대결로 압축됐다. 선거감독기구인 헌법수호위원회에 따르면 선거 개표결과 라프산자니 후보가 득표율 21.1%로 1위, 마흐무드 아흐마디네자드307) 후보가 19.5%로 2위에 올라 1-2위의 득표수 차는 약 45만 표였다. 개혁파와 대학생들의 선거불참 움직임에도 불구하고 투표율은 63%로 비교적 높았는데, 결국 4천7백만 명의 유권자 중 약 3천만 명이 선거에 참여한 것이다. 아흐마디네자드는 테헤란 남부의 중하층 빈민들로부터 큰 지지를 받은 것으로 분석됐다. 당초 대통령 후보들 중 유력한 경쟁자로 예상됐던 개혁파 대표 무스타파 모인은 13%밖에 득표하지 못해 5위에 그쳤고, 개혁파 성직자인 메흐디 카루비

---

307) 마흐무드 아흐마디네자드는 1956년 테헤란 근교 가름사르에서 대장장이 집안의 아들로 태어났다. 7명의 형제 중 넷째로, 한 살 때 가족들이 테헤란 남부로 이주하면서 그곳 빈민가에서 자랐다. 1975년 엘름 오 사나트 대학의 공학과정에 입학, 이슬람 급진학생운동에 투신했으며 다른 학생운동권 간부들과 함께 이란 혁명 지도자 호메이니를 추종했다.
이란 과격파 학생들은 지난 1979년 11월 4일 미국이 팔레비 이란 국왕의 신병인도를 거부하자, 미 대사관에 난입해 미 외교관 66명을 인질로 444일간 그의 신병인도를 요구하며 시위를 벌였다. 1980년대 그는 이란 혁명수비대에서 활동하며 특수부대 사령관으로 승진, '반혁명' 세력 단속과 국경 밖 쿠르드족 요인 암살 등 테러 활동에도 관여하면서, 이란-이라크 전쟁에 자원 참전하며 정치에 뛰어들었다. 1990년대 들어 그는 이란 북서부 소도시 시장을 역임하고, 1993년 신생 도시인 아르데빌 시장에 임명됐다. 1997년 하타미 정권 때 물러난 후, 2003년 테헤란 시장에 당선되면서 정계로 복귀했던 그는 이슬람 원칙을 고수했다. 아흐마디네자드는 테헤란과학기술대학에서 박사학위도 받았고, 뛰어난 행정능력으로 인기를 끌며 교통 도시공학박사 출신답게 테헤란의 도로를 다시 포장하고 고질적인 교통정체를 개선했다.

도 17.5% 득표로 3위에 머물렀다. 하타미 대통령의 8년에 걸친 지지부진한 개혁에 실망한 유권자들이 등을 돌린 것으로 해석된다. 이는 곧 선거전 내내 주목받지 못하던 아흐마디네자드의 급부상으로 이어졌다는 평이다.

3위를 차지한 카루비 전 국회의장은 "돈이 투표하는 손들을 바꿔 놓았다"며 유권자 매수 등 선거부정 의혹을 제기했다. 카루비는 선거결과를 집계한 내무부에서 자신을 라프산자니에 이어 2위라고 발표했으나, 30분 뒤 강경파 성직자들이 주도하는 헌법수호위원회에서 상반된 발표를 했다며 의혹을 제기하고 있다. 모인 후보도 군 세력과 일부 정치조직이 선거부정에 가담했다며 선거부정을 주장하는 성명을 발표했다.

1차 투표에서 50% 이상을 득표한 후보가 없었기 때문에, 1979년 이란 혁명 이래 처음으로 2005년 6월 24일 2차 투표에서 맞붙은 라프산자니와 아흐마디네자드 양 후보의 대결은 '이란 계층간 갈등의 축소판'으로 꼽힌다. 대통령을 지낸 라프산자니가 최고 부호로 꼽히는 성직자임에 반해, 테헤란 시장인 아흐마디네자드는 중·하류층 노동자 계급 태생이자 강경 보수파 '바시즈 민병대' 출신이기 때문이다.

양 후보의 이념적 차이도 두드러진다. 라프산자니는 이란 혁명 지도자인 호메이니와 최고 지도자 하메네이의 계승자를 자처하면서 대내적으로 여성과 젊은 층에게 자유와 일자리의 창출뿐만 아니라 대외적으로 미국과의 관계 개선과 핵개발을 둘러싼 서방과의 갈등 해결을 주요 공약으로 내세운 반면, 아흐마디네자드는 이슬람 가치 수호 및 빈곤 문제 우선 해결을 주장해 신앙심 두터운 빈민층의 강한 지지를 받은 것으로 나타났다. 대통령 재직시 부정축재로 비난을 받았던 라프산자니 후보와 달리, 그는 수수한 민병대 복장을 하고 유세기간 중에 "나는 교사월급을 받고 살지만 신에게 감사하며 만족하고 있다"는 등 검소한 생활로 민심을 사로잡으며 의롭고 청빈한 '이란의 로빈 후드(Robin Hood)'의 이미지를 부각시켰다.

그는 대내적으로 이란의 신정체제를 강화해 국내정치를 안정시키는 것이 먼저라고 주장하고, 대외적으로 대미 강경노선과 이슬람 성직자 지배체제를 옹호하는 보수파로 알려져 있다. 하메네이 등 보수적 성직자들 역시 이슬람 공화국 체제를 옹호하는 아흐마디네자드를 선호함에 따라서 전국 곳곳의 모스크 · 군대 · 민병대 등 조직망이 표를 결집시키는 데 기여했다.

이슬람 원리주의에 심취하고 이슬람 혁명의 정신을 충실히 따르는 아흐마디네자드가 25년 전에 발생한 테헤란 주재 미 대사관 인질사건 현장에 있었다는 주장이 제기됐지만, 미 정부는 그동안의 면밀한 조사 결과 그가 인질범은 아닌 것으로 밝혀졌다고 2005년 7월 30일 발표한 바 있다.[308)]

아흐마디네자드는 1979년 이슬람 혁명 때가 아닌, 1980년대 이란-이라크 전쟁 과정에서 성장한 '혁명 2세대' 보수파다. 경제난 극복을 위해 혁명 1세대의 라프산자니는 서방과의 관계 개선을 희망하지만, 혁명 2세대는 중국 · 인도와 같은 동방의 신흥 경제국과 더 가까워지기를 원한다. 미 뉴욕의 대외관계협의회(CFR)의 이란 전문가인 레이 타케이는 "혁명 2세대는 이라크군이 '낡은 유럽'과 '제국주의 미국'의 묵인 가운데 이란에 화학무기로 공격했던 사실을 잊지 않는다"라고 말했다.

부시 미 대통령이 1차 투표를 앞두고 이란 선거가 비민주적이라고 비판한 결과, 오히려 보수성향의 유권자들을 결집시켜 강경파에게 유리한 국면을 형성했는데, 이 같은 분위기는 2차 투표에도 영향을 주었다. 이런 가운데 개혁파인 하타미 대통령은 '온건파' 지지를 호소, 라프산자니에 대한 간접적인 지지 의사를 밝혔지만 그 영향은 미미했다. 2차 결선을 앞둔 6월 22일 라프산자니는 "미국과의 대결이 교류로 바뀔 수 있다. 지금의 이란은 혁명 당시의 이슬람을 그대로 적용할 수 없다"며, 온건 ·

---

308) International Herald Tribune, July 30-31, 2005

개혁 성향 유권자들의 결집을 호소했다. 개혁파 후보의 결선 진출에 실패했던 개혁세력은 차선책으로 라프산자니에 대한 지지 의사를 밝혔다. 1차 투표에서 급부상한 아흐마디네자드에게 1% 표차로 3위로 밀려난 카루비 후보는 "모두 투표해서, 아프가니스탄의 탈레반 정부가 이란에 들어서는 걸 막아야 한다"라고 호소했다. 테헤란 거리에는 개혁파가 내건 "종교적 파시즘, 광신자들이 몰려온다"는 경고문이 나붙었다.

아흐마디네자드 진영은 고실업 · 고물가 · 부정부패에 염증을 느끼는 지방 농민과 소도시 노동자 등 전체 인구의 35~40%를 겨냥했다. 이러한 선거과정을 거쳐 이란 내무부는 2005년 6월 25일 "아흐마디네자드 후보가 전날 치러진 대통령 선거 2차 투표에서 압도적인 승리를 거뒀다"라고 발표했다. 강경 보수파 아흐마디네자드는 61.8%의 득표율을 보였으며 온건 보수파 라프산자니는 35.7%의 득표율에 그쳤다. 이날 선거에는 4천7백만 전체 유권자 가운데 2천3백만 명이 참여해 투표율은 49%로 다소 저조했다.

1차 투표 직전까지만 해도 전혀 주목을 받지 못했던 아흐마디네자드가 대통령에 당선된 것은 이란 국민들의 절박한 요구를 제대로 읽었기 때문이다. 인구 40%가 빈곤층으로 16%에 달하는 살인적 실업률 등 민생고에 시달려온 이란인들이 '빈곤', '실업' 문제 등을 집중 제기한 그의 유세에 사로잡혔다는 것이다. 반면 전직 대통령으로서 막대한 부를 축적한 것으로 알려진 라프산자니는 결선투표 전, 부의 축적 과정에 대한 의혹에 시달렸다. 라프산자니가 속한 기득권 지배계층의 부패에 분노한 민심도 아흐마디네자드의 급부상 배경으로 꼽힌다. 아흐마디에자드는 신을 두려워하는 공복(公僕)으로서의 청렴결백한 이미지를 집중 부각시켜, 부정부패와 높은 인플레이션에 찌든 이란 서민층을 위로하며 라프산자니와 차별화 했던 것이다.

선거 당일 그는 일반 유권자들과 함께 줄을 서서 투표를 했다. 빈민층 사이에선 아흐마디네자드가 '의적(義賊)' 같은 역할을 해 줄 것이라고 기대했다. 어떤 유권자는 “아흐마디네자드가 국가의 부를 도둑질하는 사람들의 손을 자르고 빈곤과 맞서 싸우려 하기 때문에 그를 찍었다”라고 말했다. 이슬람 신앙이 독실한 빈민층이 아흐마디네자드의 소박한 삶과 개인적 정직성에 공감하고 그를 지지한 것으로 보인다.

실제로 그는 급진적 이슬람 원리주의자로서 “이란 내 자유는 상상을 뛰어넘는 정도”라며 ‘서구문화 중독증(Westoxification)’을 비판해왔다. 따라서 그가 테헤란 시장 시절 남성 직원에게 긴 소매 셔츠의 착용을 강요하며, 서구식 패스트푸드점을 폐쇄하고, 영국의 유명 축구선수 데이비드 베컴의 광고판을 철거했던 것 이상의 강경 조치들을 취할 것으로 예상된다.[309)]

그러나 아흐마디네자드는 당선 기자회견에서 “새 정부의 정책은 온건이지, 극단주의가 되지 않을 것이다”라면서 중상류층의 우려를 불식시키려 노력하며, 대선 때 자신의 반대편에 섰던 개혁파 끌어안기에 나섰다. 그는 여성의 의상 제한에 대해 완화된 태도를 갖고 있으며 대중음악이나 위성방송 시청 문제에 대해서도 진보적 조치를 취할 것이라는 요지의 담화문을 그의 문화정책 담당 보좌관인 메흐디 칼로르가 6월 27일 발표했다.

“대통령 당선자는 경찰이 남녀 청소년의 의상에 일일이 간섭하는 것

309) 모르테자 탈라에이 테헤란 경찰청장은 2006년 4월 19일 “이슬람 정신에 어긋나는 복장을 금지하며 히잡 밖으로 머리카락이 나와서도 안 된다”라고 경고했다. 이란 정부는 5월 중순에도 ‘이슬람 복장’을 강화하는 법안 초안을 마련, 여성들은 ‘머리부터 발끝까지’ 차도르를 착용해야 하며, 반바지 착용도 금지하고 있다. 이 같은 조치에 대해 젊은 여성들은 “21세기에 옷차림까지 간섭하는 것은 말도 안 된다. 하타미 정부 시절이 그립다”라고 말하고 있다. 9월 초에 아흐마디네자드 대통령은 대학의 이슬람화를 더욱 강화하기 위해서 비종교적인 교수들을 추방하라고 대학생들에게 주문했다.

을 원치 않고 모든 사람이 행복해지기를 바라고 있다. 모든 사람에게 일할 수 있는 공간도 열어줘야 한다. 모든 사람이 위성TV를 자유롭게 시청할 수 있게 될 것이고 규제가 많았던 대중음악에 대한 제한도 크게 완화될 것이다. 당선자는 각종 검열과 압력을 중단하려는 생각을 갖고 있다."

이란에서는 위성TV를 보면 벌금을 내거나 장비가 압류되고 가수의 앨범 제작과 콘서트 개최에도 엄격한 심의가 이루어진다. 특히 여성의 가수 활동은 원천적으로 불가능하다. 그의 개혁 구상은 20, 30대 젊은 유권자와 여성의 진보적 개혁 요구를 반영하기 위한 일시적인 것이었다. 1년이 지난 2006년 여름부터 이란 정부는 위성TV를 강제로 철거하기 시작했다.

성직자 출신이면서도 실용・개방노선을 걸어왔던 하타미 대통령이나 라프산자니 전 대통령과 달리, 비성직자 출신이면서도 이슬람 원리주의에 충실한 아흐마디네자드는 종전보다 훨씬 강화된 반미 노선을 지향할 것으로 보인다. 즉, 그는 1979년 이슬람 혁명 이래로 비성직자 출신으로서는 처음으로 제6대 이란 대통령에 당선된 것이다. 그는 6월 26일 기자회견에서 "이란이 진보로 나가는 길에 미국과의 관계는 중요치 않으며, 미국이 적대정책을 유지하는 한, 미국과 관계를 개선할 생각이 없다"라고 말했다. 그의 급부상과 대통령 당선의 배경에 유권자들의 강한 반미 민족주의 정서가 깔려 있다는 점까지 감안하면 그의 반미노선은 더 강경해질 것으로 보인다.

그는 대통령 당선 후, 이란의 석유산업에 대해 "생산・수출・거래가 불투명하며, 한 가문과 정치적인 패거리에 의해 조종된다"라고 비판했다. 석유산업의 구조개혁을 통해 '부의 재분배'를 시행해 나가겠다는 것이다. 아흐마디네자드는 '빈자들의 대리인'을 자임하면서 저소득층 가계자금・농촌개발기금・의료보험・여성복지정책 등 공약에 석유 판매로 얻어진 부를 공평하게 분배하겠다고 약속했다.

그러나 이란의 석유와 가스 등 주요 생필품에 막대한 정부 보조금 지급, 준 정부 성격을 띤 종교구호재단의 기금 갹출, 한 해 적어도 50만 명 이상의 대학 졸업생의 취업문제, 상대적으로 낮은 수준의 외국 투자자본의 유입, 높은 실업률 등의 요인으로 인한 이란 경제의 왜곡이 있어 새로운 정부의 경제정책에 걸림돌로 작용할 것으로 보인다. 이란의 부패한 경제체제가 보수파에 의해서 유지되고 있고 대부분 석유회사는 힘있는 울라마 특권계층과 그 가문들이 소유하고 있기 때문에, 부의 분배가 공정하게 이루어질지는 미지수다. 특권에 물들어 있는 원로 울라마 기득권 세력은 젊은 아흐마디네자드의 개혁성향을 못마땅하게 생각하지만 그의 인기가 민중들 사이에서 너무 크기 때문에 그를 수용했던 것이다.

최고 지도자 하메네이는 2005년 8월 2일 아흐마디네자드의 대통령 취임식 경축사에서 "이란 지도자들은 이란 민족의 정치ㆍ경제적 권리를 포기할 권리를 가지고 있지 않다"라고 선언하며 새로운 정부가 이란 민족의 권리를 수호하라고 명령했다. 그가 선언서를 낭독하는 동안 청중들은 "미국에게 죽음을! 이스라엘에게 죽음을!"이라는 구호를 외쳐댔다. 아흐마디네자드는 대통령 취임사에서 "본인은 모든 살상무기를 폐기할 것을 호소합니다. 이란 국민의 공복으로서 본인은 국가의 독립, 국가의 이익, 이슬람 종교를 수호하기를 원합니다. 또한 본인은 국내외에 있는 이란 국민의 이익을 수호하기를 원합니다"라고 말했다.[310]

다른 한편 개혁진영 일각에선 이번 선거결과로 이란 신정체제의 몰락이 앞당겨질 것이란 기대도 나온다. 반체제 학생운동 지도자 출신으로 미국에 망명 중인 마제푸르 고하르는 "아흐마디네자드 당선은 현 체제의 마지막이 될 것이다. 반체제 진영에는 오히려 잘된 일이다"라고 주장했다. 해외에 망명해 있는 많은 이란인들이 소망하는 것처럼, 강경 이슬

---

310) International Herald Tribune, August 4, 2005.

람 보수파 성직자가 집권하고 있는 정부의 몰락이 나타날 것인가? 아마도 그것은 과거 팔레비 시절에 대한 향수에서 비롯된 것으로 보인다.

2 핵무기 필요성 절감한 이슬람 혁명정권

이란 핵 프로그램의 배후에 어떠한 전략적 동기가 있던지 간에 이란의 목표는 무슬림 세계에서 과학의 종주국으로서의 위상회복이다. 이란 과학자들에 의하면 핵기술을 추구하는 것은 중세 세계 학문의 중심인 페르시아 제국으로 거슬러 올라가는 교육과 과학에 있어서 뿌리깊은 민족적 자긍심과 연관된다. 이란의 과학자들에게 있어서 핵기술 연구는 조국의 과학강국의 영광을 회복하는 수단인 것이다.

많은 이란인들은 "핵기술 연구는 기술 발전의 중심이다"라는 이란 정부의 주장을 믿고 있다. 과학은 핵문제와 관련하여 이란인들에게 중심적인 화두로 떠올랐다. 과학과 정치는 분리해서 생각해야 된다는 분위기 속에서, 이란 국민 85%가 핵기술 연구를 지지한다는 여론조사가 나왔다. 하메이니는 2006년 1월 3일 행한 연설에서 '과학의 어머니(mother of science)'로서 조국의 역사적 위상을 회복하기 위해 학생들이 열심히 공부할 것을 당부했다. 국제사회가 이란의 우라늄 농축을 반대했을 때, 아흐마디네자드 대통령은 이러한 반대가 다른 나라들이 향유하는 핵에너지에 대한 무슬림 국가의 권리를 부정하는 '과학적 차별정책(scientific apartheid)'이라고 서방측을 비난했다.[311)]

과거 서구 열강이 침략해오기 전에 이란인들은 아랍·몽골·오스만 제국과의 전쟁으로 인한 쓰디쓴 기억을 가지고 있다. 이란의 현대 역사는 외세의 침략과 음모에 의해서 이란 민족 저항세력의 지도자 쿠첵 칸

---

311) Iran turns to science to find its past glory: Research is a matter of national pride by Anne Barnard, International Herald Tribune, August 23, 2006.

(Mirza Kuchek Khan)으로부터 시작해서 19세기의 개혁주의자 아미르 카비르(Amir Kabir), 그리고 후에 모사데그(Mussadiq) 같은 이란 민족 영웅들의 수난사로 가득 차있다. 이란인들의 그러한 고통스러운 기억들은 핵에너지에 대한 열망을 서구세력에 대한 이란 민족의 상징으로 만들고 있다.

이와 같이 이란 이슬람 정부가 이토록 핵개발의 주권에 집착하는 이유는 무슬림 세계에서 과학의 종주국으로서의 위상회복, 서구 열강의 對이란 침공과 내정간섭, 그리고 심지어 기술 습득의 권리조차도 허용되지 않았다는데 있다. 이란의 모든 어린 아이들조차도 미 CIA지원 하의 쿠데타로 모사데그 민족주의 정권이 붕괴되었다는 역사적 사실에 관해서 잘 알고 있다. 심지어 과거 역사에 관해서 거의 관심이 없는 이란인도 18-19세기를 통해서 이란이 어떻게 열강의 패권게임(Great Game)의 각축장이 되었는지를 잘 알고 있다.

하나의 역사적 사실을 예로 들면 이란인들은 1870년대부터 1920년대까지 영국과 러시아가 그 당시 경제발전에 중요했던 기본적인 철도건설 기술조차도 박탈했었던 사실을 잊지 않고 있다. 영-러 양국이 이란 횡단 철도 건설을 여러 차례 반대했는데, 그 이유는 그것이 그들의 끊임없는 제국주의 팽창정책에 위협이 될 것이라는데 있었다. 그러나 결국 이란 횡단 철도가 완공되었을 때, 제2차 세계대전 기간 동안 영-러와 미국 점령군은 그것을 나치 독일에 대한 '승리의 다리(bridge of victory)'라고 부르며 무단으로 이용했다. 더구나 윈스턴 처칠 수상이 그 철도를 부설한 레자 샤 팔레비를 폐위하고 국외로 추방한 이후에도 그들은 그 철도를 계속 이용했던 것이다.[312)]

이란의 경제적 주권을 회복하기 위한 1951-53년의 석유 국유화 운동도 영국을 위시한 서구 열강에 의해서 부정되었다. 이것은 이란인들의

312) Abbas Amanat, The Persian complex: Iran's quest for power has deep roots, International Herald Tribune, June 4, 2006.

민족의식에 영원한 아픈 상처를 남겨 놓았다. 오늘날 이란인들은 이러한 역사적 사실을 그들의 핵개발 주권이 미국에 의해서 부정되고 있는 현실과 동일한 맥락에서 간주한다. 이란 국민의 열망과는 무관하게 미국은 지정학적 이익을 지키기 위해서 모사데그와 레자 샤의 정권을 교체했던 것이다. 많은 이란인들, 특히 호메이니에게 있어서 미국에 대한 역사적 기억은 거대한 패권게임(Great Game)으로부터 거대한 악마(Great Satan)의 이미지로 이어졌다. 이란인들의 집단적 기억은 그러한 주제로 가득 차있다.

과거 서구세력이 이란의 철도부설 및 석유산업 주권에 대해서 행했던 것과 똑같이, 그들이 이란의 핵기술을 잠시 동안은 중지시킬 수 있겠지만 이란인들의 머리에 각인된 기억들을 지울 수는 없다. 그리고 현 이슬람 정권은 핵 프로그램을 발전시키고 국내 반체제 세력을 탄압하기 위해 이러한 역사적 집단 기억을 충분히 이용할 것이다. 그렇지 않아도 이란인들은 과거부터 그들 조국이 근대화되지 못하고 과학 기술이 발전하지 못한 원인을 외세에 의한 음모 탓으로 돌렸다. 이러한 외세의 침략과 수난으로 점철된 이란의 간략한 역사적 배경을 이해하면서 핵과 관련한 주제로 옮겨 가보자.

이란 핵문제는 1970년대 초 팔레비 왕조의 샤 정권 때 근대화의 상징으로서 페르시아만 부셰르(Busher) 지역에 원자력 발전소를 건설하면서부터 불거지기 시작했다. 또한 이란은 샤가 석유 매장량이 고갈될 때를 대비해서 대체 연료 자원이 필요하다고 주장한 당시 핵개발 프로그램을 추진하기 시작했다. 미국 · 독일 · 프랑스 등은 12기의 핵발전소를 건설하기로 샤와 계약을 맺었다. 샤는 서방 기자들에게 "의심할 바 없이, 그리고 여러분이 생각한 것보다 더 빨리 우리는 핵무기를 보유하게 될 것입니다"라고 말했다. 다행스럽게도 이 계획의 대부분은 이슬람 혁명과 이란-이라크 전의 혼란한 와중에서 잊혀졌던 것이다. 이란이 좀 더 조심스럽게 핵개발에 다시 착수한 것은 20년 뒤인 1990년대가 되어 부셰르

핵발전소를 완공하기 위해 러시아와 계약을 체결하면서부터이다.[313)]

이란은 1970년 2월 핵확산금지조약(NPT)에 가입하고 2년 후인 1974년 5월 국제원자력기구(IAEA)와 보장조치협정을 체결했다. 원자력발전소 건설에 관심을 두고 시작된 이란의 핵 관련 활동은 1979년 호메이니의 이슬람 혁명의 성공으로 샤 정권이 붕괴되면서 중단되었다가, 1984년부터 재개되었다.

중동과 관련된 핵문제에 대한 최초의 공식적인 언급은 1970년대 닉슨 독트린으로 거슬러 올라간다. 그 내용은 미 국익의 사활지대는 '핵우산'으로 보호하겠지만, 중동 친미국가들 역시 자체 안보 노력을 강화해야 된다는 것이었다. 미국의 이런 전략은 걸프 지역에서 사우디아라비아를 경제 대국으로, 이란을 군사 대국으로 내세우는 "양 기둥정책(twin pillar's policy)"으로 나타났다. 이러한 분위기에 편승하여 이란은 1970년대 페르시아만의 안보를 담당하는 '경찰국가'로서 한때 중동의 맹주 역할을 떠맡기도 했다.

그러나 미국의 지원 하에 중동의 강자로 부상한 이란의 팔레비 왕정은 과거 1953년 CIA의 지원을 받아 집권함으로써 사실상 정통성이 결여된, 미국에 종속된 대리정권으로 간주되었고 이때부터 이란 국민의 반미 감정이 증폭되었다. 이슬람 혁명 후, 호메이니는 팔레비 시대에 미국을 비롯해 서방세계와 체결하였던 모든 조약을 파기하였고, 특히 미 외교관 인질사태를 계기로 양국 외교관계는 단절되었다.

미국은 이에 대한 보복으로 이란산 원유수입 금지, 미국 내 이란 정부 자산의 동결, 對이란 국제무역금지 등 경제제재 조치를 취한 바 있다. 이와 더불어 1979년 소련의 아프가니스탄 침공과 이라크의 이란 침략 마지막 순간에 '화학무기'의 사용은 테헤란 혁명정권에게 적어도 화학무기, 더 나아가 '핵무장'의 필요성을 절감하게 했을 것이다.

---

313) 차문석 2005, 175.

특히 걸프전 당시 부시 대통령은 만약 이라크가 '화학 또는 생화학무기' 사용과 같은 무모한 행동을 한다면, 미국이 '핵무기'를 사용할 것이라는 경고 서한을 사담 후세인에게 전달했다. 걸프전의 다급한 위기 속에서 미군을 위시한 다국적군을 보호하기 위한 부시의 '공개적인 핵무기 사용 선언'은 對중동 외교정책에서 단기적으로는 후세인의 화학무기 사용 욕구를 억제시키는데 성공했다는 평가를 받았다. 그러나 장기적으로는 이라크뿐만 아니라 이란 · 북한 · 리비아 등 제3세계 비핵보유 국가들에게 심리적으로 핵 공격과 같은 치명적인 충격을 줌으로써 오히려 그들의 핵무기 개발에 대한 욕구를 증폭시켰다고 할 수 있다.

1991년 ≪Foreign Affairs≫ 가을 호에 기고한 번디(McGeorge Bundy)의 '핵무기와 걸프전'에 관한 글에서 그는 다음과 같이 주장했다.

> "부시가 걸프전에 직면하여 재래식 전투에서 미국이 먼저 핵무기를 사용하지 않을 것이라고 공개적으로 천명했었더라면, 핵전쟁만큼은 피해야 한다는 세계적인 합의는 물론 국제무대, 특히 제3세계 국가에서 미국의 리더십을 강화시켰을 것이다."

그러나 '핵무기' 사용의 유무에 관계없이 '핵' 언급 자체만으로도 비핵보유국에게 깊은 심리적 상처를 주기에 충분하며 상대적 박탈감에서 핵무기 개발 욕구는 그만큼 더 커질 것으로 생각된다. 그러므로 번디의 이러한 언급은 핵보유국 즉, '가진 자'의 시각에서 나온 분별력 없는 오만한 제안이라고 할 수 있다.

이란은 지정학적으로 중동 국제정치의 영향을 받지 않을 수 없다. 이란과 국경을 같이 접하고 있는 국가로는 전통적인 핵강국 러시아, 적대국인 이라크, 이란과는 종파가 다른 핵보유국 파키스탄, 내전 상태에 있는 아프가니스탄, 미국의 핵우산 보호 하에 있는 GCC 6개국, NATO의 핵우산 아래 있는 터키 등 "위험한 이웃 국가"의 틈바구니 속에서 이란은 항상 위협을 받으며 생존해오고 있다. 국경 밖으로 이란은 최대의 적대국인 이스라엘의 핵무기 사정권 안에 들어 있다.[314)] 인도의 핵 또한 무시할 수 없다. 왜냐하면 인도 내 소수 이슬람교도와 다수 힌두교도의 종교적 갈등으로 이란과 인도가 언제 적대국으로 변할지도 모를 일이다. 더구나 이란은 현재 이라크 · 사우디아라비아 · 터키 · 아프가니스탄 · 중앙아시아 등 지역에 있는 미군 기지에 완전 포위되어 있다.

이러한 중동 국제정치 환경에서 주변 핵보유 국가뿐만 아니라 미국의 위협을 받고 있는 이란이 생존권을 수호하기 위한 차원에서 수단방법을 가리지 않고 가능하면 핵무기를 보유하고자 하는 것은 당연하다. 핵무기는 이란 국민의 위상을 높일 수 있으며 이란을 핵국가 클럽에 속하게 할 것이다. 핵무기가 없던 이라크는 침공 당했지만, 핵무기 보유 가능성이 있는 북한은 그렇지 않았다. 이에 따라 이란이 핵무기를 가져야만 하는 설득력 있는 이유를 가지게 되는데, 국가 안보가 그것이다.[315)] 1979년 이슬람 정권 수립 이후, 그동안 미국과 이스라엘의 강경파 지도자들은 이란의 "정권 교체"를 꾀해 왔다. 특히 이란 이슬람 정권의 보수파가 걸프전 이후 생존전략을 위협받음으로써 핵무기에 관심을 갖고 극비리에 개발에 착수했다고 볼 수 있다.

이란 핵개발에 따른 국제사회의 압력에 대한 반응으로 아흐마디네자드는 2006년 이란 새해 축제일인 3월 21일 "아무도 우리의 핵기술을 탈취해 갈 수 없다. 우리는 자력으로 핵 노하우를 획득했다. 우리는 서방세계의 음모에 저항하고 핵 프로그램을 보호할 것이다. 우리가 지난 세기 서방 국가들의 반대를 무릅쓰고 석유 국유화를 달성한 것과 마찬가지로, 핵 프로그램을 손상시키려는 어떤 기도에 대해서도 저항할 것이

---

314) 이스라엘은 1993년에 이미 200개의 핵탄두 무기를 보유한 세계 5대 핵강국으로서 사정거리 1400km의 Jerico 미사일 보유 및 200년간 사용할 우라늄을 보유하고 있다.

315) 차문석 2005, 179.

다"라고 말했다.

3 에너지 외교전략과 석유의 무기화

아흐마디네자드가 대통령 당선 직후 석유산업 개혁을 공언함에 따라 이란은 물론 전 세계 석유업계가 촉각을 곤두세우고 있다. 이란은 전 세계 원유 매장량의 10%인 1308억 배럴의 원유와 세계에서 두 번째로 많은 26.7조m^3의 천연가스를 보유하고, 하루 약 400만 배럴의 원유를 생산하고 있는 OPEC 원유 생산량 2위의 석유대국이기 때문이다. 아흐마디네자드는 "석유부문을 포함한 모든 부문에서 국내 투자자들에게 우선권을 줄 것이다"라고 강조했다.316)

그러나 이란의 에너지 정책이 당장 '쇄국화'되지는 않을 것이라는 예상이 많다. 이란 최고 지도자 하메네이가 석유산업에 대한 외국인 투자를 지지하기 때문이다. 하메네이는 풍부한 석유자원을 바탕으로 이란을 경제대국으로 키우려는 입장이다. 또한 석유수입으로 창출된 국부를 공평하게 배분하기 위한 조세제도 개혁 등이 뒤따를 것으로 보인다. 이슬람 혁명 이후 미국은 1984년부터 이란에 대한 경제제재를 실시해 왔으

---

316) 이란국영석유회사(NIOC)는 이슬람 혁명과 이란-이라크 전쟁 이후, 침체된 에너지 산업을 발전시키기 위해 1995년부터 수십 개의 유전 · 가스전을 프랑스 · 영국 · 이탈리아 등 외국기업들에 개방했다. 이란이 개발하고 있는 사우스파 가스전에서는 한국의 현대건설과 대림산업, GS건설 등이 대규모 공사를 수주해 왔다. 자원 소유권을 외국에 넘길 수 없도록 한 헌법 조항을 피하기 위해 외국기업들이 자본을 조달해 개발한 뒤 생산단계에 들어서면 원유를 판매해 이익을 회수하는 '환매' 방식이 채택됐다. 외국기업들은 그동안 이란 에너지 산업에 150억 달러 이상을 투자했으나, 국영석유회사 내부의 난맥상과 관료주의 등으로 사업이 제대로 진행되지 않고 있다. 이란 보수파는 이마저도 외국 기업에 지나치게 많은 것을 내준 거래라며 제동을 걸었다.

나 이란의 중국 및 유럽과의 경제적 관계가 강화되면서 점점 효력이 약해지고 있다. 레이 타케이 외교관계위원회 분석가는 "미국이 이란에 부과할 수 있는 실질적인 제재는 석유에 대한 금수조치뿐이지만 중국이 중동 에너지에 점점 더 의존하고 있는 현재로서는 유엔 안전보장이사회가 그러한 조처를 취할 가능성이 없다"라고 지적했다. 이란 또한 이 점을 잘 알고 에너지를 하나의 외교전략으로써 활용하고 있다.

미국은 2004년부터 지금까지 유엔 안보리를 통해 이란의 핵무기 개발을 억제할 수 있는 제재를 가하려 노력해 왔지만, 안보리 상임이사국인 중국은 이를 저지하겠다는 자세를 보이고 있다. 이란이 사우디아라비아에 이어 중국의 '제2의 주요한 석유공급처'라는 것이 가장 큰 이유다. 2004년 10월에도 중국은 이란으로부터 700억 달러의 석유와 가스를 추가 구매하기로 새로 계약을 맺는 등 이란과의 동반자 관계를 굳혀가고 있다. 이 계약으로 이란은 앞으로 25년 동안 하루 15만 배럴의 원유와 30년 동안 2억5천만 톤의 액화천연가스(LNG)를 중국에 공급하게 된다. 지난해 이란의 對중국 수출은 전 해에 비해 16% 증가했다. 레이건 행정부에서 미 국가안보보좌관을 역임한 게리 식 컬럼비아대학 교수는 "이란과의 관계가 깊어질수록 중국은 이란에 대한 어떠한 국제적 제재에 대해서도 편견을 가지고 바라보게 될 것이다"라고 말했다.

매년 9%가 넘는 경제성장을 보이고 있는 중국은 지난 10년간 원유 소비가 2배 늘어 하루 555만 배럴을 사용하고 있으며 이중 절반 이상을 수입에 의존하고 있다. 전문가들은 2010년까지 중국의 원유 수요는 하루 1,100만 배럴로 급증하게 될 것으로 예측했다. 에너지 부족으로 2004년 여름, 공장에 대한 전력 사용 제한 조치를 취해야 했던 중국에서 에너지 공급은 외교정책의 최우선 목표가 되어가고 있다.

이란 신문 <샤르그>는 "이란과 중국의 700억 달러어치의 원유 · 가스 공급 계약은 미국의 이란에 대한 경제제재를 다시 헛수고로 만들었다. 이란-중국 관계의 강화는 미국의 경제제재를 어렵게 만들뿐만 아니라 이란의 핵활동을 안보리로 가져가려는 미국의 노력을 실패하게 했다”라고 분석했다. 중국의 에너지 우선 외교는 이란 외에 다른 곳에서도 미국의 ‘장애물’이 되고 있다. 2003년 9월에도 중국은 수단 다르푸르 내전과 관련해 수단에 대한 안보리 제재를 요구하는 미국의 결의안 채택을 막았다. 수단은 중국 원유의 7%를 공급하고 있으며 중국은 수단 최대 송유관 건설의 주요 투자자다. 부시 미 행정부는 수단 내전 지역인 다르푸르에 2만 2천 명의 유엔 평화유지군의 진입을 요구하고 있으나, 수단 대통령 알-바쉬르(al-Bashir)는 2006년 9월 20일 미국 주도의 유엔평화유지군을 받아 들이지 않을 것이라고 말했다.[317)]

인도가 이란과 우호관계를 유지하고 있는 것도 ‘에너지 외교’의 일부로서 산유국과의 관계를 강화하기 위한 것이다. 인도의 급증하는 에너지 수요로 인도 정부는 에너지 안보가 21세기의 인도 외교정책에 중요한 영향을 미칠 거라 예상하고 이란과 같은 산유국들과의 우호관계를 강화하려 힘쓰는 것이다.[318)] 미래에 인도-이란 관계에서 에너지 안보문제는 매우 중요한 요소로 작용할 것은 분명하다. 이러한 사실을 간파하고 있는 이란은 에너지를 이용하여 미국-인도 우호관계에 도전하고 있는 것이다.

2006년 2월 27일 일본을 방문한 모타키 이란 외무장관은 아소 다로(麻生太郎) 일본 외상과의 회담에서 “핵 차별정책은 받아들일 수 없다. 핵의 평화적 이용은 이란의 권리이다. 연구활동의 중지는 있을 수 없다”라고 말하며 핵활동을 중단하라는 일본의 요청을 거부했다. 석유수입의 15%를 이란에 의존하고 있는데다 이란에서 대규모 유전개발을 추진하고 있는 일본은 핵문제의 안보리 회부를 지지하면서도 이란에 대한 제재는 가급적 피하고 싶어하는 입장이다.[319)]

---

317) Sudan leader defies UN and Bushi, New York Times, September 21, 2006.
318) Alam 2001.
319) 중국도 석유수입의 12%를 이란에 의존하고 있는 가운데 경제 붐으로 의

지금까지 미 정부와 의회는 일본에 비공식적으로 이란 유전개발사업 중단을 촉구해 왔다. 미국 정부 관계자들에 의하면 일본의 아자데간 유전개발 프로젝트가 이란의 재정수입을 늘려 결과적으로 핵개발에 기여한다는 것이다. 매장량이 280억 배럴로 추정되는 중동 최대급 유전인 아자데간 개발계획의 투자총액은 총 20억 달러로 일본이 이중 75%를 부담하며, 2007년부터 생산에 들어가 2012년까지 하루 15만-26만 배럴의 원유를 생산하기로 돼 있다.

한편 자파리 이란 경제장관은 2006년 1월 15일 "이란에 대한 서방의 어떤 제재도 이란의 정치·경제상황을 혼란에 빠뜨림으로써 서방이 기대하는 수준 이상으로 유가를 끌어올리게 될 가능성이 있다. 이란이 만약 충돌의 길을 선택한다면 의심의 여지없이 모든 국가들이 더 큰 피해를 보게 될 것이다"라고 경고했다. 호세이니안 석유부 차관은 "이란 정부가 석유를 무기로 이용하면 전세계에 인구에 심각한 악영향을 미칠 것으로 판단하고 있다. 그러나 국제사회가 이란에 대해 제재를 가하면 상당히 심각한 결과가 초래될 것이다. OPEC 회의에서 이란은 배럴당 50-60달러 선에서 유가가 유지되도록 하는데 주력할 것이며, 석유가격이 50달러 밑으로 떨어진다면 OPEC는 생산량을 줄여야 한다"고 주장했다.

4월 19일 아흐마디네자드 대통령은 "국제유가가 아직 실제가에 못미쳤다. 석유제품들은 산유국들이 부과하는 가격보다 수십 배 높은 수준에서 거래되고 있다. 석유는 산유국들의 주된 자산인데 개발도상국들에게 피해를 줄 수 있다는 명분으로 실제로는 선진국들이 더 많은 혜택을 받도록 하는 저가로 판매 되어서는 안 된다"고 강조함으로써 유가가 향후 더 오를 것임을 암시했다. 베네수엘라의 차베스 대통령도 볼리비아·파라과이·우루과이 3개국 정상회담에서 "저유가 시대는 끝났다. 대규모 매장량은 고갈되고 있는 반면, 시장의 수요는 증가하고 있어 유

존도가 더 증가될 전망이다.

가가 앞으로도 계속 상승세를 유지할 것은 분명하다"고 말했다.

이러한 가운데 연일 국제 유가가 2006년 4월에 75달러, 그리고 7월에는 77달러를 넘어서면서 최고가를 갱신하고 이란 핵문제가 장기간 교착상태를 벗어나지 못하고 있는 가운데 미국이 이란에 대해 핵공격 등 군사력을 사용할 수 있음을 내비치면서 세계 경제는 이란발 새로운 '오일 쇼크' 가능성을 우려하고 있다. 4월 26일 이란의 석유장관 카젬 바지리 하마네는 "이란은 세계 석유시장 질서를 교란할 만한 능력을 가지고 있지만 그런 일은 발생하지 않을 것이다. 우리는 지난 20여 년간 많은 혼란기가 있었지만 석유생산을 축소한 적이 없었다"라고 말했다. 6월 4일 하메네이는 테헤란에서 열린 이란 혁명 지도자 호메이니의 서거 기념식에서 "우리는 핵폭탄을 필요로 하지 않으며, 핵무기의 이용은 이슬람 규율에도 어긋난다. 미국이 이란에 대한 잘못된 행동에 나선다면, 걸프 지역으로부터의 석유 공급이 결과적으로 심각한 위협에 처할 것"이라고 경고했다.[320)]

이러한 언급 자체가 이란이 전세계를 상대로 위협적인 석유 무기화 가능성의 카드를 넌지시 보여주며 화전양면 전략을 구사하고 있는 것이다. 이에 대응해서 클로드 만딜 국제에너지기구(IEA) 사무총장은 "이란이 원유 공급을 중단할 경우 IEA 회원국에게 비축유 방출을 요청할 것이다. 우리는 이란의 원유 공급이 중단될 경우 이란이 수년간 공급할 수 있는 40억 배럴을 보유하고 있다"고 설명했다.

유엔 안보리가 이란에 대한 경제제재를 허용하면, 이란은 보복으로 세계 석유의 대동맥인 페르시아만을 봉쇄하거나 석유 감산을 단행할 수 있고, 이 경우 세계 경제는 급격한 침체에 빠질 것이 자명하다. 미국 싱크탱크인 랜드(Rand) 연구소의 제임스 바티스 수석연구원은 이란의 비중을 거론하며, "이란이 국제시장에서 적은 양, 예컨대 하루 50만 배럴을 빼내더라도 유가는 배럴당 100달러 이상으로 뛰어오를 것으로 본다"

320) International Herald Tribune, June 5, 2006.

고 말했다. 또한 이란이 현재 70달러 유가 수준에서 하루 400만 배럴의 석유수출로 벌어들이는 수입은 하루 2억 달러 이상에 이른다. 국내의 경제·사회문제를 해결할 수 있는 이러한 막대한 오일 달러 현금을 보유하고 있을 때, 누가 핵협상에서 서구의 투자와 무역을 필요로 하겠는가?

Rand Corp 국제안보방위정책 연구소의 소장 도빈스(James Dobbins)는 "유가가 하락할 때까지는 이란과 핵문제를 해결할 수 없을 것이다"라고 말했다. 바로 이 점이 이란 핵문제에 대한 미국과 유럽의 행동반경을 좁히고 있는 딜레마이기도 하다.[321] 이란의 핵위기가 고조되면 될수록, 이란의 오일 달러 수입이 그만큼 증대되는 환경에서 아흐마디네자드 정부의 강경 외교정책 노선이 쉽게 변화되지 않을 것은 명약관화하다.

이란은 서방세계에 대항하여 석유를 무기화함으로써 핵폭발에 버금가는 충격을 세계 경제에 가할 수 있다는 것이다. 핵에서 촉발된 문제의 본질이 이제 석유 무기화로까지 증폭되어 나가고 있다. 이란이 하루 400만 배럴의 석유생산과 수출을 전면 중단만 해도, 미국과 그 동맹국에게 경제적으로 큰 혼란을 야기할 수 있다.[322] 물론 이란으로서도 수출고의

321) 일부 전문가는 전략비축석유를 방출함으로써 유가는 배럴당 75달러를 넘지 않을 것이며, 유가 상승시 세계 경제활동 둔화로 인해 석유 수요가 점차 줄어들기 시작할 것이라는 반론을 펴고 있다. 또 감산시 이란으로서도 수출고의 80%를 차지하는 오일 달러가 줄어드는 대가를 감수해야 하고, 이는 실업률이 14%에 달하는 침체된 국내경기에 대한 일종의 '자살행위'라는 지적이다. 미국과 유럽 국가들은 '안보리 제재-석유 감산'의 시나리오의 가장 큰 피해자는 자신들이 아니라 이란 정부 예산의 대부분을 석유수입으로 충당하는 이슬람 정권이라고 주장하고 있다. 이런 '여유'의 배경에는 미국과 IEA 회원국들의 원유 비축분을 합치면 약 15억 배럴에 달하고, OPEC 회원국으로부터 하루 150만 배럴을 추가 지원받을 수 있다는 계산이 작용하고 있다. 그러나 2006년 4월 21일 유가는 이미 75.17달러, 7월에 77달러로서 전문가들의 예측을 넘어 섰다는데 문제의 심각성은 더 커져만 가고 있다.

80%를 차지하는 연간 600억 오일 달러 즉, 50조원 이상의 막대한 석유 수입이 줄어드는 대가를 감수해야 하는 이러한 위험한 선택은 이란 국가 자체에도 치명타가 되겠지만, 강경파 이란 정책 결정자들은 자신들의 이슬람 정권이 생존의 기로에 섰을 경우, 마지막 카드로 사용하지 않을 수 없다는 것이다.

따라서 1970년대의 오일 쇼크로 유가가 몇 배로 폭등했던 그 이상의 파장을 일으킬 수 있다는 사실을 잘 알고 있는 이란의 초강경 보수파는 다음과 같은 최후의 두 가지 단계의 시나리오를 가지고 대응할 가능성이 있다는 것을 예측할 수 있다.

첫 번째 단계로는 '유엔 안보리 제재-이란의 석유 감산'의 시나리오이다. 유엔 안보리가 이란에 대한 제재를 현실화한다면, 이란은 제1단계 카드로 NPT 탈퇴와 석유감산 조치를 취할 것이다. 그러나 미국과 유럽 국가들은 이 시나리오의 가장 큰 피해자는 자신들이 아니라 이란 정부 예산의 대부분을 석유수입으로 충당하는 이슬람 정권이라고 주장하고 있다.

두 번째 단계로는 '미국의 이란 핵시설 공격-이란의 호르무즈 해협 봉쇄'라는 최악의 시나리오이다. 미국과 이스라엘을 위시한 서방 세력의 군사 공격에 대응하여 이란은 제2단계로 자국산 석유수출을 전면 중단하고 최후로 중동 석유의 주요 통로인 페르시아만의 호르무즈 해협을 봉쇄하여 걸프 산유국 GCC 국가들의 유조선의 출입을 금지시킴으로써

---

322) 1970년대 말과 1980년대 초, 이란 혁명으로 인해, 1985년 11월 20일 브렌트유는 배럴당 42.5달러였는데 오늘날의 가격으로 환산하면 95달러이다. 4주일 뒤에는 10달러로 폭락했다. 그러나 이것은 배럴당 석유가격면에서 역사상 가장 높은 기록으로 남아 있다. International Herald Tribune, February 9, 2006.

세계 경제의 대동맥을 마비시킬 것이다.

양측을 파국으로 몰고 갈 수 있는 이러한 극단적인 시나리오의 시행을 전후하여 극적으로 이란은 러시아의 중재안과 서방측의 인센티브 협상안을 재검토하여 핵협상 테이블로 나올 가능성도 있다.

러시아 중재안은 이란에서 제한된 핵 프로그램을 운영하되 우라늄을 러시아에서 농축한 다음 이란에 제공하는 방안이다. 이는 이란의 핵무기 제조를 막을 수 있다는 점에서 유럽연합의 지지를 받고 있다. 서방측의 인센티브 협상안은 이란의 우라늄 농축 및 재처리 활동 포기를 대가로 경수로 제공을 포함한 경제 지원과 무역 활동 기회를 부여하는 것이다.

그러나 위에서 언급한 바와 같이 이란이 석유수출로 벌어들이는 수입은 하루 2억 달러에 이른다. 이러한 상황에서 누가 서방측의 인세티브에 연연하겠는가? 유가가 폭락할 때까지는 이란과 핵문제를 해결할 수 없을 것이라는 주장 역시 설득력이 있어 보인다.

4 이란 핵문제의 유엔 안보리 회부와 이란의 핵클럽 가입 선언

2005년 8월 아흐마디네자드가 대통령에 취임한 이래로 우라늄 농축을 재개하고 핵협상 대표로 강경파 알리 라리자니를 임명한 것은 이란이 핵 프로그램을 강력히 추구하겠다는 표시였다. 9월 중순 라리자니는 우라늄 농축을 할 수 있는 능력은 NPT 아래에서 이란의 권리라고 강조했다.

2006년 새해 벽두부터 이란 핵문제에 대해 관련국들이 해결의 실마리를 찾지 못한 채 기존 입장을 고수하며 평행선을 달리고 있어 위기가 더욱 고조되고 있다. 결국 이란의 유엔 안보리 회부에 반대해오던 러시아와 중국이 입장을 바꿔 이를 지지함으로써 이란 정부는 궁지에 내몰린 바 있다. 이란 핵문제를 안보리에 회부하자는 이야기가 나온 지 몇 년 만에 유엔 안보리 5개 상임이사국 핵강국들이 처음으로 공조한 것이므로 이란에 대한 외교적 충격과 압력도 그만큼 커진 것이다.

이와 같은 안보리 회부라는 초강수를 불러일으킨 원인은 미국을 비롯한 서방국가들의 강력한 경고 메시지에도 불구하고 2006년 1월 10일 이란이 나탄즈 핵시설의 봉인을 제거하고 핵활동을 재개한 데 있다. 2월 4일 IAEA 특별이사회는 이란이 NPT를 여러 차례 위반했다고 지적하며 이란의 핵 프로그램에 대해 심각한 우려를 표시했다. 그 결과 이사회는 35개 이사국 가운데 27개국이 찬성하고 리비아 · 알제리 · 인도네시아 · 남아프리카공화국 · 벨로루시 등 5개국은 기권, 그리고 쿠바 · 시리아 · 베네수엘라 등 3개국이 반대한 가운데 이란의 핵문제를 안보리에 회부하는 결의안을 압도적으로 통과시켰다. 결의안은 다음과 같다.

1) 우라늄 농축과 그와 연계된 핵 프로그램 동결
2) 플루토늄 무기의 원료를 생산할 수 있는 중수로 원전 건설 중단
3) IAEA의 광범위한 사찰을 허용하는 협약 비준

이란 핵문제가 유엔 안전보장이사회로 넘어갔지만 제재 여부는 3월 IAEA 정기 이사회 이후에 결정될 것이다. 미국과 유럽연합(EU) 대표들은 외교적 해결을 지지하고 있는 러시아와 중국 등을 의식하여, 안보리 회부가 반드시 유엔의 제재를 받는 것을 의미하지는 않는다고 말했다.

이란 핵문제의 안보리 회부에 대해 이란의 국내 정치권과 언론은 강온 양면의 반응을 보였다. 개혁파 정치인들은 정부에 대해 태도 완화를 촉구한 반면, 강경 보수파는 이란 정부의 단호한 대처를 지지하고 나섰다. 아흐마디네자드 대통령이 우라늄 농축 재가동을 명령하고 자국의

핵 프로그램이 서방세계로 인해 규제 조치를 받는다면 NPT를 탈퇴할 수 있다고 밝혔다. 초보수적인 입장을 견지해 온 이란의 일간지 케이한은 "이란이 평화적인 핵기술 개발을 저지당하고 있는 만큼 NPT에서 탈퇴해야 한다"고 주장했다. 그러나 이란 뉴스는 논설에서 "서방과 정면 대결만큼은 피해야 한다. 핵문제는 이제 더 이상 기술이나 법률문제라기보다는 정치적인 문제이므로 다른 국가들의 의견도 고려해야 한다"며 조심스런 대응을 주문했다. 이란 외무부는 여전히 이란 핵문제를 해결하기 위해서 국제기구와 협력할 용의가 있다고 밝혔다.

한편 유엔 안보리 회부에 반발한 이란 측의 요구에 따라, IAEA 조사관들의 이란 핵시설 접근이 제한되고 이란 내의 핵시설에 대한 감시 카메라와 봉인이 대부분 철거된 후, 이란이 2월 13일 원심분리기에 우라늄 원료 가스를 투입하기 시작했다. 이는 원전 연료나 핵무기 제조용 물질을 제조하는 첫 번째 단계의 작업이다. 우라늄 농축은 핵무기 제조를 위한 핵심 과정이기 때문에, 이란의 이번 조치는 미국과 EU가 이란 핵사태의 평화적 해결을 위해 설정한 '금지선(red line)'을 넘어선 것으로 여겨진다. 이란이 고농축 우라늄을 추출하는 원심분리기에 6불화우라늄(UF6) 가스를 주입한 것은 이란 핵개발 프로그램과 관련한 서방측과의 긴장을 한층 더 고조시키고 있다.

한편 이란 핵협상 대표인 라리자니는 러시아 영토에서 우라늄 농축을 해주겠다는 모스크바의 중재안에 거부 의사를 밝히며 "아무리 우호관계라고 해도 에너지 문제는 다른 나라의 손에 맡길 수 없다. 그것은 스스로의 운명을 책임질 수 있는 권리를 부정하는 것이다. 더구나 안보리 결의안 통과로 이란은 우라늄 농축을 대신해 주겠다는 러시아의 제안은 이제 사문화 되었다"라고 주장했다.

2월 26일 러시아의 또 다른 새로운 중재안은 다음과 같다. "나탄즈 핵시설에서 이란의 '제한된 핵연구 활동'을 허용하되, 산업용 대규모 우라늄 농축은 러시아-이란 합작회사를 설립하여 7년에서 9년 동안 러시아에서 시행하고 IAEA 핵사찰을 받는다는 추가조치를 이란이 비준해야 한다."[323] 이란최고국가안보회의 호세인 엔테자미 대변인은 이란이 핵 연료 연구를 계속할 수 있고 향후 이란의 자체 우라늄 농축권리가 인정된다면 러시아 중재안을 수용할 수 있다고 말했다. 이란 핵문제의 유엔 안보리 회부 여부를 논의할 3월 6일 IAEA 회의를 앞두고 이란이 합작회사 설립안을 수용하는 것처럼 하다가 또 다른 조건을 달곤 했다.

콘스탄틴 코사체프 러시아 국가두마(하원) 국제위원장은 "이란은 지금 가능한 협상을 질질 끌어보려는 지연작전을 쓰고 있다. 빠른 시일 안에 이란이 입장을 명확히 하리라고 기대할 수는 없을 것이다"라고 말했다.

이러한 가운데 유엔 안보리는 3월 29일 이란의 우라늄 농축 중단을 촉구하는 의장 성명을 15개 이사국의 만장일치로 채택했다. 핵개발과 관련, 안보리가 이란에 직접적인 요구를 한 것은 이번이 처음이다. 안보리는 의장 성명에서 "이란은 우라늄 농축을 포함한 모든 핵 프로그램을 중단하고 IAEA의 요구에 따르라"라고 주문했다. 초안엔 '핵활동은 국제평화와 안보에 대한 위협' 및 '안보리는 유엔 헌장에 따라 이러한 위협들에 대처할 책임이 있다'라는 문구들이 포함되어 있었으나 러시아와 중국의 요구로 일부 강경한 표현이 삭제되었거나 완화됐다.[324] 이번 성명은 이란이 유엔의 요구에 불응할 경우 어떤 제재 조치를 취할지는 언급하지 않고 있다. 중국과 러시아는 "이란 핵은 IAEA가 다뤄야 할 사안으로 안보리가 주도해선 안 된다"며 경제제재조차 반대하고 있다.

한편, 이란은 여전히 도전적인 태도를 보이고 있다. 이란 정부는 모스크바 주재 대사관 이름으로 발표한 성명에서 "유엔 안보리의 개입은 긴장을 더욱 고조시키고, 그 어떤 쪽에도 이익이 되지 않는 부정적인 결과를 초래할 것이다"라고 경고했다. 알리 아스가르 솔타니에 IAEA 주재

323) International Herald Tribune, March 8, 2006.

324) International Herald Tribune, March 27, 2006.

이란 대사는 "이란의 핵 프로그램은 평화적 목적에서 진행되고 있다. 농축활동을 중단하지 않을 것이다"라고 안보리의 의장 성명을 거부했다. 자바드 자리프 유엔 주재 이란 대사 역시 "우리는 핵기술을 평화적으로 이용할 권리가 있다"라고 반박했다. 이와 같이 이란은 석유자원 고갈에 대비해 에너지원 다변화를 추진할 필요가 있다며 핵기술을 결코 포기할 수 없다는 입장이다.

아흐마디네자드 대통령은 2006년 4월 11일 이란이 처음으로 소규모 우라늄 농축에 성공했다고 발표하며 '핵국가 클럽(nuclear club)' 가입을 전격적으로 선언했다. 아흐마디네자드가 "이란은 곧 국제사회의 초강대국으로 부상할 것이다. 국제사회는 이란을 핵 보유국으로 받아들여야 한다. 그것은 부정할 수 없는 사실이다"라고 주장하며, 미국의 위협이나 국제사회의 압력에 굴복하지 않겠다는 의지를 여러 차례 밝혔다. 그는 "서구세력이 이란의 우라늄 농축을 포기시키려는 압력은 이란 국민의 가슴 속에 영원한 증오심을 불러일으키게 될 것이다"라고 경고하며, 오히려 미국과 러시아의 핵무기가 중동 지역의 안정에 위협이 되고 있다면서 강대국의 핵무기 폐기를 요구했다. 라프산자니도 "이란의 우라늄 농축에 대한 압력은 중동과 세계에 좋은 결과를 가져올 수 없고 모두에게 고통을 가중시킬 것이다"라고 말했다.

부시 대통령은 4월 18일 "이란 문제 해결에 핵공격도 선택의 한 가지에 포함되느냐"는 기자들의 질문에 "모든 가능성이 열려 있다"고 답해 미국의 對이란 정책이 바뀌었음을 시사했다. 부시 대통령의 발언을 접한 아흐마디네자드 대통령은 같은 날 이란 국군의 날 행사에서 다음과 같이 말했다. "오늘날 이란의 군대는 세계에서 가장 강력한 군대 중의 하나로서 조국과 민족을 철통같이 수호할 것이다. 우리의 군대는 세계 특히 중동과 이웃 국가들의 평화 및 안보를 위해 공헌할 것이며 어떠한 국가에게도 위협이 되지 않을 것이다. 그러나 이란은 어떠한 침략자들의 손목도 자를 것이며 그들을 후회하도록 만들 것이다."[325)]

모스크바 주재 이란 대사는 "필요하다면 이란은 전쟁을 할 준비가 되어있다"고 말했다. 모스타파 모함마드 나자르 이란 국방장관은 1980년 미 해병 특공대의 테헤란 주재 미 대사관 인질 구출 작전이 실패했던 사례를 거론하며, 미국이 자국 핵 시설에 대한 군사공격을 강행하면 굴욕적인 패배를 맛보게 될 것이라고 강조했다. 4월 26일 하메네이는 "미국이 이란을 침략하면 전 세계에 존재한 미국의 이익도 해를 입을 것이라는 점을 알아야 한다. 이란은 어떤 공격에도 두 배로 응수할 것이다" 라고 경고했다. 혁명수비대의 데흐가니 장군은 "미국이 도발할 경우 이스라엘이 첫 번째 표적이 될 것이다. 우리는 미국의 B－52 폭격기에 단호하게 저항할 것이다"라고 말했다. 이란의 '케이한 인터내셔널'의 하미드 라자피 사장은 5월 3일 "이란 국민들은 전쟁을 두려워하지 않는다. 이란은 결코 '제2의 이라크'가 되지 않을 것이다"라고 말했다.

부시 대통령에 이어 이와 같이 미국 고위관리들이 잇따라 對이란 무력제재의 가능성을 시사하고 있어 핵문제를 둘러싼 위기가 고조되고 있다. 이러한 위기 상황 속에서 골람-호세인 엘함 이란 정부 대변인은 2006년 5월 8일 아흐마디네자드 대통령이 부시 대통령에게 '새로운 해결책'을 제안하는 서한을 테헤란 주재 스위스 대사관을 통해 전달했다고 발표했다. 미국과의 단교 이래 27년만에 최초로 이란의 국가 원수가 미국의 국가 원수에게 보낸 18쪽 분량의 이 서한에 대해 처음엔 기대가 컸었다.

그러나 이 서한은 핵문제 해결을 위한 제안이 아니라, 오히려 미국의 對중동정책을 강하게 비판하고 이슬람 문명이 서구 문명보다 우월하다는 훈계조의 내용이었다. 아흐마디네자드는 "자유주의와 서구 스타일의 민주주의가 인류의 이상을 실현하는데 도움을 주지 못했다. 오늘날 이 두 이념은 실패했다"라고 말하며 그 대신에 부시가 "하나님에 대한 믿

---

325) International Herald Tribune, April 19, 2006.

음과 예언자들의 가르침"을 영접해야 된다고 제안했다.[326)]

이것은 아흐마디네자드가 이란 핵문제의 본질을 흐려 놓으려는 고도의 외교전략인 것으로 판단된다. 누군가가 아흐마디네자드에게 "부시는 이미 기독교 원리주의 정치에 익숙해 있다"라고 말해 주어야 한다. 동시에 누군가가 부시에게 "귀하는 아흐마디네자드가 이란의 핵 프로그램을 서구의 자유 민주주의(liberal democracy)와 이란의 이슬람 신정주의(Islamist theocracy)간의 가치의 충돌로 호도하지 않도록 해야 한다"라고 말해 주어야 한다. 부시와 아흐마디네자드의 외교정책은 종교적 신념에서 발원한다. 이러한 면에서 아흐마디네자드가 극단적인 이슬람 원리주의자라고 한다면, 부시 대통령은 복음주의적인 기독교 원리주의자라고 할 수 있을 것 같다.[327)]

5월 22일 올브라이트 전 미 국무장관은 부시 대통령의 종교적 확신(certitude)이 미국 외교에 해를 끼치고 있다고 주장하며 "부시의 종교적 절대주의(religious absolutism) 때문에 미국의 외교정책이 경직되면서 다른 국가들이 수용하기도 어려워졌다. 신앙심 깊은 지미 카터와 빌 클린턴 대통령을 모셔봤지만 그들은 종교적 견해를 정책화하진 않았다"고 지적했다. 그녀는 링컨과 부시의 신앙관을 비교하여 "링컨은 '우리가 신의 편이 돼야 한다(We have to be on God's side)'라고 했지만, 부시는 '신이 우리 편(God is on our side)이다'"라고 말한다. 그녀의 저서[328)]에 부시 대통령의 종교적 절대주의를 꼬집는 예가 나와 있다. 예컨대 부시는 텍사스 주지사 시절 기독교인들에게 "신은 내가 대통령이 되길 원한다"라고 말했다. 또한 그는 2004년 대통령 선거를 앞두고 열린 공화당 전당대회에선 "우리는 자유를 지키기 위해 하늘의 소명을 받았다"라고

326) International Herald Tribune, May 12, 2006.

327) 장병옥 2005b, 206.

328) 올브라이트는 종교와 국제문제를 다룬 저서 '강자와 신(The Mighty and the Almighty)'을 출간하면서 이 같은 인터뷰를 했다.

밝혔다.

최근의 예로 2006년 7월 19일 미국 전역의 50개 주로부터 워싱턴에 모인 3400명의 복음주의 개신교 목사와 신도들은 이스라엘의 레바논 공격을 지지하는 집회를 열었다.[329] 그들은 "미국은 헤즈볼라를 공격하는 이스라엘의 발목을 잡지마라"며 부시 행정부를 압박했다. 이 집회를 주관했던 하기 목사는 "이스라엘을 지지하기 위해 백악관 앞에서 대규모 집회를 연 것은 미국 기독교 역사상 최초이다. 이스라엘의 존재를 위협하는 테러세력을 제거하는 것은 성서를 따르는 것이다"라고 주장했다. BBC 방송은 "미국 내 복음주의자 3명 가운데 2명은 이스라엘의 건국도 성서의 계시로 믿고 있다"는 설문조사를 소개했다. 미국의 정치권에서도 힐러리 클린턴 상원의원 등 수 천명이 참석한 이스라엘을 위한 지지 시위가 뉴욕의 유엔 빌딩 근처에서 열렸다.

최근 일부 유럽인들은 미국의 대내외정책에 미치는 기독교 복음주의적 원리주의의 위험을 급진주의적 이슬람 원리주의와 동등시하고 있다. 이슬람과 기독교의 원리주의자들은 자신의 종교와 성서를 절대 '진리'로 본다. 중도적인 기독교인은 신(God)을 "믿는다". 그렇지만 부시 대통령을 포함한 좀 더 원리주의적 성향을 가진 사람들은 그들의 신(god)의 존재를 하나의 신앙(a belief)으로써가 아니라 하나의 사실(a fact)로써 본다. 이러한 접근은 종교와 정치를 구분하는데 문제를 일으킨다. 종교

329) 미국의 개신교는 1) 원리주의(근본주의; 절대주의) 2) 복음주의 3) 자유주의 기독교로 크게 분류된다. 원리주의는 성서 내용을 그대로 맹신하고, 자유주의는 성서의 윤리적 측면을 강조한다. 이들 양대 신앙종교 중간에 놓이는 복음주의는 성서 그대로의 믿음과 신의 구원을 강조하면서 인도주의적 문제에 개입하고 "이스라엘을 돕는 것이 신의 뜻"이라고 믿는다. 20세기의 자유주의가 퇴조하고 21세기에 들어와 복음주의가 부상하면서 미국의 외교정책도 이 영향권을 벗어나지 못하고 있다. 더 자세한 내용은 Foreign Affairs 2006년 9-10월호에 Water R. Mead가 쓴 「God's Country?」라는 논문을 참조할 것.

적 신앙에 기초한 이슈에 대하여 정치적 관점을 가진 원리주의자가 다양한 정치적 시각을 용인할 가능성은 적다. 비타협적 신앙은 외교정책을 결정하는데 있어서 재앙을 초래할 수 있다.[330]

지금도 이란은 '이슬람 원리주의' 종주국으로서 세계 무슬림 국민의 정신적 맹주이다. 게다가 이란이 '핵'이라는 무기를 손에 쥐게 되면 휠씬 더 강력한 물리적인 힘마저 갖추게 됨으로써 아랍 세계를 뛰어넘어 전세계 이슬람권의 맹주로 등장할 것이다. 그러면 국제사회는 '이슬람 세계'와 '기독교 세계' 양대 세력권으로 재편되고 걸프전 이후, 미국의 일방주의 주도권은 그만큼 약화될 것이다. 과거 서구 제국주의자들이 남용한 "한 손에는 칼, 다른 한 손에는 코란"[331]이란 말 대신, 미국은 더 위협적인 "한 손에는 핵무기, 다른 한 손에는 이슬람 원리주의"로 새롭게 변신할 신판 '이슬람 대제국'의 등장을 경계하며 사전에 이를 차단하고자 포석을 놓고 있는지도 모른다.

이와 관련하여 교황 베네딕토 16세가 2006년 9월 17일 특별미사에서 자신이 9월 12일 강연한 "이슬람은 칼을 통해 믿음을 전파한 사악하고 비인간적인 종교이다"라는 발언에 이슬람 세계가 반발하며 기독교회를 공격하자 유감을 표명했다. 교황이 인용한 이 문구는 14세기 비잔틴 황제 마누엘 팔레오 로고스 2세가 한 말이다. 이란 종교 최고 지도자 하메네이는 9월 18일 "교황의 발언은 종교분쟁을 야기하는 미국과 이스라엘의 음모로써 무슬림을 상대로 십자군 전쟁을 하자는 것이다. 그동안 산

---

330) Stanley R. Sloan, Religion and politics: All the president's truths, International Herald Tribune, May 19, 2006.

331) 이슬람의 호전적 성격을 부각시키기 위한 이 문구는 13세기 중엽 기독교 십자군이 이슬람 정복 원정에서 최후의 패배를 당했던 시기에 활동했던 이탈리아의 스콜라 철학의 대부인 토마스 아퀴나스가 최초로 사용한 말로 알려져 있다. 즉, 이 문구는 당시 이슬람 세력의 위협을 느낀 기독교 서구세력이 이교도에 대한 경각심을 불러일으키기 위한 것에 불과하다.

발적으로 전개된 미국과 유럽의 일부 언론과 정치인들의 이슬람 모독 행위는 '십자군 전쟁'의 준비단계이다"라고 말했다.

그러나 베네딕트 교황을 지지하는 서구 기독교인들은 "그의 전임자 교황 요한 바오르 2세가 공산주의의 종말을 가져오는데 중요한 역할을 했었던 것과 같이, 베네딕트 역시 호전적 이슬람에 대항하여 올바른 목소리를 내는데 큰 역할을 할 것이다"라고 주장한다.[332]

2006년 초 덴마크 언론이 예언자 무함마드를 모독하는 만평을 게재한 것과 9월에 교황이 발언한 것 모두가 동일한 맥락에서 일어났다는 점은 지금까지도 기독교와 이슬람 종교 간 충돌의 역사를 상기시켜 주는 것 같아 유감스럽다.

5 미국의 이란 핵개발 대응전략

이란의 핵무기 개발 가능성에 대하여 국제사회의 경고가 계속되는 가운데, 미국은 이란에 대하여 더 강력한 제재방안을 논의하고 있다. 우어라우 독일연방정보국(BND) 국장은 이란은 이미 우라늄 농축 실험을 마쳤으며 수개월 안으로 핵폭탄 제조 능력을 갖출 것이라고 밝혔다. 실반 샬롬 이스라엘 외무장관은 이란이 6개월 안에 핵폭탄 제조 기술을 확보할 것이라고 밝힌 바 있다. 엘바라데이 IAEA 사무총장은 "이란이 국제사회가 의심하고 있는 것처럼 핵물질과 이를 무기화하기 위한 계획을 가지고 있다면, 핵무기를 제조하는데 수개월 정도밖에 걸리지 않을 것"이라고 분석했다.

그동안 이란 정부가 비밀리에 핵무기 개발을 추진해왔다고 주장해 왔었던 미국은 이란이 잘못된 방향으로 가고 있다는 반응을 보였다. 부시

332) In non-Muslim world, doubt that pope needs to apologize, New York Times, September 22, 2006.

대통령은 "우리는 이란이 핵무기 제조 기술 또는 핵무기를 보유하는 것을 원치 않는다"라고 반복해서 말했다. 부시의 소위 '예방 독트린(doctrine of prevention)'은 이란의 핵무기 보유를 허용하지 않는 것이다.

조지 부시 대통령은 "이란의 핵개발 강행은 세계안보에 중대한 위협이 된다. 이란은 핵무기를 보유하려고 해선 안 된다"고 경고했다. 부시 대통령은 이란이 현 강경 이슬람 지도체제 하에서 핵으로 무장할 경우 인류의 대재앙으로 이어질 가능성이 있다고 판단하기 때문이다. 콘돌리자 라이스 미 국무장관도 2월 16일 이란을 '테러의 중앙은행'이라고 비난하며 "이란 핵무기 보유에 대한 유엔 안보리의 조치가 미흡할 경우 미국은 독자적으로 제재를 가할 수 있다"고 밝혔다. 라이스는 미 의회에 '이란의 민주화 촉진 및 이슬람 신정체제의 정권 교체'를 위한 예산으로 작년의 1000만 달러보다 훨씬 더 많은 8500만 달러를 요청했다.333) 미국은 이란 내 반체제 인사들을 지원하고 '자유 이란 라디오 방송국' 등을 통해 이란 민중을 위한 선전작업도 본격적으로 병행할 방침이다. 미국은 이미 클린턴 행정부 시절에도 이와 같은 전략을 구사했으나 이란이 반미 테러집단에 자금을 제공하며 대응하는 바람에 오히려 역효과를 낸 바 있다.334)

그러나 이란 이슬람 보수파 정권은 이를 역이용하여 자유와 민주주의를 원하는 개혁파를 탄압하는 구실로 삼고 있다. 심지어 그들은 '달러'

---

333) John Negroponte 국가정보국장에 의하면 전 세계를 대상으로 정보를 수집하는 요원들의 수는 거의 10만 명에 육박한다. 또 CIA 고위관리였던 Mary Margaret는 정보요원들을 위한 2005년도 예산은 총 440억 달러에 이르고 있다고 폭로했다(International Herald Tribune, April 22-23, 2006).

334) 이에 맞서 이란 역시 미국의 음모와 '내정간섭' 행위를 조사, 분쇄하기 위한 용도로 1,250억 리알(1,500만 달러)의 예산을 편성했다. 또한 이란 외무부가 테헤란 주재 스위스 대사관을 통해 미국 정부에 서한을 보내 이란 민주화를 위한 미국의 추가 예산편성 계획에 항의한 것으로 알려졌다.

가 가득 찬 가방을 든 CIA 요원들이 하타미 전 대통령을 지지했었던 개혁파를 포함한 반정부 세력들을 매수하기 위해 현금을 뿌리면서 공작을 벌일 목적으로 테헤란에 나타나고 있다고 주장한다. 실제로 그들은 달러를 받은 용의자를 심문하여 달러가 가득 채워진 가방의 위치를 찾아냈다고 조작하여 선전할 정도이다.[335)]

한편 미 하원도 상원에 이어 이란의 핵 프로그램 추진 비난 결의안을 404 대 4의 압도적인 찬성으로 채택했다. 미국 의회 내에서 이란 핵사태에 대한 군사적 행동을 포함해 적극적으로 접근해야 한다는 강경론이 점차 확산되고 있다.

미국 정부는 2006년 3월 13일 자국의 기업이나 시민과 이란간의 석유거래를 금지하는 내용의 제재 시한을 1년 연장했다. 이란 핵문제에 대한 압력의 수위를 높이고 있는 부시 대통령은 이란의 위협이 "이례적이고 정도를 넘는다"면서 시한 연장 조치를 취했다.[336)]

미 공화당의 유력한 차기 대권주자인 존 매케인 상원의원이 이란 핵개발을 둘러싼 현재의 대치상태를 지난 10여 년 만에 최대의 국제적 위기로 규정하면서 "미국은 필요시 이란에 대해 군사적 조치를 취할 준비가 돼 있어야 한다. 미국의 군사적 대응이라는 선택보다 더 나쁜 것은 핵무기를 가진 이란이다"라고 주장했다. 그는 또 "지금은 냉전 종식 후 가장 심각한 상황"이라고 전제하고, "對이란 군사적 선택은 평화적 해결노력이 고갈된 뒤 사용될 최후의 것이다. 만약 중국과 러시아가 對이란 제재에 동참하지 않는다면 우리의 의지대로 강행해야 할 것이다"라고 역설했다. 빌 프리스트 미 공화당 상원 원내대표 역시 비폭력적 수단으로 이란의 핵무기 제조를 막지 못할 경우, 미국은 군사적 행동에 나설 준비가 되어 있어야 한다고 밝혔다. 프리스트는 "우리는 절대 이란이 핵

---

335) Akbar Ganji, Money can't buy us democracy, International Herald Tribune, August 2, 2006.

336) 이 조치는 1995년 3월 15일 당시 빌 클린턴 대통령이 도입한 것이다.

무장하는 것을 허용할 수 없다. 만약 외교적 제재가 통하지 않으면 경제적 제재가 필요할 것이고 그래도 안될 경우에는 군사력 투입도 거론할 수 있을 것이다"라고 주장했다.[337)]

이러한 미 행정부와 의회의 강경 분위기 속에서 對이란 무력 개입이 힘을 받는 가운데, 미 군사 전문가들이 이란의 핵무기 개발 저지를 위한 마지막 수단으로 이란을 공격할 전략을 수립하고 있다. 미 전략중앙통제본부(CCSC) 소속 전략가들이 공격목표 수립과 함께 무기 수송 및 병참 지원 방안을 마련 중에 있다는 것이다. 미 전략 수립가들은 외교적 노력을 통해 이란의 핵무기 보유 추진에 제동을 걸지 못할 경우, 군사적 선택을 할 수밖에 없다는 것이다. 니콜라스 번스 미 국무부 차관도 "우리는 현재 외교에 초점을 맞추고 있지만, 미국은 언제나 모든 대안을 테이블에 올려놓고 있다"며 군사대응 가능성을 배제하지 않았다.

이에 대해 마샤이 이란 부통령은 미국이 이란의 핵문제와 관련해서 이란을 침공하지는 않을 것으로 믿는다고 말했다. 마샤이 부통령은 "이란은 이라크도 아니며, 아프가니스탄도 아니다. 미국이 이란을 침공하기란 불가능하다"고 주장했다.

사실 이란에 대한 무력의 사용은 여러 측면에서 상당한 위험이 뒤따른다. 미국의 이란 핵시설 공습은 오히려 중동 사태를 악화시키고 서방에 대한 보복을 촉발하며 러시아 및 중국과 마찰을 야기할 것으로 우려된다. 미국과 이스라엘의 침공에 직면하여, 이란은 몇 가지 군사적 및 비군사적 방식에 대응할 능력을 가지고 있다.

군사적 대응으로써, 이란은 중동 주둔 미군과 이스라엘을 사정권으로 하는 2000km에 달하는 장거리 샤합-3 미사일을 보유하고 있고, 그 보다

337) 그러나 2006년 4월 16일 국가안보 및 대테러정책 조정관을 지낸 스티브 시몬과 리처드 클라크는 "군사행동은 미국의 국익에 더 큰 위험을 초래할 수 있다"고 경고했다. 또 리처드 루가 상원 외교위원장(공화)도 "미국은 제재를 보류하고 직접대화를 해야 한다"고 촉구했다.

더 무서운 자살폭탄 테러를 미군과 이스라엘인들에게 언제든지 감행할 수 있다는 것이다. 미군의 화력에 이란군이 당할 수 없지만 이슬람주의와 민족주의라는 열정으로 무장한 정신력은 미국도 무시할 수는 없다. 이란군은 중동 지역에 거미 망처럼 퍼져있는 이슬람 네트워크를 통한 지하드와 자살폭탄 공격을 이용하여, 이라크에서 고전을 면치 못하고 있는 미군을 더욱더 큰 곤경에 몰아넣을 것이다.

또한 이란은 중동 석유의 주요 통로인 페르시아만의 호르무즈 해협을 봉쇄해서 걸프 산유국 GCC 국가들의 유조선 출입을 금지시킬 해군력을 포함한 상당한 군사력을 보유하고 있다.338) 이란군은 3월 31일부터 일주일간 "미군의 공격에 대비한다"며 페르시아만 지역에서 정규군 및 혁명수비대 병력 1만7천여 명과 선박 1500여척, 군용기 등을 동원해 군사훈련을 벌이며, 최신형 무기의 실험도 실시했다.339) 이것은 미국과 이

338) 이란의 군사력은 육군 45만 · 해군 4만 · 공군 3만 · 기타 2만 등 정규군은 총 54만 명이이고 그밖에 민병대 50만과 예비군 22만 명으로 구성되어 있다. 2005년 2월 로웰 자코비 미 국방정보국(DIA) 국장은 "이란이 전세계 석유공급량의 40%가량이 지나는 호르무즈 해협의 선박 통행을 일시적으로 막을 수 있는 저지력을 확보했다. 이란은 지난해 북한으로부터 소형 잠수함 · 어뢰정 · 미사일 함정 등을 사들여 해군력을 증강함으로써 이 같은 능력을 갖췄다"라고 밝혔다.

339) 이란군은 훈련 첫날 적의 레이다에 포착되지 않는 신형 미사일 파지르 3'를 선보인 데 이어 2006년 4월 2일 대형 잠수함과 군함을 파괴할 수 있는 시속 362km의 최신형 고속 어뢰를 시험 발사에 성공했다고 발표했다. '후트'(고래)라는 이름의 이 어뢰는 초속 100m로, 세계에서 가장 빠른 러시아제 어뢰 'VA-111 시크발'과 동급 수준이다. 이란은 4월 4일에도 두 번째 신형 스텔스 미사일인 '코사르(Kowsar)' 시험 발사와 새 함정 '초현대식 플라잉 보트(super-modern flying boat)'의 시험 가동에도 성공했다고 밝혔다. 이란은 2005년 10월 27일 '시나-1'이라는 170㎏짜리 통신 · 자연재해 관측용 미니 인공위성을 성공적으로 발사했다. 43번째로 인공위성 '시나-1'을 발사한 이란은 65~75㎏의 소형 위성 '메스바'를 제작하고 있다. 이란은 2010년까지 4개의 인공위성을 추가로 발사할 계

스라엘의 선제공격 가능성에 대한 무언의 경고로서의 무력시위라 할 수 있다.

비군사적 대응으로써, 이란은 위에서 언급한 석유를 무기화함으로써 핵폭발에 버금가는 충격을 세계 경제에 가할 수 있다는 것이다.

2006년 4월 7일자 <뉴요커>에서 탐사전문 기자 세이무어 허시는 미국이 이란을 핵으로 공격하는 계획을 세우고 있다고 폭로하자, 부시 대통령은 4월 10일 '억측(wild speculation)'이라며 부인했다. 그러나 이란이 "우라늄 농축 실험에 성공했다"고 발표한 이후 미국은 "이란 핵개발을 저지하기 위해 모든 조치를 강구하겠다"고 밝혀 핵공격 가능성으로 입장을 바꿨다. 익명을 요구한 부시 대통령의 한 외교정책 보좌관은 최근 학계와 전략가들 모임에서 "이란 핵문제는 미국 정책이 회초리 없이 당근만 제시했기 때문"이라며 군사 공격에 대한 여러 가지 선택이 있다고 말했다.

미국의 군사공격은 이란 핵관련 시설을 목표로 하여 크루즈 미사일 또는 스텔스 폭격기에 의한 하룻밤 정도의 야간 공습으로 제한하느냐, 그렇지 않으면 핵관련 시설뿐만 아니라 이란 혁명수비대와 정보부를 포함한 이슬람 정권 핵심 지휘부를 파괴하느냐에 초점을 맞추고 있다. 부시 행정부는 대규모 공습으로 이란의 이슬람 지도부에 타격을 가하여, 대중봉기를 유도해 정권을 전복시켜 이란 국민과 이란 정권을 분리시키려고 하고 있다. 부시 행정부는 아흐마디네자드 대통령을 '히틀러'와 같은 위험인물로 간주하고, 이란 핵문제 해결을 위한 유일한 해결책은 이란의 권력구조 변화라고 믿고 있으며 이는 곧 전쟁을 의미한다.

획인데, 인공위성 발사를 통해 로켓과 위성을 포함한 광범위한 정밀 과학기술을 확보하려 하고 있다. 이란은 이 밖에도 사거리 3,200㎞의 미사일 샤합-4를 개발 중인데, 뉴욕 타임스는 2015년쯤이면 이란이 대륙간 탄도미사일을 보유할 수 있을 것으로 전망했다. New York Times April 4, 2006.

그러나 미국의 군사공격은 '양날의 칼'로써 이슬람 정권에는 위협이 되겠지만 동시에 이란 국민의 결속력을 강화시킬 수 있다. 나탄즈의 지하 핵시설을 파괴하기 위해서 미국은 전술 핵무기의 사용도 검토하고 있다. 부시 행정부는 이란에 대한 '강압 외교(coercive diplomacy)'의 일환으로 벙커버스터 핵폭탄을 동원, 對이란 공습을 검토하고 있다. 이스파한의 핵시설이 지상에 있는데 비해, 나탄즈 핵 단지는 지하 15m에 위치하고 있기 때문에 특히 공습에 어려움이 있다. 전술적으로 이란의 지하 핵시설을 파괴하는 데는 600~1,000회의 공습을 필요로 한다고 전문가들은 말하고 있다.[340] 이러한 어려운 상황에서 미국이 이란의 핵무기 제조를 막는다는 구실로 핵무기를 사용한다면, 이란 국민의 결속력은 더욱더 강화될 것이다. 또한 전략적으로 이란에 대한 미국의 공격은 다음과 같은 더 많은 예방 조치가 요구된다.[341]

1) 이란군에 의한 걸프만의 유조선 출입 봉쇄
2) 과격파 테러리스트의 자살폭탄 공격
3) 이란의 사주에 의한 남부 이라크의 시아파 봉기
4) 이란의 對이스라엘 미사일 공격
5) 이란 핵기술의 테러단체 유입
6) 세계 이슬람 국가들의 동요와 결속력 강화

---

340) International Herald Tribune, April 13, 2006.

341) 이란은 미국의 공격에 대비, 4만 명의 자살폭탄 대원들을 훈련시켜 왔다고 AP통신이 2006년 4월 16일 보도했다. 이란 혁명수비대 순교 특수대원들의 실체는 지난 3월 이란에서 첫 군사 퍼레이드가 있었을 때 처음으로 모습을 드러냈으며, 폭약대를 허리에 차고 기폭제가 달린 제복을 입은 모습이었다. 이란 혁명수비대 전략연구센터 소장인 하산 압바시 박사는 "지금까지 29개의 서방측 공격 목표물들을 검토했다. 우리는 미국과 영국의 민감한 시설들을 공격할 준비가 돼 있다. 일부 시설물들은 이란과 이라크 국경지대에서 아주 가까운 곳에 있다"고 밝혔다. 그는 또 "우리의 예비 순교자들이 미국은 물론 '간교한' 영국을 공격할 준비가 돼 있다. 영국의 종말을 가져오는 것이 우리가 검토 중인 의제에 포함돼 있다"라고 경고했다.

라이스 미 국무장관이 시카고 대외관계협의회(CFR) 연설에서 “이란의 핵개발을 단념시키기 위해 우리는 정치・경제, 그리고 그 이외의 가능한 모든 수단을 사용할 준비가 돼 있다”고 밝히며 이란이 핵무기를 가져서는 안 된다는 것이 국제사회의 입장이라고 주장했다. 라이스 장관은 유엔 헌장 제7조[342]에 따라 이란의 핵개발을 단념시키기 위해 “모든 활용 가능한 수단을 사용할 준비가 돼 있다”고 밝혔다. 즉, 미국은 유엔 헌장 7조 하에서 이란 핵문제를 해결하고자 하고 있다. 7조는 ‘국제평화에 대한 위협’을 명시하고 최후의 수단으로써 군사적 행동의 길을 열어놓고 있다. 러시아와 중국은 이란이 핵무기 보유국가가 되는 것을 원하지 않지만, 7조 하에서의 해결책은 지지하지 않는다.[343]

이에 대해 왕광야(王光亞) 유엔 주재 중국대사는 “유엔 헌장 7조에 따른 어떤 결의안도 이란 핵문제를 해결할 수 있을 것으로 보지 않는다”고 반대 입장을 분명히 했다. 러시아의 푸틴 대통령도 이란 핵분쟁에서 유엔 핵기구가 중심 역할을 계속해야 한다 말했다. 그러나 미국・영국・프랑스는 유엔 안보리가 이란 문제를 다루는 우선권을 가질 뿐만 아니라 이란에 대한 압력을 강화하는 방법을 모색하기 시작해야 한다고 주장하고 있다. 4월 29일 라이스 장관은 NATO 외무장관 회의에서 “안보리가 국제평화・안정・안보의 유지를 위한 가장 중요한 최고의 기구이다. 이 기구의 의지와 언명이 하나의 회원국에 의해서 무시되어서는 안 된다”라고 말했다.

이에 대해 이란 마즐레스는 5월 7일 코피 아난 유엔 사무총장에게 보내는 공개 성명을 내고 “유엔이 핵 활동 중단을 강요하는 결의안을 채

342) 유엔 헌장 제7조는 국제평화와 안전을 유지・회복하기 위해서나(7조 42항) 자위를 위한 경우(7조 51항) 무력 사용을 허용하도록 규정하고 있다.

343) Roger Cohen, Bold but peaceful step is needed on Iran crisis, International Herald Tribune, April 29-30-Monday May 1, 2006.

택한다면, NPT를 탈퇴하도록 정부에 요청할 것이다"라고 밝혔다. 아흐마디네자드 대통령도 "이란의 국익을 침해하는 유엔 결의안은 가치가 없는 것이다. 국제기구들이 제국주의의 대리인으로 활동한다면 거부하는 수밖에 없다"라고 주장했다.

미국은 그동안 4월 28일 IAEA 보고서 제출 시점을 기준으로 무력 사용까지 허용한 유엔 헌장 제7조에 따른 결의안을 안보리가 채택해야 한다고 주장해 왔다. 또한 같은 날 미 하원은 이란의 대량살상무기(WMD) 프로그램의 폐기가 입증될 때까지 이란에 대한 제재를 지속하도록 하는 이란 제재강화 법안을 397대 21의 압도적 찬성으로 통과시켰다. 미 공화당의 일리나 로스-레티넨 의원이 발의한 이 법안은 이란의 WMD 획득에 도움이 되는 물품이나 기술을 이란에 수출하거나 제공하는 사람에 대해서도 제재를 가하도록 규정하고 있는 반면 이란 내의 민주화운동 단체나 인권단체에 대해서는 대통령이 지원할 수 있도록 명시했다.

다른 한편 미국은 2006년 7월 12일 헤즈볼라가 이스라엘 병사를 납치함으로써 촉발된 이스라엘의 對레바논 공격이 '자위권' 행사임을 강조하면서 이번 사태의 배후세력으로 이란과 시리아를 지목하고 있다. 레바논 사태로 이슬람 세계뿐만 아니라 이란 내 강경파의 목소리가 커지면서 국제사회의 이목을 끌던 이란 핵문제가 잠시 뒤로 밀려나 있는 상황이다. 코펠(Ted Koppel)은 7월 23일 칼럼에서 이스라엘의 신경을 건드리고 있는 것은 레바논도 아니고 헤즈볼라도 아닌 바로 이란이라고 주장하고 있다. 이란이 헤즈볼라에게 장거리 로켓과 미사일, 그리고 매년 1억 달러의 자금을 제공하고 하마스에게도 현금 3억 달러를 지원했다는 것이다.[344)]

이란의 개혁파 신문인 샤르그(Shargh)가 헤즈볼라에 대한 지원을 반대하는 기사를 실었다. 이에 대응하여 하메네이는 7월 29일 "이것은 우

344) Ted Koppel, Gifts for Iran: Look what spreading democracy can do, International Herald Tribune, July 22-23, 2006.

리의 전쟁이다"라는 제목 하의 사설에서 친 보수파 신문인 케이한의 그러한 논조는 "팔레스타인과 레바논의 피억압 민중들에 대한 지지를 반대하는 시온주의자 정권의 선전과 같은 것이다"라고 공격하였다. 아흐마디네자드는 8월 15일 "이스라엘-레바논간의 휴전 발효는 레바논의 승리이다. 헤즈볼라가 이스라엘을 이기고 미국의 새로운 중동 재편 계획을 무산시켰다"고 주장했다.

미국과 이스라엘은 국제사회의 비난에도 불구하고 레바논 공격을 통해 헤즈볼라를 완전 무력화시킴으로써 핵무기 개발을 추진하고 있는 이란에도 경고성의 메시지를 전달하려고 한다. 이란과 미국의 전쟁은 이미 진행되고 있다고 보는데 그것은 대리전 즉, 이란은 헤즈볼라를 통해서 그리고 미국은 이스라엘을 통해서 전선을 확대해가고 있다는 느낌을 준다. 따라서 미국과 이스라엘은 이란의 對레바논 외교적 중재를 원치 않고 있다. 왜냐하면 이란의 외교적 개입은 미국의 對이란 핵정책에 손상을 줄 수 있을 뿐만 아니라 서방측의 국제적 위상도 실추될 위험이 있기 때문이다.

6 서방측의 포괄적 협상안과 이란의 핵전략

엘바라데이는 이란 핵문제 분쟁을 지역 안보문제로 본다고 말하며 이란과 미국이 직접 대화에 나설 것을 촉구했다. 코피 아난 유엔 사무총장 역시 미국이 이란과 대화를 통해 해결할 것을 제안했다. 올브라이트 및 피셔와 같은 미국과 유럽의 전직 외무부 장관들 그룹, 그리고 카터 행정부에서 국가안보 보좌관을 지냈던 인사들도 부시 대통령에게 먼저 대담한 비군사적 옵션을 추구하여 이란 정부가 직접 대화의 길로 나설 수 있도록 하는 과감한 조치를 취해야 한다고 촉구하는 성명서를 발표했다.[345]

핵무장을 추구하는 '악의 축' 국가들의 정권을 교체하겠다는 부시 행정부의 기존 선제공격 외교노선에 문제점이 많다는 사실이 발견되면서 '핵만 포기한다면 공존도 가능하다'는 실용주의 노선이 힘을 얻고 있다. 이라크에 대한 인위적 정권교체로 인한 후유증이 너무 큰 실망적인 결과를 초래하고, 딕 체니 부통령 · 도널드 럼즈펠드 국방장관 · 존 볼턴 유엔 주재 미 대사 등 네오콘을 중심으로 하는 강경파들의 입지가 좁아지면서 대외정책에 변화가 감지된다. 최근 부시 대통령이 이란과의 직접 회담에 나서겠다는 '외교적 전환의 발상' 뒤에는 온건파 라이스 국무장관의 영향이 컸다고 알려졌다.

미 군축협회의 대릴 킴벌 회장은 "미국이 더 이상 정권교체와 핵 비(非)확산 목표를 혼합하지 않으면서, 이란에 핵을 포기하도록 하는 가장 효율적인 방법은 '정부를 전복시키지 않겠다'고 약속하는 것이다"라고 말했다. 헨리 키신저 전 국무장관은 "핵무장을 포기시키려면 체제 보장과 경제적 보상은 필연적이다. 미국이 정권교체에만 집중하느라 논점이 흐려졌다"고 비판했다. 그는 북한에 대해서도 "체제는 보장해 주되 남북통일의 가능성을 열어놓아야 한다"고 주장했다.

그러나 미국은 이란이 군사적 공격의 목표물이 될 수도 있는 이란에 대한 국가안보와 같은 불가침 선언은 여전히 거부하고 있는 실정이다. 그러한 국가안보에 대한 미국의 보장 없이는 이란은 핵무기 개발 프로그램을 계속 진척시킬 수밖에 없다.

현재의 핵위기를 타개할 수 있는 가장 효과적인 대안 가운데 하나는 미국이 세계 '대 전략(grand strategy)' 으로써의 유일 일방주의를 완화하여 '신 냉전' 국제정치 상황 하에서 러시아와 중국을 패권 경쟁세력으로서가 아니라, 협력 상대로서 이란 핵위기에 대한 건설적인 중재안을 이끌어 내는 것이다. 더 나아가 중동의 비핵지대화 및 국제평화를 위해

345) Talk to Iran, President Bush - from former foreign ministers. International Herald Tribune, April 26, 2006.

러시아와 중국이 이란의 핵 프로그램을 중지하도록 하는 명확한 입장을 표명하는 것이다. 이들 양국은 이란의 유일한 후견국으로서 국제사회에서 그들의 입장이 더 이상 곤란한 상황에 처하지 않도록 이란의 유연한 핵정책을 강력하게 요구해야 한다.

그러나 오히려 중국은 2006년 6월 상하이협력기구(SCO)에 이란을 옵서버 자격 국가로 초청하여 아흐마디네자드 대통령을 참석하게 함으로써 미국의 일방주의에 대항하여 반미전선을 강화하는 느낌을 준다.[346)]

'핵무기'라는 사활을 건 주요한 국가 이익을 놓고 이란과 미국을 위시한 서구세력은 상호 '화전양면' 전략을 구사하고 있다. 유럽연합은 작년 8월에 이어 금년에도 이란이 우라늄 농축을 하지 않는 대가로 경수로 제공을 포함한 더 확대된 정치 · 경제적 인센티브를 제안했지만, 5월 18일 아흐마디네자드 대통령은 "4살짜리 어린 아이에게 초콜릿과 금을 바꾸자"고 꾀는 것에 비유하며 이를 거부했다. 아흐마디네자드는 미국을 위시한 국제사회의 압력에도 불구하고 2009년까지면 중수로가 완공될 것이라고 말했다.

마침내 6월 1일 유엔 안보리 5개 상임이사국과 독일은 이란 핵문제를 해결하기 위한 소위 '당근과 채찍'이라는 포괄적인 협상안에 합의했다.[347)] 미국은 이슬람 혁명 이래로 제1의 테러지원 국가로 지목된 이란

---

346) 상하이 협력기구(Shanghai Cooperation Organization) 정상회담은 5개 회원국 중국 · 카자흐스탄 · 우즈베키스탄 · 키르기스스탄 · 타지키스탄을 주축으로 이란과 인도 그리고 파키스탄이 옵서버 국가로 구성되어 있다. SCO는 특히 카자흐스탄의 제안으로 '반테러 동맹'을 결성하여 그들의 회원국 영토에서 외국군대를 철수시킬 것을 꾀하고 있다. 미국은 카자흐스탄과 에너지 협력관계에 있고 우즈베키스탄과 키르기스스탄에는 미군사 기지가 있는데, 미국과 우즈베키스탄 정부간의 갈등으로 우즈벡 미공군 기지는 6월 말에 철수했다.

347) 이들 6개국은 향후 이란의 반응을 지켜봐야 한다는 이유로 합의 내용을 완전 공개하지 않고 이란에 대한 '제재(sanction)'란 용어 대신에 '조치

과의 직접 대화를 27년간이나 거부해왔었던 전략을 바꿔, 이란이 먼저 핵 프로그램을 동결한다면 협상 테이블로 나오겠다고 발표했다. 부시 행정부의 협상안의 내용은 '당근과 채찍' 즉, 혜택은 이란에 대해 세계무역기구(WTO) 가입 지지 · 미국의 농업기술 지원 · 보잉사 항공기 부품 수출 허용 등이며, 제재 방안은 이란의 해외자산 동결 · 핵 프로그램에 관련된 정부 관료와 종교지도자의 해외 여행금지 등을 포함하고 있다. 이 같은 협상안은 對이란 군사공격을 검토해 왔었던 미국의 대결정책의 전략적인 후퇴로서 부시 대통령의 '외교정책 노선의 획기적인 변화'를 의미한다. 부시 행정부는 이란 핵위기를 외교적으로 해결하자고 주장해온 러시아와 중국을 포용하는 '응집력 정책(coherent policy)'을 창안한 것이다.

이것은 이란 핵문제를 풀기 위한 외교적 대안이 모두 고갈될 경우, 향후에 이란에 대한 국제적 제재를 가하기 위한 하나의 포석이라고 할 수도 있다. 헤럴드 트리뷴지는 6월 1일자 <이란은 대화를 원한다>라는 사설에서 "하루에 거의 3억 달러 수입을 올리고 있는 이란에 대한 유일한 제재는 전 세계가 이란산 석유 수입을 금지하도록 러시아와 중국을 설득하는 것이다"라고 주장을 펴고 있다. 더구나 협상안에도 이란에 대한 군사력이 아닌 경제제재로서의 석유 금수조치에 대한 언급이 없다. 이것은 이론적으로는 가능하겠지만, 현실적으로는 시행하기가 어려울 것으로 판단된다.

특히 부시 행정부의 가장 큰 외교정책의 변화는 그동안 "원자력발전소를 가질 필요가 없다"는 입장이었으나 이제는 이란이 핵 프로그램을 동결하면 "이란의 원자력산업을 지원한다"는 유럽연합의 제안에 동의

(measures)'와 '행동(actions)' 등의 부드러운 용어를 사용하여 표현했다. 이 합의안에 대한 러시아와 중국의 동의를 얻기 위해 미국은 무력사용을 언급하지 않고 있는 유엔헌장 제7조의 41항을 이란에 적용하기로 합의했다.

한 것이다. 이 제안에는 이란에 경수로를 건설해주고 핵연료를 지속적으로 공급하는 것을 보장한다는 내용이 포함되어 있다. 이것은 이라크전에 대한 국내외적인 비난 여론에 시달려온 부시 대통령이 "이라크전은 실수이다"라고 자인하는 가운데 11월 중간선거를 앞두고 對이란 유화정책으로 급선회할 수밖에 없는 정치적으로 어려운 환경에 처해있기 때문이다. 이란 핵문제의 해결을 위한 국내외적 환경이나 시간은 미국의 편에 서있지 않다.

다른 한편 이란 정부는 인접 무슬림 국가들의 지지를 얻기 위해 총력외교전을 펼치고 있다. 라프산자니 전 대통령이 쿠웨이트 방문에 이어 5월 초에 이란의 핵협상 최고책임자인 알리 라리자니가 아랍에미리트와 터키, 그리고 6월 중순에는 이집트와 알제리를 방문하여 상호 관심사를 논의했다. 또한 아흐마디네자드 대통령이 5월 11일부터 인도네시아를 순방했다. 그는 자카르타에서 "이스라엘은 어느 날 파괴될 극악무도한 정권"이라고 공격하며, "미국이 그들의 '나쁜 태도'를 먼저 포기한다면 이란도 협상할 준비가 돼있다"라고 말했다. 또한 그는 만약 이란이 고립된다면 이란보다는 서구세력이 잃을 것이 더 많다고 주장하면서 유엔의 제재 가능성에 걱정하지 않는다고 말했다. 그는 덧붙여서 국제적 고립은 이란 과학자들에게 '핵개발의 동기'만을 부여할 것이라고 말했다.[348]

알리 라리자니는 "협상안을 검토한 뒤 이란 정부의 공식 입장을 밝히겠다. 대화를 통해 핵문제를 해결하겠다"고 강조했다. 모타키 이란 외무장관도 서방측이 제시한 인센티브를 진지하게 검토할 것이라고 말했다. 미국과의 접촉조차 오랫동안 거부해왔던 최고 지도자 하메네이는 서구세력의 '위협과 매수'에 맞서 핵개발을 계속 추진하겠다는 강경 자세를 굽히지 않았다. 그는 그동안 미국과의 화해를 추구했던 개혁파들을 '반역자'라고 낙인찍었다. 그러나 최근 그는 상호 이익이 존중된다면 이라

348) International Herald Tribune, May 12, 2006.

크 문제에 관한 논의를 워싱턴과 할 수 있다는 진전된 생각에 동의했다. 6월 10일 이란의 최고위 성직자들 가운데 하나로서 수호위원회의 의장인 아흐마드 자나티는 "지금 그들은 우리로부터 많은 이익들을 빼어가기를 원한다. 그들이 말하는 인센티브는 그들 자신에게는 좋은 것이지만 우리 이란 국민에게는 적합한 것이 아니다"라고 금요예배에서 주장했다.[349]

아흐마디네자드 대통령은 6월 21일 "이슬람 공화국은 평등하고 전제조건이 없는 대화와 협상은 언제든지 원한다. 이란은 8월말 공식 입장을 발표할 것이다"고 말했다.[350] 7월 11일 알리 라리자니는 서방측의 인센티브에 대한 최종 답변 시한을 정하는 것에 반대한다고 밝혔다. 이와 같이 이란 정치 지도자들은 대체로 미국과의 대화에 응하겠지만 핵 프로그램을 전제로 한 협상을 거부하며 이란 국민의 "천부적인 핵 주권"은 협상의 대상이 될 수 없다고 강변하고 있다. 이란 정부는 서방측이 제시한 협상안과 답변 기한을 놓고 밀고 당기기식의 '거부와 수용'이라는 양면적인 반응을 보이며, 핵무기 개발에 필요한 시간을 벌기 위한 고도의 '지연작전'으로 계속 버티고 있는 것으로 추론된다. 테헤란 정부가 이러한 지연작전으로 나오자, 7월 13일 러시아 · 중국 · 미국 · 유럽연합의 외무장관 회의에서 이란을 안보리에 회부할 것이라는 성명서를 채택했다.[351]

이란이 서방측의 핵 프로그램 동결을 거듭 일축하면서도 7월 20일 라리자니는 국영 TV를 통해 "유엔 안보리 5개 상임이사국과 독일이 만든 협상안에 대한 대답을 8월 22일까지 주겠다"고 말했다. 이란이 서방측에 답변 시기를 정해서 발표한 것은 이번이 처음이다. 유엔 안보리는 7월 31일 "우라늄 농축을 8월 31일까지 중단하지 않을 경우 제재에 직면

---

349) International Herald Tribune, June 10-11, 2006.

350) International Herald Tribune, June 23, 2006.

351) New York Times, July 14, 2006.

할 수 있다"는 내용의 결의안 1696호를 14대 1로 통과시켰다. 안보리 15개 이사국 중 유일한 중동 국가인 카타르가 반대표를 던졌다. 이란은 자국이 답변 시한을 8월 22일까지 하겠다고 밝혔음에도 이를 무시하고 결의안을 처리했다고 반발했다. 유엔 주재 이란대사 자리프는 "이란의 평화적 핵 프로그램은 국제평화와 안보에 아무런 위협이 되지 않는다. 그러므로 안보리에서 이 문제를 다루는 것은 법적 근거가 없는 부당한 것이다"라고 말했다. 이 결의안은 이란 핵 프로그램에 대한 법적 구속력과 제재 위협을 수반한 안보리의 첫 번째 움직임이다. 존 볼튼 유엔 주재 미 대사도 "이것은 이란 핵 프로그램에 대응한 최초의 유엔 안보리 결의안이다"라고 말했다.[352)]

아흐마디네자드 대통령이 8월 15일 각료회의 직후 열린 기자회견에서 8월 말까지 우라늄 농축을 중단할 것을 요구한 유엔 안보리 결의안을 거부한다는 의사를 밝혔다. 또한 그는 이날 군중집회에서 "유엔 안보리는 우리를 억누르기 위해 결의안을 사용할 수 없다"라고 목청을 높였다.

이란은 일련의 대규모 군사 기동훈련[353)]을 실시하는 가운데, 8월 20일 사정거리 80-250킬로미터 단거리 지대지 미사일인 사에게(Saegheh: 번개)를 시험 발사하며 오히려 서방국가들을 자극했다. 21일에는 하메네이가 "핵기술을 포기하지 않고 힘 있게 추진 할 것이다"라고 핵 프로그램을 계속 하겠다는 의사를 분명히 밝혔다. 이와 같이 이란은 국제사회를 긴장시키는 가운데 서방측의 인센티브에 대한 공식적인 타협안을 여러 측면을 고려하여 내놓겠지만 우라늄 농축만은 중지하지 않을 것이라고 발표했다.[354)]

---

352) New York Times, August 2, 2006.

353) 기동훈련 작전명은 초대 이맘 알리의 칼과 관련한 "The Blow of Zolfaghar"이다.

354) International Herald Tribune, August 20, 2006.

이란이 자체적으로 설정한 최종 시한인 8월 22일 서방측의 인센티브에 대한 답변은 실망적인 것으로, 혹시나 기대했던 우라늄 농축의 즉각 중단에 대한 명확한 대답을 회피하며 새로운 단계의 협상으로 시간 벌기로 일관하고 있다. 이란 정부가 답변서를 제출한 뒤, 이란 핵협상 대표인 알리 라리자니는 "이란은 대화할 준비가 되어있다"고 말해 고도의 지연전술로 나가고 있음을 감지할 수 있다. 이란은 서방측의 인센티브 타협안에 대한 최종 답변 시한을 넘긴 9월에 들어와서도 "우라늄 농축은 중단할 수 없지만, 협상의 문은 열려있다"라는 전략적인 말로 일관하면서 미국-유럽연합 간 의견의 노출을 유도하며 중국과 러시아의 엄호를 받고 있는 상황이 계속되고 있다.

아흐마디네자드 이란 대통령은 2006년 9월 19일 유엔총회에서 "이란의 핵 프로그램은 투명하고 평화적인 것이다. 우리를 반대하는 어떤 나라야말로 핵을 비인간적으로 사용한 기록이 있다"라고 연설했다. 이것은 미국이 제2차 세계대전 때 일본 히로시마와 나가사끼에 원자폭탄을 투하한 사실을 두고 비판한 것이다.

이란 핵 프로그램에 대한 타협책을 찾기 위하여 9월 14일에 열릴 예정이었던 이란-유럽연합간의 회담이 연기되는 가운데, 번스 미 국무부 차관보는 "문제는 더 많은 회담을 하면 할수록 이란에게 그만큼 더 많은 시간을 준다는 데 있다"라고 말했다.[355)]

런던에 있는 국제전략문제연구소의 선임 연구원인 파티즈패트릭(Mark Fatizpatrik)은 이란 핵문제와 관련해서 2008년 말에 두 가지 데드라인이 있다고 말했다. 하나는 이란이 2008년 말에는 핵무기를 보유할 수 있는 시점이고, 다른 하나는 2008년 11월에 미국 대통령 선거가 있다는 것이다. 부시 대통령이 그 이전 까지는 군사적 행동과 같은 어떤 다른 행동을 취할 가능성이 높다는 것이다.[356)]

---

355) EU and Iran postpone talks on nuclear plans, International Herald Tribune, September 15, 2006.

이와 같이 미국-이란 양측은 서로 강경한 자세를 유지하고 있지만 한쪽으로는 여전히 협상을 주장하고 있어 외교적 타협의 여지를 남겨 놓고 있기 때문에 극적인 정치적 타결 가능성도 배제할 수 없다.

356) Iran reply may herald new confrontation, Paul Reynolds, August 23, 2006, Paul.Reynolds-INTERNET@bbc.co.uk,

제14장 이란 외교정책의 회고와 전망

역사적으로 외세의 각축장이 되어온 이란은 19세기에 이르러 외교정책의 필요성과 국제관계의 중요성에 눈을 뜨게 되었다. 이란은 영국과 동맹관계를 맺고 남하정책을 추구하는 러시아 세력을 견제하려고 시도했다. 이란은 영-러 양 강대국을 균형상태로 맞추기 위해 경제이권을 적절히 배분하고 활용하는 방법을 외교정책에 적용하여 자국의 안보를 유지하려 하였다. 오늘날 21세기에도 테헤란 이슬람 정권이 이란의 핵개발 문제로 미국을 위시한 서구세력에 맞서, 러시아와 중국에 석유 자원을 포함한 경제이권을 이용하여 이와 동일한 전략을 구사하고 있다.

이에 따라서 18세기 말엽부터 21세기 현재까지 약육강식의 국제무대에서 이란은 국가의 영토통합과 독립 그리고 주권을 보전하기 위해서 균형외교전략, 제3세력 전략, 소극적 균형정책, 적극적 민족주의정책, 강대국과의 동맹전략, 제3세계주의 전략, 석유자원 민족주의 외교정책, 자주적 국가 외교전략, 실용주의 외교정책, 문명 간의 대화 전략, 비동비서(非東非西) 외교정책 등을 추구해 왔다. 오늘날 이란의 對강대국 외교정책은 성공적이며 약간의 변화를 보이기 시작하였다. 아흐마디네자드 정부는 '민족주의적 대결 외교전략'이라는 제3의 길로서 독자적인 외교정책 노선을 추구해 나갈 것이다.

1 이란 외교정책의 회고

18세기 말엽부터 이란은 영-러를 서로 견제하도록 하는 이란 외교사상 최초로 '균형 외교' 전략을 창안, 이를 이용하여 자국의 주권과 독립을 지키려 하였으나 실패했다. 그 후 이란은 이를 교훈 삼아 프랑스·독일·미국을 이용하여 영-러를 견제하려는 또 다른 '제3세력 전략'을 창안하여 시행했으나 오히려 강대국의 패권경쟁에 쉽게 휘말리게 되면서 제2차 세계대전 당시 외세에 강점당하는 더 혹독한 운명을 맞이하게 되었다.

1950년대 모사데그는 '소극적 균형' 정책이라는 신조어를 사용하며 이란은 영국-소련 양국의 영향권으로부터 피해 나갈 것이라고 주장하였다. 19세기, 20세기 초반의 영국이나 20세기 중반의 미국처럼 그 어떤 국가도 이란의 협력국가가 되질 못했다. 20세기 초반부터 우호적이며 잠재적 동맹국으로 여겨졌던 미국은 오늘날 이란 최대의 적대국으로 변하였다.

1950년대 후반기부터 샤 정권은 '적극적 민족주의' 정책을 추구하며 미국과의 긴밀한 협력을 통해 북방으로부터의 소련의 위협을 막으려 하였다. 1960년대부터 1970년대까지 샤는 '석유자원 민족주의' 외교로 나가면서 미국과의 우호적인 동맹을 맺고 있었음에도 불구하고 소련과의 좋은 관계를 모색해야만 했다. 또한 집권 말기에 샤는 유럽 및 중국을 포함한 다른 국가들과 긴밀한 무역, 외교관계를 발전시키려고 노력하였다. 이슬람 혁명 후 1980년대 동서 양 진영 어느 쪽에도 속하지 않는 호메이니의 비동비서(非東非西) 정책은 현 이란 이슬람 공화국 외교정책의 근간이 되고 있다. 1988년 이란-이라크 전쟁 종전 후 1997년 7월까지 라프산자니의 '실용주의 외교정책' 및 1997년 8월부터 2005년 7월까지 하타미의 '문명 간 대화' 전략은 이란 외교사에서도 중요한 이슈가 되었다.

아무튼 오늘날 서구지향의 부유층·식자층·중산층들이 이란을 떠났다. 대부분의 국민은 호메이니와 그의 추종자들이 지배하는 율법적인 이슬람 공화국의 환상에서 깨어나게 되었다. 두려움·좌절감·불확실성으로 인해서 20만 명이 넘는 엘리트 계층의 사람들이 이란을 떠났고, 많은 수의 사람들이 틈만 나면 이란에서 탈출하기를 기다리고 있는 지경에까지 이르렀다. 그 결과 국가를 운영하고 관리할 전문인력이 부족해졌다. 호메이니는 옛 정권 하에서 일했었던 군부세력 지도자들을 추방하고 처형했다. 혁명 후 이러한 지도자들을 숙청한 것은 이란군의 붕괴와 사기 저하를 초래했으나, 이라크군의 對이란 침공을 계기로 호메이니는 군대를 다시 활성화시키기 시작했다.

이슬람 보수파 세력은 여전히 인구의 대부분을 구성하는 빈곤계층·문맹층·종교계 대중으로부터 지지를 받고 있다. 이전의 샤가 무시했었던 '시아 이슬람'의 종교적 관습이 사회의 전 계층에 파고들었고, 그것은 '시아 이슬람' 성직자들에게 권력을 계속해서 유지할 수 있도록 하는 정치·종교적 기반이 되었다.

이란 혁명에 있어서 종교 지도자들의 "핵심적인 역할"은 우리가 생각했던 것보다 더 중요했다. 실제로 시아파 종교 지도자들이 "혁명을 지휘하고 감독했던 것이다. 그들의 모스크·마드라사·성지에서 시아파 성직자들은 개인적으로 전국적인 방대한 이슬람 네트워크 조직체를 구성했다. 국민들을 동원했던 것이 바로 이 조직체였고, 이것은 궁극적으로 팔레비 정권의 붕괴와 파멸을 가져온 수단이 되었다.

팔레비 정권 붕괴 후, 이란의 반미·반 이스라엘 정책은 중동에서 성과를 거두지는 못하였다. 이제까지 이란의 對중동 외교정책은 이슬람 혁명 전파, 친 서구 아랍 정권 와해, 팔레스타인 대의, 예루살렘 해방 등을 목표로 한 것이었지만 모두 실현 불가능하였다. 그것은 이란의 중동 정책에 새로운 위기를 조성하였으며 아랍-이란 관계에 깊은 상처를 남기게 되었다.

호메이니의 이슬람 전파 노력은 이란 외교정책을 실현시키는데 역시 실책으로 판명되었다. 그러나 더 큰 의미로 보아 이라크 지도층이 과민 반응을 보였듯이 이란의 극단주의 혁명 세력들의 열정은 진정한 혁명의 전형적인 예라고 할 수 있다. 아랍 세계에 영향을 미친 중대한 사건은 이란-이라크 전이었다. 이 전쟁으로 인해 아랍 국가간의 유대는 이슬람 국가간의 유대에 우선한다는 사실이 입증되었고, 비아랍 국가인 이란도 이것을 절실히 깨달았다. 이러한 정치 현실은 이란 성직자들이 현실에 맞추어 외교정책을 생각하게끔 하였으며 중동 지역에 대한 그들의 혁명적인 수사를 변하게끔 하였다.

캠프 데이비드 협정 이후 이란의 對중동 외교정책은 혁명 수출에 사로잡힌 호메이니의 완고하고 독단적인 이슬람주의 노선으로 인하여 실패하였다. 친 호메이니 울라마는 동-서 양 진영 대결, 아랍-이스라엘 갈등, 시아-순니파 분열, 페르시아 민족주의 對 아랍 민족주의라는 정치 현실의 구도 속에서 이란의 역할에 대한 평가를 전혀 고려하지 않았다. 호메이니는 이러한 모든 복잡한 문제들을 무시하였다. 이러한 경향이 계속되는 한, 이란은 걸프 지역을 포함한 중동 지역에서의 정치 불안정 요소와 긴장을 유발하는 근원지로 남아 있을 것이다.

1999년 말기는 이란 외교정책상 일관성 있는 기본 원칙들을 찾아낼 수 있는 시기라 할 수 있다.[357)]

첫째, 샤 정권 시절처럼 이슬람 공화국은 주변 국가들과의 화해와 안정을 최우선시 하였다. 이슬람 정권은 이란의 국경에서 멀리 떨어져 있

357) Bakhash 2001, 256-8.

는 레바논·수단·서안지구와 같은 지역의 이슬람 급진주의 단체들을 지원하기도 하였다. 반면에 자신들의 정부에 대항하는 무장 이슬람 단체들은 더 이상 지원하지 않았다.

예를 들어 이란은 파키스탄과의 관계를 악화시키지 않기 위해 오히려 파키스탄 내의 시아 공동체를 비난하며 파벌분쟁을 벌이는 행위를 용납하지 않았다. 이란은 카슈미르(Kashmir)에서의 무슬림 형제들에게 동정심을 표하였으나, 카슈미르에 얽힌 인도-파키스탄 분쟁에서 중립적인 위치를 고수하려 노력했다. 이란은 아프가니스탄 내의 투쟁 단체를 계속 지원하였으나 탈레반이 실질적인 권한을 가지게 되자, 아프간 전쟁에 너무 깊이 관여하지 않는 쪽을 취하게 되었다. 또한 이란은 중앙아시아와 카프카스 지역 무슬림들의 이슬람적인 감정을 건드리지 않으려고 타직 내전에서 중재자 역할을 했다. 이와 같이 이란은 종종 무슬림과 이슬람 주변 국가들 사이에 평화를 가져다주는 조정자로서의 역할을 모색해 나아갔다. 동시에 이란은 아프가니스탄과 타지키스탄에 있어서 파벌들간의 분쟁 및 아제르바이잔-아르메니아간의 전쟁을 중재하려고 노력하였다.

쿠웨이트 영토로부터 이라크가 축출된 후, 사담 후세인이 이라크 남부지역의 시아파 봉기를 잔인하게 진압하자, 이란은 이라크의 시아파를 지원하는데 난색을 표했다. 이라크군이 시아파의 가장 성스러운 성지를 짓밟아버릴 때조차도 뒷짐을 지고 있었다. 이란은 사담 후세인 정권을 붕괴시키고 바그다드에 이슬람 정부를 설립할 목적으로 이라크와 전쟁을 치렀던 1980년대와는 대조적으로 주변 국가들과의 군사적 분쟁에 소극적인 입장을 취했다. 그러나 미국이 이라크 쿠르드족의 봉기를 사주하여 이라크의 분열을 조장하였을 때, 이란은 이라크의 영토 보전을 위해 시리아 및 터키와의 협정을 체결하였다. 타국과의 불화가 잦았음에도 불구하고 이란은 터키와의 우호관계를 유지하여 자국의 안보를 확보하려는 노력을 보였다. 2003년 사담 후세인 정권이 붕괴된 이후 이라크 쿠르드족의 영향력이 커지자, 이란이 터키와 시리아간의 '반쿠르드 동맹 특별협약'을 맺은 것도 동일한 맥락에서 볼 수 있다.

이러한 외교관계는 이란에 위협적인 터키-이스라엘 사이의 증대되는 군사적 협력관계의 위협으로부터 이란을 벗어나게 해주었다. 하타미 대통령은 걸프 지역 국가들과의 동맹을 계속적으로 공고히 해나갔다. 예를 들어 이란은 걸프 지역에 미군의 주둔에 대해 매우 비판적인 입장을 취하면서도, 쿠웨이트 영토에 미군이 주둔하도록 허용한 쿠웨이트 정부를 비난하지 않았다. 이란은 오슬로 평화조약에 반대 입장을 취했으나 오만과 카타르 양국이 이스라엘을 승인한 것에 대해서는 비난을 자제했다.

둘째, 이란 외교정책은 가장 중요한 안보문제에 의해 결정되었다. 1980년 이라크가 이란을 침공하여 8년간이나 전쟁을 치루는 가운데, 이란이 국제사회로부터 아무런 지원을 받지 못한 까닭에, 이란 국민은 마음 속에 깊은 상처를 받았었다. 게다가 이란은 자국의 주변 상황에 대해 매우 경계하고 있었다. 이웃 국가인 아프가니스탄은 하루라도 조용한 날이 없는 국가이며, 중앙아시아 및 카프카스 산맥 지역 국가들 또한 예외가 아니다. 게다가 이라크는 위협세력으로서 언제든지 예측치 못한 돌발행위를 할 수 있는 국가였다. 또한 이란의 적대국인 미국의 대규모 부대가 페르시아만에 주둔해 있다는 사실도 간과하지 못할 요소 중 하나였다. 이스라엘-터키간의 군사협력과 아랍-이스라엘간의 평화가 이루어지면, 중동에서 이스라엘의 외교·경제관계 및 군사적 주둔의 가능성으로 인해 테헤란의 이슬람 정권은 이란이 고립되는 것을 우려하였다.

셋째, 이란은 미국에 대응할 만할 또 다른 강대국 혹은 지역강국과의 관계를 의도적으로 수립하려고 했다. 1980년대를 이란 투데당에 대한 탄압 및 아프간 문제와 혁명으로 반 제국주의적 분위기가 팽배했던 환경 속에서 이란-소련간의 대립으로 표현한다면, 1990년대는 이란-러시아간의 관계 개선 기간이라 할 수 있다. 예를 들어 이란은 중앙아시아와 카프카스의 신생 독립 공화국들에 대한 영향력을 행사하기 위해 러시아와 과도한 경쟁을 피하고, 체첸에서 벌어졌던 러시아-무슬림 무장단체 사이의 전쟁에도 개입하려하지 않았다. 또한 이란은 무기수입과 과학기술을 전수 받기 위해 러시아 및 중국과의 우호관계를 유지하면서 유럽연합 · 한국 · 일본을 주요 무역 파트너로 삼고 인도와도 우호관계를 맺고 있다. 이란 핵개발 위기로 미국과의 긴장을 유발하는 가운데 이란은 러시아와 중국과의 관계를 강화하고 있어, 이 전략은 오늘날 2000년대에도 반복되고 있다.

넷째, 1989년 라프산자니 정권이 들어서고 혁명 후 10년이 지나자 이란은 석유산업 부문에서의 외국인의 투자를 모색하기 시작하였다. 이란 당국은 방치되었던 석유와 가스산업을 보수하고 확장시키기 위한 자금은 국내에서 기대하기 힘들며 결국 해외로부터 자본을 끌어들여야 한다는 사실을 잘 알고 있었다. 그러나 이 정책은 대부분 이슬람 혁명으로부터 기인한 많은 방해 요인들로 난관을 겪어야만 했다.

이슬람 혁명은 이란의 유용한 천연자원을 통제하려는 외세에 대한 깊은 불안감을 상기시키게 하였다. 1890-1891년의 연초불매운동, 1905-1906년의 입헌운동, 1951-1953년의 석유국유화운동 등 모든 것들은 외세의 침투와 착취에 반발한 저항이었다. 혁명 후 이란에 있던 대다수의 외국기업들과 인력이 이란을 빠져나갔으며, 정부는 석유산업을 포함한 수많은 거대 외국계 기업을 인수하거나 국영화 시켜서 군주제의 몰락에 따른 무질서를 수습하려고 하였다. 혁명 주창자들은 경제자립과 독재정치 청산을 주장하였고, 해외로부터 투자유치 및 이란 국내 외국기업의 활동을 비판하는 분위기를 조성하였다. 이란 경제가 가지고 있던 외국인의 투자와 관련한 적대적인 분위기는 역사의 강한 앙금과 혁명의 낡은 인습에 기인한 것이었다. 1985년 예산 수정과 투자유치를 허용했던 첫 번째 경제발전 계획은 다분히 논쟁의 대상이 될 수밖에 없었다. 1990년대 이란은 석유자원을 개발하는데 외국기업의 참여를 허용했지만 그들의 참여는 일부 유전에 한정된 것이었다. 이란 정부는 1999년 말까지 국내 에너지 산업에 외국기업들을 참여시킬 생각을 하지 않았었다.

게다가 법적인 틀 또한 대규모 해외 투자자본의 유치에 도움이 되질 못했다. 관료적 형식주의로 정부 각 부처마다 권한이 중복되었고, 노동법 또한 노동력을 동결시켰으며 정치체제와 재산 보호의 불확실성, 개인투자 보증 미비, 정부의 혼란스러운 정책 등 이 모든 것이 국내외 상당수의 민간투자에 걸림돌로 작용했다. 소외된 하층을 위한 구호재단에 의해, 경직된 경제와 수많은 국영 기업들을 보유하고 있던 친이슬람 정권 재단들 또한 민간사업 분야의 경쟁을 저하시켰다. 외교정책의 다른 일부 요소들과 같이 국제경제로 편입하려는 노력은 결국 국내 파벌 정치와 정책간의 갈등으로 인하여 제자리에 머물게 되었다.

다섯째, 이란은 샤 정권 당시 지역 패권국가로서 더 넓은 지역, 심지어는 국제적으로 그 위상을 높이려 하였다. 샤는 이란의 위대성을 그 규모 · 인구 · 역사 · 제국의 찬란한 과거를 통해 표현하였다. 이슬람 공화국은 이란의 위대성을 본받았지만 제국의 번성보다는 혁명의 중심 그 자체와 이슬람의 우월성을 강조하였다. 하지만 이슬람 혁명이 일어난지 거의 한 세대가 된 지금 혁명 당시의 사고와 이상은 점점 희미해지기 시작하였다. 이란은 혁명을 더 이상 해외로 전파하는 것을 자제하며, 다만 이슬람 정부 지도자들이 과거 이슬람 혁명의 이상을 대중들에게 호소하는 정도이다.

테헤란 정부는 이란이 이슬람회의기구 OIC의 의장국을 맡았다는 사실과 무슬림 국가 공동체를 대변할 수 있는 대변인으로서의 역할에 자긍심을 가졌다. 이란은 아직도 걸프 지역의 '경찰'로서의 역할을 꿈꾸고 있다. 예를 들어 이란은 중동 및 걸프로부터 미군의 철수를 요구하며 주변 지역 국가들이 독자적인 방어체계를 구축해야 한다고 주장하였다. 하지만 이러한 것은 희망 사항에 불과하였고 시아-순니 무슬림들의 분열, 아랍 국가들의 불신, 군사·경제적 힘의 약화로 이란은 지도적 국가로서의 역할을 수행하지 못하고 있다. 하지만 샤 정권이나 심지어 이슬람 공화국 초기의 정권과는 달리, 21세기를 맞은 이란의 강경 보수파 정권은 핵무기 개발을 서두르며 어떠한 역할을 어떻게 수행해 나갈지 현재 모색 중에 있다.

2 결론과 전망

아흐마디네자드의 대결주의 외교노선은 민주주의 성향을 가진 이란 국내 중산층의 고립을 심화시키며 공포감을 증대시키고 있다. 스탠포드 대학의 밀라니(Abbas Milani) 교수는 이란의 중산층을 "자유의 가치와 민주주의적 관용, 그리고 시민적 책임을 지지하는 이슬람 공화국 내의 트로이 목마(Trojan horse)"라고 묘사하고 있다. 그러한 중산층이 증가하는 한, 민주주의로의 변화에 대한 압력도 역시 커질 것이다.

만약 아흐마디네자드의 외교정책이 더 큰 세계적 경제 고립이나 군사 개입을 초래한다면, 이란의 민주주의를 추구하는 중산층의 입지는 더욱 좁아질 수밖에 없다. 외세에 대한 적대감은 국내 반체제 세력을 숙청할 구실을 현 이슬람 보수파 정권에게 주게 될 것이다. 이란 안팎의 자유를 사랑하는 이란인들은 미국의 군사적 개입에 반대한다. 이란 민주주의 운동에 관한 탐사 저널리스트인 아크바르 간지는 "그것은 우리에게 도움이 되지 않고 오히려 반체제인사들을 탄압하는 구실로서 이용된다. 평화와 자유를 위하여 우리가 필요로 하는 것은 모든 세계인들의 도덕적·정신적 지원이다"라고 말하고 있다.[358] 특히 유럽연합마저 이란에 더 강경한 제재를 가한다면, 자유주의 성향의 이란 국민은 외부세계와 연결시켜주는 외국인 투자가 · 교육자 · 사업가 · 관광객 등과의 접촉마저 단절될 것이다. 이런 시각에서 미국의 봉쇄정책은 이란의 경제발전, 농촌 여성의 교육, 자유주의적 미래 정치지도자의 양성 등 이란의 민주주의 토양을 비옥하게 했다기보다는 황폐화시킨 잘못된 정책이다.

반대로 비판가들은 "민주주의 성향의 중산층에 대한 지원을 통해서 이란 경제를 활성화시키는 것은 오히려 이슬람 정권을 연장시키는 결과만을 초래할 것이다"라고 주장한다. 그러나 역사적 경험에 의하면 그렇지만은 않다. 과거 팔레비 왕정 시대에 20년간의 미국의 정치 · 경제적 지원으로 이란의 중산층이 급격히 증가하였지만, 친미 팔레비 정권의 유지에 그것은 아무런 역할을 하지 못했다. 아흐마디네자드와 같이 당시 호메이니는 이란 빈민층에게 경제적 민중주의와 종교적 열정을 결합하여 그들의 마음을 사로잡는데 성공하면서 정권을 잡았던 것이다.

오늘날 번영이 아닌 빈곤이 다시 한 번 이란을 극단주의 정치로 몰고 가고 있는 것이 현실이다. 아흐마디네자드를 대통령으로 선출한 것은 이란 민중이 對서방 강경 외교정책이나 핵무기 개발 추진을 원해서가 아니었을 것이다. 오히려 그것은 하층의 경제적 고통, 집권 엘리트층의 부정부패에 대한 분노, 그리고 빈부격차 확대에 대한 좌절감에서 그에게 한 표를 던진 것이다. 대부분의 이란인들은 아랍-이스라엘 평화과정이나 핵문제보다는 우유 및 빵과 같은 생필품의 가격에 훨씬 더 큰 관심을 갖는다. 아흐마디네자드는 소외받는 이란 '민중의 한 사람'으로서, 그리고 일반 서민층을 골고루 모두 잘 살게 할 수 있는 유토피아적인 경제적 약속을 하고 부정부패 퇴치에 앞장서는 정의의 사도로서, 자신을 묘사하며 서민층의 감정과 일치시켰다.

따라서 이란의 최고 지도자 하메네이 또는 아흐마디네자드 대통령과

358) Akbar Ganji, Money can't buy us democracy, International Herald Tribune, August 2, 2006.

같은 몇 명의 이슬람 보수파 거목이나 또 다른 민중선동가를 쓰러뜨리는 것보다, 강력하고 안정된 중산층을 육성하는 것만이 이란에 민주화 변화의 바람을 불러일으킬 수 있다. 미국은 장기적 관점에서 이란의 정치발전을 강구해야 할 것이다. 지금까지 미국은 이란 내의 강경 보수파 이슬람 종교 지도자들을 일반 국민과 유리시키는 방안을 추진해 왔다.

부시 대통령은 2006년 9월 19일 유엔총회 개막연설에서 이란 국민과 정부를 분리하며, 이란 국민을 치켜세우고 반면에 아흐마디네자드 이란 정부에 대해서는 강하게 비판했다.

부시는 "미국은 이란 국민을 존중하며 이란의 오랜 역사와 찬란한 문화, 그리고 위대한 문명에 감탄을 금할 수 없다. 또한 우리는 이란의 평화적인 핵발전소 프로그램에 대해서는 반대하지 않는다"라고 말했다. 그러나 이와 대조적으로 그는 이란 정부에 대해서 다음과 같이 비판의 칼날을 세웠다.

> "여러분의 지배자들이 여러분의 자유를 부정하고 나라의 자원을 이용해 테러리스트들을 지원하며 극단주의를 부추기고 있다. 또한 그들은 미국의 진정한 뜻을 왜곡하고 핵무기를 추구하면서 이란 국민을 오도하고 있다. 그것이 바로 여러분의 미래에 있어서 최대 장애물이다. 여러분은 스스로 자신의 미래를 결정할 기회를 가질 자격을 가지고 있다"[359]

미국 정부가 공개적으로 이란의 '정권 교체'를 거론하고 있지는 않지만, 종교 지도자들에 대항한 이란 내 저항세력 구축을 정책 목표로 하고 있는 사실에 비춰볼 때 사실상 정권 교체를 추구하고 있다.

이러한 맥락에서 미국과 유럽의 이란 정부에 대한 제재는 가급적 이란의 일반 국민들에게 고통을 주지 않고 반서구 감정을 자극하지 않도

359) Bush and Ahmadinejad trade accusations at UN: Clash over nuclear aims and world roles, New York Times, September 21, 2006

록 하며 이란 경제를 질식시키지 않는 방법으로 모색해야 할 것이다. 이란에 대한 경제제재나 군사 공격은 시아 이슬람 원리주의와 이란 민족주의를 더욱더 강하게 결합하도록 하여, 현 보수파 이슬람 신정정권의 입지를 강화시킬 것이다. 강압적인 자세가 아닌 진지한 협상 전략에 의해서 미국은 이란 민족주의와 이슬람 원리주의를 분리시켜야 한다. 러시아와 중국은 이라크전 때와 같이 이란 내의 정치변화 즉, '정권 교체'를 원하는 미국의 강경정책에 반대하고 있는 상황이다. 이란은 미국의 압력에 굴복하지 않고, 이란 제재에 반대해온 러시아와 중국을 찬양하며 그것은 곧 '이란 외교의 승리'라고 묘사하고 있다. 아흐마디네자드 대통령이 對서방 핵정책을 민중주의적 선동과 도전으로 일관한 결과, 이란 국내의 산적한 수많은 문제가 압도당하고 있는 상황에서 그의 강경 외교정책을 쉽게 포기하지 않을 것이다.

또한 테헤란의 이슬람 신정 정권은 현재 미국이 이란의 도전적인 행위에 선뜻 무력으로 대응하지 못하는 이유가 다음과 같다는 사실도 잘 알고 있다.

첫째, 이란 핵문제가 당장의 절박한 위협이 되지 않는 상황에서 군사력 사용은 이라크 침공시 '국제기구 무시 및 동맹국 경시'와 같은 미국의 일방주의 행위로서 국제사회의 비난을 면키 어렵다. 특히 미국은 이란과의 에너지 및 경제 이익의 이해 주요 당사국들인 러시아와 중국의 반대에 직면해 있다.[360)]

둘째, 미국은 이란의 자살 공격 특공대 · 팔레스타인의 하마스 · 레바

360) 러시아 에너지 기업들의 이란 진출은 모스크바 당국의 에너지 전략뿐만 아니라 중앙아시아에서 러시아의 영향력을 감소시키려고 하는 미국의 정책에 대항한 견제세력 역할을 한다. International Herald Tribune, June 21, 2006.

논의 헤즈볼라와 같은 과격파 단체들의 새로운 테러공격의 대상이 된다. 더 나아가 이라크 내의 순니파 저항세력의 공격 목표가 될 수도 있다.

셋째, 이라크 사태가 미국의 군사적 능력을 제한하고 있다. 미국은 이란이 이슬람 세계에서 제국주의에 의한 '굴욕감'을 부각시켜 반미 감정을 고조시키는 상황에서 또 다른 무슬림 국가와 전쟁을 할 욕구나 명분을 가지고 있지 않다.

넷째, 이란이 비록 이라크에서 이중 플레이를 하고 있지만 이란은 미국에게 어쩔 수 없이 필요한 존재이다. 왜냐하면 이란이 한편으로는 이라크 저항세력을 지원하고 있지만 다른 한편으로는 미국의 이라크 민주화 과정에 결과적으로 비판적인 지원을 하고 있기 때문이다.

다섯째, 페르시아만의 유전지대가 전쟁터로 변하여 불기둥의 화염에 휩싸일 경우 하루 1500만 배럴에서 1800만 배럴의 석유생산이 중단됨으로써 세계 경제에 미칠 타격은 1970년대 오일 쇼크와는 비교할 바도 아니다.

여섯째, 미국 내에서 라이스 국무장관과 같은 다자주의 학파가 득세했다는 것이다. 심지어 미국의 일방주의를 견지해온 존 볼턴과 같은 네오콘도 최근 그들의 강경한 목소리를 낮추며 변화된 모습을 보이고 있다.

이란이 국제적 고립을 극복하고 서구 세계와의 정치 · 경제 · 외교 · 문화를 교류하게 되면, 과거 팔레비 시대와 같이 또다시 현대화의 새로운 파도에 위협을 받게 될 것이다. 미국과의 관계가 정상화된다면 경제가 회복되고 상대적으로 번영하게 되겠지만, 과거와 같이 세계 자본주의 체제에 편입되어 도덕적 퇴폐・경제적 소비주의・문화적 정체성의 상실을 감수하지 않을 수 없다는 것이 현 이슬람 정권의 고민인 것이다. 또한 강경 보수파 집권세력은 서구의 자유 민주주의와 자본주의는 이슬람 정권 유지에 심각한 위협이 된다고 경계를 늦추지 않는 정치적 이유를 가지고 있는 것도 사실이다. 개혁과 변화에는 많은 부작용과 어려움이 있기 때문에 이슬람 정권은 진퇴양난에 빠져있다. 새로운 이슬람 질서는 국제질서에서 주변부로 밀려나 있다.

미국의 저명한 아브라하미안 교수는 그의 논문<제국의 반격: 미국의 관점에서 본 이란>에서 다음과 같이 결론을 맺고 있다. 이란 정권의 약점 때문이 아니라 미국의 공공연한 적대감 때문에 강경 보수파의 힘이 강해질 가능성이 더 크다. 보수파는 미국이라는 카드를 철저하게 이용할 것이다. 부시의 '악의 축' 연설은 이란 민중들의 자유에 대한 희망을 억압하는 "선출되지 않은" 소수의 지배자들인 엘리트 울라마 집단을 비난하고, "자유・인권・민주주의를 위해 협박과 죽음을 무릅쓴 이란 시민"을 지지하는 내용을 담고 있다. 그러나 이것은 정반대의 결과를 낳았다. 이 연설은 과거의 망령, 특히 1953년 미 중앙정보국(CIA)의 쿠데타로 이란 민족주의 모사데그 정권의 붕괴와 두 세기에 걸친 서구 제국주의의 망령을 불러냄으로써, "절박한 위기에 처해 있는 조국"이라는 분위기를 조성해 왔다. 강경 보수파는 CIA가 1953년과 같은 제2의 쿠데타를 획책하고 있어 조국이 심각한 위기 상황 속에 처해 있기 때문에, 이슬람 체제 반대파는 제5열이고 국가 주권은 개인의 권리보다 우선한다고 강조한다.

이란 핵 프로그램에 대한 국제사회의 압력이 증대되고 있는 상황에서 이란 정부는 자유를 제한하는 조치로써 개혁파 진영의 샤르그(Shargh: East) 신문과 정치평론지 네메(Nameh: Letter)를 폐간시켰다.[361] 그들은

361) A top reformist newspaper is closed in Iran, New York Times, September 13, 2006.

19세기의 제국주의 세력보다 더 강력한 새로운 제국주의 세력이 나라를 집어삼키기 위해 문 앞에 와있다는 등의 위기감을 조성하며 이란 국민들에게 결속력을 호소하고 있다.

그러한 주제들은 서구 열강으로부터 완전한 독립을 얻기 위해 100년간이나 싸워온 나라에서는 잘 먹혀들 것이다. 일부 개혁주의자들 역시 여기에 설득 당할 것이다. 일부는 자기 검열을 실행할 것이다. 일부는 개혁이라는 문제를 잠시 뒤로 미뤄둘 것이다. 현재 보수파는 일부 집단들이 국가의 독립을 희생하면서까지 미국의 개입을 환영하고 있다고 비난하고 있다.[362] 반면에 미국의 압력이 개혁에 불리하다는 일반적인 생각과는 달리, 개혁파는 강경 보수파의 반민주적 정책이 오히려 미국의 간섭을 초래한다고 주장하고 있다. 이란에서 일어나는 이러한 일들은 "나의 적의 적은 나의 친구다"라는 논리를 잘 반영하는 것이다.

결론적으로 현 이란의 '신정체제' 교체라는 미국의 정책에 맞서, 핵무기만이 이슬람 정권 안보를 지켜줄 수 있다고 믿는 강경 보수파 이슬람 지도부는 이란 민족의 '핵개발 주권'을 결코 포기할 수 없다고 주장해 왔다. 과거 제국주의세력이 이란의 철도부설 및 석유산업의 경제적 주권을 부정했었던 것과 똑같이, 서구 세력이 이란의 핵기술을 잠시 동안

362) 이란 민주화를 위한 대화와 관용을 강조해 온 이란의 저명학자 라민 자한베글루가 2006년 4월말 체포된 뒤 교도소에 무단 투옥되는 등 이란 정부가 지식인 탄압에 나서고 있다. 보수파는 그가 "평화적인 지적활동으로 가장해 정부를 전복하려는 음모의 일부에 관련된 미국 첩보요원"이라고 주장했다. 9월 초에 아흐마디네자드 대통령은 세속적인 교수들을 대학에서 추방하라고 학생들에게 말했다. 이것은 1980년대 초 호메이니가 서구화된 대학 · 교수 · 학생들을 대학으로부터 추방했었던 소위 '이슬람 문화혁명'의 재판이라고 할 수 있다. 최근 이란에서는 2002년 민주화 시위를 벌인 학생지도자 압둘라 모메니가 집행유예 5년을 선고받았고, 종교지도자의 권위에 이의를 제기했던 교수 출신 하셈 아하자리는 사형 선고를 받은 바 있다. 또 이란 출신 캐나다인 사진작가 자라 카제미는 2003년 에빈 교도소 수감 중 사망했다.

은 지연시킬 수 있겠지만 이란인들의 머리 속에 각인된 서구 열강의 악행들을 지울 수는 없는 것이다. 그리고 현 이슬람 정권은 핵 프로그램을 발전시키고 국내 반체제 세력을 탄압하기 위해 서구 제국주의의 만행에 대한 이란 민족의 집단적 기억을 충분히 이용할 것이다. 그렇지 않아도 이란인들은 과거부터 그들 조국이 근대화되지 못하고 과학 기술이 발전하지 못한 원인을 외세에 의한 음모의 탓으로 돌리고 있다.

결국 이란 핵문제의 해결은 이해 당사국들의 정치적 타결에 달려있다. 만약 워싱턴이 테헤란의 '신정체제 교체' 위협을 멈추고 이슬람 정권을 인정한 후 대량살상무기를 통제한다면, 핵문제 해결에 상당한 진전이 있을 것이다. 언제나 전 세계 민주주의의 확산이라는 기치 아래 진행되고 있는 미국 대외정책은 결과적으로 민주주의를 침해하는 부메랑으로 되돌아오고 있다. 이제 민주주의와 인권과 같은 보편적 가치는 미국의 세계 패권을 위한 구실로서 이용되고 있다는 의구심마저 갖게 하는 지경에까지 이르렀다.

참고문헌 이란 외교정책론

구영록, 1984, 『국제정치의 주요 개념』, 서울: 법문사.

김순규, 1997, 『현대국제정치학』, 서울: 박영사.

김정위, 2002, 『이란사』, 서울: 한국외국어대학교 출판부.

송영우, 2005, 『외교정책론』, 서울: 지영사.

장병옥, 1991, "근대 이란 정치에서 울라마의 역할", 한국외대 대학원 박사 학위논문

______, 1993, "호메이니의 이슬람원리주의 운동과 비아랍무슬림국가의 사회운동", 『한국중동학회논총』 제14호, 서울: 한국중동학회.

______, 1995a, "이란의 핵개발 의혹: 그 虛와 實", 『전망』 통권 105호, 서울: 대륙연구소.

______, 1995b, "미국의 사담 후세인 정부 전복 전략", 『한세정책』, 제17호, 서울: 한세정책연구소.

______, 1997, "페르시아 사상과 이란인의 의식구조", 『세계인의 의식구조』, 서울: 한국외국어대학교 출판부.

______, 1999, "아랍-이스라엘 분쟁에 대한 이란의 역할", 『이슬람 세계의 정치와 국제관계』, 서울: 오름

______, 2001a, 『중앙아시아 국제정치의 이해: 신 중동이슬람-미패권주의』, 서울: 한국외국어대학교 출판부.

______, 2001b, 『이슬람과 미패권주의: 문명충돌이냐 국가이익이냐』, 서울: 명지사.

______, 2004, 『현대이란정치』, 서울: 한국외국어대학교 출판부.
______, 2005a, 『쿠르드족 배반과 좌절의 역사 500년』, 서울: 한국외국어대학교 출판부.
______, 2005b, "파병지역 분쟁: 이라크 사태", 『한국군사』, 제20호, 서울: 한국군사문제연구소.
______, 2005c, "이란의 핵무기 개발의혹과 북핵 위기", 『한국군사』, 제21호, 서울: 한국군사문제연구소.
______, 2006, "이란 핵문제 어떻게 볼 것인가", 『통일한국』, 통권 제267호, 서울: 평화문제연구소.
전성훈, 2004, 이란 핵사태로 본 北核문제의 앞날, 『통일』통권 532호, 서울: 통일연구원.
차문석외 옮김, 2005,『악의 축의 발명』, 서울: 지식의 풍경.
동북아포럼,『동아시아전략연구센터』, 2005년 9월 호.

Agwani, M. S., 1978, "*Politics in the Gulf*", New Delhi: Vikas Publishing House Pvt Ltd.
Alam, S, 2001, "*The Changing Paradigm of Iranian Foreign Policy Under Khatami*", IDSA.
Bakhash, Shaul, 2001, "Iran's Foreign Policy under the Islamic Republic, 1979-2000", L. Carl Brown(ed.), *Diplomacy in the Middle East,* London and New York: I. B. Taulis Publishers.
Bill, James A., 1988, "America, Iran, and the politics of intervention, 1951-1953", James A. Bill and WM. Roger Louis(eds.), Mussaddqi, Iranian Nationalism, and Oil, London: I.B.Tauris & Co Ltd.
C. W. Kegley. Jr.&E. R. Wittkopf, 1996, "*America Foreign Policy*", New York: St. Martin's Press.
Chubin, Shahram, 1977, "Iran's Foreign Policy 1960-1976: an Overview", Hossein Amirsandeghi(ed.), *Twentieth-Century Iran*, London: Morrison & Gibb Ltd
Darius, Robert G., 1984, "Khomeini's Policy Toward the Mideast", R.G.

Darius and J.W. Amo(eds.), *Gulf Security into the 1980s : Perceptual and Strategic Dimensions,* Stanford: Hoover Institution Press.

Downes, Mark, 2003, "*Iran's Unresolved Revolution*", Hants: Ashgate.

Ehteshami, A., 2002, "The Foreign Policy of Iran", Hinnebusch R. & Ehteshami A.(eds.), *The Foreign Policies of Middle East,* London: Lynne Rinner Publishers.

Falle, Sir Sam, 2003, "The Mussadiq Era in Iran, 1951-1953: A Contemporary Diplomat's View", D. W. Lesch(ed.), *The Middle East and* the United States, London: Westview Press.

Farhi, Farideh, 1989, "Class Struggles and Revolution in Iran", Berch Berberoglu(ed.), in *Power and Stability in the Middle East*, London: Zed Books.

Ghods, M. Reza, 1989, "*Iran in the Twentieth Century: A Political History*", Boulder: Lynne Rienner Publishers.

Halliday, F., 1979, "*Iran: Dictatorship and Development*", New York: Penguin.

______,1986, "Iranian Foreign Policy since 1979: Internationalism and Nationalism in the Islamic Revolution", Lenczowski, J. R. I. Cole and N. R. Kedi(eds.), *Shiism and Social Protest*, New Haven: Yale University Press.

Hinnebusch, R., 2002, "The Middle East Regional System", Hinnebusch R. & Ehteshami A.(eds.), *The Foreign Policies of Middle East,* London: Lynne Rinner Publishers.

Hiro, Dilip, 1985, "*Iran Under The Ayatollahs*", London: Routledge and Kergtan Paul.

______, 2001, "*Neighbors, Not Friends: Iraq and Iran After the Gulf Wars*", London and New York: Routledge.

Hunter, Shrieen T., 1990, "*Iran and the World*", Bloomington and Indianapolis: Indiana University Press.

______, 1992, "*Iran after Khomeini*", New York: Praeger.

______ , 1998, "*The Future of Islam and the West: Clash of Civilizations or Peaceful Coexistence?",* Westport: Praeger.

Hussain, Asaf., 1985, "*Islamic Iran: Revolution and Counter-Revolution",* London: Fances Printer.

Gasiorowski, Mark, 2003, "U.S. Foreign Policy Toward Iran During the Mussadiq Era", D. W. Lesch(ed.), *The Middle East and* the United States, London: Westview Press.

Griffith W. E., 1978, "Iran's Foreign Policy in the Pahlavi Era", Lenczowski, George(ed.), *Iran Under the Pahlavis,* Stanford CA: The Hoover Institution Press.

Kamrava, Mehran, 1992, "*The Political History of Modern Iran: From Tribalism to Theocracy",* Westport: Praeger.

Katouzin, Homa, 2003, "*Iranian History and Politics; The dialectic of state and society",* London: Routledge Curzon.

Kazemzadeh, F., 1991, "Iranian Relations with Russia and Soviet Union", P. Avery, G. Hambley, and C. P. Melville(eds.), *Cambridge History of Iran,* vol. 7, Cambridge University Press.

Keddie, N., 1981, *"Roots of Revolution: An Interpretive History of Modern Iran",* New Heaven: Yale University Press.

Keddie, N. & Hoohlund, Eric (ed), 1986, "The Iranian Revolution & the Islamic Republic", Syracuse: Syracuse University Press.

Kinzer, Stenphen, 2003, "*All the Shah's Men: An American Coup and the Roots of Middle East Terror",* New Jersy: John Wiley & Sons Inc..

Lenczowski, George(ed.), 1978, *"Iran Under the Pahlavis",* Stanford CA: The Hoover Institution Press.

McGhee, George C., 1988, "Recollections of Dr Muhammad Mussaddqi", James A. Bill and WM. Roger Louis(eds.), Mussaddqi, Iranian Nationalism, and Oil, London: I.B.Tauris & Co Ltd.

Milani, Mohsen M., 1994, "Iran's Post Cold War Policy in the Persian Gulf", *International Journal*, Vol. XLIX. NO. 2.

Millspaugh, Arthur, C., 1946, "*Americans in Persia*", Washington D.C.: The Brookings Institution.

Morse, Edward L, 1976, "*Modernization and the Transformation of International Relations*", New York: Free Press.

Moslem, Mehdi, 2002, "*Factional Politics in Post-Khomeini Iran*", Syracuse: Syracuse University Press.

Munson, Henry, 2003, "Islam, Nationalism and Resentment of Foreign Domination", Middle East Policy, Vol. X, No. 2.

Pahlavi, M.R.S, 1961, "*Mission for my Country*", New York: McGraw-Hill Book Company, Inc.

______, 1976, "*The White Revolution*", 『백색혁명』, 무함마드 레자 팔레비 지음, 신상주 & 이영림 옮김, 서울: 범아협회.

Rajavi, Maryam, 1997, "Iranian Fundamentalism : A Threat to the World", Ole H Φ iris & Sefa Martain YürüKel(ed.), *Contrasts and Solution in the Middle East*, Copenhagen: Aarhus University Press.

Ramazani, R. K., 1975, "Iran's Foreign Policy 1941-1973: A Study of Foreign Policy in Modernizing Nations", Charlottesville: University Press of Virginia.

______, 1983, "Khomeini's Islam in Iran's Foreign Policy", A. Dawisha(ed.), *Islam in Foreign Policy*, Cambridge: Cambridge University Press.

______, 1990, "Iran's Foreign Policy: Contending Orientations", Ramazani, R. K.(ed.), *Iran's Revolution*, Bloomington and Indianapolis: Indiana University Press.

Rajaee Farhang, 1983, "*Islamic Values and World View*", Lanham: University Press of America.

Ricks, 1981

Roberson, B.A., 2002, "The Impact of the International System on the Middle East", Hinnebusch R. & Ehteshami A.(eds.), *The Foreign Policies of Middle East*, London: Lynne Rinner Publishers .

Sadeh, Feroz K., 1968, "*Russia and Britain in Persia 1864-1914*", New

Haven: Yale University Press.

Saikal, Amin, 1980, "*The Rise and Fall of the Shah*", Princeton: Princeton University Press.

Savory, Roger. M., 1990, "Religious Dogma and the Economic and Political Imperatives of Iranian Foreign Policy", Miron Rezun(ed.), *Iran at the Crossroads: Global Relations in a Turbulent Decade*, Boulder: Westview Press.

Sayeed, S.M.A., 1999, "*Iran Before and after Khomeini*", Karachi: Royal Book Company.

Shuster M., 1912, "*The Strangling of Persia*", London.

Sick, Gary, 1991, "*October Surprise; America's Hostages in Iran and the Election of Ronald Reagan*", Times Books: New York.

Siavoshi, Sussan, 2003, "Iranian Perceptions of the United States and the Mussadiq Period", D. W. Lesch(ed), *The Middle East and* the United States, London: Westview Press.

Zepezauer, Mark, 2003, "*Boomerang!: How our Covert Wars Have Created Enemies Across the Middle East and Brought Terror to America*", Monroe: Common Courage Press.

Boston Globe 2006.

Foreign Affairs, September-October 2006.

International Herald Tribune, 2004-2006.

Middle East Review of International Affairs, Vol. 8, No. 1, March 2004.

New York Times, 1953, 2001- 2006.

Iran reply may herald new confrontation, Paul Reynolds, August 23, 2006, Paul.Reynolds-INTERNET@bbc.co.uk,

이란 신문: Shargh, Tehran Times, Kayhan, Jomhurie Islami

한국 신문: 경향, 동아, 중앙, 조선, 한겨레, 매일경제, 한국경제

찾아보기 이란 외교정책론

【M】

【N】

【O】

【P】

【R】

【T】

【U】

【W】

【ㄱ】

【ㅁ】

【ㅂ】

【ㅅ】

【ㅇ】

【ㅌ】

【ㅍ】

【ㅎ】

이란 외교정책론

-이슬람에서 핵무장까지-

초판 인쇄 2006년 10월 10일
초판 발행 2006년 10월 20일
지 은 이 : 장 병 옥
펴 낸 이 : 박 철
펴 낸 곳 : 한국외국어대학교 출판부
130-791 서울특별시 동대문구 이문동 270
전화: 02)2173-2494, 2495
팩스: 02)962-7122
홈페이지: http://press.hufs.ac.kr
전자우편: press@hufs.ac.kr
출판등록: 제6-6호(1969. 4. 30)
편 집 : 리앤정디자인그룹 02)2677-8694
표지디자인 : (주)이환디앤비 02)2254-4301
인쇄 · 제본 : 동화인쇄(주) 02)719-7181

ISBN 89-7464-420-7 93340 정가 20,000원

* 잘못된 책은 교환하여 드립니다.
